Diogenes Taschenbuch 22945

de
te
be

Walter Nigg

Das ewige Reich

Geschichte einer Hoffnung

Diogenes

Die Erstausgabe erschien
1944 im Rentsch Verlag, Erlenbach
Umschlagillustration: Rembrandt,
›Die Inspiration des Evangelisten Matthäus
durch den Engel‹, ca. 1661
(Ausschnitt)

40/96/36/1
ISBN 3 257 22945 3

Inhalt

Zum Beginn: Die Erwartung

Eine Geschichte des Gottesreiches zu schreiben, ist um seines überirdischen Charakters willen eine Unmöglichkeit. Trotz allen heimlichen Wünschen des Kirchenhistorikers ist es zu jenseitsbezogen und zu verhüllt, als daß es mit einer menschlichen Feder geschildert werden könnte. Das »Geheimnis des Reiches«, von dem Jesus redet, entzieht sich dem historischen Zugriff, es ist nur durch Gleichnisse zu erfahren.[1] Auch eine »Historie der Wiedergeborenen«, die mit Johann Heinrich Reitz von jedem profangeschichtlichen Bezug absieht und ganz dem inneren Geschehen der Seele zugewendet ist, kann nicht als Geschichte des ewigen Reiches angesprochen werden.

Dagegen kann die Erwartung auf das kommende Reich dargestellt werden, die das Leben der Christenheit durchzittert. Von den Tagen der Propheten bis zur Gegenwart reicht die gespannte Ausschau nach der hereinbrechenden Gottesherrschaft und erweist sich als das große Licht in der Trostlosigkeit des menschlichen Daseins. Das ewige Reich ist eine Urwahrheit, deren Unabweisbarkeit schon im rätselhaften Erscheinen dieser Hoffnung zu allen Zeiten sichtbar wird. Es gehört zu den großen Themen des christlichen Abendlandes, dem Warten auf das Reich durch alle Jahrhunderte nachzugehen, zumal wenn es nicht in doktrinärer Weise geschieht, die um Definitionen und Abgrenzungen besorgt ist. Die Reichserwartung ist keine untätige Passivität, in der sich der menschliche Geist nutzlos verzehrt. Es ist ein hoffendes Warten und eine wartende Hoffnung, die das Angeld der Erfüllung bereits in sich hat und in ihrer unendlichen Spannung oft das Zukünftige schon als Gegenwart erlebt. Das sehnsüchtige Sichausstrecken nach dem Reich als Lebenshaltung verstanden, vermittelt dem Menschen eine innere Freude und wirft einen schimmernden Glanz über seinen Lebensweg. Die geduldigungeduldige Erwartung des Reiches ist eine bedrängende Begebenheit der christlichen Geschichte. Ihre erschütternde Gewalt braucht nicht noch unterstrichen zu werden, ist sie doch durch den Gegenstand selbst gegeben. Geschichtskenner haben »die Idee des Tausendjährigen Reiches als einen der schicksalhaftesten und folgenreichsten Gedanken der christlichen Entwicklung« bezeichnet.[2] Es liegt in dieser immer wieder auflebenden Erwartung des Reiches eine eigentümliche Kraft, die den Menschen trägt und zugleich weit über seinen engen Horizont hinaushebt. Auch G. F. Händel hat in seinem »Messias« der Mächtigkeit dieser lebendigen Hoffnung mit sehnsüchtigen Fanfarenklängen unvergleichlichen Ausdruck gegeben.

Freilich war dieses nie zu unterdrückende Warten immer wieder von schweren Gefahren bedroht. Seine erregende Geschichte hat von mannigfachen Qualen zu berichten. Stets haben sich an die größte Hoffnung auch zahlreiche Unzulänglichkeiten gehängt, die die Strahlungskraft verdunkelten. Die menschlich-allzumenschlichen Vorstellungen, die sich gerne damit verbanden, konnten nicht anders als unerfüllt bleiben. Allen jenen Christen, die nicht zwischen Vergänglichem und Bleibendem in der Reichserwartung zu unterscheiden vermochten, die nicht zu dem Wesen durchdringen konnten, das hinter all den mannigfachen Bildern steht, in die sich die Reichshoffnung von ihrer Entstehung an gekleidet hat, blieben die schmerzlichsten Erlebnisse nicht erspart. Sie fielen einer verhängnisvollen Verwechslung von Vorläufigem und Endgültigem zum Opfer, einem Irrtum, der sich notwendigerweise in einer schluchzenden Resignation auswirken mußte. Es gibt viel zuckendes Weh in der Geschichte der Reichserwartung, die ein religiöses Weinen zur Folge hatte. Das schlimmste in diesem betrüblichen Erleben war, daß auch diese Hoffnung nicht vom nagenden Unglauben verschont blieb. Ein Mann aus dem Volk Israel scheute sich nicht, im 18. Jahrhundert die Ansicht zu vertreten: »Ich sage euch, daß alle Juden jetzt im großen Unglück sind, weil sie das Kommen des Erlösers erwarten und nicht das Kommen des Mädchens. Blicket auf die Völker, wie sie friedlich in ihren Ländern sitzen, denn sie vertrauen auf ihr Mädchen.«[3] Ein verführerisches Wort, das die Vergeblichkeit und Nutzlosigkeit dieser hoffenden Erwartung sinnfällig formuliert und dessen Absicht darin besteht, den Menschen der Gleichgültigkeit auszuliefern. Wer aber sprach diese Weisung aus? Es war Jakob Frank, einer jener falschen Messiasse, die das jüdische Volk heimgesucht haben, das aber ihre betrügerische Rolle durchschaute und sie aus seiner Mitte ausschloß. Eine verlockende Versuchung aus dem Unglauben ist der Rat Jakob Franks, der mit seinem gleisnerischen Hinweis den Menschen zuredet, das religiöse Erstgeburtsrecht des Messianismus um ein erotisches Linsengericht zu verkaufen, das ihn leer dastehen läßt, sobald er es genossen hat.

Es kam in der Geschichte zwischen der sehnsüchtigen Erwartung auf das Reich und der ungläubigen Skepsis zu einem Ringkampf, von dem die nachfolgenden Blätter freilich nur in indirekter Weise erzählen. Ist doch der Kampf zwischen Glaube und Unglaube nach einem berühmten Wort Goethes das tiefste Thema der Weltgeschichte. Es ist ein atembeklemmendes Ringen, das nie abreißt und zu immer neuen Auseinandersetzungen anhebt. Es treibt dem Betrachter unwillkürlich das Blut in die Wangen, sofern er das Drama mit seelischer Anteilnahme und nicht nur als unbeteiligter Zuschauer verfolgt. Welch eine Unsumme von glühender Inbrunst und lebendiger Sehnsucht steht hinter diesen Begebenheiten, die keinen fühlenden Menschen gleichgültig lassen können. Die Reichserwartung hat beinahe übermenschliche Spannungen und gewaltige schöpferische Kräfte entbunden. Seelenvorgänge der Christenheit, die sonst verborgen bleiben, kommen in einer Geschichte des Chiliasmus unerwarteterweise zum Vorschein, und verschiedene geschichtliche Bewegungen erscheinen plötzlich in völlig neuen Perspektiven. Mit beklemmender Bestürzung nimmt man jeweilen das Aufgeben der messianischen Sehnsucht wahr, woraus nichts anderes als ein Versinken in die in sich ruhende Endlichkeit hervorgehen konnte, die den geistigen Tod nach sich zieht. Und welch jubelnde Hoffnung flammte in den Herzen auf, wenn die große Erwartung sich wieder stürmisch erhob und die Menschen einfach mit sich riß. Die Schilderung wirkt sich wie ein Sterben und Auferstehen im eigenen Innern aus, ein Vorgang, der nur ein Abbild vom großen Geschehen ist.

Der keuchende Ringkampf zwischen Erwartung und Enttäuschung hält sich weder die Waage, noch bleibt er zuletzt unentschieden. Noch viel weniger kann man die Erwartung auf das Reich als eine bloße Krankheitsgeschichte auffassen, sonst hätte sie nicht derart beschwingte Kräfte zu wecken vermocht. Der christliche Messianismus, der auf die zweite Erscheinung Christi mit der Offenbarung des Reiches wartet, darf auch nicht lediglich als eine zeitgeschichtlich bedingte Auffassung des Urchristentums bewertet werden, die abzustreifen endlich an der Zeit ist. Niemals erhebt sich am Schluß dieser Geschichte nur ein großes Fragezeichen, das den Leser ratlos am Berge stehen läßt. Wer zu diesem dürftigen Resultat gelangt, hat diese Blätter schlecht gelesen. In der Geschichte der Reichserwartung wird jeder müde Verzicht stets durch eine erneuerte Hoffnung besiegt, die zeigt, daß der Ausblick nach dem Reich die Grundhaltung der christlichen Einstellung schlechthin ist, die jeweilen vom unerleuchteten Denken versucht und zurückgedrängt, aber keinesfalls überwunden werden kann. Allezeit lodert die Reichswirklichkeit in ihrer brennenden Aktualität als die unzerstörbare Hoffnung auf, deren innere Intention von aller historischen Erfahrung und von jedem naturwissenschaftlichen Weltbild unabhängig ist. Sie allein bewahrt den Menschen vor dem Sichverlieren in die ungenügende Diesseitigkeit und schürt unablässig die Glut seiner verzehrenden Sehnsucht nach dem Jenseits. Für den Christen beginnt das wahre Leben erst in jenem Moment, da alle irdischen Erscheinungsformen sich wie Nebel aufzulösen beginnen und das übergeschichtliche Reich hereinbricht.

Um dieses Sachverhaltes willen ist die Geschichte der Reichserwartung die Lehrmeisterin der unvergänglichen Hoffnung. An ihr beweist es sich, daß ein Leben ohne Erwartung nicht lebenswert ist, und öffnet mit dieser Erkenntnis »das Tor zum Geheimnis der Hoffnung«, um diese Formulierung Péguys zu gebrauchen. Es ist nicht eine jener kleinen, innerweltlichen Hoffnungen, mit denen die Menschen gewöhnlich ihr armes Dasein notdürftig zu erwärmen suchen, es ist die über die Erde hinaus greifende Hoffnung, die auf der Grundlage der göttlichen Zusicherung beruht und das Höchste in sich schließt. Nichts wirkt sich im

Leben eines Menschen so finster aus wie völlige Hoffnungslosigkeit, und das rapide Schwinden jeglicher Hoffnung in der Gegenwart bildet ein verhängnisvolles Merkmal der modernen Christenheit. Deswegen rührt diese Geschichte einer Hoffnung mit all ihren mannigfachen Problemen an den Nerv unserer Zeit. Der Christ ist der Mensch, der »wiedergeboren ist zu einer lebendigen Hoffnung«,[4] und mit dieser Einstellung hat er den lähmenden Pessimismus überwunden, weil er mit Paulus der Überzeugung lebt: »Hoffnung läßt nicht zuschanden werden.«[5] Die Christenheit nährt sich von der Hoffnung, die sie vor aller Verzweiflung bewahrt. »Es lebte nichts, wenn es nicht hoffte«, sang auch Hölderlin.[6] Aus der hoffnungsfreudigen Erwartung fließt dem Christen jene stärkende Kraft zu, die sich gerade inmitten aller Not als Hilfe dokumentiert. Wer die Hoffnung der Menschheit untergräbt, indem er sie als Illusion verhöhnt, betreibt ein teuflisch Werk, und wer die Christen dazu anfeuert, »festzuhalten in der angebotenen Hoffnung«,[7] der tut in aller Unscheinbarkeit eine vorbildliche Tat. Was die messianische Reichserwartung dem Menschen bedeutet, hat kaum jemand schlichter ausgedrückt als der östliche Christ Pawel Florenskij: »Man wartet auf irgend etwas. Es fehlt an irgend etwas, nach irgend etwas sehnt sich die Seele, die frei werden und mit Christo sein will. Und irgend etwas wird sein; es ist noch nicht erschienen, was sein wird... Mit stiller Freude warte ich auf das, was sein wird. Wenn jenes eintreten wird, dann wird sich das große universale Ostern offenbaren, dann werden alle menschlichen Streitigkeiten ein Ende haben. Ich weiß nicht, ob das bald sein wird, oder ob noch jahrmillionenlang gewartet werden muß, aber mein Herz ist ruhig, weil die Hoffnung nahe an jenes heranführt.«[8]

Apokalyptische Weltstimmung

»Ein Reis wird hervorgehen aus dem Sumpf Isais, und ein Schoß aus seinen Wurzeln Frucht tragen. Auf ihm wird ruhen der Geist des Herrn, der Geist der Weisheit und der Einsicht, der Geist des Rates und der Stärke, der Geist der Erkenntnis und der Frucht des Herrn. Er wird nicht richten nach dem, was seine Augen sehen, noch Recht sprechen nach dem, was seine Ohren hören. Er wird die Armen richten mit Gerechtigkeit und den Elenden im Lande Recht sprechen mit Billigkeit; er wird den Tyrannen schlagen mit dem Stabe seines Mundes und den Gottlosen töten mit dem Hauche seiner Lippen. Gerechtigkeit wird der Gürtel seiner Lenden und Treue der Geist seiner Hüften sein. Da wird der Wolf zu Gast sein bei dem Lamme und der Panther bei dem Böcklein lagern. Kalb und Jungleu weiden beieinander, und ein kleiner Knabe leitet sie. Kuh und Bärin werden sich befreunden, und ihre Jungen werden zusammen lagern; der Löwe wird Stroh fressen wie das Rind. Der Säugling wird spielen an dem Loch der Otter, und nach der Höhle der Natter streckt das kleine Kind die Hand aus. Nichts Böses und nichts Verderbliches wird man tun auf meinem ganzen heiligen Berge; denn voll ist das Land von Erkenntnis des Herrn wie von Wassern, die das Land bedecken. An jenem Tage, da werden sich die Heiden wenden an das Wurzelschoß Isais, das als Panier der Völker dasteht, und sein Wohnsitz wird herrlich sein.«[1]

Es muß eine der gewaltigsten Stunden im Leben des Propheten Jesaja gewesen sein, als ihm diese grandiose Schau vom messianischen Reich zuteil geworden war, ein Reich, das sogar die Umwandlung der Tierwelt in sich schließt. Die Wucht der Vision vom kommenden Friedensreich nötigte ihn, nicht nur einmal von dieser großen Weissagung zu reden, sondern mehrfach darauf zurückzukommen. Man spürt es noch heute seinen Worten an, wie er sich nicht genug tun konnte in der Schilderung jener messianischen Zeit, wo »sie werden ihre Schwerter zu Pflugscharen schmieden und ihre Spieße zu Rebmessern. Kein Volk wird wider das andere das Schwert erheben, und sie werden den Krieg nicht mehr lernen.«[2] Jesajas wundervolle Prophetie von der »Wiederkehr des Paradieses«[3] war weder idealistisches Postulat noch unreife Schwärmerei. Er erwartete das Kommen des messianischen Reiches nicht von Menschenhand. Die Gestalt, die das Goldene Zeitalter heraufführen wird, trägt nach Jesajas Ausführungen unverkennbar überirdische Züge, wie aus den Worten »Wunderrat, starker Gott, Ewigvater, Friedfürst«[4] hervorgeht. Es ist die größte, unüberbietbare Hoffnung, die je auf dieser Welt geboren worden ist.

Wenn auch Jesajas Weissagung ganz die Farbe seines Wesens trägt, so ist doch nicht er der alleinige Schöpfer der messianischen Verkündung. Die Erwartung des Reichs ist älter als Jesaja, und ihr Ursprung verliert sich im Dunkel der frühesten Geschichte. In Alt-Israel wurde die Verheißung des Gelobten Landes, in welchem Milch und Honig fließt, nach der Eroberung Palästinas nicht als erfüllt auf die Seite gelegt. Sie lebte als Sehnsucht weiter und erfuhr nach dem nationalen Unglück der Reichsteilung einen erneuten Auftrieb, namentlich als die Gestalt des Königs David mit der weiteren Entfernung in einem immer glänzenderen Licht erschien. Bei dem Propheten Amos, der den Gerichtsgedanken in die israelitische Vorstellungswelt einführte, wurde freilich der »Tag Jahves«[5] zu einem erschreckenden Ereignis, das Finsternis und nicht Licht bedeutete. Diese furchtbare Drohung vom demnächst stattfindenden Untergang Israels bildet den Auftakt zum unvergänglichen Prophetismus, der als eine der tiefsten Erscheinungen der Religionsgeschichte zu bewerten ist.[6] Bei Jesaja aber, dem zwar das düstere Pathos genauso eigen war wie dem zürnenden Amos oder dem schaudernden Hosea, kam mit seiner messianischen Botschaft doch das lichtvolle Hoffnungselement zu der erschütternden Unheilsweissagung. Er vermochte das zukünftige Reich in solch leuchtenden Farben zu schildern, daß noch bei dem schwermütigen Jeremia durch das dunkle Gewölk vom Ende Israels jener erwärmende Sonnenstrahl der messianischen Hoffnung durchbricht, die in den berühmten Worten zum Ausdruck kommt: »Siehe, es kommen Tage, spricht der Herr, da schließe ich mit dem Hause Israel und mit dem Hause Juda einen neuen Bund, nicht einen Bund, wie ich ihn mit ihren Vätern schloß zu der Zeit, da ich sie bei der Hand nahm, sie aus dem Lande Ägypten herauszuführen; denn sie haben meinen Bund gebrochen, ich aber habe sie verworfen, spricht der Herr. Nein, das ist der Bund, den ich nach jenen Tagen mit dem Hause Israel schließen will, spricht der Herr: Ich werde mein Gesetz in ihr Inneres legen und es ihnen ins Herz schreiben; ich werde ihr Gott sein, und sie werden mein Volk sein. Da wird keiner mehr den andern, keiner seinen Bruder belehren und sprechen ›Erkennet den Herrn‹, sondern sie werden mich alle erkennen, klein und groß, spricht der Herr; denn ich werde ihre Schuld verzeihen und ihrer Sünden nimmermehr gedenken.«[7] Dieses Bild vom messianischen Reich, das der Prophetismus geprägt hat, konnte die Menschheit nie mehr vergessen; diese zeitlose Hoffnung tauchte immer wieder ermutigend vor ihren Augen auf.

Wie ein Nordlicht in der Finsternis leuchtete es, als die politischen Zustände in Palästina sich immer mehr verschlechterten. Nach der Zerstörung Jerusalems durch Nebukadnezar geriet das jüdische Volk in babylonische Gefangenschaft und mußte darin verharren, bis der Perserkönig Cyros ihm die Rückkehr gestattete. Aber auch noch nachher lag die Fremdherrschaft in ihrer ganzen Schwere auf ihm. Besonders als das Reich Alexanders des Großen nach kurzer Blüte zerfiel und Israel nach langen Machtkämpfen unter syrische Oberhoheit geriet, wurde die Situation immer gespannter. Als unerhörten Frevel empfanden es die Juden, wie Antiochus IV. nach seinem ägyptischen Feldzug in Jerusalem den Tempel betrat, die kostbaren Geräte raubte und nachher sogar die Ausübung des jüdischen Kultus verbot.[8] Die syrische Herrschaft mit ihren Versuchen einer gewaltsamen Hellenisierung Israels brachte unendlich viele Leiden über das gequälte Volk, und das Spätjudentum hat mit innerster Leidenschaft gegen die geistige Übermacht gekämpft. Die Trostlosigkeit der religiösen Situation spricht aus dem gequälten Aufschrei der Psalmisten, der aus dieser Zeit stammt: »Unsre Zeichen sehen wir nimmer, kein Prophet ist mehr da; niemand unter uns weiß, bis wie lange.«[9] Die bis zum Zerreißen gespannte und in ihrer Dunkelheit unerträglich gewordene politisch-religiöse Not trieb das Spätjudentum zu einem heldenhaften Freiheitskampf unter der Führung der Makkabäer, der ihm jedoch nur eine vorübergehende Erleichterung brachte, um nachher aufs neue in die Knechtschaft der Römer zu geraten. Zahlreiche Aufstände hielten das Volk in beständiger Erregung und verwickelten die Juden schließlich in den Verzweiflungskampf mit den Römern, der durch die zweite Zerstörung Israels ein Ende fand.

In all diesen Jahrhunderten blieb das jüdische Volk vom Einfluß der fremden Religionen mit ihrer Erlösersehnsucht nicht unberührt. In seiner erschütterten Situation vermochte es keineswegs, dem Fremden immun gegenüberzustehen. Sowohl die babylonische als die ägyptische Religion haben auf das Judentum abgefärbt. Diese Einflüsse werden jedoch von der iranischen Religion noch übertroffen. In der Verkündigung Zarathustras nimmt die Gottesreich-Vorstellung einen breiten Raum ein, ja Zarathustra ist wohl als einer ihrer Schöpfer zu betrachten. »Es ist zum erstenmal in der Geschichte der Religion, daß dieser Begriff auftaucht, um dann später in seiner Verschmelzung mit der jüdischen Vorstellung von der Königsherrschaft Jahves nicht mehr aus ihr zu schwinden.«[10] Zarathustra unterscheidet zwei Reiche, das Reich des Lichtes und das Reich der Finsternis, die miteinander im harten Kampfe liegen. Das Reich Gottes wird sich in dem unmittelbar bevorstehenden Endkampf vollenden, den der Prophet selbst noch zu erleben hoffte. Zarathustra hat aller Wahrscheinlichkeit nach die Verwirklichung des Gottesreiches noch bei seinen Lebzeiten erwartet, und als diese Hoffnung sich nicht erfüllte, haben seine Anhänger diese Vorstellung keineswegs preisgegeben.[11] Zwar tritt die Reichserwartung in der jüngeren Avesta offenkundig zurück, wenn sie auch nicht ausgeschieden wurde. In Persien teilte man die Weltgeschichte in vier Perioden ein und sprach von den 9000 Wintern der Falschheit. Die letzte Weltperiode wird mit dem Millenium des Zarathustra eröffnet. Diese beginnende Heilszeit spielt in der iranischen Religion eine große Rolle, in der sich sehnsüchtige und ängstliche

Vorstellungen seltsam vermischten. Diese eschatologischen Anschauungen drangen unaufhörlich in Israel ein, wie denn Spuren ihrer Verarbeitung bereits bei Ezechiel und Deutero-Jesaja wahrzunehmen sind.

Als der altisraelische Messianismus sich mit den eschatologischen Vorstellungen der iranischen Religion verband und als auslösendes Moment die politische Not des Volkes dazukam, wurde im Spätjudentum das neue Weltgefühl der Apokalyptik geboren. Diese Umstände lösten jene fahle, apokalyptische Weltstimmung aus, die das ganze menschliche Dasein in einer schwefelgelben Beleuchtung sah und die als ein neues Phänomen zu bewerten ist. Apokalyptisches Weltgefühl überflutete beim Ausklang der Antike das Erdreich und erzeugte jene unheimliche Weltuntergangsstimmung, in der die Menschen ausriefen: Fallt über uns, ihr Berge, bedeckt uns, ihr Hügel! Die Welt war ein fiebernder Organismus geworden, der sich unter unsäglichen Krämpfen wand. Durch die Verschmelzung von orientalischen und okzidentalischen Elementen brach eine Zeit der ungeheuren Verwirrung herein, in der das Alte zusammenfiel und das Neue noch nicht geboren war. Die Menschen standen in einer grenzenlosen Erschütterung, die Erwartung des Endes erschien ihnen als einziger Ausweg. Wie ein loderndes Feuer flammte das apokalpytische Weltgefühl auf und breitete sich mit der Schnelligkeit einer Epidemie zu einem gewaltigen Brand aus. Diese siedendheiße Stimmung ist nicht leicht zu erfassen. Die Menschen fühlten sich am Vorabend der umstürzenden Ereignisse, sie waren von einer grenzenlosen Erwartung erfüllt, daß die Zeit für eine große Umwandlung gekommen sei. Eine unaussprechliche Ahnung durchzuckte sie beim Gedanken der demnächst eintretenden größten Veränderung seit Anbeginn der Welt, die alles bisher Erlebte in den Schatten stelle. Eine offenkundige Geringschätzung gegenüber dem monumentalen Weltbewußtsein der Antike ist ihr eigen. Der von diesem apokalyptischen Weltgefühl erfaßte Mensch schaute über sie hinweg, in der Erwartung, daß das Bestehende bald in sich zusammenfallen werde, das nach seinem Dafürhalten keine Realität mehr in sich barg. Diese antike Wirklichkeit mußte sich nach diesem Empfinden wie ein Sumpfnebel in naher Zukunft auflösen. Sie erschien ihm wie unrealer Spuk. Das Ende stand vor der Tür, und nachher sollte etwas ganz Neues, etwas, das bis dahin noch nie dagewesen ist, beginnen.

Diese seltsame Ewartung steht in unverkennbarem Zusammenhang mit dem altisraelitischen Messianismus. Doch stellt sie keine geradlinige Entwicklung desselben dar, sondern muß als religiöse Revolution im Judentum bezeichnet werden. »Die Apokalyptik ist ein Novum innerhalb der jüdischen Religionsgeschichte; sie hat sich nicht organisch aus der messianischen Hoffnung heraus entwickelt, steht vielmehr zu dieser von Anfang an in einem gewissen Gegensatz und einer Spannung.«[12] Jedenfalls ist sie vom Messianismus durch das Exil getrennt und durch zahlreiche Vorstellungen bereichert, so daß sie nach Form und Inhalt von ihm unterschieden werden muß. Apokalyptische Stimmung regte sich bereits in den Nachtgesichten des Sacharja, aber ihren großen schriftlichen Niederschlag hat sie erst in den Dokumenten aus der Zeit des zweiten vorchristlichen Jahrhunderts bis zum ersten nachchristlichen Jahrhundert gefunden. Sie kann nur in Andeutungen verfolgt werden, da nur noch Überreste nicht leicht verständlicher Art vorhanden sind. Ein erstes Erzeugnis dieser neuen Literaturgattung ist das Buch Daniel, das um das Jahr 160 v. Chr. entstanden ist und das in den alttestamentlichen Kanon aufgenommen wurde. »In dieser Apokalypse ertönt der Wutschrei über den frivolen Angriff gegen Gott und sein Volk«, und das Kommen einer neuen Zeit wird in ihr mit eindrucksvoller Gebärde verkündet.[13] Dem Buch Daniel folgte das Henochbuch, das sich bis zum heutigen Tag in der abessinischen Bibel festsetzen konnte und das auch im neutestamentlichen Judasbrief zitiert wird. Ihm schließen sich die Baruchapokalypse, die Himmelfahrt Mose, das Testament der zwölf Patriarchen, die Sibyllinen, das vierte Esrabuch, die Petrusapokalpyse, der Hirt des Hermas und endlich die Offenbarung Johannes an, welch letztere wiederum in den neutestamentlichen Kanon einzudringen vermochte.

Der erste Eindruck bei der Lektüre des apokalpytischen Schrifttums ist wohl derjenige des befremdenden Erstaunens. Himmlische Stimmen werden gehört und jenseitige Vorgänge beobachtet, merkwürdige Träume erzählt und sonderbare Tiere gesehen, schreckliche Reiter kommen daher, und unheimliche Bücher werden geöffnet. Die seltsamsten Vorstellungen von Engeln, Teufeln und Planetengeistern, die aus den babylonischen Astralmythen stammen mögen, und ungewöhnliche Ausführungen über Jahrwochen begegnen einem fortwährend. Dem heutigen Leser sind diese Apokalypsen, deren Form auf den ersten Blick unmöglich anmutet und deren Inhalt eine lächerliche Phantasterei zu sein scheint, nicht leicht zugänglich. Dieses Kopfschütteln spiegelt sich auch in der Hilflosigkeit der Beurteilung des apokalyptischen Schrifttums wider. Da der Mensch gerne geringschätzt, was er nicht versteht, wurde auch über die Apokalypsen meistens der Stab gebrochen. »In einen Zaubergarten wird man versetzt, in dem bizarre, oft an die Märchen von Tausendundeiner Nacht erinnernde Phantasmagorie wie üppiges Schlingkraut wuchert.«[14] Man sprach von fratzenhaften Bildern und absurden Motiven, von naturphilosophischem Quacksalbertum und mystisierendem Scharlatanismus, durchsäuert mit physikalischen Spekulationen, die sich in dieser Literatur des religiösen Synkretismus auslebe. Ihre Bilder besäßen keine plastische Anschaulichkeit und würden jede klare Linienführung vermissen lassen. Alles sei blaß, nebelhaft und verschnörkelt wie bei einer Arabeske. Bei ihren Visionen werde man nie den Eindruck einer retouchierten Arbeit los, indem diese »Gesichte« nachträglich zurechtgestutzt worden seien. Etwas Anomales und Pathologisches liege in dem »oft törichten Kauderwelsch« dieser Apokalyptiker, mit ihren unmöglichen Beschreibungen von Häusern, »die heiß wie Feuer und kalt wie Schnee« seien.[15] Unwillkürlich werde man durch diese phantastischen Ausführungen an die Bilder eines Hieronymus Bosch und an die Zeichnungen eines Pieter Bruegel erinnert. Es seien doch sehr seltsame Menschen gewesen, die solch skurrile Gedanken ausgeheckt und sich in diesen labyrinthhaften Räumen mit einer derart eleganten Behendigkeit zurechtgefunden hätten. Ein Hauch des hysterischen Barockzeitalters liege über dieser grotesken Bildersprache der Apokalypsen, die als Müdigkeitserscheinungen zu bewerten seien, da sie vom Gefühl des Alterns der Welt beherrscht würden.

Ihre enttäuschten Verfasser werfen die Frage auf: »Ist unsere Mutter, von der du gesprochen, noch jung oder schon dem Alter nahe?« und erhalten darauf die Antwort: »Die Welt hat ihre Jugend verloren, die Zeiten nähern sich dem Alter.«[16] Sie alle seien der Meinung: »Die Jugendzeit der Welt ist vergangen, und die Vollkraft der Schöpfung ist schon längst zu Ende gekommen; das Herbeikommen der Zeiten ist beinahe schon da und fast schon vorübergegangen. Denn nahe ist der Krug dem Brunnen und das Schiff dem Hafen und die Karawane der Stadt und das Leben dem Abschluß.«[17] Man spüre es deutlich, wie durch die lange Elendsgeschichte, welche das gequälte Israel durchmachen mußte, die Lebensfreude dieses einst so vitalen Volkes gebrochen worden sei und wie ein immer größerer Pessimismus in seiner Mitte überhandnahm. »Denn je schwächer die Welt im Alter wird, um so mehr wird der Leiden, die über ihre Bewohner einhergehen.«[18] Das menschliche Leben werde nicht mehr als wert empfunden, gelebt zu werden, und die Apokalyptik sei an dieser Welt völlig verzweifelt. Als ein Symptom der Schwäche und der Flucht müsse man die apokalyptische Literatur taxieren, sie sei ein Produkt der Dekadenz.

Diese weitverbreitete Bewertung ist jedoch voreilig und wird der Eigenart des apokalyptischen Schrifttums in keiner Weise gerecht. Es ist an der Zeit, dieses langjährige, völlig unberechtigte Vorurteil fahrenzulassen, das lediglich eine Verkennung zur Folge hat. Mit dem abschätzenden Werturteil »Degeneration« ist ohnehin nicht viel gesagt, zumal Verfallsepochen Erscheinungen sind, die eine notwendige Funktion auszuüben haben, so daß sie aus der Geschichte gar nicht weggedacht werden können. Dekadenzperioden haben immer den nötigen Fäulnisstoff geliefert, so daß auf ihrem Boden die jungen Pflanzen um so besser gedeihen konnten. Tatsächlich ist die Apokalyptik der Ausdruck einer Spätkultur, und sie stellt zunächst einen geschichtlichen Herbst dar, der die letzten Früchte zum Reifen und alle satten Farben zum Leuchten bringt. Vor allem verkennt die negative Beurteilung der Apokalyptik die Andersartigkeit dieses Schrifttums, das nicht als gewöhnliche Literatur verstanden werden darf. Nichts ist verkehrter, als es beständig mit der prophetischen Literatur des Alten Testamentes zu vergleichen. Dieses Tun ist noch viel unstatthafter, als wenn die Gotik beständig mit der Romantik, die Reformation mit dem Mittelalter verglichen werden. Jedes Phänomen hat Anspruch, aus sich selbst und nicht in Beziehung zu einem andern verstanden zu werden. Die Apokalypsen bilden weder den Abschluß der alten Prophetie, noch sind sie eine Entartung des prophetischen Geistes. Ihre Pseudonymität, mit der sie sich hinter die großen Namen der Vergangenheit eines Henoch, Moses, Baruch, Esra verbergen, bedeutet nicht, daß ihre Verfasser es nicht wagen, mit ihrer Persönlichkeit für sie einzustehen, sondern es stellt dies nach ihrem Glauben einen Rückgriff auf den echten Henoch, Moses usw. dar. Da sie ohnehin nicht ihre eigenen Ansichten vortragen, spielt die Verfassung für sie nicht jene Rolle wie in der modernen Zeit. Es ist unangebracht, von einem Täuschungsmanöver zu reden, waren sie doch durch das allgemeine Vorurteil, daß die Prophetie erloschen sei, gezwungen, ihr prophetisches Gewand von der Vergangenheit zu borgen. Das Rätsel der Pseudonymität der apokalyptischen Literatur, das bis heute noch keine genügende Aufhellung gefunden hat,[19] wird etwas verständlicher, betrachtet man sie als eine ausgesprochene Geheimliteratur, die der damaligen politischen Zustände zufolge ihre Ansichten nicht offen äußern konnte. Wenn man die Eigenart des apokalyptischen Schrifttums mit einer modernen Erscheinung verdeutlichen will, was aber nur den Wert einer Analogie hat, so muß sie am ehesten mit den revolutionären Flugblättern der Neuzeit in Parallele gesetzt werden. Auch sie ist eine Verschwörerliteratur, die oft unter einem falschen Titel einen ganz anderen Inhalt verstecken mußte. Die Apokalypsen sind als »unterirdische Literatur« zu verstehen, die zwar, wie ihr griechischer Name besagt, etwas enthüllen wollen, es aber nicht offen tun dürfen. Sie bewegen sich grundsätzlich auf einer anderen Ebene als jene Literatur, die dem bloßen Unterhaltungsbedürfnis der Menschen dient. Deswegen können sie nicht mit den Maßstäben der übrigen Literatur gemessen werden. Alle religionsgeschichtlichen Erklärungen sind außerstande, ihr beizukommen, sosehr das traditionelle Gut, das sie mit sich führen, dazu reizen mag. Es ist dies ein im Ansatz verfehltes Unternehmen, denn diese Literatur muß mit ihren eigenen Kategorien betrachtet werden. Sonst kommt man ihr nicht nahe. Da es sich bei den Apokalypsen um Schriften handelt, in denen sich die Geburt eines neuen Weltgefühls dokumentiert, sind sie als Urliteratur zu bezeichnen. Das ist der einzig adäquate Name für sie, zu deren Erforschung höchste Behutsamkeit erforderlich ist. Urgeschichtliche Probleme sind nach Franz Overbecks trefflicher Formulierung »in steter Gefahr, im Lichte betrieben zu werden, in dem alle Katzen grau sind. Sie sind daher nur Forschern erlaubt, die in diesem Lichte zu sehen vermögen – also Forschern mit ›Katzenaugen‹, die im Dunkeln sich zurechtfinden.«[20] Das apokalyptische Schrifttum ist wie das Neue Testament Urliteratur, und deswegen kann es in keiner Weise prinzipiell vom biblischen Kanon unterschieden werden. Die Trennung von Apokalypsen und biblischem Schrifttum ist eine willkürliche, die schon durch die Tatsache widerlegt wird, daß sowohl in den alttestamentlichen wie in den neutestamentlichen Kanon apokalyptische Literatur eingedrungen ist. Beide sind aus der gleich undurchsichtigen Atmosphäre hervorgegangen, die immer für das Werden eines neuen religiösen Bewußtseins charakteristisch ist.

Als Urliteratur müssen jedoch die rationalen Gesichtspunkte ihr gegenüber versagen. Die logische Begriffssprache ist in diesem Fall unzureichend. Die Apokalypsen stammen nicht aus der Welt des rationalen Denkens, und sie können deshalb auch nicht mit den wissenschaftlichen Denkformen erfaßt werden. Der Vernunft erscheinen sie genauso phantastisch, wie sie nicht buchstäblich verstanden werden dürfen. Die apokalyptischen Schriften sind aus der Welt des symbolischen Denkens heraus geboren; sie stellen ein unvergängliches Denkmal der magischen Weltanschauung dar. Ihre Ausführungen sind Sinnbilder, die das geistig Unsichtbare verständlich zu machen versuchen und darum dieselbe Sache oft in mehreren Bildern umschreiben, die doch das gleiche besagen. Ihre Tiere, Hörner, Schalen, Berge sind Symbole, die nicht eine kleinliche präzise Exegese verlangen, wohl aber nach einer großartigen religiösen Deutung rufen und nur dem Leser verständlich sind, der symbolisch-bildhaft zu denken vermag. Der Apokalyptiker schaut Bilder, und alles Bildhafte muß bei ihm sehr ernst genommen werden; es darf nicht zu einem allegorischen Poem verflüchtigt werden. Da sie aus einer Zeit stammen, in der das fruchtbare symbolische Denken noch nicht allgemein vom einlinigen, rationalen Denken abgelöst war, verwenden sie auch ohne weiteres die damals gebräuchlichen Ausdrucksformen, ohne deren genaue Kenntnis sie jedoch heute kaum verständlich sind. Alle diese kosmischen Bilder sind dichterisch verwendete Symbole, und wer sie interpretieren will, der muß zum allermindesten ein nachschaffender Künstler sein, der sich zu ihnen wie ein Dirigent zu einer Komposition verhält. Aus dieser Symbolwelt ist die beachtenswerte Sprache geflossen, mit der sie von »der Sonne süßblickendem Licht«,[21] von der »allesgebärenden Erde«,[22] vom »flammenden Feuer«[23] reden. Die eindrucksvollen Bilder, die oft eine nicht alltägliche Sprachgewalt verraten, machen die Schönheit der Apokalypsen aus. Deswegen würdigte ein Herder die Offenbarung Johannes und hat dieselbe auf Künstler wie Dante, Dürer und Milton eingewirkt. Freilich ist es eine Schönheit eigener Art, die weder die Besonnenheit noch das Maß der abendländischen Phantasie hat. »Die orientalische Poesie liebt das Ungeheure, Unermeßliche. Die apokalyptische Phantasie öffnet Himmel und Hölle ... und indem sie das Ende der Dinge schaut, zerbricht sie das Maß und die Schranke des Irdischen ... Aber es gibt auch eine Schönheit des Ungeheuren, des Unermeßlichen, eine Poesie in der Zerstörung, in der schrankenlosen Gewalt.«[24]

Mit dem symbolischen Denken hängt der visionäre Charakter der Urliteratur zusammen. Diese triumphierenden Schilderungen konnten die Schriftsteller nur geben, weil ihre Visionen echt waren. Keineswegs sind ihre Ausführungen in der Studierstube zusammengeklügelt worden. Gegen diese Annahme sprechen schon die starken Gemütserregungen, denen ihre Verfasser ausgesetzt waren. Sie »geraten in Bestürzung«, und ihr »Gemüt ist heftig erregt«, ihr »Leib erschaudert gewaltig«, und ihre »Seele wird ohnmächtig vor Ermattung«,[25] Tränen fließen, und die Gedanken des Herzens wallen, sie stehen Schmerzen aus über dem, was sie sehen, und »das Herz blutet ihnen aufs neue.«[26] »Mir Daniel machten meine Gedanken sehr angst, und meine Gesichtsfarbe veränderte sich an mir«, heißt es in seinem Buch,[27] und der Seher der Offenbarung Johannes kam jeweils »in den Geist«, so daß er »wie tot« hinfiel.[28] Diese Schriften sind in Verzückungszuständen geschrieben, und ihre Verfasser sind Seher. Eine großartige Schau widerfuhr diesen visionären Unbekannten. Es ist der ekstatische Mensch, der sich in der Apokalyptik zu Wort meldet. Er, der mit seinen glühenden Visionen in den Himmel gehoben wird, steht über dem Typus des gesetzestreuen Pharisäers, obwohl dieser in jener Zeit den Ausschlag gab. Niemals darf der ekstatische Mensch als krankhaftes Wesen hingestellt werden. Er repräsentiert in seinen Entrückungen eine Haltung, die nicht nur als Ausdruck von Zeiten großer Geistesbewegungen und innerer Revolutionen zu bewerten ist, ihm kommt ewige Gültigkeit zu. Die von Gott gewirkte Begeisterungsfähigkeit, die den Menschen über sich selbst hinaushebt und in der alle großen Dinge vollbracht werden, muß als positiver Wert anerkannt werden.

Die Religiosität dieser ekstatischen Menschen war von einer solch verwirrenden Gedankenfülle, daß in diesem Zusammenhang nur die großen Konturen hervorzuheben sind. Daß es sich bei der Apokalyptik um eine ernsthafte Frömmigkeit handelt, kann nicht bezweifelt werden. Freilich ist es eine Religiosität, zu der man nicht ohne weiteres Zutritt hat, sie muß durch eine mühsame Einfühlung ertastet werden. Eine verzehrende Glut und eine brennende Sehnsucht sprechen aus ihren fiebrigen Schriften, die voll von religiös-sittlichem Pathos sind. Nicht umsonst hat der leidenschaftliche Tertullian diese Apokalypsen hochgeschätzt. In der apokalyptischen Weltanschauung begegnen einem die tiefsten Gedanken; ihre Verfasser dringen zu den letzten Problemen vor, die Menschen überhaupt beschäftigen können. Namentlich das Theodizeeproblem wird in dem ungewöhnlichen vierten Esrabuch auf eine eindrucksvolle Art behandelt, die an Marcion und in der modernen Zeit an Dostojewskij gemahnt. Selbstverständlich sind nicht alle Apokalyptiker gleich hoch zu werten. Man muß auch bei ihnen Unterschiede machen und darf ferner nicht übersehen, daß ihre Schriften zuweilen auch überarbeitet worden sind. Von der Großartigkeit ihrer religiösen Weltanschauung kann eine kurze Skizze nur eine notdürftige

Vorstellung geben, die weder ihrem Reichtum noch ihren Nuancen gerecht zu werden vermag.

Die Apokalyptik nimmt ihren Ausgang von der Not des menschlichen Daseins. Das Leben wird als düster und schwer empfunden. Als Adam das Gebot Gottes übertrat, ward nach der dunklen Sicht des vierten Esrabuches »die Schöpfung gerichtet. Da sind die Wege in diesem Äon schmal und traurig und mühselig geworden, elend und schlimm, voll von Gefahren und nahe an großen Nöten.«[29] Die niederdrückenden Geschehnisse der nationalen Geschichte, durch die das jüdische Volk von den Großmächten immer rücksichtsloser zu Boden getreten wurde, erzeugte folgerichtig eine trostlose Stimmung. Ein grenzenloser Pessimismus nahm überhand. Mit jedem Tag empfand man stärker das Anwachsen des Elends. Die menschliche Not schien ausweglos zu werden. Keine Bemühung des Menschen vermochte sie noch zu überwinden, vielmehr standen sie ihr machtlos gegenüber. Das Unglück war zu tief in diesem Weltzustand verwurzelt und erschien als ein Wesensbestandteil.

In dieser Zeit steigert sich die Notlage ins Gigantische. Unheimliche Zeiten sehen die Apokalyptiker heraufkommen. »Es wird zur letzten Zeit um das Ende des Mondes sein, ein die Welt durchrasender Krieg, trugvoll in Arglist. Es wird kommen vom Ende der Erde der muttermörderische Mann, fliehend und im Geiste Scharfschneidiges sinnend, der die ganze Erde niederwerfen und alles bezwingen wird. Es wird vom Westen her ein großer Krieg den Menschen kommen, und das Blut wird fließen, vom Hügel herab bis zu den tiefwirbelnden Flüssen.«[30] Ein winterlicher Hauch wird auf Erden zu wehen beginnen, und gleichzeitig wird es Feuer von den himmlischen Gegenden auf die Menschen regnen. Unheimliche Prophezeiungen stoßen die Apokalyptiker schreckerfüllt über diese letzte Zeit aus, die den Menschen unmittelbar bevorsteht. Nicht ausdenkbare Drangsale werden die Erde heimsuchen, die aller Beschreibung spotten. Nach dem Buche Henoch »werden in jenen Tagen die Völker in Aufruhr kommen und ... die, welche Not leiden, werden hingehen, ihre Kinder zu zerfleischen, und sie werden sie verstoßen ... Fehlgeburten werden ihnen abgehen ... und die Sünde für einen Tag unaufhörlichen Blutvergießens ist bereitet...«[31] Gerüchte entstehen, und Träume erschrecken die Menschen, keiner traut mehr dem andern, und überall wittert man Verrat. Sogar die Gestirnswelt wird in diese Drangsal einbezogen. »Die Sonne wird kein Licht mehr geben und sich in Finsternis verwandeln; die Hörner des Mondes werden zerbrechen, und er verwandelt sich ganz in Blut, und der Kreis der Sterne wird in Verwirrung geraten.«[32] Nach dem tiefsinnigen vierten Esrabuch »wird plötzlich die Sonne bei Nacht scheinen und der Mond am Tage, von Bäumen wird Blut träufeln; Steine werden schreien. Die Völker kommen in Aufruhr... die Vögel wandern aus, das Meer von Sodom bringt Fische hervor und brüllt des Nachts mit einer Stimme, die viele nicht verstehen, aber alle vernehmen.«[33] Der ganze Weltenraum wird in dieses ungeheure Geschehen einbezogen. Es ist durchaus kosmisches Weltgefühl, das sich in der Apokalyptik ausspricht, und diese Fülle von Beziehungen verleiht dieser Weltanschauung auch ihre eigentümliche Größe.

Wenn diese Schrecken ihren Höhepunkt erreicht haben werden und kaum noch zu ertragen sind, dann zerbricht die Form dieses Äons, und der Weltuntergang beginnt. Das Gefühl, daß es so nicht mehr weitergehen könne und kein Mensch mehr Rat wisse, wie das immer größer werdende Chaos zu meistern sei, brachte die Apokalyptiker folgerichtig zu der Erwartung des Weltendes. Da die Sünde in der Substanz dieses Äons liegt, kann sie nicht beseitigt werden, ohne daß diese Welt der Vernichtung anheimfällt. Alle Apokalyptiker sind von dem Glauben an den Weltuntergang erfüllt, der aus allen ihren Zeilen spricht, und diese Einstellung ist es auch, die sie von den griechischen Denkern so stark abhebt. Das Ende aller Tage zu verkünden ist die ihnen aufgetragene schwere Botschaft, die ihren Ausführungen das entscheidende, erschreckende Gewicht verleiht. »Ich bin gekommen, um dir von dem Kenntnis zu geben, was deinem Volk am Ende der Tage begegnen wird«, heißt es bei Daniel,[34] und ebenso behauptet Baruch: »Jetzt muß das Ende eintreten für die Zeit... denn nahe ist der Krug dem Brunnen.«[35] Durch die Apokalyptik hallt der schrille Ruf vom Ende aller Dinge, das gekommen ist, ein unheimlicher Ruf, der die Menschen in Aufregung versetzt. Entsprechend der Weltuntergangsstimmung läutet der letzte Glockenschlag auf der Weltenuhr.

Mit dem Zerbrechen der Welt verbindet die Apokalyptik den Gedanken vom Gericht. Die Erwartung des Gerichtes spielt im apokalyptischen Denken eine zentrale Rolle. »Der Höchste erscheint auf dem Richterthron. Dann kommt das Ende, und das Erbarmen vergeht... mein Gericht allein wird bleiben.«[36] Es handelt sich keineswegs nur um ein Völkergericht, das die erlittene Unterdrückung Israels rächen soll, sondern um ein Weltgericht. Der Charakter des Endgerichts beweist sich darin, daß in jenem Moment sich die unvorstellbare Auferstehung der Toten ereignen wird, eine Hoffnung, durch die sich die Apokalyptik am stärksten von den Propheten unterscheidet. Die Abgeschiedenen werden zum Endakt erscheinen müssen, wie Daniel schreibt: »Viele von denen, die schlafen im Erdenstaube, werden erwachen, die einen zum ewigen Leben, die andern zur Schmach.«[37] Auch die sibyllischen Orakel geben diesem Glauben Ausdruck: »Aber wenn dann alles zu Staub und Asche geworden ist und Gott das unsägliche Feuer stillt, er, der es angezündet, und dann wird Gott selbst wiederum die Gebeine und den Staub der Männer gestalten und die Sterblichen wieder aufrichten, wie sie zuvor waren. Und dann wird das Gericht sein, bei welchem Gott selbst richten wird, die Welten wiederum richtend.«[38] Die Bücher der Lebendigen werden aufgeschlagen, und alle Menschen werden erbleichen. Der einzigartige Ernst dieser atembeklemmenden Literatur kann nicht überboten werden. »Jener Tag ist also, daß er Sonne nicht hat, nicht Mond, nicht Sterne, nicht Wolken, nicht Donner, nicht Blitz, nicht Dunkel, nicht Abend, nicht Morgen, nicht Glanz, nicht Helle, nicht Leuchten, sondern ganz allein den Glanz der Herrlichkeit des Höchsten, wobei alle das schauen kommen, was ihnen bestimmt ist.«[39] Doch ergeht sich die Phantasie nicht in zügellosem Sadismus. Ausdrücklich wird gesagt: »Du also frage nicht weiter, wie die Gottlosen gemartert, sondern forsche darüber, wie die Gerechten erlöst werden sollen.«[40]

Das mit dem Weltuntergang verbundene Weltgericht stellt freilich noch nicht das letzte Wort der Apokalyptik dar. Die tiefste Eigenart der apokalyptischen Religiosität kommt in ihren

Ausführungen über diesen und jenen Äon zum Ausdruck. Nicht wie die alten Propheten kennt sie nur diese Erde, sondern die transzendentale Hoffnung ist mit Macht in ihre Vorstellungswelt eingebrochen, die ihrer Botschaft eine für das jüdische Denken ganz neue Wendung gab. Die rein diesseitige, flächenhafte Einstellung, wie sie die nationale Hoffnung bis dahin vertrat, wird durch eine hintergründige Anschauung durchbrochen. Die Entdeckung des Transzendentalismus muß als eine der schöpferischen Leistungen der Apokalyptik gewertet werden. Mit unerhörter Kühnheit sagt das Esrabuch: »Eben deshalb hat der Höchste nicht einen Äon geschaffen, sondern zwei.«[41] Der kommende Äon bringt die neue Welt, die ewig bleibt. Es sind neue Klänge, welche die Apokalyptiker mit dieser Verkündigung anschlagen, deren Tragweite nicht hoch genug eingeschätzt werden kann. Nicht daß dadurch das Diesseits ihren Blicken entschwunden wäre. Die Eigenart der großen Welterneuerung, die den Inhalt ihrer Hoffnung bildete, bestand in einer untrennbaren Verbindung von irdischen und transzendenten Elementen. Beide Vorstellungen stehen nebeneinander und überschneiden sich auf mannigfache Weise.

Von dieser irdisch-überirdischen Atmosphäre ist auch die apokalyptische Reichserwartung umgeben. Die Heraufführung des Reiches ist das Werk des Messias. Die Messiasvorstellung in der Apokalyptik hat etwas Schillerndes an sich, was auch noch in der späteren jüdischen Auffassung wahrnehmbar ist.[42] Zum »eisernen Bestand der eschatologischen Hoffnungen Israels gehört die Gestalt des Messias nicht«, da er in den »meisten Zukunftsschilderungen der älteren Zeit überhaupt nicht erwähnt wird.«[43] Je stärker die transzendentale Hoffnung über die Apokalyptik Macht gewann, um so unklarer wurde es, ob der Messias als ein irdisches Wesen oder als eine mythische Gestalt aufzufassen sei. Bedeutsam bleibt, daß das Erscheinen des Messias das Kommen des messianischen Reiches zur Folge hat, das sich als die große Wende erwies. »Und dann wird sein Reich über all seine Kreatur erscheinen, dann wird der Teufel ein Ende haben und die Traurigkeit mit ihm hinweggenommen werden.«[44] Als eine unfaßliche Wiederkehr der Tage des Paradieses hat die Apokalyptik das Gottesreich verkündet, in welchem die ganze Erde von der Freude verwandelt wird. »Ich werde den Himmel verwandeln, und ... ich werde die Erde verwandeln«, heißt es bei Henoch.[45] Welche überströmende Vorstellung, daß nicht nur die Erde erneuert werden müsse, sondern auch der Himmel! »Der erste Himmel wird verschwinden und vergehen; ein neuer Himmel wird erscheinen, und alle Kräfte der Himmel werden siebenfach immer leuchten.«[46] Der Messias, dessen Haupthaar weiß wie Wolle ist, wird diese verwandelte Erde beherrschen, und »seine Macht ist eine ewige Macht, die niemals vergeht, und nimmer wird sein Reich zerstört.«[47] Dann wird »kein Schwert auf Erden noch Kriegslärm sein, noch wird ferner die schwer seufzende Erde erschüttert werden. Nicht Krieg noch auch Dürre wird ferner auf Erden sein, nicht Hunger und Früchte verwüstender Hagel, sondern großer Friede auf der ganzen Erde.«[48] Es ist das Gottesreich, das nun gekommen ist, dessen Heilszeit von ewiger Dauer sein wird. Die Weissagung dieses göttlichen Reiches ist neben dem Monotheismus die religiös tiefste Idee, die das Judentum hervorgebracht hat. Diese Reichserwartung ist von der apokalyptischen Weltstimmung unablösbar, aus ihr hat sie den stärksten Auftrieb erhalten, so daß ein wegweisendes Wort aus jener Zeit lautet: »Alle Gebete, welche nichts vom Reiche haben, verdienen nicht den Namen Gebet.«[49]

Bei der Größe der hochgespannten Erwartung dieser Menschen mußte die Frage brennend werden: Wann ereignen sich diese unerhörten Geschehnisse? Um diese aktuelle Frage kreiste das zentrale Interesse der Apokalyptiker, und sie gab ihren Ausführungen den existentiellen Charakter. Stets waren sie bereit zu fragen: Hüter, ist die Nacht bald hin? Der Apokalyptiker ist bestrebt, in die Zukunft hineinzuschauen, und er will den Menschen »das Künftige in den Sinn legen«.[50] Offen gesteht Henoch: »Nicht für das gegenwärtige Geschlecht dachte ich nach, sondern für das künftige.«[51] Die Apokalyptiker schreiben aus keinem andern Grund, als »damit ihr wißt, was kommen wird«.[52] Sie waren ausgesprochene Zukunftsmenschen, die sich voll leidenschaftlicher Sehnsucht dem Kommenden entgegenstreckten. Vergangenheit und Gegenwart versanken zur Bedeutungslosigkeit angesichts der großen Zukunft. Direkt wirft Esra die Frage auf: »Warum nimmst du dir nicht die Zukunft zu Herzen, sondern nur die Gegenwart?«[53] Die Apokalyptiker opfern gewollt die Gegenwart der Zukunft und schreiten in kühner Weise dem Kommenden entgegen.

In ihrem gespannten Harren auf das Kommende waren sie von der Gewißheit durchdrungen, daß diese Weissagungen in Bälde in Erfüllung gehen werden. Die Verwirklichung ist in diesem Moment nur deshalb nicht möglich, weil *diese* Welt zu sehr dem Bösen verfallen ist, als daß sie die große Umwandlung zu erleben gewürdigt würden. Aber es dauert nicht mehr lange, und alle Fristen werden abgelaufen sein. Auf die gespannte Frage: »Wie lange noch, wann soll das geschehen?« antwortete der Engel dem von heiliger Ungeduld erfüllten Seher: »Du willst doch nicht mehr eilen als der Höchste.«[54] Offenbar eilt Gott, und die Dinge drängen einem beschleunigten Ablauf entgegen. Alles befindet sich in einem unheimlich bewegten Fluß, die Ereignisse werden sich in Kürze überstürzen, und in allernächster Zeit wird sich das sehnsüchtig Erwartete vollziehen. Diese ungeheure Spannung verleiht der apokalyptischen Weltauffassung ihren beispiellos dynamischen Charakter. Esra versteigt sich sogar zu der Frage: »Glaubst du, daß ich leben werde bis zu jenem Tage«, worauf er freilich die Antwort erhält, darüber ihm etwas zu sagen sei nicht vorgesehen. Aber aus allen apokalyptischen Ausführungen geht die Nähe der letzten Dinge hervor. Apokalyptische Weltstimmung ist immer Naherwartung, und der Glaube an die Nähe des Endes drückt dieser Haltung den Stempel der Echtheit auf.

Die Überzeugung von dem unmittelbar bevorstehenden Weltende und dem Hereinbrechen des Reiches wurde durch mannigfache Anzeichen gestützt, die die Apokalyptiker wahrzunehmen glaubten und die alle darauf hinwiesen, welche Stunde es auf der Weltenuhr geschlagen habe. Auf diese Vorboten, die die Menschen warnen sollten, legten sie größtes Gewicht. »Ich werde dir aber ein deutliches Zeichen sagen, daß du erkennen kannst, wann das Ende aller Dinge auf Erden kommt: Wenn Schwerter am gestirnten Himmel nächtlicherweise erscheinen gegen Abend und auch gegen Morgen; alsobald wird auch Staubwirbel am Himmel herfahren gegen die ganze Erde, und der Glanz der Sonne wird vom Himmel mitten am Tage verschwinden und des Mondes Strahlen sichtbar werden und zurück auf die Erde kommen. Mit blutigen Tropfen aus dem Felsen wird ein Zeichen geschehen; in der Wolke werdet ihr sehen einen Kampf von Fußvolk und Reisigen, gleichsam eine Jagd auf wilde Tiere, Nebeln ähnlich.«[55] Krankheiten beginnen zu wüten, die Frauen hören zu gebären auf, die Erde gibt keine Frucht mehr usw. Auch im Esrabuch ist von diesen Vorzeichen die Rede, die der gleichen Aufgabe dienen: »Denn wie alles, was in der Welt geschehen ist, einen verborgenen Anfang hat im Wort, aber ein offenkundiges Ende, so sind auch des Höchsten Zeiten: ihr Anfang in Worten und Vorzeichen, ihr Ende aber in Taten und Wünschen.«[56]

Diese zahlreichen Anzeichen brachten die Apokalyptiker auf den Gedanken, das Eintreffen dieser Geschehnisse berechnen zu können. Daniel gibt dieser Annahme mit den bedeutsamen Worten Ausdruck: »Aber es ist ein Gott im Himmel, der Geheimnisse enthüllt; der hat zu wissen getan, was am Ende der Tage geschehen wird.«[57] Deswegen stellten die Apokalyptiker ausführliche Berechnungen über diesen Äon an. Durch die Umwandlung der Jahre in Jahrwochen glaubten sie, das Ende in ihrer Gegenwart erwarten zu können. Eine eigenartige Zahlenmystik findet sich bei den Apokalyptikern, die eine eschatologische Chronologie aufstellten, in der dunkel, aber doch verständlich das gewünschte Resultat angedeutet wird. Freilich mußten auch sie zuweilen erfahren, daß diese seltsamen Berechnungen mit den geschichtlichen Ereignissen schließlich doch nicht übereinstimmten. Deswegen sprach Rabbi Jose die Warnung aus: »Wer das Ende berechnet, hat keinen Anteil am ewigen Leben.«[58] Gleichwohl sind diese Berechnungen nicht nur als Ausdruck einer primitiven Welteinstellung oder einer ungezügelten Neugierde zu betrachten. Es steht auch hinter dieser Magie der Zahlen etwas Größeres, als gewöhnlich vermutet wird. In den Berechnungen meldet sich, wenn auch noch in unbeholfener Weise, das erste Verständnis für das Zeitproblem. Die Apokalyptiker haben die Zeit als einen Rhythmus verstanden, den sie in gewisse Perioden gliederten. Nach ihrem Dafürhalten kann die Zeit in Zahlen gefaßt werden, da alles seinen Tag und seine Stunde hat. Doch hat sie diese Annahme nicht an der Erkenntnis von der merkwürdigen Ungleichwertigkeit der Zeiten gehindert. Die Zeit kann trotz allem nicht einem Strom, der gleichmäßig dahinfließt, verglichen werden. Es gibt Jahre, wo das Leben beinahe stillzustehen scheint, und plötzlich kann sich die Zeit wieder überstürzen; es gibt Sekunden, in denen Entscheidungen für das ganze Leben fallen. Die Apokalyptik hat ein erstes Gefühl für das Krisenhafte der Zeit, und wenn sie sich auch in den großen Fristen Gottes täuschte, so stellen ihre Berechnungen doch die ersten Grundakkorde einer Philosophie dar, die das Zeitproblem als solches erkannt hat.

Die Apokalyptiker – von der Erwartung einer völligen Umkehrung des Bestehenden erfüllt – liebten es, dieser Überzeugung mit starken Worten und kräftigen Strichen Ausdruck zu geben. Deswegen darf ihre Beurteilung auch nicht von einem kleinlichen Aspekt aus erfolgen. Sie besitzen Anspruch auf Anerkennung ihrer positiven Werte, denn in ihnen lebte die Hoffnung auf das unfaßliche Finale der Weltgeschichte.

Wenn die apokalyptische Weltstimmung auch von düsterer Färbung ist, so kann sie doch nicht als »fassungslos« charakterisiert werden. Im Gegenteil: sie ist eine kräftige Trostspenderin. In gedrückter Situation, da die Menschen infolge der ungünstigen Zeitereignisse der Verzweiflung nahe waren, versuchten die Apokalyptiker die zitternden Knie wieder zu stärken und die lässigen Hände wieder aufzurichten. Mitten in der verhängten Lage wiesen sie auf jenen kommenden Zustand hin, da Gott abwischen wird die Tränen. Durch alle ihre Schriften geht die tröstliche Zusicherung: »Am Trübsalstage der Sünder werden eure Kinder sich erheben und wie die Adler auffahren ... Ihr Leidenden aber, fürchtet euch nicht, denn Heilung wird euch zuteil werden ...«[59] Mütterlicher Zuspruch klingt aus den Worten: »Fasse Mut, Israel, sei nicht traurig, Jakobs Haus.«[60] Bei allen furchterregenden Fanfarenstößen trösteten die Apokalyptiker doch wieder ihre Leser so wundersam, wie nur eine Mutter ihr weinendes Kind zu beruhigen vermag. Ein reicher Trostquell ergießt sich aus dem apokalyptischen Schrifttum, und unzählige Menschen haben aus ihm in schwerer Zeit innere Stärkung geschöpft. Allein schon um dieser tröstenden Elemente willen verdienen die Apokalypsen eine andere Schätzung, als ihnen gewöhnlich zuteil wird. Die Makkabäerzeit beweist, wie diese apokalyptisch eingestellten Menschen fähig wurden, sich aufzuopfern. Sie waren von einer großen Leidensbereitschaft erfüllt. Wahrhaftig, die Apokalyptik vermochte starke religiöse Kräfte zu entbinden.

Die Apokalyptiker verbanden mit ihrer Trostspendung einen deutlich wahrnehmbaren ethischen Appell. Ihr Schrifttum vertritt keine sittlich indifferente Weltanschauung, die sich jenseits von Gut und Böse fühlt. Es ist vielmehr von einem sehr starken Ethos durchdrungen, das an die Menschen Forderungen stellt: »Seid nicht gottlos in eurem Herzen, lügt nicht, ändert nicht die Worte der Wahrheit und gebt die Worte der großen Heiligen nicht für Lüge aus.«[61] Zur Treue bis in den Tod ruft die Apokalyptik die Menschen auf und ermuntert sie, das zu behalten, was sie haben, damit ihnen niemand ihre Krone rauben könne. Wer sich nicht eines rechtschaffenen Wandels befleißt und wer nicht Gottes Gebote genau beachtet, der hat keine Aussicht, in den Drangsalen zu bestehen und nachher zur Gemeinde der Frommen gerechnet zu werden. Die Apokalyptik ist von dem Gedanken der kosmischen Tragweite einer sittlichen Tat durchdrungen. Was der Mensch in diesem Leben tut, das besitzt seine Wirkungen in der jenseitigen Welt. Dem Frevel gegenüber gibt es nur ein rücksichtsloses Entweder-Oder. Die wahre Frömmigkeit duldet kein Sowohl-Als-auch. Dieser unerbittlich-sittliche Ernst verleiht der Apokalyptik ihren ethischen Charakter.

In ihren Kreisen hat man sich auch zuerst über den Ablauf der Geschichte Gedanken gemacht, versuchte sie in verschiedene Perioden einzuteilen und dann festzustellen, in welcher von ihnen sich die Gegenwart befinde. Man kann diese Überlegungen der Dürftigkeit bezichtigen. Gewiß sind sie das auch in mehr als einer Beziehung. Aber aus dieser Primitivität hat sich etwas Großes entwickelt. Diese unbeholfenen Gedanken führten zu nichts Geringerem als zur Entstehung der Geschichtsphilosophie! Der Apokalyptiker reflektierte: »In zwölf Teilen ist die Weltgeschichte geteilt; gekommen ist sie bereits zum zehnten, zur Hälfte des zehnten; überbleiben aber zwei nach der Hälfte des zehnten.«[62] Natürlich war es ein weiter Weg, den die geschichtsphilosophischen Bemühungen von Daniel über Augustin bis zu Hegel zurückgelegt haben; aber ihre Ursprünge sind tatsächlich bei den Apokalyptikern zu suchen. Wer sich nicht mit einem trockenen Pragmatismus des historischen Geschehens begnügen will, sondern das unabweisbare Bedürfnis empfindet, sich über den Ablauf der Geschichte seine Gedanken zu machen und nach dem verhüllten Sinn zu fragen, der wird in den Apokalyptikern seine Väter erblicken. Diese haben als erste eine theologische Betrachtungsweise ausgeübt und das Weltgeschehen von einem einheitlichen Gedanken aus zu verstehen gesucht. Als diese eine Idee muß das Problem der Theodizee bezeichnet werden, das die Apokalyptiker unablässig quälte, weil das fremdartige Tun des verborgenen Gottes sie vor lauter Rätsel stellte. Auf geschichtsphilosophischem Wege versuchten sie diese ewige Frage durch die Lösung zu bezwingen, daß die in tiefe Unordnung geratene Welt nicht mehr gesunden könne, sondern einer andern Platz machen müsse. Aber die der Menschheit noch bevorstehende glückliche Zukunft wird nur unter großen Schmerzen geboren, die der neuen Zeit vorangehen. Nach der apokalyptischen Geschichtsphilosophie liegt der Sinn nicht im menschlichen Leben; er verwirklicht sich erst im Kommenden.

Das Weltbild der Apokalyptik ist von einer unüberbietbaren Dramatik durchpulst. In ihr ist nichts von einer Idylle, von behaglicher Ruhe zu finden. Vielmehr lebt in ihm ein deutlich ausgeprägtes Gefühl für das Tragische des Weltlaufes, und es wird dieses Bewußtsein zu einem höchst dramatischen Bild gestaltet, das die Menschen aus dem Schlafe aufschreckt. Ein grandioses Lebensgefühl lebt in den apokalyptischen Ausführungen, das in den oft als phantastisch gerügten Bildern nur unvollkommenen Ausdruck bekommt. Was bedeuten diese skurrilen Vorstellungen anders, als daß ihre Seher von Ideen bewegt waren, die sie nicht in der gewöhnlichen Sprache formulieren konnten, weil sie zu stark erschüttert waren. Ein heißer Atem weht aus der Apokalyptik; sie hat in der Welt einen Feuerbrand entfacht, der sich durch Jahrhunderte hindurch nicht löschen ließ und dessen erstarrte Lava noch in die Gegenwart hineinfließt. Es ist an der

Zeit, endlich die Großartigkeit der apokalyptischen Schau zu sehen, die eine Wahrheit enthält, die immer wiederkehrt.

Der Apokalyptik wohnt eine revolutionäre Kraft inne. Ihr Wille ist auf das Kommende gerichtet, und sie entrollt einen prophetischen Ausblick in die Zukunft. Apokalyptische Weltstimmung ist Adventszeit, ihre größte Bedeutung liegt darin, daß aus ihr das Christentum hervorgegangen ist. Nicht zufällig steht am Eingang des Neuen Testamentes Johannes der Täufer mit seiner drohenden Gerichtspredigt. Von allen geschichtlichen Bewegungen hat die Apokalyptik für das werdende Christentum die größte Wichtigkeit erlangt. Mit ihrem vorbereitenden Charakter stellt sie »die Vorgeschichte des Evangeliums« dar, die wie keine andere »in die eigentliche Geburtsstätte des Christentums hineinführt.«[63]

Wegen ihrer Verbundenheit mit dem Evangelium hat sie auch dem heutigen Menschen noch ein gewichtiges Wort zu sagen. Auch der Christ der Gegenwart muß wieder dem apokalyptischen Weltgefühl gegenüber geöffnet sein, und die apokalyptische Spannung ist nun einmal mit der religiösen Einstellung aufs engste verwandt. Die Geschehnisse der Welt drängen ihn förmlich darauf. Allezeit muß in ihm ein Witterungsvermögen für jenes Bewußtsein vorhanden sein, das der große, moderne Apokalyptiker Dostojewskij einmal in die Worte kleidete: »In der Tat, wer kann es wissen, was der Welt im nächsten Vierteljahrhundert bevorsteht, oder vielleicht schon in diesem Jahr? Europa ist unruhig. Aber ist es nicht vielleicht nur eine jähe vorübergehende Unruhe? Keineswegs: man fühlt, es ist die Zeit für etwas Tausendjähriges, für etwas Ewiges gekommen, für das, was sich auf der Erde seit dem Anfang ihrer Zivilisation vorbereitet hat.«[64]

Jesu Botschaft vom Gottesreich

Der Vorwurf, es fehlte dem Zeitalter der apokalyptischen Weltstimmung an großen Gestalten, ist ungerechtfertigt, allein schon im Hinblick auf Jesus von Nazareth. Freilich erfuhren wenige Persönlichkeiten eine solche Übermalung bis zur Unkenntlichkeit wie Jesus. Er ist die mißhandeltste Gestalt der Weltgeschichte, die noch nach dem Tode eine zweite Passion durchmachen mußte. Um Jesus in dem ihm allein entsprechenden Lichte zu sehen, ist es notwendig, sich entschieden von der traditionellen Vorstellung zu befreien. Das süßlich-weiche Wesen, in das ihn eine kleinbürgerliche Kunst eingehüllt hat, muß restlos abgestreift werden. Für den, der Jesus in dem langweiligen Schema der kirchlichen Überlieferung in sich aufgenommen hat, ist die Umstellung allerdings sehr schwer. Und doch hängt alles davon ab, ob man Leben und Lehre Jesu wieder groß und mit jener unmittelbaren Frische zu schauen vermag, als begegnete sie einem zum erstenmal. Es ist wichtig, daß man sich diese neue Schau nicht gleich durch die banausische Frage der praktischen Verwendbarkeit verdirbt.

Das Einzigartige und Überragende am jungen Christentum ist die Gestalt Jesu. Es gibt keine Persönlichkeit, die sich an elementarer Wirkung mit ihm vergleichen ließe. Er war der fruchtbarste Mensch, der je über diese Erde geschritten ist. Jesus Christus wurde das Schicksal des Abendlandes. Bis zum heutigen Tag steht diese Entwicklung in seinem Schatten. Auch dort, wo das abendländische Denken in der Neuzeit antichristliche Wege geht, geschieht dies in bewußter Auseinandersetzung mit ihm. Als ein Meteor, der aus einem andern Weltenraum kam und in einen andern ging, erschien er dieser Erde, der nach der apokryphen Tradition von sich selbst sagte: »Ich trat mitten in der Welt auf und erschien im Fleische ihnen und fand alle trunken, und niemand fand ich durstig unter ihnen, und es mühet sich meine Seele ab an den Söhnen der Menschen, denn sie sind blind in ihrem Herzen...«[1] Das magische Leuchten seiner Erscheinung kann mit historischen Begriffen nie eingefangen werden. Der Unergründlichkeit seines Wesens vermag keine Darstellung gerecht zu werden. Was man auch sagen mag, es ist alles zum voraus unzureichend. Es gibt kein Jesusbuch, das auch nur annähernd den Glanz der Evangelien erreicht. Niemand vermochte bis dahin das Außerordentliche, das mit ihm gegeben war, zu umschreiben. Mit Jesus ist etwas ganz Neues in die Welt hineingekommen, wenn es auch überaus schwer ist, auszusagen, worin dieses bis dahin noch nie Dagewesene besteht. Man spürt es nur aus jener Reihe von explosiven Wirkungen, die beständig von ihm ausgingen und noch ausgehen.

Das Unfaßliche seines Wesens bezeugen auch die Synoptiker, die den unvergleichlichen Rhythmus dieses Lebens festzuhalten versuchten und die mit ihrer anekdotischen Darstellung Jesus bald in nebliger Verhüllung und bald in blitzartiger Überhelle zeigen. Ihre Berichterstattung steht freilich unter dem schwerwiegenden Urteil von Jesu Wort: »Die mit mir sind, haben mich nicht verstanden.«[2] »Gewaltig und nicht wie die Schriftgelehrten« predigte Jesus, über »dessen Lehre sich das Volk entsetzte«.[3] Erdbebenartige Erschütterungen lösten seine Worte aus, und allezeit stand er als der Überlegene da. Die Wucht seiner hoheitsvollen Persönlichkeit auf seine Zeitgenossen war von unauslöschlichem Eindruck, als er mit der Peitsche in der Hand den Tempel säuberte. Er überragte mit seinem befremdenden Format alles, was sich ihm in respektvollem Abstand näherte. Gemeißelt und doch voll Lebendigkeit, zugänglich und doch abseits steht Jesus vor den Menschen. Auch nach seinem Tode zitterte noch die unheimliche Seinsgewalt in seinen Worten nach, von denen eine unwiderstehliche Anziehungskraft und die größte Weltumwälzung ausgingen. Es gibt auch nach dem Urteil profaner Geschichtsphilosophen in der ausgehenden Antike nichts, was sich nur von entfernt an die Seite Jesu stellen ließe: »Wer damals seine Leidensgeschichte las und hörte, wie sie sich kurz vorher begeben hatte, den letzten Zug nach Jerusalem, das letzte bange Abendmahl, die Stunde der Verzweiflung in Gethsemane und den Tod am Kreuz, dem mußten alle Legenden und heiligen Abenteuer von Mithras, Attis und Osiris flach und leer erscheinen.«[4] Über Jesus war tatsächlich nur das eine Urteil des Volkes möglich: »Solches haben wir noch nie gesehen.«[5]

Dabei war diese von nicht aufzuhellenden Geheimnissen umwitterte Gestalt voller Widersprüche. Eine weiche Milde von beinahe frauenhafter Zartheit findet sich neben männlichem Kampfeswillen von metallener Härte. Jesus stellte eine strenge Ethik auf, um dann wieder das Übermoralische in einer Weise zu betonen, daß er den Kirchenmännern aller Zeiten schwersten Anstoß bereitete. Er verkündete die schroffste Prädestinationslehre, um im nächsten Augenblick wieder alle Mühseligen zu sich zu rufen; er kann sich auf den exklusiv nationalistischen Standpunkt stellen als einer, der nur zu den verlorenen Schafen Israels gesandt sei, um alsobald wieder ein Gleichnis zu erzählen, nach dem das Reich den Heiden gegeben werde. Er preist die Friedfertigen selig und hielt sich doch für den, der das Schwert zu bringen gekommen sei. Immer neue Gegensätze von imperatorischem Herrscherwillen und von tiefster Demut traten bei Jesus hervor und machen diese Gestalt zu jenem faszinierenden Rätsel, das nicht gelöst werden kann. Unmöglich ist es, diese Persönlichkeit ganz zu erfassen, die wie ein Blitz vom Aufgang bis zum Niedergang zuckt. Ist sie als Dichter von lyrischer Schönheit oder als Denker mit abgründiger Tiefsinnigkeit zu verstehen? War er der größte aller Propheten, oder ist er nur als der einzige Sohn zu begreifen? Alle diese Bezeichnungen können auf Jesus angewandt werden, und doch ist mit keinem dieser Begriffe dem Unerklärlichen seines Wesens beizukommen, das sogar den Seinigen den erschreckten Ausruf entlockte: »Er ist von Sinnen.«[6]

Trotz diesen mannigfachen Gegensätzen, die Jesus in sich barg, war er doch ein Mensch von hinreißender Geschlossenheit, dem das galiläische Volk in Scharen folgte, obschon er nicht im geringsten Massenanhang suchte. Jegliche innere Zerrissenheit war diesem in sich geeinten Menschen völlig fremd, dessen beispielloser Radikalismus in einem ungewöhnlichen Selbstbewußtsein wurzelt. Man muß bei Jesus vor allem auf den zentralen Obergedanken achten, zu dem all die verschiedenartigen Ausführungen sich bloß wie Erläuterungen verhalten. Im Grunde hat Jesus nicht vieles, sondern immer nur eines gesagt. Dieses Eine, das durch alle seine Worte hindurchgeht, muß in den Mittelpunkt gestellt werden, von dem aus all die mannigfachen Gleichnisse und Sprüche zu verstehen sind. Jede Jesus-Auffassung, die nicht zu dieser Einheit vordringt, bleibt an der Peripherie hängen und ahnt nichts von dem Worte Jesu: »Mein Geheimnis gehört mir und den Söhnen meines Hauses.«[7] Nur wenn man dieses Zentrum sieht, nimmt man den leuchtenden Glanz wahr, der diese Gestalt umfließt, einen Eindruck, den Rembrandt wohl am besten wiederzugeben vermochte. Es kommt allein auf diesen Lichtkern an, und alle Jesus verliehenen schmückenden Worte sind nur stammelnde Versuche, dieses verborgene Göttliche seiner Persönlichkeit sichtbar zu machen, das sich in einer charismatischen Tätigkeit ohnegleichen auswirkte. Rudolf Otto versuchte dies in seinem Buch »Reich Gottes und Menschensohn« zu schildern, womit er einen neuen Aspekt gewann.

Wie alle geschichtlichen Erscheinungen darf man auch Jesus nicht isoliert betrachten. Nach dem historischen Zusammenhang ist Jesus zunächst aus der jüdischen Apokalyptik hervorgegangen. Die Feststellung der apokalyptischen Atmosphäre ist das Überraschende, das lange übersehen wurde. Wenn auch nicht entschieden werden kann, wie genau Jesus das apokalyptische Schrifttum gekannt hat, so steht doch fest, daß er sowohl in formaler als inhaltlicher Beziehung auf die Daniel-Apokalypse mit ihren Ausführungen vom Menschensohn zurückgegriffen hat. Alle historischen Wahrnehmungen sprechen dafür, daß Jesus mit den geistigen Strömungen seiner Zeit in Verbindung stand. Neben der Gesetzeskonzentration herrschte vor allem die apokalyptische Weltstimmung, die die ersten vor- und nachchristlichen Jahrhunderte bestimmten. Ein Schauer von letzten Einblicken in den Urgrund der Dinge überfiel damals die Menschen. Man dachte und lebte in den spätjüdischen Kreisen vor allem in apokalyptischen Bildern, vor denen die gewöhnliche Wirklichkeit sich wie wesenloser Schein auflöste. Auch Jesus war ganz in dieses apokalyptische Denken eingetaucht, und es hat ihn bis in die letzte Stunde seines Lebens beschäftigt. Weil er so tief in das Wesen der Apokalyptik eingedrungen war, sind seine Worte von deren blauschwarzen Wolken überhängt. In ihren Kategorien dachte Jesus, und von dorther empfing er jene großartige Ungewöhnlichkeit, die auch auf den heutigen Menschen noch den unfaßbaren Eindruck macht. Jede Behauptung, welche Jesu Zusammenhang mit der Apokalyptik bestreitet oder dieselbe als Fremdkörper aus seiner Botschaft auszuscheiden bestrebt ist, vergewaltigt den geschichtlichen Tatbestand. Und nur die Voreingenommenheit des modernen Menschen, der diese Welt als fremd empfindet, kann sich an der Aussage »Jesus als Apokalyptiker« stoßen und seine Verbundenheit mit deren Weltgefühl nicht wahrhaben wollen. Wer von den apokalyptischen Schriften zu Jesus kommt, wird im Gegenteil zunächst vor die Frage geführt: Worin besteht nun seine neue Wesenseigentümlichkeit? Handelt es sich bei Jesus nicht um die gleiche endgeschichtliche Einstellung wie bei den Apokalyptikern? Kann man da noch von einer Originalität Jesu sprechen, da sich doch beinahe für jedes seiner Worte eine überraschende Parallele im spätjüdischen Schrifttum findet und er ganz in die Tradition der Apokalyptik eingebettet ist?

Die enge Verwandtschaft mit den Apokalyptikern, die nicht geleugnet werden kann, findet jedoch ihre Grenze in einem nicht zu übersehenden Unterschied. Dieses Unterscheidungsmerkmal wird allein jene Frage beantworten können, warum gerade diese Gestalt und keine andere im geschichtlichen Geschehen den Ausschlag gab. Denn das Entscheidende ist nicht, wer ein Wort zuerst gesprochen hat, sondern nur, wessen Wort zu zünden vermochte. Eingeschlagen wie ein Blitz aber hat das Wort Jesu und nicht das von Henoch, noch das vierte Esrabuch. So großartig das brennende Weltgefühl der Apokalyptiker war, eines wird aus ihrem überlieferten Schrifttum nie klar: worauf es nun eigentlich ankommt. Eine Fülle von Anschauungen gehen in den Apokalypsen wirr durcheinander. Bald ist den Apokalyptikern die Drangsal und dann wieder die Auferstehung der Toten wichtig, oft legen sie das größte Gewicht auf den Weltuntergang, und dann rücken sie wieder das Gericht in die Mitte. Die sonderbarsten Vorstellungen stehen ungeordnet nebeneinander auf derselben Ebene und scheinen von gleicher Bedeutung zu sein. Henoch »will nicht bloß, wie andere Offenbarungen, über die messianische Zukunft, die Zeit ihres Eintrittes, die Art ihres Verlaufes Auskunft geben, sondern er will auch über Naturgegenstände, über Wesen und Kräfte des Himmels und der Erde« Belehrungen erteilen.[8] Mit einer Meisterschaft ohnegleichen hat Jesus in dieses Chaos von spannungsreichen Gedanken Ordnung gebracht und sich in diesem undurchsichtigen Dschungel von Ideen nicht verloren. Wie alle Großen des Geistes vereinfachte er mit kühnem Griff das verwirrend komplizierte Problem, ohne doch einer Simplifizierung zu verfallen. Mit genialer Treffsicherheit schied er das Wesentliche vom Unwesentlichen, stellte die eine zentrale Wahrheit in den Mittelpunkt und gruppierte das Untergeordnete in gebührendem Abstand. Bei Jesus wird das die Apokalyptik mannigfach umrankende Schlingengewächs rücksichtslos zurückgeschnitten und alles einer einzigen Wirklichkeit unterstellt. Nun steht man nicht mehr in einem verwirrenden Labyrinth, sondern ein Gebilde von grandioser Einfachheit tritt einem entgegen. Auf alle phantasievollen Arabesken hat Jesus verzichtet und seinen leidenschaftlichen Willen auf das Eine gerichtet, was not tut. Wenn aber Jesus auch sonnenhelle Klarheit in die Dämmerung des apokalyptischen Denkens hineingetragen hat, so darf doch seine Bedeutung nicht in einer denkerischen Leistung gesehen werden. Sein konzentrierter Einsatz für das Eine ist lediglich als Vorarbeit zu werten.

Vielmehr besteht die nicht zu überschätzende Bedeutung Jesu in seiner Botschaft vom Reich, die er mit der größten Instinktsicherheit in die Mitte seiner Ausführungen stellte. Mit einer schlechterdings nicht mehr zu überbietenden Kraft hat Jesus den Menschen aller Zeiten gesagt, daß das Reich und nur das Reich allein von ausschlaggebender Wichtigkeit ist. Im Inhalt dieser Botschaft liegt seine zeitlose Größe. Nicht Jesus ist der Gründer des Reiches, sondern er steht voller Spannung in dessen Erwartung. Mit dem Heroldsruf ist er aufgetreten: »Die Zeit ist erfüllet, und das Gottesreich ist genaht, wandelt euch und glaubet an die frohe Botschaft.«[9] Alle drei Synoptiker geben übereinstimmend seine Verkündung mit diesen Worten wieder.[10] Das Reich

Gottes ist eine mit Macht hereindrängende transzendentale Wirklichkeit, die das ganze Dasein umgestalten wird. Wie das Wort Reich besagt, verstand Jesus darunter ein von Gottes Herrschaft erfülltes Gebiet und nicht eine abstrakte Idee oder ein sittliches Gut. Die βασιλεία εοῦ θεοῦ stellt eine unter Gottes Regiment stehende Gemeinschaft dar, die nicht von Menschen errichtet wird, sondern vom Himmel auf diese Erde sich herabsenkt. Es ist eine übernatürliche Größe von wunderbarem Charakter, die nicht von Gott losgelöst, aber auch nicht mit Gott selbst identifiziert werden darf. Die schon gerügte Übersetzung von βασιλεία mit Reich trifft somit gerade das Wesen, worauf es ankommt, und es ist unrichtig, den »politischen« Klang, der dem Begriff Reich anhaftet, gänzlich ausschließen zu wollen. Ein irdisches Königreich ist ein Sinnbild des Gottesreiches und verdeutlicht das Gemeinte insofern richtig, als es sich nicht um eine individuelle Erlösung handelt, sondern um eine universale Angelegenheit, die den ganzen Weltbestand in Mitleidenschaft zieht. In der Vorstellung dieses Reiches deckt Jesus sich durchaus mit der Apokalyptik. Willkürlich den apokalyptischen Charakter seiner Aussagen als unecht aus seiner Botschaft zu eliminieren heißt ihr das Rückgrat brechen. Wie die Apokalyptiker, so spricht auch Jesus, namentlich in seiner großen Rede vom Ende der Welt (Matth. 24), von den schweren Wehen, die dem Kommen des Reiches vorangehen werden. »Denn jene Tage werden eine Drangsal sein, wie von Anfang der Schöpfung an, die Gott geschaffen hat, bis jetzt keine solche gewesen ist und keine sein wird.«[11] Auch die Gestirnswelt bezog er in seine apokalyptischen Ausführungen ein: »Aber in jenen Tagen, nach jener Drangsal wird die Sonne sich verfinstern, und der Mond wird seinen Schein nicht geben, und die Sterne werden vom Himmel fallen, und die Kräfte in den Himmeln werden erschüttert werden.«[12]

Scheinbar hat Jesus diese Botschaft von Johannes dem Täufer wörtlich übernommen. In Wirklichkeit besteht jedoch zwischen ihnen in der Reichsauffassung eine bedeutsame Differenz. Der asketisch eingestellte Täufer faßt das kommende Reich als ein drohendes Gericht auf, in welchem die Tenne gründlich gefegt werde. Jesus dagegen verkündet im Unterschied zu dieser pessimistischen Auffassung das unmittelbar bevorstehende Gottesreich als Evangelium.[13] Dieser freudige Ton in der Botschaft Jesu ist etwas ganz Neues, und er hebt dies auch in seiner Antwort auf die Anfrage des Täufers selbst hervor.[14] Es ist eine frohe Botschaft, die in den Menschen eine nicht in Worte zu fassende Freude auslösen will. Der jubilierende Klang, mit dem Jesus dieses Freudigste freudig zu sagen verstand, muß als grundlegendes Leitmotiv aus allen seinen Worten gehört werden. Die strahlende Freudenbotschaft, die seiner Verkündigung den Namen Evangelium gegeben hat, brachte die Menschen zum Aufhorchen und löste in ihnen jene erstaunlichen Hochgefühle aus, die Jesus selbst andeutete, als er von den Hochzeitsleuten sprach, die nicht fasten können, solange der Bräutigam bei ihnen sei.[15] Der alles übertönende Jubel seiner Worte wurde durch die unvollkommene Übersetzung von μετανοεῖτε mit »Buße tun« verdunkelt, da in dem deutschen Wort »Buße« mehr die zerknirschte Reueempfindung für vergangene Verfehlungen als die Aufforderung zu einem neuen Leben zum Ausdruck kommt. Dem griechischen Begriff μετανοῖα ist jedoch diese negative Bedeutung nicht eigen, sondern nur der Klang von der Wandlung des Lebens zu einer neuen Freude. Dieser helle Fanfarenton der frohen Botschaft darf nicht überhört werden, wenn man das ganze Verhalten Jesu verstehen will.

Der Grund für diese mächtig einherbrausende Freude lag in der Gewißheit von dem unmittelbar bevorstehenden Kommen des Reiches. Die Nähe des Gottesreiches war die reale Ursache der Frohbotschaft. Aus dem Hinweis auf den Feigenbaum sollten seine Zuhörer die Nähe des Reiches ersehen, das vielleicht noch diesen Sommer, ehe das Korn reif ist, kommt, so daß Jesus sagen konnte, »dieses Geschlecht wird nicht vergehen, bis dies alles geschehen sein wird«,[16] und seine Jünger versichert: »Unter denen, die hier stehen, sind einige, die den Tod nicht schmecken werden, bis sie den Sohn des Menschen mit seiner Königsherrschaft haben kommen sehen.«[17] Es ist ausgesprochene Naherwartung, die Jesus verkündet. Sonst hätte er nicht in seiner Aussendungsrede zu den Jüngern gesagt: »Ihr werdet mit den Städten Israels nicht zu Ende kommen, bis der Sohn des Menschen kommt.«[18] Die Naherwartung Jesu darf nicht als bloße zeitgeschichtliche Schranke beurteilt werden, da sie seiner Botschaft vom Reich den entscheidenden Ernst verleiht. Sie ist nicht nur Form, sondern auch Inhalt. Dadurch empfängt sie die unerhörte Aktualität. Nur der Donnerschlag vom nahe herbeikommenden Reich schreckte die Menschen aus ihrer betäubenden Dumpfheit auf. Statt von einem zeitgeschichtlich bedingten Nachteil zu reden, verleiht die atembeklemmende Naherwartung den Worten Jesu ihre unmißverständliche und aufpeitschende Schärfe. Gewöhnlich macht man sich vom Realismus der Reichserwartung von Jesus keine genügend klare Vorstellung. Das Kommen des Reiches kann in der gewöhnlichen Sprache nicht ausgedrückt werden, sondern nur in Gleichnissen, die nach Jesu Absicht mehr verhüllen als enthüllen[19]. Seine Gleichnisse müssen als die Sprache des Reiches verstanden werden, als Beschwörungsformeln, die eine signalisierende Funktion auszuüben haben. Die Frage, ob das Reich gegenwärtig oder zukünftig sei, ist schon in der Problemstellung verfehlt. Die präsentische Auffassung kann angesichts der Textüberlieferung nicht aufrechterhalten werden. Wenn das Reich Gottes schon da wäre, hätte Jesus seine Jünger nicht beten gelehrt: Dein Reich komme! Aber auch die rein futurische Auffassung besteht bei Jesus im Unterschied zum apokalyptischen Schrifttum nicht zu Recht. Die Apokalyptiker erhofften das Reich von der Zukunft und kannten nur die Losung: Warten! Bei Jesus dagegen ist das Reich Gottes »im Schon-Anbruch«,[20] soeben geschehen die ersten Anfänge des Kommens, es ist in Bewegung geraten. Es befindet sich in einem gewaltigen Prozeß, indem es nicht mehr dort und noch nicht da ist, aber bereits unterwegs. Gegenwart und Zukunft gehen ineinander über, wie Albert Schweitzer es formuliert: ein »Gemisch von Präsens und Futurum.«[21] Jesus antwortete auf die Frage der Schriftgelehrten, wann das Reich Gottes komme: »Man wird auch nicht sagen: Siehe, hier! oder: dort! Denn siehe, das Reich Gottes ist in eurer Mitte.«[22] Der Hinweis, es ist in eurer Mitte, zielt auf die Person des Messias, der mit dem Kommen des Gottesreiches in unlösbarem Zusammenhang steht. Der Messias, der das messianische

Reich heraufführt, ist inkognito bereits aufgetreten. Jetzt ist das Kommen des Reiches dermaßen ins Rollen geraten, daß es nicht mehr aufgehalten werden kann. Bereits sah Jesus den Satan wie einen Blitz vom Himmel fallen[23] und dessen Regiment durch die Dämonenaustreibungen am Zusammenbrechen[24]. Auch die Wunder, die Jesus vollbringt, in denen seine magisch-charismatischen Kräfte zum Aufleuchten kommen, sind nur als erste Vorboten des Reiches zu betrachten. Ebenso ist die Sündenvergebung, die er zum Entsetzen der Schriftgelehrten ausspricht, ein freudiges Anzeichen des im Kommen begriffenen Reiches. Die Vergebung der Sünden ist nicht das Reich Gottes selber, aber durch die Sündenvergebung geht man in das Reich ein, sie stellt gleichsam das Tor zu dem neuen Leben der Gottesherrschaft dar. Jesu Jubelworte über das mit Macht hereindrängende Reich dürfen nicht nur als »seltene Augenblicke prophetischer Begeisterung, in denen das Siegesbewußtsein ihn überkommt«, gedeutet werden.[25] Sie entsprechen seiner Grundhaltung, in der er beständig lebte. Was Israel lange erwartete und was der Väter höchster Wunsch und Sehnen war, will jetzt Wirklichkeit werden! Das Reich beginnt zunächst bei Israel und dehnt sich von da auf alle Völker aus.

Von dieser unaussprechlichen Freude über die Nähe des Gottesreiches ist auch Jesu Ruf zur Nachfolge zu verstehen. Die endgeschichtliche Erwartung des Reiches veranlaßte ihn, einen Jüngerkreis um sich zu bilden, der die Aufgabe hatte, in Bereitschaft auf das Kommen des Reiches zu harren. Jesu Gründung einer neuen Gemeinschaft ist bedeutsam. Im Hinblick auf das Reich richtete er an sie das Wort: »Folget mir nach, und ich will euch zu Menschenfischern machen.«[26] Losgelöst von der Freudenbotschaft über das nahe herbeigekommene Gottesreich würde auch Jesu Ethik alsogleich in einen aschgrauen Asketismus versinken, der jedoch wiederum im stärksten Gegensatz zu dem Eindruck stehen müßte, den er zu seinen Lebzeiten als »Fresser und Weinsäufer« erweckt hat.[27] Jesus verkündet keine autonome Ethik, die der Mensch um ihrer selbst willen zu erfüllen hätte. Auch das in zeitloser Gültigkeit wurzelnde Liebesgebot darf nicht in diesem Sinne verstanden werden. Alle Begriffe wie Tugend, Ideal, die Sinnerfüllung in das menschliche Leben bringen sollen, waren ihm fremd. Wenn man schon von einer Ethik bei Jesus reden will, dann müßte sie Reichsethik genannt werden, da sie ihre Kraft und ihren Glanz nur von der frohen Botschaft über das nahe herbeigekommene Gottesreich empfängt. Darum reicht auch die Diskussion über die Möglichkeit oder Unmöglichkeit ihrer Erfüllung gar nicht in ihre Seinssphäre. Die Ausführungen der Bergpredigt sind alles andere als überspitzte Forderungen. Vielmehr ist der Mensch, den Jesus als Friedfertigen, als Sanftmütigen, als reinen Herzens seligpreist, eine Vorwegnahme jener Einstellung, nach der man im Reiche handeln wird. Die Seligpreisungen sind die ersten Sonnenstrahlen, die das am Horizont heraufsteigende Reich auf diese Erde wirft, und das unterscheidet sie prinzipiell von allem Moralismus. Mit dem Hinweis auf die Reichsatmosphäre, aus der sie stammen, ist ihre heroische Wesensart keineswegs geleugnet. Jesu Bergpredigt gehört der Welt des Unbedingten an, die mit ihrem ungeheuren Selbstbewußtsein, »ich aber sage euch«, durch alle Jahrhunderte dröhnte und die mit ihrer Ablehnung aller geteilten Halbheit sich als des Menschen dringlichste Aufgabe erweist. Trotz ihrer Aufforderung zur Vollkommenheit sind diese Worte nicht aus der Welt des Sollens, sondern des göttlichen Seins gesprochen. Im gewöhnlichen Dasein kann sich Jesu Bergpredigt nur als revolutionäre Umwertung aller Werte auswirken, wie er selbst gesagt hat: »Wenn ihr nicht das Rechte macht wie das Linke, und das Linke wie das Rechte und das Oben wie das Unten und das Hinten wie das Vorn, werdet ihr das Reich nicht erkennen.«[28]

Die grundsätzliche Verschiedenheit von Jesu Haltung der Moral gegenüber beweist sein ungezwungener Verkehr mit den Zöllnern und Dirnen, die nach seiner Auffassung »eher in das Reich Gottes eingehen« als die rechtschaffenen Bürger.[29] Jesu Gang zu den Entgleisten ist keine Bestreitung der Sittlichkeit; einen solchen Argwohn verbietet schon das Gleichnis vom verlorenen Sohn. Vielmehr muß auch Jesu übermoralisches Verhalten zu den gestrandeten Menschen mit der Freudenbotschaft über die Nähe des Reiches in Beziehung gebracht werden. Angesichts dieses Reiches haben alle sittenrichterlichen Urteile zu verstummen, da es jetzt nicht mehr auf das reine Gewissen, den guten Wandel und den ehrenhaften Charakter ankommt. Alle Verfehlungen, die des betrügerischen Zachäus und der großen Sünderin, die viel geliebt hat, werden im Lichte des kommenden Reiches vergeben, da gerade diese Sünder die Notwendigkeit eines völligen Neuanfangs bis in die letzte Faser hinein empfunden haben. Das Verhalten Jesu gegenüber den moralisch entwurzelten Menschen trug ihm die haßerfüllte Feindschaft der frommen Pharisäer ein. Sein leidenschaftlicher Kampf gegen den blinden Hochmut der Schriftgelehrten steht in Verbindung mit seiner Sünderliebe und ist eines der charakteristischsten Wesensmerkmale dieses irrationalen Lebens.

Am kühnsten schreitet Jesus über das apokalyptische Schrifttum hinaus durch die Beziehung des Reiches zu seiner Person. Seine Wirksamkeit war für das Reich entscheidend. Dieser Anspruch gehört zu dem Neuen bei Jesus, das ihn von Daniel und Henoch unterscheidet. Jesus hat die Reichserwartung mit seiner Person unlösbar verbunden, wie das apokryphe Wort bezeugt: »Wer mir nahe ist, ist dem Feuer nahe, wer aber ferne von mir ist, ist dem Reiche fern.«[30] Person und Sache gehen bei Jesus so stark ineinander über, daß sie in keiner Weise getrennt werden können. Freilich kann dieser Zusammenhang nur vermutungsweise angedeutet werden. Um ihn in seiner Tiefe erhellen zu können, müßte eine psychologisch verständliche Biographie von Jesus vorliegen. Dazu sind jedoch die evangelischen Quellen mit ihrer sprunghaften Darstellung viel zu karg. Die Synoptiker enthalten solche Lücken, daß sie den Vermutungen viel zu breiten Raum gestatten. Hat sich Jesus selbst für den Messias gehalten? Er würde dadurch aus der Reihe der übrigen Propheten heraustreten. Aller Wahrscheinlichkeit nach hat Jesus seit dem Tauferlebnis sich als jene eschatologische Heilsgestalt betrachtet, die ein integrierender Bestandteil des Reiches ist. Jesus behandelt die Messiasfrage zunächst als ein Geheimnis, über das er so lange als möglich zu schweigen versuchte. »Die Messianität Jesu steht in seinem Leben wie eine geschlossene Blendlaterne, die aber nicht ganz dicht geschlossen ist – da man sonst nicht merken würde, daß sie da ist – und einige grelle Strahlen entweichen läßt.«[31] Er verhüllte seine kommende Messianität, auch gegenüber den Dämonen, die sie offenbar zu machen drohten. Immer wieder betont er dies Geheimnis und lüftet es nur durch einige Rätselworte, »wenn ihr es annehmen wollt.«[32] Einzig den drei intimen Jüngern offenbart er bei jener unerklärlichen Begebenheit auf dem Berge Tabor, die man die Verklärung nennt, das große Geheimnis, daß er beim Anbruch des Reiches öffentlich in den Messias verwandelt werde, der er jetzt erst verborgenerweise sei. Bei Cäsarea Philippi plaudert der stürmische Petrus das Messiasgeheimnis den übrigen Jüngern aus. Das ist der Sinn seines Christusbekenntnisses. Der Verrat des Judas besteht darin, daß er es den Hohenpriestern mitteilte. In Anlehnung an den leidenden Gottesknecht des Deutero-Jesaja erkennt Jesus, daß das Reich nicht ohne Leiden des Messias kommen kann. Deswegen geht in den Evangelien dem Messiasgeheimnis parallel das Leidensgeheimnis, von dem Jesus ebenfalls in verhüllter Weise zu den Jüngern redet und über dessen Andeutungen sie sich so erschrocken zeigen. Für Jesus selbst steht zwischen dem Kommen des Reiches und dem Leiden des Messias ein ursächlicher Zusammenhang. Die Erkenntnis von der Leidensnotwendigkeit des Messias gewinnt immer mehr Macht über ihn und führt ihn dazu, seiner Verurteilung nicht auszuweichen. Nach ergreifendem Ringen in Gethsemane bejaht er seinen Todesweg, weil er dieses letzte Opfer für unumgänglich notwendig hält. Im Moment seines Sterbens, so hofft Jesus, werde das Reich erscheinen, weshalb er auch jeglichen Betäubungstrank zurückwies. Daß bei seinem Tode die Erde erbebte und der Vorhang des Tempels zerriß, zeigt die einzigartige Einmaligkeit dieses Lebens. Für die scheinbare Erfolglosigkeit, mit der dieses Dasein in solch tragischer Verkennung endet, ist das Kreuz auf Golgatha das unvergängliche Symbol. Wenn Jesu Leben auch von seiner Botschaft und nicht ausschließlich von seinem Ende her gedeutet werden darf, so steht doch der Karfreitag damit in engstem Zusammenhang.

Die Herausarbeitung der apokalyptischen Einstellung Jesu macht ihn keineswegs zu einem illusionären Schwärmer. Nur Banausen reden von einem gekreuzigten Phantasten, auf dessen Wangen sich hektisches Rot abzeichnete, weil sie alle Geschehnisse unter dem Gesichtswinkel des Erfolges bewerten. Diese philiströse Betrachtung der Nützlichkeit trübt den Blick für das grandiose Erleben der Weltseele, das sich in der Gestalt Jesu widerspiegelt. Jesu Persönlichkeit behält ihre ewige Gültigkeit ohne Zustimmung oder Ablehnung der Menschen. Seine Reichserwartung darf nicht nach den Maßstäben einer kleinlichen Vorstellungswelt beurteilt, sondern muß aus ihren eigenen Voraussetzungen erfaßt werden. Wer die Gestalt Jesu nicht mit modernen Maßstäben mißt, wird zuletzt auch erkennen, daß Jesu frohe Botschaft vom kommenden Gottesreich eine überirdische Wirklichkeit ist, mit der wenige Aussagen der Menschheit verglichen werden können. Sie ist aus einer übergeschichtlichen Welt hervorgegangen und ist auch nur von da aus zu verstehen.

Die Botschaft vom Reich hat nichts mit einer poetischen Redeweise zu tun. Ebensowenig ist sie mit dem Märchen vom Schlaraffenland zu verwechseln. Sie ist auch keine bloße Idee. Alle utopischen Vorstellungen müssen strikte von ihr ferngehalten werden. Das Reich ist weder Postulat noch Wunschtraum. Es ist nicht ein Produkt menschlicher Sehnsucht.

Vielmehr ist das Reich eine positive Realität. Fast ist man versucht zu sagen, das Realste von allem Realen. Es ist bis zum Rande mit Wirklichkeit angefüllt. Das bringt eine Wahrheit zum Ausdruck, die der Mensch nur in einem Bilde zu umschreiben vermag, weil er sie nicht unmittelbar von Angesicht zu Angesicht zu schauen imstande ist. Deswegen kleidet Jesus das Unaussprechliche in Gleichnisse. Das Reich ist heute noch so lebendig wie am ersten Tag und enthält jene Wahrheit, ohne die das menschliche Leben nicht verstanden werden kann. Die Botschaft vom Reich verkündet mit gewaltiger Eindrücklichkeit, wie der Mensch in dieser Welt das Sinnrätsel nicht lösen kann, weil die echte Sinnverwirklichung des Lebens erst im kommenden Äon möglich wird. Dieses Wissen bedeutet somit immer Kenntnis vom Höchsten und zugleich von der Bedingtheit des menschlichen Geistes.

Um Jesu Reichsbotschaft nahezukommen, muß man vor allem die Verschiedenheit von neutestamentlicher Berichterstattung und Geschichte einsehen. Wer die Evangelien mit Philologie,

Quellenscheidung, Exegese zergliedert, geht an ihrer Substanz vorbei. Alle Maßstäbe der historisch-kritischen Geschichtswissenschaft versagen ihnen gegenüber und prallen an der Inkommensurabilität des Reiches ab. Dadurch werden Jesu Worte nur in kleines Münzgeld umgewechselt. Jede Forschung hat es mit Begriffen zu tun; für Jesus aber war das Reich eine Kraft. Was die gelehrten Exegeten darüber sagen, bewegt sich auf einer völlig anderen Ebene. Über die grundsätzliche Verschiedenheit muß man sich ganz klar sein. Um das Reich zu sehen, darf es überhaupt nicht mit rationalen Maßstäben beurteilt werden, denn es gehört einer andern Dimension an. Auf diesem Weg kann er nicht gesehen, geschweige denn erfaßt werden. Unternimmt man gleichwohl den Versuch, das Reich mit idealistisch-dogmatischen Begriffen verständlich zu machen, muß es notwendig entleert werden. Es bedarf eines rückwärts gewandten Propheten mit seherischer Begabung, um von ihm sachgemäß zu reden.

Das nur in Bildern zu umschreibende Reich zeugt von einer Wirklichkeit. Nicht nur ist Wirklichkeit, was der Mensch mit seine Händen greifen kann, das allein wäre ein armseliges Wirklichkeitsverständnis. Die Welt hat mehr Räume als nur diejenigen, die der Mensch auf höchst fragwürdige Weise mit seinem Sinn fassen kann. Mit dem materialistischen Wirklichkeitsbegriff kann nur ein Bruchteil der realen Wirklichkeit verstanden werden, denn mit ihm übersieht man alle andern auch noch vorhandenen Dimensionen. Die metaphysische Wirklichkeit erscheint von außen her betrachtet phantastisch, von innen gesehen ist sie realer als alle bloß äußerlich wahrnehmbare Wirklichkeit. Dieser Überwirklichkeit entstammt Jesu Botschaft vom kommenden Reich, die nicht mit einem erträumten Wunschland verwechselt werden darf. Ihr ist auch ein völlig anderes Zeitgefühl eigen, als es der nur in historischen Kategorien denkende Mensch der Neuzeit hat, der ganz im chronologischen Kalenderschema hängenbleibt und nicht vermag, in prophetischer Weise Gegenwart und Zukunft zusammen zu schauen. Was verraten diese stammelnden Sätze anderes, als daß die Reichswirklichkeit sich der Erfassung mit wissenschaftlichen Begriffen entzieht, ist doch die Welt der

Begriffe nur ein Teilchen von ihr. Man kann nur sagen: Es gab nie eine größere, hinreißendere Realität als die, welche Jesus vom kommenden Gottesreich verkündigt hat, die mit ihrem unvergänglichen Sonnenlicht noch heute in diese düstere Welt hineinleuchtet. Die Menschen werden diese überirdische Reichswirklichkeit nie vergessen können; sie wird sie immer wieder mit elementarer Wucht ergreifen. Von ihr sind auch die stärksten Kräfte der abendländischen Geschichte ausgegangen. Das Reich ist der Grund, warum das Christentum nicht untergehen kann, und nichts ist wahrer, als wenn Jesus von seiner Reichsbotschaft sagt: »Himmel und Erde werden vergehen, meine Worte aber werden nicht vergehen.«[32]

Paulinisch-johanneische Erfüllung

Jesu grandiose Botschaft vom kommenden Gottesreich war von einer solch übermenschlichen Dimension, daß ihr das ungewöhnlichste Schicksal beschieden sein mußte. Eine doppelte Aussage muß von seiner Wirkung gemacht werden: Diese Reichswirklichkeit hat mit ihrer Lichtfülle die urchristlichen Gemeinden überwältigt, und doch besaßen sie andererseits nicht die Kraft, sie in ihrer Einmaligkeit aufrechtzuerhalten.

Die Urgemeinde lebte zunächst in ungebrochener Weise in der gespannten Erwartung auf das kommende Reich. In den Visionen redete der Auferstandene mit den Jüngern »über das Reich«, wie in der Apostelgeschichte ausdrücklich betont wird, und sie richteten an den Meister auch die Frage: »Herr, stellst du in dieser Zeit für Israel das Reich wieder her?«[1] Bei all der geheimnisvollen Unkenntlichkeit, die als nicht aufzuhebender Schleier über der urchristlichen Gemeinde ausgebreitet ist, machten sich doch die ungewöhnlichen Kräfte bemerkbar, die durch die Reichserwartung entbunden wurden. Über die Jünger kam ein gewaltiger Enthusiasmus, der sie dazu trieb, in ihrer Mitte den Kommunismus einzuführen.[2] Angesichts des kommenden Reiches fielen die trennenden Schranken des Privateigentums und machten einem gemeinschaftlichen Besitz Platz. Natürlich ist dieser Liebeskommunismus, der auf freiwilliger Basis aufgebaut worden war und nur in der Gemeinsamkeit der Konsumation und nicht auch der Produktion bestand, von dem neuzeitlichen Kommunismus verschieden. Der Zusammenhang von Reichserwartung, Enthusiasmus und Kommunismus darf trotzdem nicht übersehen werden, denn er ist von symptomatischer Bedeutung, da er anschaulich die elementare Kraft der Reichsbotschaft zeigt, die tiefeingewurzelte Gewohnheiten der Menschen aus den Angeln zu heben vermochte. Wie ein Deichdurchbruch riß sie alles mit sich. Die gemeinsamen Mahlzeiten verraten die umstürzenden Wirkungen, die von der Reichsbotschaft mit immanenter Notwendigkeit ausgehen mußten, und daß auch die Urgemeinde noch voll sieghafter Freudigkeit war, was sie am stärksten vom Judentum abhob.[3] Die Bedeutung des urchristlichen Liebeskommunismus, der später nur noch in den Klöstern in modifizierter Weise möglich war, besteht in seiner Teilvorwegnahme des Reiches. In ihm wurde bereits etwas verwirklicht, was später im Reiche allgemeine Gültigkeit haben sollte. Aber nicht nur die erste Gemeinde in Jerusalem war ein Produkt dieser Reichserwartung, auch die übrigen Gemeinden waren von derselben Begeisterung getragen und haben mit glühender Inbrunst auf das Reich gewartet. Die Apostelgeschichte des Lukas bezeugt mehrfach: »Da sie aber des Philippus Predigten glaubten von dem Reich Gottes und von dem Namen Jesu Christi, ließen sich taufen, beide, Männer und Frauen.«[4] Auch in Ephesus wurde das Reich Gottes verkündigt,[5] und nicht anders in Rom.[6] Immer begegnet man bei der ersten Ausbreitung des Christentums der Reichshoffnung, welche die Jünger in alle Welt hinaustrugen. Das Urchristentum lebte in fieberhafter Weise in dieser apokalyptischen Erwartung, und vor der Belagerung Jerusalems durch Titus floh die Christengemeinde nach Pella, um dort dem baldigen Hereinbruch des Reiches entgegenzuharren.

Eine Veränderung in der Verkündigung des bald anbrechenden Reiches ist erst von jenem Moment an festzustellen, da Paulus vor den Toren Damaskus' zusammenbrach und zur führenden Gestalt des in seinen Zusammenhängen rational nicht erfaßbaren Urchristentums wurde. Paulus ist dank seinen erhaltenen Gelegenheitsbriefen jene urchristliche Persönlichkeit, die am grellsten beleuchtet ist. Von ihr wurde zwar schon gesagt: »Heutzutage hat kein Mensch den Paulus wirklich verstanden, der noch seiner Ansicht sein zu können meint.«[7] Er war eine Natur, die auch unsympathische Züge an sich hatte. Das hat Nietzsche ohne Zweifel richtig gesehen, wenn er auch zu weit ging in seiner Anschauung, in ihm »den Gegensatztypus zum frohen Botschafter« zu erblicken. Die Wahrnehmung, daß Paulus seiner seelischen Struktur nach ein gespaltener Mensch war, darf einen nicht hindern, das Große in dieser Gestalt zu sehen. Nur Aversion kann außer acht lassen, daß Paulus mit seinen Verzückungen ein pneumatischer Mensch war, der größten Opfer fähig und zugleich ein überaus scharfsinniger Denker mit gewandter Dialektik und blitzenden Antithesen, der mit seinem stürmischen Temperament nicht vor gefährlichen Kühnheiten zurückschreckte. Als glühender Hasser und großer Liebender in einer Person fand er zwischen diesen Gegensätzen erst nach seinem Damaskuserlebnis den notwendigen Ausgleich. So konnte er auch das schlechthin Neue, das ihm durch die Christusvision zuteil geworden war, in seiner Verflochtenheit mit der rabbinischen Terminologie oft nicht adäquat ausdrücken.[8] Die begriffliche Form entspricht bei ihm nicht immer dem absolut neuen Inhalt, den er verkündete. Die entscheidende Frage geht dahin, ob Paulus noch der apokalyptischen Welt angehört. Dies muß bejaht werden. Nur ein Mensch, der vom Licht der Reichswirklichkeit ganz konkret getroffen wurde, vermochte einen solch einzigartigen Liebeshymnus zu dichten, wie er in 1. Kor. 13 vorliegt, oder über sich das herrliche Wort von einem »Narren um Christi willen«[9] zu finden. Es lebt in Paulus eine ungeahnte, auf den Grund aller Dinge hinabreichende Tiefe, er gehört zu den visionären Menschen und ist ein Ahnherr der christlichen Mystik.

Wenn Paulus auch als Vertreter der zweiten Generation Jesu erstaunliche Erdenwirksamkeit nicht mehr mit eigenen Augen gesehen hat – aus diesem Grunde ist es verfehlt, Jesus nach seinen Worten zu beurteilen, worauf schon Kierkegaard aufmerksam gemacht hat –, so ist dieser Apostel trotzdem noch vom apokalyptischen Wetterleuchten umwittert, das von der Reichserwartung ausging. Er wußte um die Erwartung des Reiches, wie aus seinen Briefen zu ersehen ist. Den Thessalonichern schrieb er vom »Gott, der euch berief zu seinem Reich«,[10] warnte die Galater, daß »die, die solches tun, das Reich Gottes nicht ererben werden«,[11] schärfte den Korinthern ins Gewissen, »daß das Reich Gottes nicht in Worten, sondern in Kraft« bestehe,[12] und ermahnte die Römer, daß »das Reich Gottes nicht Essen und Trinken ist, sondern Gerechtigkeit, Friede und Freude im heiligen Geist.«[13] Zahlreiche Stellen beweisen,[14] daß Paulus vom kommenden Reich ergriffen und von dessen Nähe fest überzeugt war.[15] Nach dem entscheidenden Wesensmerkmal zu schließen, hat Paulus die Reichserwartung als frohe Botschaft erlebt, rief er doch den Philippern zu: »Freut euch in dem Herrn allewege, und abermals sage ich: Freuet euch.«[16]

Aus dieser Reichserwartung floß die brennende Sehnsucht, die Paulus zu seinen hastigen Missionsreisen veranlaßte und ihn in beinahe atemlosem Tempo durch alle Städte hindurchführte. Der große Apostel, der das Evangelium von den Juden zu den Heiden trug, beeilte sich so stark, weil er das Reich als nahe bevorstehend betrachtete, so daß er fürchtete, mit seiner Arbeit nicht fertig zu werden, ehe das Ende eintreffe. Paulus spricht öfters von diesem sehnsüchtigen Gespanntsein auf die Erscheinung des Herrn, oft schließt er auch seine Briefe mit dem Stoßseufzer: »Unser Herr kommt«[17] oder »der Herr ist nahe.«[18] Unter diesem Gesichtspunkt löste er auch die praktischen Fragen des Lebens. Ob man sich verheiraten solle oder nicht, war eine Frage, die für Paulus keine Wichtigkeit mehr besaß, weil »das Wesen dieser Welt vergehet.«[19] Die Vorstellung vom Kommen des Reiches hat bei ihm apokalyptische Formen angenommen, indem nach seinen großartigen Ausführungen im Römerbrief alles Geschaffene voller Angst auf das Offenbarwerden der herrlichen Freiheit der Kinder Gottes wartet.[20] In der Parusie werden die lebenden Christen ihrem Herrn entgegen entrückt, und die Toten stehen aus den Gräbern auf.[21] Wann dies eintreffen werde, kann Paulus freilich nicht sagen, da »von den Zeiten und Stunden nicht not zu schreiben ist; denn ihr selbst wisset bestimmt, daß der Tag des Herrn wird kommen wie ein Dieb in der Nacht. Wenn sie sagen werden: Es ist Friede, es hat keine Gefahr, so wird sie das Verderben schnell überfallen, gleich wie der Schmerz ein schwanger Weib, und werden nicht entfliehen.«[22] Das ist apokalyptisch empfunden, so hätte auch Henoch, so hätte Jesus reden können. Es liegt genau in der gleichen Linie, wie denn Paulus' Ausführungen über den Moment, da Christus »das Reich Gott dem Vater übergeben wird«,[23] dem Chiliasmus zum mächtigen Auftrieb verhalfen.

Wenn Paulus trotzdem als ein »Verhängnis bezeichnet wird«, so muß dies in einer anderen Richtung liegen. Man nähert sich ihm, bemerkt man die fühlbaren Unterschiede, die Paulus' Ausführungen von Jesu Botschaft trennen. Diese müssen ebenso stark hervorgehoben werden wie die Übereinstimmung. Paulus' Verkündigung ist nicht so sehr Reichsbotschaft als vielmehr Christuspredigt. Er weiß sich »in Christo«, und das ist die Grundlage seines neuen Lebens. Der erhöhte Herr steht im Mittelpunkt seiner missionarischen Ausführungen. »Wir aber predigen den gekreuzigten Christus«, schreibt er den Korinthern und versichert, nichts »zu wissen als Jesus Christus«.[24] Und zwar ist es nicht das irdische Leben Jesu, von dem Paulus' Denken seinen Ausgang nimmt, sondern Jesu Tod und Auferstehung entzündet ihn zu kosmischen Spekulationen. Paulus sah als erster Christ das Kreuz auf Golgatha mit jener mystisch-realistischen Eindrücklichkeit, wie es später ein Matthias Grünewald zu malen imstande war. Die Botschaft vom Reich wird bei diesem Apostel durch die Kreuzessicht überschattet, aus der die Lehre der Rechtfertigung aus dem Glauben hervorging, etwas was Jesus nie erwähnt hatte. Damit wird ein bis dahin ganz fremdes Element in den Vordergrund geschoben. Paulus' innerste Gedanken kreisen um das Gestorben- und Auferstandensein mit Christus. Ihnen dienen die tiefsinnigen Ausführungen des Römerbriefes. Der erhöhte Herr bildet das Zentrum von Paulus' Verkündigung. Wer in Christo ist, der hat bereits am Reiche Gottes teil, obschon dasselbe noch nicht sichtbar geworden ist. Auf die gequälte Frage, »wer wird mich erlösen von dem Leibe des Todes?«, gibt Paulus die triumphierende Antwort: »Dank sei Gott, durch Jesus Christus, unseren Herrn.«[25] Paulus ist erfüllt von der Gewißheit, daß »wir nun aus Glauben gerechtgesprochen worden sind« und deshalb »Frieden mit Gott durch unseren Herrn Jesus Christus haben«,[26] er fühlt sich fortan nicht mehr als Sünder, sondern weiß sich als Christ prinzipiell über die Sünde hinausgehoben. Die Sündenvergebung hat Gültigkeit erhalten, sie ist für ihn bereits eine Erfahrungstatsache geworden. »Die Liebe Gottes ist ausgegossen in unserem Herzen durch den heiligen Geist, der uns gegeben wurde.«[27] Die Christusverkündigung veranlaßte Paulus zu einer fundamentalen Umwandlung, die nicht mehr wie Jesus alles ausschließlich von der Zukunft erwartet, sondern der überraschenden Überzeugung huldigt, daß die große Äonenwende sich bereits vollzogen habe. Mit Christi Tod und Auferstehung hat die neue Welt schon begonnen, wenn auch zunächst noch in der Verborgenheit; sie wird aber bald öffentlich sichtbar werden. Paulus hat aus einer Zukunftshoffnung ein Ereignis der Vergangenheit und Gegenwart gemacht, das freilich noch nicht abgeschlossen ist, dessen Reichtum sich erst noch zu entfalten beginnt.

Das Wesen von Paulus' Kyriospredigt ist als eine überaus tiefsinnige Erfüllungsmystik zu charakterisieren. Sein zentrales Anliegen ist diese Erfüllungsgewißheit, die er im Galaterbrief in die Worte zusammenfaßte: »Als aber die Erfüllung der Zeit gekommen war, sandte Gott seinen Sohn.«[28] Die Welt ist durch Christi Tod nicht nur erlösungsfähig geworden, sondern sie ist erlöst! Ihre äußerliche Unerlöstheit befindet sich nach Paulus hiezu nur in einem scheinbaren Widerspruch, die Erfüllung selbst ist noch in einem nicht abgeschlossenen Prozeß. Grundsätzlich ist die grenzenlose Not der Apokalyptik überwunden, da das Heil Gegenwart geworden ist. Der flammende Kairos ist da: »Siehe, jetzt ist die hochwillkommene Zeit; siehe, jetzt ist der Tag des Heils«, jubelt der Apostel.[29] »So viele Verheißungen Gottes es gibt«, schreibt Paulus den Korinthern, »in Christus ist das Ja zu ihnen gesprochen, daher durch ihn auch das Amen.«[30] Wie man auch zu Paulus stehen mag, nur Voreingenommenheit kann die Größe dieser christologischen Erfüllungsmystik verkennen. Mit ihr wurde eine unvergleichliche Position gegeben, die allen Negationen turmhoch überlegen ist. *Einmal* in der Geschichte der Eschatologie war es einem großen Menschen gegeben, davon zu reden, wie langgehegte Sehnsucht endlich Wirklichkeit geworden sei. Welch traumhafte Situation von beinahe märchenhaftem Zauber! Selten gab es in der leidgeschwängerten Geschichte der Menschheit eine glückseligere Stunde. Um dieser Sicht willen muß man Paulus lieben. Auf seiner tiefsinnigen und keineswegs bloß wunschbedingten Erfüllungsmystik beruht die innere Mächtigkeit des Neuen Testaments. Sie verleiht diesem Buch die Unvergänglichkeit und ist der geheime Grund der unbeschreiblichen Anziehungskraft, welche die neutestamentlichen Schriften zu allen Zeiten auf die Menschen ausübten.

Die Paulinischen Briefe stehen daher keineswegs an deplacierter Stelle neben den Evangelien.

Paulus' kühner Versuch, die überirdische Realität vom Reich für die Menschen brauchbar zu machen, läßt sich nicht nur im Hinblick auf seine großartige Schau von der erfüllten Zeit rechtfertigen, die in geschichtsphilosophischer Beziehung die erstaunlichsten Perspektiven in sich schließt. Der Apostel stand wirklich einer veränderten Situation gegenüber, der er Rechnung tragen mußte und die ihn nötigte, die Botschaft umzuprägen. Paulus stand vor neuen Problemen, die durch den Tod Jesu aufgeworfen worden waren, und er bemühte sich, sie zu lösen, indem er die Botschaft weiterentwickelte. Dadurch ist er nicht – wie man ihn dessen schon bezichtigte – zum »Fälscher« geworden, wohl aber zum ersten Denker des Christentums. Alle diese Erwägungen dürfen jedoch nicht von der Tatsache abhalten, daß mit diesem ersten Versuch, das Evangelium in gewaltigster Weise zu interpretieren, doch zugleich auch eine Umdeutung verbunden war. Paulus' Kyriospredigt mit ihrer Erfüllungsmystik stellt eine Veränderung von Jesu Reichsbotschaft dar, und diese Verschiedenheit besteht nicht nur in einer Akzentverschiebung. Eine denkbar starke inhaltliche Neuerung liegt vor. Das Gewicht wurde auf eine andere Seite verlagert, und man ist genötigt, von einem Frontwechsel zu reden. Wenn Paulus auch noch ähnlich klingende Worte wie Jesus verwendete, sie hatten einen neuen Sinn bekommen. Seine andersartigen Ausführungen können mit der rabbinischen Terminologie, deren er sich bediente, allein nicht erklärt werden. Nicht nur formal, sondern auch in inhaltlich-sachlicher Beziehung war durch diesen ersten christlichen Theologen der Strom gleichsam in eine neue Richtung gelenkt worden. Eine tiefgreifende Strukturveränderung war eingetreten, die das deutlich wahrnehmbare Unbehagen verständlich macht, welches die dialektisch ungeschulten Urapostel Paulus gegenüber empfanden. Insofern ist die Behauptung nicht völlig verfehlt, die in Paulus den zweiten Begründer des Christentums sieht. Sagt doch auch Albert Schweitzer, »weil er die Konsequenzen aus der veränderten Weltzeit zieht, kommt Paulus in die Lage, in der Lehre schöpferisch neben Jesus auftreten zu müssen.«[31] Es beginnt bei ihm tatsächlich eine neue Linie, und die weitere Entwicklung der Christenheit ist von ihm mindestens so stark beeinflußt wie von der Reichsbotschaft Jesu.

Dieser Prozeß der Neugestaltung der ursprünglichen Reichserwartung fand im Johannesevangelium mit seiner ausgeglichenen Spannung von starker Emotionalität und höchster Zurückhaltung seine Fortsetzung. Das Johannesevangelium kann nicht mit Fichte gegen Paulus ausgespielt werden, da es auf der Paulinischen Grundlage weiterbaut, freilich mit Überwindung des palästinensischen Erdgeruchs. Dieses »pneumatische Evangelium«, wie es Clemens Alexandrinus nennt, ist eines der merkwürdigsten Werke der Weltliteratur, dessen Rätsel bis dahin noch niemand entziffert hat. An ihm hat ein Dichter gearbeitet, der das Format besaß, den geschichtlich-metaphysischen Christus als geschlossene Persönlichkeit mit episch-dramatischer Kraft darzustellen, und der die Kunst verstand, Unaussprechliches anzudeuten. Welche Erhabenheit bekundet Jesus in seinem Verhalten gegenüber der Ehebrecherin! Welch unnachahmliches Raunen ist in dem Gespräch mit Nikodemus hörbar! Aus den Abschiedsworten des Unnahbaren strömt eine heilige Monotonie, wie sie die Welt bis dahin noch nie vernahm. Worte, wie dasjenige vom sterbenden Weizenkorn, vergißt man nie wieder, denn sie erschließen das innerste Geheimnis des Lebens. Franz Overbeck sprach betroffen und doch in unzulänglicher Weise über die unnachahmliche Musikalität dieses Evangeliums und hob den »phantastischen Grundcharakter des Buches« hervor, in welchem »Menschen und Dinge einer Welt ohne Zeit und Raum« anzugehören scheinen, die »nur der Spiegel für die Manifestation eines fremden Wesens sind und gar keine eigene Bedeutung haben«.[32] Tatsächlich bilden die Jünger nur eine Folie zu diesem monologisierenden Christus, den der Verfasser ins Transzendente rückte, ohne daß der königlich Erhabene den Eindruck des Irdischen einbüßte. Eine weihevolle Kontemplation ist über diesem ans Schwermütige grenzenden und doch von ahnungsvoller Hoheit erfüllten Evangelium ausgebreitet, das der Welt der Gnosis nicht so ferne steht, trotz dem Trennungsstrich, der zwischen beiden hindurchgeht. »Wer von dem gnostischen Charakter dieser Schrift gar nichts spürt, wird zu ihrem vollen Verständnis kaum hindurchdringen«,[33] tatsächlich liegt in ihr ein Evangelium vor, das mit seiner ersten Christus-Deutung zu einer der unerschöpflichsten Quellen der christlichen Mystik wurde. Deswegen ist die symbolische Auslegung die einzig sachgemäße für das Werk dieses großen Unbekannten, bei dem die Verfasserfrage für die Lösung des Rätsels von größter Bedeutung ist. Wenn man seinen Autor, der ein architektonischer Geist gewesen sein muß und nicht dem leiblichen Jüngerkreis angehören konnte, schon den »christlichen Plato« genannt hat, so ist mit der Charakterisierung des Johannesevangeliums als hellenisiertes Christentum das Problem mehr verschleiert als geklärt. Gewiß kann man bei ihm von »Hellas im Evangelium« reden,[34] aber seinem wahren Wesen nach reicht es in tiefere, numinose Schichten, als sie die hellenistische Weisheit besaß. Etwas Grandioses, das in Worte nicht zu fassen ist, erscheint als Sohn Gottes vor den Augen des Lesers. Dem Johannesevangelium ist mit seiner kreisförmigen Logik des Herzens eine Tiefe, ein Geheimnis und eine Symbolik eigen, daß Augustin den Verfasser mit dem Adler verglich, der in die Sonne schauen kann.[35]

Auch im Johannesevangelium, dem alles Vergängliche zum Gleichnis geworden ist, finden sich noch mannigfache eschatologische Vorstellungen. Sein Verfasser redet vom »jüngsten Tag«[36] und von der Stunde, in der alle, die »in den Gräbern sind, seine Stimme hören.«[37] Überraschenderweise enthält das Evangelium wunderbare Zukunftsverheißungen, die den Synoptikern unbekannt sind. Der johanneische Christus redet vom Parakleten, den der Sohn vom Vater erbittet und der »bei euch bleibet ewiglich«, um die Jünger alles zu lehren.[38] Dieser verheißene Tröster wird auch vom Logoschristus richtig zeugen, und um das Kommen des Parakleten zu ermöglichen, muß Jesus in den Tod gehen.[39] Im ersten Johannesbrief, der dem gleichen Lebenskreis wie das Johannesevangelium entstammt, begegnet einem noch die Antichrist-Figur, ebenfalls eine eschatologische Vorstellung. »Kinder, es ist die letzte Stunde, und wie ihr gehört habt, daß der Antichrist kommt, so sind nun viele Antichristen geworden; daher erkennen wir, daß es die letzte Stunde ist.«[40] Nur die johanneischen Briefe gebrauchen den Begriff Antichrist. Im Gegensatz zu Paulus, der nur einen Widersacher kannte, reden die johanneischen Briefe aber bereits von vielen Antichristen, womit weniger Personen als eine christusfeindliche Strömung gemeint ist. Diese vielen Antichristen sind jetzt schon in der Welt vorhanden: »Da ist der Geist des Antichrist, von welchem ihr habt gehört, daß er kommen werde, und ist jetzt schon in der Welt.«[41] Das Wesen des Antichristen zeigt sich nach den johanneischen Ausführungen in der Leugnung der Fleischwerdung des Logos.

Aber diese eschatologischen Vorstellungen können doch nicht darüber hinwegtäuschen, daß im stilisierten Johannesevangelium mit seinen vielen »Zeichen«, die auf das Geheimnis des Christus hinweisen, eine wesentlich andere Verkündigung zum Ausdruck kommt als in Jesu apokalyptischer Reichsbotschaft. Es ist eine der auffallendsten Verschiedenheiten zwischen den Synoptikern und dem Johannesevangelium, daß nach der synoptischen Darstellung die Reichserwartung das Zentrum von Jesu Verkündigung bildet, während im Johannesevangelium die Gestalt des Christus im Mittelpunkt steht, dessen Ausführungen immer von ihm selbst handeln. Wenn aber nicht mehr das Reich das Primäre ist, erscheint es nur konsequent, daß auch die Reichserwartung stillschweigend in den Hintergrund tritt. Schon der Terminus »Reich« kommt nur an ganz wenigen Stellen vor, und die berühmteste von ihnen lautet: »Mein Reich ist nicht von dieser Welt. Wäre mein Reich von dieser Welt, meine Diener würden darob kämpfen, daß ich den Juden nicht überantwortet würde; aber nun ist mein Reich nicht von dannen.«[42] Diese Aussage liegt nur scheinbar auf der apokalyptischen Linie; bei näherem Zusehen entpuppt sie sich als von ganz anderer Wesensart. Wohl ist auch das Reich der Apokalyptik ein transzendentes, aber seine Eigenart besteht gerade darin, daß es nicht jenseitig bleibt, sondern mit gewaltigem Getöse in diese Welt einbricht. Von diesem kosmischen Geschehen, daran sogar die Gestirne beteiligt sind, ist jenes Reich, von dem der johanneische Christus Pilatus gegenüber redet, weit entfernt. An Stelle des kommenden Reiches tritt bei Johannes das ewige Leben, das darin besteht, Gott und den er gesandt hat, zu erkennen. Es geht nicht an zu sagen, mit dem ewigen Leben meine das Johannesevangelium dasselbe was Jesus mit der Botschaft des Reiches, denn es ist stets zu beachten, welche Worte man gebraucht, da sich mit deren Wechsel notwendig auch der Sinngehalt ändert. Das zeigt sich schon darin, daß nach dem Johannesevangelium das ewige Leben trotz seinem Dualismus nicht eine zukünftige Angelegenheit ist, sondern Gegenwartscharakter besitzt. Eine der überraschendsten Eigenarten des vierten Evangeliums ist wohl, daß es diese Zukunft mit kühnem Griff in die Gegenwart versetzt und das, was erst kommen wird, schon als vollzogen betrachtet. Wie kein anderes Dokument des Neuen Testamentes verkündet das Johannesevangelium die Gegenwärtigkeit des Heils für die Gläubigen. Was Paulus Erfüllung nannte, das bezeichnet das Johannesevangelium als Gegenwärtigkeit. Vor dieser bereits erfüllten Gegenwärtigkeit aber verblaßt alles erst noch zu erwartende apokalyptische Geschehen vollständig. Mit einem Schlag ist es aus dem Johannesevangelium verschwunden. Die Gegenwartsaussagen übertönen mit ihrer Mächtigkeit alle Zukunftserwartungen, was zu der seltenen Höhenlage und der vollkommenen Freude, die das Johannesevangelium ausstrahlt, wesentlich beiträgt. Das Gericht steht nicht mehr bevor; es hat bereits stattgefunden. »Wer an ihn glaubt, der wird nicht gerichtet; wer aber nicht glaubt, der *ist* schon gerichtet, denn er glaubt nicht an den Namen des eingeborenen Sohnes Gottes.«[43] Der johanneische Christus redet, vom Paraklet abgesehen, nicht von einer kommenden Zeit, sondern weiß, daß sie »schon jetzt da ist.«[44] Stünde das Kommen des Reiches noch aus, so wäre nach dem Johannesevangelium die Erscheinung Jesu entwertet. Deswegen verwandelt es das Gericht von einem kosmischen Ereignis zu einem inneren Prozeß. Die Parusie ist zu einem seelischen Vorgang geworden. Das tiefe Erleben der sublimierten Innerlichkeit hat sie aufgesaugt. Diese Umwandlung muß als die höchste Vergeistigung der Apokalyptik bezeichnet werden. Die Spiritualisierung der Eschatologie, welche die Zeit in die Zeitlosigkeit übergehen läßt, erreicht in der Mystik des Johannesevangeliums einen ihrer ersten Höhepunkte.

Wenn die paulinisch-johanneischen Schriften unter diesem Gesichtspunkt betrachtet werden, erscheinen sie in einem neuen

Licht. Es ist nicht zu bestreiten, daß innerhalb des Neuen Testamentes bereits bedeutsame Entwicklungen der Enderwartung festgestellt werden müssen. Während bei Jesus das Reich eine apokalyptische Größe ist und in einem gewaltigen Prozeß des Kommens begriffen, sind sowohl bei Paulus als im Johannesevangelium andere Vorstellungen in den Vordergrund getreten. Nach ihnen sind durch Jesus Christus die Gläubigen schon als Kinder Gottes erlöst, obwohl ihre Sohnschaft erst beim Anbrechen des Gottesreiches offenbar wird. Bereits im Urchristentum ist an die Stelle der Botschaft vom Reiche Gottes die Verkündigung von Jesus Christus als dem erhöhten Herrn getreten. Die Königsherrschaft – um es pointiert zu formulieren – tritt zugunsten des Königs zurück. Auf die Gestalt Christi konzentrierte sich alles Interesse, und was im späteren Christentum noch an Freude nachklang, war immer Freude über den Erlöser und nicht mehr über die Reichsnähe. Diese Veränderung darf nicht als eine gleichbleibende Verkündigung in neuer, sinngemäßer Form bezeichnet werden. Vielmehr liegt in diesem Vorgehen eine fundamentale Umgestaltung vor, die zugleich Ausdruck ist von der schöpferischen Kraft der Reichswirklichkeit, die beispielloser Wandlungen fähig war. Dies war die größte Umwandlung, welche die Evangeliumsverkündigung je erfuhr. Werturteile vorzubringen, oder sie gar als Abfall zu bezeichnen, wäre verfehlt. Es gilt zunächst die Notwendigkeit einzusehen, die Paulus und das Johannesevangelium zu dieser Umgestaltung veranlaßten. Die durch den Tod des Messias herbeigeführte Situation zwang sie zu dieser Veränderung. Bei allem inneren Verständnis für diese Modifikation ist man gleichwohl gezwungen festzustellen, daß es nie eine folgenschwerere Veränderung innerhalb der Geschichte des Christentums gab als diese! Denn es handelt sich hier nicht nur um ein leises Zurücktreten, um eine kleine Abschwächung der Reichserwartung; es liegt ein viel tiefer greifender Prozeß vor, dessen Folgen gar nicht übersehbar sind: Der Messias verdrängte das messianische Reich! Der Bringer des Reiches wurde wichtiger als das Reich selbst! Was vordem Mittel war, wurde nun Selbstzweck, denn die Gestalt des Christus wurde mit dem Reich identifiziert. Wohl sagt der Christus des Johannesevangeliums, er sei der Weg, aber in Wirklichkeit betrachtet die Christenheit ihn fortan als das Ziel. Der Weg ist zum Ziel geworden! Aus dieser Umwandlung mußten die bedeutsamsten Veränderungen hervorgehen. Mit unvermeidlicher Notwendigkeit ergab sich die überraschende Konsequenz, daß von nun an die Erlösung ohne das Reich möglich wurde, eine für Jesus selbst schlechterdings unvorstellbare Anschauung. Die Erlösung steht neben dem Reich und bildet nicht mehr eine Einheit mit ihm. Der Kyrioskult war die Kompensation, deren es bedurfte, um diese ungeheure Veränderung tragbar zu machen. Es war die erste Verschiebung und Umbiegung, die die Reichsbotschaft erfuhr. Seltsam bleibt, daß bis zum heutigen Tag sich nur wenige Christen über die Bedeutung dieses gewaltigen Vorganges Rechenschaft zu geben versuchten, einer Umwandlung, die dem Christentum ein vollkommen anderes Aussehen gab, das jedoch mit seiner neuen Hoffnung von nicht geringerer Strahlungskraft war.

Frühchristlicher Chiliasmus

Die Reichserwartung erfuhr schon im neutestamentlichen Zeitalter eine tiefgreifende Umgestaltung. Doch wurde sie nicht einfach hinweggespült. Die Botschaft vom kommenden Reich barg eine viel zu große Leuchtkraft in sich, als daß sie rasch hätte zugedeckt werden können. Sie wurde zwar vom Kyrioskult überschattet, aber aus dem Denken der Christen doch nicht kurzerhand ausgeschaltet. Seit den Tagen des Urchristentums ist die Reichswirklichkeit keineswegs spurlos vom Erdboden verschwunden. Sie lebte auch in den nachapostolischen Gemeinden weiter, und nach der Didache, einem altchristlichen Schriftstück, das in die Zeit zwischen 90–100 n. Chr. entstand, wurde im Gottesdienst jeweils das Gebet gesprochen: »Es komme die Gnade – gemeint ist das Reich – und es vergehe diese Welt.«[1] Diese Worte zeigen deutlich, daß die Reichserwartung auch den Gottesdienst der frühchristlichen Gemeinden noch beherrschte. Denn in eine kürzere Formel kann man die Botschaft Jesu kaum zusammenfassen, als es in diesem Satz der Didache geschehen ist. Allerdings vermochten die christlichen Gemeinden die Reichserwartung bald nicht mehr auf jener Höhe zu halten, die Jesus eingenommen hatte. Die lapidare Einfachheit, die dem Gedanken der Königsherrschaft bei Jesus eigen war, wurde wieder von mannigfachen apokalyptischen Vorstellungen umrankt, wie aus dem letzten Buch der Bibel zu ersehen ist, das nach den Synoptikern am stärksten für die Königsherrschaft gewirkt hat.

Die Schlußredaktion der Offenbarung Johannes fällt in das letzte Jahrzehnt des ersten Jahrhunderts. Sie ist ein Ausläufer jener Literatur, die mit Daniel begonnen hat und mit dem Hirten des Hermas ihr Ende fand. Das Neue an der Johannesoffenbarung gegenüber den früheren Apokalypsen ist die Erscheinung Jesu, die darin mit größter Eindrücklichkeit in den Mittelpunkt des geschichtlichen Geschehens gerückt wird. In diesem unheimlichen Buch mit seinen sieben Sendschreiben, der Eröffnung des letzten Siegels, den schrillen Posaunentönen, den apokalyptischen Reitern, kurz mit seinen schreckhaften Bildern feiert die glutvolle Welt der Apokalyptik ihre Auferstehung. Man hat unbegreiflicherweise in der Offenbarung Johannes schon den »Todeskuß« sehen wollen, den ihr Verfasser dem Evangelium gegeben habe.[2] Nach rationaler Auffassung soll mit demjenigen, der »den ungeheuren Abstand der Apokalypse von den Synoptikern nicht zu erkennen vermag, nicht gut zu diskutieren sein«.[3] In solchen verständnislosen Urteilen, in denen auch immer die Echtheit der Visionen bezweifelt wird, kommt jedoch nur die Fremdheit gegenüber dem gesamten urchristlichen Enthusiasmus zum Vorschein. Die moderne Ablehnung dieser Schrift beweist gerade ihre Bedeutung. Freilich müssen ihre ins Unendliche gehenden Bilder geschaut und nicht mit gedanklichen Begriffen zerlegt werden. Man darf den gleichen apokalyptischen Ursprung nicht übersehen, aus dem sowohl Jesus als die Offenbarung Johannes hervorgegangen sind. Nur die Form ist verschieden, aber dem Inhalt nach ist es die gleiche grandiose Welt der ungeheuer bewegten Symbole, wie sie nur einer ganz großen Schau zuteil wird. Aller bloß wissenschaftlichen Erklärung muß sie wie jede Urliteratur unzugänglich bleiben, da sie nur intuitiv verstanden werden kann.[4] Aus der Verkennung dieser Tatsache sind all die verkehrten Auslegungen hervorgegangen, welche sie als Himmelsuhr, als prophetisches Kompendium der Weltgeschichte auffaßten, wodurch mit ihr in der Christenheit soviel Unfug angerichtet wurde. Albrecht Dürers Holzschnitte weisen bei aller Unzulänglichkeit wenigstens auf den künstlerischen Weg, auf dem die johanneische Offenbarung noch am ehesten verständlich wird. Der einsame Dichter von Patmos, der unter südlichem Himmel schrieb und von einer starken Donnerschlagstimme überwältigt worden war, vermochte den Eindrücken selbst keine adäquate Gestaltung zu geben, als er schrieb: »Halleluja! Denn der allmächtige Gott hat das Reich angetreten. Lasset uns fröhlich sein und frohlocken und ihm die Ehre geben! Denn die Hochzeit des Lammes ist gekommen.«[5] Welche Unermeßlichkeit liegt in jedem Wort dieses Satzes. Aller Wahrscheinlichkeit nach läßt sich mit menschlicher Beschreibung nicht ausdrücken, wie groß die Erschütterung des Weltalls ist, wenn alles im Himmel und auf Erden in einen endlosen Lobpreis über das gekommene Reich zusammenfließen wird, und auch die Offenbarung Johannes konnte diesen Moment der ewigen Harmonie nur in symbolträchtigen Visionen andeuten. Aber daß sie versucht hat, dieses alle Vernunft übersteigende Problem darzustellen, zeigt mehr als alles andere die beispiellose Wucht dieses Buches, in dem auch neben Qualen, Ängsten und Haßgefühlen etwas Erhabenes, Tröstliches und Jubilierendes lebt. Begreiflich, daß gerade dieses Ineinanderfließen der Gefühlsgegensätze die alten Christen so stark zu dieser spannungsreichen Schrift hinzog, die vom »geheimnisvollsten Fluidum« umgeben ist.[6] Nennen sie die Katholiken doch noch heute die geheime Offenbarung, die mit ihren ungeheuren Bildern und kolossalen Worten das Innerste der Menschen in zitternde Erregung versetzt. Im zweiten Jahrhundert gab es kein Buch, das so oft genannt, so ausdrücklich und so hoch gepriesen wurde wie die Offenbarung Johannes. Die leidenschaftliche Sehnsucht nach den letzten Dingen wirkt sich in diesem Beschwörungsbuch als abgründiger Haß gegen die Hure Babylons aus. Die Seele der Offenbarung Johannes ist der Kampf gegen die satanischen Mächte. In ihr flammt die denkbar schärfste Kriegserklärung an die Welt auf, die sich in hochgradigen Spannungen zwischen Gemeinde Jesu und Staat entlädt. »Das Brüllen der Apokalypse« (Rosanow) ist aus einer kaum noch ertragbaren, letzten Leidenschaft hervorgegangen; in ihr zeigt sich eine religiöse Inbrunst, der man nicht oft begegnet. Ein Berennen der Endzeit liegt diesem Rätselbuch zugrunde, und die Geschichte des ersten christlichen Jahrhunderts einmal in seinem apokalyptischen Lichte zu betrachten eröffnet ganz neue Perspektiven.

Das Größte an der Offenbarung Johannes ist ihre Verkündigung der Reichserwartung. Nach ihrem Seher fährt ein Engel vom Himmel, »der hatte den Schlüssel zum Abgrund und eine große Kette in seiner Hand. Und er griff den Drachen, die alte Schlange, welche ist der Teufel und Satan, und band ihn tausend

Jahre. Und warf ihn in den Abgrund, und verschloß ihn, und versiegelte darauf, daß er nicht mehr verführen sollte die Heiden, bis daß vollendet würden tausend Jahre, und darnach muß er loswerden eine kleine Zeit. Und ich sah Stühle, und sie setzten sich darauf, und ihnen ward gegeben das Gericht, und die Seelen derer, die enthauptet sind, um des Zeugnisses Jesu und um des Wortes Gottes willen, und die nicht angebetet hatten das Tier noch sein Bild und nicht genommen hatten sein Malzeichen an ihre Stirn, und auf ihre Hand, diese lebten und regierten mit Christo tausend Jahre. Die andern Toten aber wurden nicht wieder lebendig, bis daß tausend Jahre vollendet wurden. Dies ist die erste Auferstehung. Selig ist der und heilig, der teil hat an der ersten Auferstehung; über solche hat der andere Tod keine Macht, sondern sie werden Priester Gottes und Christi sein und mit ihm regieren tausend Jahre.«[7] Man muß in Ehrfurcht stille stehen vor diesen brennenden Worten, die die Magna Charta des ursprünglichen Chiliasmus darstellen, zu dem sachlich noch die prächtige Schilderung des neuen Jerusalems im darauffolgenden Kapitel gehört.[8] Eine ans Wunderbare grenzende Majestät ist dieser kostbaren Schilderung eigen, die zu den geschichtsträchtigsten Ausführungen der ganzen Bibel gehört. In ihnen hat die chiliastische Hoffnung ihre hinreißendste und abschließende Darlegung gefunden, von der heute noch eine zündende Wirkung ausgeht. Dieser nicht genug zu beachtenden Ausführung liegt das Sehnen nach einer unerreichbaren Schönheit zugrunde, in der sich dynamisches und statisches Lebensgefühl zu einer höhern Synthese verschmelzen. Eine überreiche Phantasie unter göttlichem Einfluß hat dieses Dokument verfaßt und sich die goldene Stadt im Tausendjährigen Reich in allen Details vorgestellt, die Erfüllung der Verheißung des Engels Gabriel erwartend: »Und seines Königreiches wird kein Ende sein.«[9] Es ist unmöglich, auch nur annähernd zu sagen, welche Unsumme von Hoffnung diese chiliastische Vorstellung in den verschiedensten Jahrhunderten wachgerufen hat, die erst glaubenslose Zeiten zu einer dürren Lehre vom Zwischenreich erniedrigt haben. Ursprünglich ging eine revolutionäre Wirkung von der Offenbarung Johannes aus, der das Verdienst zukommt, dem Chiliasmus in der Christenheit

Heimatrecht verschafft zu haben. Deswegen wurde die Apokalypse schon »die größte religiöse Dichtung der Weltliteratur« genannt, »Quell und Inbegriff der füreinmal niedergeschlagenen wie aller künftigen chiliastischen Rebellion«.[10] In jeder Schicksalswende der Völker gewann dieses mit Dynamit geladene Buch erneut Macht über die Geister, das seinen glühenden Chiliasmus mit solch ungebändigter Sehnsuchtskraft in die Welt hinausgeschrien hat: »Und der Geist und die Braut sprechen: Komm! Und wer es höret, der spreche: Komm! Und wen dürstet, der komme, und wer da will, der nehme das Wasser des Lebens umsonst.«[11]

Mit der Offenbarung Johannes nahm die Reichserwartung chiliastische Formen an. Unter Chiliasmus versteht man, wie der griechische Name besagt, die Vorstellung vom Tausendjährigen Reich, auch Millennium genannt. Aber mit dieser schulmäßigen Definition ist nicht viel gewonnen, denn sie vermag in ihrer Engheit seinem Reichtum nicht gerecht werden. »Der Ausdruck Tausendjähriges Reich ist ungenau«, mußte auch die rechtsstehende Forschung feststellen.[12] Es handelt sich nicht um eine arithmetische Zahl, sondern um ein Symbol für den vollkommenen Zustand auf Erden. Sachlich betrachtet bedeutet der Chiliasmus vor allem die lebendige Erwartung des Gottesreiches auf Erden. Darauf muß der Akzent gelegt werden und nicht auf die Dauer von tausend Jahren, zumal in der Apokalyptik verschiedene Zahlen genannt werden. Der Chiliasmus der Offenbarung Johannes hat seine Vorgänger im Henochbuch[13], in der syrischen Baruchapokalypse[14] und im vierten Esrabuch[15]. Sein Ursprung geht noch weiter auf die iranische Religion zurück. Bedeutsamer jedoch als dieser Hinweis auf die religionsgeschichtliche Herkunft des Chiliasmus ist die Tatsache, daß er in das Christentum eingegangen ist, sich mit der wesensverwandten Botschaft vom kommenden Reich aufs innigste vermählt und schließlich sogar im neutestamentlichen Kanon Aufnahme gefunden hat. Diese erstaunliche Tatsache, die nicht aus Zufälligkeit, sondern aus innerer Zusammengehörigkeit geschah, kann wohl vertuscht und als Nebensache bagatellisiert, von niemandem aber ernsthaft bestritten werden. Wie dieser Prozeß im einzelnen vor sich ging, ist in Dunkel gehüllt und entzieht sich bis heute der Kenntnis.

Der enorme Einfluß, der von der chiliastischen Erwartung ausgegangen ist, kann gar nicht überschätzt werden. Nachdem er sich mit der Reichserwartung verschmolzen hatte, ließ er sich nicht mehr aus dem Christentum vertreiben. Immer wieder erhob er sein Haupt und wirkte sich als die große Hoffnung in der Geschichte aus. Seine Stärke im Frühchristentum wird einem erst voll bewußt, wenn man die Geschichte der alten Kirche auf ihre Vertreter hin durchsieht. Eine ganze Reihe von beachtenswerten Gestalten sind mit Leidenschaft für ihn eingetreten. Der Aufmarsch seiner hauptsächlichsten Vertreter ist nicht nur für eine tiefere Erfassung des Chiliasmus unerläßlich, sondern hebt eine sonst den Blicken der Menschheit ängstlich verborgene Geschichte ans Tageslicht, die in einem eigenartigen Licht schimmert. Sie vermochte in der Kirchengeschichte nie die Oberhand zu gewinnen und wurde immer mehr zu einem unterirdischen Dasein gezwungen, weil die dogmatischen Machthaber sie stets unterdrückten. Es ist töricht, sich des Chiliasmus nur im geringsten zu schämen. Gewiß wurde mit ihm im Laufe der Geschichte oft grober Unfug getrieben. Dafür aber kann nicht die Hoffnung auf das Tausendjährige Reich verantwortlich gemacht werden, sondern nur die Menschen, die es nicht besser verstanden. Sachlich betrachtet, ist im Chiliasmus eine unvergängliche Wahrheit enthalten, die unter keinen Umständen preisgegeben werden darf. Vor allem lebt in ihm eine starke religiöse Kraft, die gerade ein lebendiger Christ unbedingt spürt und von der er sich angesprochen fühlt.

Den imposanten Reigen eröffnet nach der Offenbarung Johannes Cerinth, dem in der alten Kirche sogar die Abfassung der Apokalypse zugeschrieben wurde.[16] Cerinth ist eine Persönlichkeit, deren Bild von der Überlieferung nicht einheitlich festgehalten ist, da man ihn auch des gnostischen Doketismus beschuldigte. Seinetwegen soll der greise Johannes voll Entsetzen mit den Worten aus dem Bade geeilt sein: »Lasset uns fliehen! Denn es ist zu fürchten, daß die Badeanstalt einstürze, da Cerinth, der Feind der Wahrheit, drinnen ist.«[17] Aus dem ihm entgegengebrachten Haß darf geschlossen werden, daß er ein bedeutender Mensch gewesen sein muß, den man nicht verstand. Steht doch die Bezichtigung des Doketismus in ausdrücklichem Widerspruch zu Cerinths Verkündigung des Chiliasmus, der in der christlichen Frühzeit noch Eigentum sowohl der Rechtgläubigen als der Häretiker war. Nach Eusebs Berichterstattung soll Cerinth sogar einer der Urheber des Chiliasmus gewesen sein und gelehrt haben, »daß nach der Auferstehung das Reich Christi auf Erden sein werde und daß die Leiber in Jerusalem leben und sich wiederum Leidenschaften und Vergnügungen hingeben ... und ein Zeitraum von tausend Jahren in freudiger Hochzeitsfeier verfließen werde«. Solch kühnen Hoffnungen gab sich dieser angeblich doketische Ketzer hin! Wer jedoch solche Anschauungen hegt, ist kein Anhänger des Doketismus, der aller Körperlichkeit feindlich gegenübersteht. Vielmehr spürt man aus diesen Worten das religiöse Hochgefühl sich in einer ungewöhnlichen und seltenen Offenheit äußern. Denn welche Emotionalität umfließt doch die Hochzeitsfeier, und welch festlichen Höhepunkt stellt sie im Leben der meisten Menschen dar. Nach einer verlorengegangenen Schrift des Dionysios von Alexandrien soll Cerinth »in seinen Leib verliebt und ganz fleischlich gesinnt« gewesen sein und davon geträumt haben, daß das Reich Christi »in der Befriedigung des Magens und der noch tiefer gelegenen Organe, also in Speise und Trank und ehelichen Genüssen und in Festen, Opfern und Schlachtungen von Opfertieren bestehen werde«.[19] Man darf sich durch diese von deutlicher Abneigung erfüllte Berichterstattung Eusebs nicht irre machen lassen, da in ihr sichtliche Verleumdungskunst mitschwingt, in welcher der Vater der Kirchengeschichtsschreibung leider nicht unbewandert war. Und wenn Cerinth auch ähnlich klingende Äußerungen getan hätte, besteht kein Anlaß, seine Ausführungen zu vertuschen. Warum soll diese irdische Färbung der Königsherrschaft nicht auch, wie die Sinnlichkeit des Menschen überhaupt, ihre Berechtigung haben? Auch nach Jesu Verkündigung wird man im Reiche Gottes zu Tische liegen und trinken, man wird auf Thronen sitzen und die zwölf Stämme Israels richten.[20] Nur ein »pferdescheuer Idealismus« (Oetinger), der den Schöpfungscharakter der Leiblichkeit nicht mehr anzuerkennen vermag, kann an diesen Bildern Anstoß nehmen. Die Christen der ersten Jahrhunderte haben sich sicherlich das Reich nicht als langweilige Erbauungsstunde vorgestellt, sondern viel blutvoller als freudige Hochzeitsfeier, und für *diese* Aussicht haben sie sich mit heroischem Todesmut vor die Löwen werfen lassen. Es gilt, den charismatischen Realismus, der im Chiliasmus liegt, deutlich zu sehen, da gerade in ihm eine ungemein starke Kraft verborgen ist.

Doch nicht nur als Ketzer angeschwärzte Frühchristen wie Cerinth vertraten den biblischen Chiliasmus; analoge Äußerungen finden sich auch bei den apostolischen Vätern, welche die Patristik einleiten. Ignatius von Antiochien schreibt in seinem Brief an die Epheser: »die letzten Zeiten sind da«,[21] und nicht anders tönt aus dem ersten Clemensbrief »die frohe Botschaft von der Nähe des Gottesreiches«.[22] Im Barnabasbrief, der den Menschen als »leidende Erde« bezeichnet, wird ausgeführt, »das vollendete Ärgernis, das, wie Henoch sagt, aufgezeichnet worden ist, ist nahe herbeigekommen. Es hat nämlich unser Gebieter die Fristen und Tage zu dem Zwecke abgekürzt, damit sein Liebling sein Kommen beschleunige und früher zu seinem Erbe gelange«.[23] Der Schreiber des Barnabasbriefes ist ein Anhänger des Chiliasmus, bei dem sich allerdings die darauf sich beziehenden Ausführungen mit dem Problem des jüdischen Sabbates und des christlichen Sonntages vermengen. Seine allegorische Deutung von sechs Tagen auf sechstausend Jahre ist chiliastisch gedacht, da der siebente Tag das Tausendjährige Reich sein wird.[24] Der Barnabasbrief ist ein Beweis für die Tatsache, daß in der Zeit der apostolischen Väter die Reichserwartung im chiliastischen Gewand aufgetreten ist.

Von den Apologeten war Justin ein ausgesprochener Vertreter des Chiliasmus. Diese überraschende Wahrnehmung muß stutzig machen. Als weitgereister Mann, der Palästina, Ägypten, Italien und Kleinasien gesehen hatte, war Justin der Christ im Philosophenmantel. In seiner Weitherzigkeit hat er die leuchtende Lehre vom Logos spermatikos aufgestellt, nach der sich überall Spuren der göttlichen Weisheit finden und alle Wahrheit, die in der Welt gesagt worden ist, den Christen gehört. Wenn doch die Christen sich nur immer zu dieser Universalität bekannt hätten, dann wären sie nie dem verdammenden Ungeist der Ausschließlichkeit verfallen. Dieser oft des flachen Moralismus gescholtene christliche Philosoph, der die Rechtfertigungslehre des Paulus nicht mehr verstanden habe, bekannte sich eindeutig zum Chiliasmus und ist für seinen Glauben den Märtyrertod gestorben. Im »Dialog mit dem Juden Triphon« erkundigt sich sein Gesprächspartner ausdrücklich bei Justin: »Behauptet ihr Christen wirklich, daß unsere Stadt Jerusalem wieder aufgebaut werden wird, und erwartet ihr, daß euer Volk in Freude bei Christus zusammenkommen wird, zugleich mit den Patriarchen und Propheten?«[25] Auf diese Frage antwortet Justin, nicht alle Christen der frommen Richtung seien dieser Anschauung, er und viele andere seien aber dieses Glaubens ganz gewiß, daß die Zukunft sich in dieser glorreichen Weise gestalten werde. Justin macht in seiner Aufgeschlossenheit die Rechtgläubigkeit eines Christen nicht vom Bekenntnis zum Chiliasmus abhängig, obwohl er selbst über seine eigene Überzeugung nicht den geringsten Zweifel entstehen läßt, »daß tausend Jahre kommen werden, in dem aufgebauten, geschmückten und vergrößerten Jerusalem, wovon die Propheten Ezechiel, Jesaja und die übrigen gesprochen haben«.[26] Justin beruft sich für seinen Chiliasmus besonders auf Deutero-Jesajas Botschaft von der neuen Erde,[27] die der wahre Grund für seine Freude bildet. Dieser erste christliche Philosoph war offenbar noch nicht von trockener Kathederweisheit angekränkelt, sondern noch mit jener nüchternen Trunkenheit erfüllt, die immer ein Merkmal des Chiliasmus war und die dem Menschen eine Hoffnung ins Herz gibt, die durch nichts zu ersetzen ist.

Die ausführlichste Schilderung des Tausendjährigen Reiches findet sich bei Papias, der noch ein Hörer des Apostels Johannes und ein Hausgenosse des Polykarp gewesen war. Dieser Bischof von Hieropolis in Kleinasien schrieb seine »Auslegungen der Worte des Herrn«, die leider nur in wenigen Bruchstücken erhalten sind. Gleichwohl spielt dieses Werk in der altchristlichen Literaturgeschichte eine nicht unwichtige Rolle. Eines der Fragmente von Papias gewährt einen überaus aufschlußreichen Einblick in die chiliastische Vorstellungswelt des Frühchristentums. Nach der Aussage des Papias hat sich niemand anderer als Jesus selbst zum Chiliasmus bekannt. Er überliefert von Jesus das

Wort: »Es werden Tage kommen, an welchen Weinstöcke erstehen, jeder mit 10 000 Ranken und an einer Ranke 10 000 Zweige und an einem Zweige 10 000 Schößlinge und an jedem Schößling 10 000 Trauben und an jeder Traube 10 000 Beeren, und jede Beere ausgepreßt wird 25 Maß Wein geben. Und wenn davon einer der Heiligen eine Traube ergreift, wird eine andere rufen: Ich bin die bessere Traube, nimm mich! Preise durch mich den Herrn! Desgleichen werde ein Weizenkorn 10 000 Ähren hervorbringen und jede Ähre 10 000 Körner enthalten, und jedes Korn 5 Doppelpfund klaren, reinen Weizenmehls geben; ebenso die übrigen Früchte und Samen und Pflanzen nach dementsprechender Proportion, und alle Tiere, die das als Nahrung bekommen, was von der Erde angenommen wird, werden in gegenseitigem friedlichen Einvernehmen leben und den Menschen rückhaltlos untertan sein. Und als Judas der Verräter nicht glaubte und fragte: Wie sollen denn solche Gewächse vom Herrn zustande kommen? sagte der Herr: Die dahin gelangen, werden es sehen!«[28] Die Äußerung stammt ihrem Wortlaut nach wahrscheinlich nicht von Jesus, sondern geht auf das Henochbuch[29] oder die syrische Baruchapokalypse[30] zurück. Euseb behauptet denn auch, Papias habe seine »unbekannten Gleichnisse und Lehren« dem Herrn unterschoben. Er stellt Papias als »geistig sehr beschränkt« dar, der als einfältiger Tropf die Sache nicht besser verstanden habe.[31] Mit dieser Verspottung aber rückt Euseb nur sich selbst in ein ungünstiges Licht. Sehr wahrscheinlich besaß aber der erste Kirchenhistoriker bereits nicht mehr jene Einsicht in die wirklichen Zusammenhänge des Urchristentums. Irenäus, der das Fragment von Papias in seinem großen Werk gegen die Häresie ebenfalls überliefert, urteilt anders als der Hoftheologe Kaiser Konstantins. Nach seinen Ausführungen war Papias »ein Mann der alten Zeit« und hat schon deswegen Anspruch auf ernsthaftes Gehör. Der Lyoner Bischof stieß sich nicht im geringsten an der Überlieferung des Papias. Tatsächlich ist an Papias Versuch wichtig, daß er den Chiliasmus direkt mit Jesus in Verbindung brachte. In dieser Bemühung war er unstreitig von einem richtigen Instinkt geleitet, da zwischen Jesus und dem Chiliasmus ein tiefgehender Zusammenhang besteht. Vor allem aber sind die angeführten Worte für Papias selbst aufschlußreich, der fest der Überzeugung zugetan blieb, »daß nach der Auferstehung der Toten tausend Jahre kommen werden, in denen das Reich Christi sichtbar auf Erden bestehen wird«.[32] Es zeugt von Verständnislosigkeit, sich an Papias' zehntausend Schößlingen und zehntausend Trauben zu stoßen, die doch nicht buchstäblich zu verstehen sind. Sie sind schon wegen ihrer Wiederholung und Häufung als Symbol für die viel größere Herrlichkeit des Reiches gegenüber dieser Erde aufzufassen. Aus diesem Grunde ließ sich Papias auch durch nichts an seinem Chiliasmus irremachen, sondern schließt seine Schilderung mit den Worten: »Dies aber ist glaublich den Gläubigen.«[33]

Von Papias abhängig ist Irenäus, der das kleinasiatische Erbe nach seiner neuen Heimat mitnahm und den Chiliasmus auf abendländischen Boden verpflanzte. Das Lebenswerk des Bischofs von Lyon war der schwere Kampf gegen die Gnosis, die er frühzeitig als Gefahr für die Kirche erkannte, ohne jedoch den Bestrebungen seiner Gegner gerecht zu werden. Im Gegensatz zur Gnosis hatte Irenäus seine Heilsauffassung auf die christliche Tradition aufzubauen versucht und berief sich zu diesem Zweck gerne auf das Zeugnis der »Alten«[34]. Daraus lassen sich auch die archaischen Überreste verstehen, die in Irenäus' Eschatologie festzustellen sind. Ihm kommt als erstem das Verdienst zu, »die Heilsgeschichte unter dem Leitgedanken der Entwicklung« betrachtet zu haben.[35] Die letzte Stufe in diesem großen Erziehungsprozeß ist das Tausendjährige Reich, zu dem Irenäus sich vorbehaltlos bekennt. Der Bischof von Lyon war ein erklärter Anhänger des irdischen Herrlichkeitsreiches Christi und glaubte fest an die überschwengliche Fruchtbarkeit der neuen Erde, an die Zahmheit aller Tiere, an den Wiederaufbau Jerusalems, wie aus den Schlußkapiteln seines Werkes »Gegen die Häresien« deutlich zu ersehen ist. Irenäus beruft sich auf eine Menge von Bibelstellen, in welchen den Gerechten herrliche Güter von Gott verheißen werden, und lehnt hierfür ausdrücklich die allegorische Auslegung ab.[36] Die alttestamentlichen Verheißungen haben sich noch nicht erfüllt, also steht deren Verwirklichung noch bevor, und dieselbe wird sich im Tausendjährigen Reich ereignen. In diesem Reich »sollen die Würdigen allmählich gewohnt werden, Gott aufzunehmen.«[37] Nach Irenäus befindet sich das Reich auf dieser Erde, denn »in der Welt, in der sie sich gemüht und gelitten haben, auf jegliche Weise in der Geduld erprobt, in der werden sie gerechterweise auch die Früchte ihrer Geduld empfangen. In der Welt, in der sie getötet wurden wegen ihrer Liebe zu Gott, in der werden sie auch lebendig gemacht werden. Wo sie Knechtschaft erduldeten, da werden sie herrschen.«[38] Solche Worte kann nur jemand schreiben, in dem der Chiliasmus noch lebendig ist und der nicht den geringsten Versuch macht, dessen sinnliche Farbe abzustreifen, wenn er auch damit gelegentlich die hellenistische Erlösungssehnsucht verband. Irenäus rechnet den Chiliasmus als wesentlichen Teil zur kirchlichen Glaubensregel. Dessen Leugnen durch die Gnostiker wertet er als »Abfall von der Kirche«.[39] Man kann daher die Hoffnung auf das Tausendjährige Reich nicht als häretische Sonderbestrebung hinstellen. Sie war im Gegenteil frühchristliches Glaubensgut und verdient als solches noch heute nachhaltige Beachtung.

Mit der Vehemenz seiner nordafrikanischen Seele trat auch Tertullian für den Chiliasmus ein. Tertullian, der nach dem Urteil Kierkegaards wie »kaum irgendein Kirchenvater das Christentum in Gottes Interesse dargestellt hat« und bei dem dasselbe »nicht ein bißchen Moral und einige Glaubenssätze ist«,[40] beschäftigt sich mehrfach mit diesen Fragen. Weder gravitätische Feierlichkeit noch Abgeklärtheit war ihm eigen, war er doch ein Mann mit unerträglichen Spannungen und einer gepeitschten Natur, die nach einer nie erreichten Harmonie strebte. In Tertullian sprach »sich der abendländische Geist zum erstenmal deutlich aus«, mit seinem leidenschaftlichen Temperament verband er eine scharfsinnige Reflexion, so daß »seine Schriften in einem eigentümlichen, man möchte sagen, metallischen Glanz funkeln«.[41] Dieser Feuerkopf, der die menschliche Seele von Natur aus eine Christin preisen und zugleich wieder die paradoxe Formel *credo quia absurdum est* aufstellen konnte, wurde trotz seinem überschäumenden Naturell der Schöpfer der lateinischen Kirchensprache. Zu dieser Leistung war er dank seiner Tätigkeit als juristischer Sachwalter befähigt. Aber er blieb nicht in einem unfruchtbaren Formalismus stecken, obwohl er das Verhältnis des Menschen zu Gott immer unter einem rechtlichen Gesichtspunkt sah, was zweifelsohne der Botschaft Jesu widerspricht. Als ein Christ, der nicht Priester wurde, erfaßte er mit der »schwer gezügelten Wildheit des Afrikaners«[42] das Evangelium als eine existentielle Angelegenheit und setzte sich mit Problemen auseinander, für die er keine Lösungen fand. Nach kirchenväterlichem Urteil muß man das »Gold aus dem Miste Tertullians« herauszulesen imstande sein, und als blinkendes Edelmetall ist auf jeden Fall sein Chiliasmus zu bewerten. Im Kampf gegen Marcion hat Tertullian eindeutig erklärt: »Wir bekennen auch, daß uns ein Reich auf Erden verheißen sei, aber vor dem Eintritt des Himmelsreiches und in einem andern Zustande, nämlich in der Stadt Jerusalem göttlichen Ursprungs, welche auf tausend Jahre nach der Auferstehung vom Himmel herabgebracht wird«, und fügt hinzu, »es ist recht und Gottes würdig, daß seine Diener an dem Orte, wo sie um seines Namens willen Leiden erduldeten, auch frohlocken.«[43] Auch in seinen Schriften »Über die Seele«, »Über die Auferstehung des Fleisches« und wo immer Tertullian seinem Ernst über das hereinbrechende Endgericht Ausdruck gab, trat er für den Chiliasmus ein. Er war dem Glauben an das Reich mit solchem Eifer zugetan, daß er wegen dieses Fragenkomplexes mit der Kirche in Konflikt geriet und zum Schismatiker wurde.

Weniger plastisch ist die Gestalt des ägyptischen Bischofs Nepos überliefert, weil seine Schrift »Widerlegung aller Allegoristen« verlorengegangen ist. Nach Eusebs »Kirchengeschichte« lehrt Nepos, daß man »die in der göttlichen Schrift den Heiligen gegebenen Verheißungen mehr nach jüdischer Art auslegen müsse, und behauptete, es würden tausend Jahre sinnlicher Freude auf diese Erde kommen«.[44] Wiederum fällt inmitten dieser zu Unrecht als verstaubt empfundenen Literatur der Kirchenväter das Wort von der sinnlichen Freude. Aber ob sinnlich oder unsinnlich, ist eine Frage von sekundärer Bedeutung; wesentlich bleibt, daß nach Eusebs Berichterstattung Nepos mit seiner realistischen Auffassung des Tausendjährigen Reiches viele Anhänger gefunden hat, die sich sogar nach seinem Tode von der Kirche lossagten und von Dionysios von Alexandrien in langen

Diskussionen zurückgewonnen werden mußten. Aber Dionysios selbst bezeugt die Ehrfurcht, die er vor dem Glauben, der Schriftgelehrsamkeit und der hymnologischen Begabung des Nepos besaß, wenn auch die Dürftigkeit der Überlieferung keine Vorstellung von der Glut seines Chiliasmus gibt.

Anschaulicher ist der Chiliasmus des Laktantius, der zwischen 250 und 330 gelebt hat. In seinem Werk »Göttliche Unterweisungen« bekundet er am Schluß noch seinen Glauben an das Tausendjährige Reich. Darnach wird Christus mit großer Macht vom Himmel herabsteigen und die ganze Menge der Gottlosen vernichten, wobei das Blut in Strömen fließen wird. Nachdem auch der Satan in Ketten gelegt worden ist, beginnt das große Friedensreich auf Erden. Sämtliche heidnischen Völker werden den Gerechten zur Dienstbarkeit übergeben werden, und das Reich der Heiligen beginnt, welches tausend Jahre lang dauern wird. »Während dieser Zeit erstrahlen glänzender die Sterne, die Sonne nimmt an Heiligkeit zu, der Mond wird keine Abnahme mehr erleiden … alle Frucht erzeugt die Erde ohne Mühe der Menschen. Honig in Fülle träufelt von den Felsen, Quellen von Milch und Wein brechen hervor. Die Tiere der Wälder legen ihre Wildheit ab und sänftigen sich.«[45] Nach tausend Jahren wird der Fürst der Finsternis wieder gelöst, und es beginnt der letzte Kampf, bei dem sich Berge spalten und Täler senken. Die Gerechten aber bergen sich eine Weile unter der Erde, bis daß die Vernichtung der Heiden erfolgt ist; und nach drei Tagen treten sie ans Licht hervor und sehen die Ebene mit Erschlagenen bedeckt.[46] Hierauf verwandelt Gott die Gerechten in die Gestalt der Engel, und dann beginnt das Reich Gottes, das kein Ende mehr haben wird. Glühender kann man der chiliastischen Hoffnung nicht Ausdruck geben, als es dieser bedeutsame Kirchenvater getan hat.

Mit Laktantius ist die Reihe der Chiliasten keineswegs abgeschlossen. Die chiliastische Gläubigkeit findet sich bei Hippolyt, Methodius von Olymp, Apollinarius von Laodicea, Commodianus usw. Es würde zu einer eintönigen, ermüdenden Wiederholung führen, wollte man alle Vertreter des Chiliasmus aufführen. Aus dieser notdürftigen Skizze ist jedoch genügend zu ersehen, wie lebendig der Chiliasmus im Frühchristentum war und welche geistesmächtigen Vertreter er unter den Patristikern gefunden hat. Namen wie Irenäus, Tertullian sind von Gewicht, und deren Ausführungen sind noch heute nicht einfach auf die Seite zu schieben. Über die Breite der chiliastischen Strömung läßt sich mit Bestimmtheit freilich nichts sagen, außer der Annahme, daß sie aller Wahrscheinlichkeit nach mehr in den untern Volksschichten vertreten war.

Doch wäre das Bild falsch gezeichnet, wollte man die Tatsache nicht erwähnen, daß dem Chiliasmus in der alten Kirche auch kräftiger Widerstand geleistet wurde. Allen voran muß an dieser Stelle der Name des großen Origenes genannt werden, der sich in seinem Werk »Von den Grundwahrheiten« mit einer Deutlichkeit, die nichts zu wünschen übrigläßt, gegen den Chiliasmus wandte. Origenes war diese Lehre zu massiv, so daß er daran Anstoß nahm. Sein Denken bewegte sich in feineren und weniger handfesten Vorstellungen als denjenigen der irdischen Reichshoffnung. Mit Origenes setzt in der christlichen Kirche die systematische Bekämpfung des Chiliasmus ein, die nicht ruhte, bis er zur Häresie gestempelt wurde. Der lichtvolle Alexandriner nennt die chiliastischen Vertreter verächtlich »Leute, welche die Mühe des Nachdenkens scheuen, oberflächliche Betrachter des Gesetzes, die nur ihren Gelüsten schmeicheln«.[47] Bloße Buchstabenchristen würden die Verheißungen der Bibel auf ein Reich beziehen, für das sinnliches Behagen und irdischer Überfluß charakteristisch sind. Nur diese würden nach der Auferstehung fleischliche Leiber begehren, mit denen sie weiter essen und trinken, eheliche Verbindungen eingehen und Kinder zeugen könnten. Origenes hielt sich über die Christen auf, die sich »einbilden, Jerusalem werde als irdische Stadt auf einem Grunde von kostbaren Steinen wieder aufgebaut werden«.[48] Er betrachtete diese Vorstellung als grobschlächtig und unannehmbar. »Dies ist die Denkungsart derer, die sich zwar Christen nennen, aber in ziemlich jüdischem Sinn die Schrift erklären und nichts, was göttlicher Verheißung würdig wäre, darin finden.«[49] Pneumatische Christen sind überzeugt, daß sie ein Reich erlangen werden, aber nicht irgendwo auf Erden, gleich den irdisch gesinnten Juden, sondern im Himmel. Es ist der griechische Idealismus und nicht der urchristliche Realismus, der sich in Origenes' Worten gegen den Chiliasmus auflehnt, den er in seiner Geistigkeit als fremd empfand. Hellas war nie apokalyptisch eingestellt. In Origenes' Fußstapfen wandelt getreulich sein unkritischer Verehrer, Euseb von Cäsarea, der in seiner »Kirchengeschichte« immer wieder versucht, den Chiliasmus als eine jüdische Irrlehre zu brandmarken und seine Anhänger als Ketzer anzuschwärzen. Nicht ohne Erfolg. Seine Ablehnung hat in der Kirche Schule gemacht, man betrachtete den Chiliasmus immer mehr als »fleischliche Lehre«, die ins Judentum gehöre. Seinetwegen müssen sich in der alten Kirche heftige Kämpfe abgespielt haben, die aber gerade seine Bedeutung dartun. Dem Chiliasmus wurde keine Offenbarungswahrheit zuerkannt und seinen Ausführungen der religiöse Wert abgesprochen, vor allem mit der Begründung, daß eine befristete Herrlichkeit nichts bedeute. Schließlich scheute sich das berühmte Konzil von Ephesus im Jahre 431 nicht, den Chiliasmus wörtlich als eine »Entgleisung und Fabelei« abzulehnen, weil er den religiösen Kern dieser Hoffnung nicht mehr verstand.

Man darf die Bestreiter des Chiliasmus nicht der religiösen Blindheit beschuldigen, weil sie dessen Wert nicht erkannten. Das wäre vom Standpunkt einer Partei aus geurteilt. Über dem Chiliasmus liegt ein gewisser Schatten, den auch seine Befürworter nicht übersehen können. Schon in der Offenbarung Johannes ist ein Anflug davon spürbar, der, wie der englische Romancier Lawrence richtig gesehen hat, sich in einem leicht verhüllten Machtstreben an die Oberfläche drängt. Das verräterische Knurren eines unterdrückten Verlangens nach Herrschaft ist aus der Apokalypse deutlich zu hören, die von Macht und nie von Liebe redet. Dieser Machtdurst ist um so unerfreulicher, als er sich in ein christliches Mäntelchen kleidet und dabei »jener wüsteste aller geschriebenen Ausbrüche ist, welche die Rache auf dem Gewissen hat«.[50] Dabei bekommt man durchaus nicht den Eindruck eines kräftigen Machtgefühles, wie es gewissen Renaissancegestalten von Shakespeare eigen ist. Der Drang nach Macht in der Apokalypse stammt tatsächlich aus der Schwäche. Es sind die ressentimenthaften Rachegefühle der kleinen Leute, die sich verzehren vor ohnmächtiger Lust, das starke Rom, die Hure Babylons, vom Thron zu stürzen, um sich selbst darauf zu setzen, obwohl sie die inneren Fähigkeiten dazu gar nicht besitzen. Dieses Machtstreben wird nicht sympathischer dadurch, daß es dem »Lamm Gottes« zugeschrieben wird. Diesen ungeschützten Äußerungen ist es zuzuschreiben, daß die Offenbarung Johannes auch von allerlei Rattenfängern auf religiösem Gebiet mißbraucht werden konnte. Keineswegs ist dieses schlecht verhehlte Machtstreben nur ein Schönheitsfehler der Apokalypse. Man begegnet ihm auch bei Irenäus, der es ganz in Ordnung findet, daß die Christen auch da herrschen, wo sie früher geknechtet waren, und nicht anders ist es bei Tertullian. Mit diesem Herrschaftsverlangen, das dem Evangelium ins Gesicht schlägt, berührt sich der gierige Blutdurst, der einem in den chiliastischen Schilderungen entgegentritt. Nach Laktantius' Ausführungen fließt das Blut in Strömen, und die Ebene ist mit Erschlagenen bedeckt. Die Betonung der Notwendigkeit der gewaltsamen Veränderung dieser Welt zieht eine religiöse Rechtfertigung des Gewaltprinzipes nach sich, die schweren Bedenken unterliegt. Die unerfreulichen Äußerungen dürfen nicht als unwichtige Charakterzüge des Chiliasmus stillschweigend übergangen werden. Ihre Wahrnehmung weist auf die Tatsache hin, daß gerade die größten Gedanken der Gefahr schwerster Verunstaltung am meisten ausgesetzt sind.

Und doch ist mit diesen Einwänden das abschließende Urteil über den Chiliasmus keineswegs gesprochen. Die chiliastische Hoffnung, deren enorme Bedeutung in den traditionellen Kirchengeschichtsdarstellungen nicht gebührend erwähnt wird, ist deswegen nicht außer Kraft gesetzt. Es ist, als wollte man es nicht wahrhaben, daß das Christentum auch solch sinnlich-lebensvolle Anschauungen hegte. Es verrät allerdings wenig überlegene Einsicht, über die ungeheuren Zahlen des »schwachsinnigen« Papias zu lächeln und dessen Schilderung mit einem Ausrufezeichen zu versehen. Irenäus hat darüber nicht gespöttelt, da er noch symbolisch denken konnte. Man muß vielmehr sehen, wie die chiliastische Erwartung das realistische Moment in der christlichen Botschaft festhielt und dieselbe vor dem Schicksal der Verflüchtigung bewahrt hat. Die Chiliasten waren bemüht, sowohl die Realität der künftigen Güter als auch den unendlichen Abstand zwischen dem gegenwärtigen und dem zukünftigen Zustand anschaulich zu machen, wenn dies oft auch in etwas unbeholfener Weise geschah. Sie reden von etwas, das sie nicht mehr in Worte fassen können, weil es zu groß und zu gewaltig ist. Die phantastischen Zahlen des Papias sind der Ausdruck einer unaussprechlichen Hoffnung, die über ihm und nicht unter ihm steht. Bei aller verbalen Hilflosigkeit zeugt der Chiliasmus in einzigartiger Weise von der übermächtigen Reichserwartung, die zum Gewaltigsten gehört, was Menschenherzen je bewegte. Chiliastisch gesinnt sein heißt tatsächlich von einem Wirbel erfaßt und fortgerissen zu werden. Es ist ein Zustand höchster innerer Erregtheit, dessen oft zum Zerreißen gesteigerte Spannung auf den Kairos gerichtet ist, der das Übergeschichtliche in die Geschichte einbrechen läßt. Als erfüllte Zeit, in der das Ewige im Begriff ist, auf dieser Erde Gestalt zu gewinnen, erfaßt der Chiliasmus den Menschen mit unwiderstehlichem Enthusiasmus. Der Chiliasmus ist ein echter Glaube, der die Enderwartung vor dem Absinken in eine individuelle Angelegenheit bewahrte. Für ihn blieb die eschatologische Erwartung eine Reichssache, welche die Gesamtheit betrifft, und darin erwies er sich dem rein persönlich-egoistisch eingestellten Seligkeitschristentum überlegen. Der Chiliasmus vertritt die große Verantwortung der Christenheit dieser Erde gegenüber, eine Wahrheit, welche die Kirche des öfteren zu ihrem eigenen schweren Schaden übersehen hat. Chiliasmus ist die frühchristliche Fassung des Wortes: »Brüder, bleibt der Erde treu!« Aus dieser Erkenntnis floß schon die keineswegs übertriebene Formulierung: »Christentum ist demnach notwendig Chiliasmus.«[51] In der Tat ist sein Grundgedanke, daß der Erlösungsprozeß Gottes an den Menschen weitergeht und noch einmal zu einer grandiosen Erscheinung am Ende der Geschichte führen wird, nicht als Entartung des Christentums, sondern als sein Kern zu betrachten. Deswegen vermochte die Kirche trotz aller gepanzerten Dogmatik die angeblichen chiliastischen Schwärmer nie zu überwinden, war sie doch nicht bereit, die Wahrheit des Chiliasmus aufzunehmen, wie dies schon der hellsichtige Michael Baumgarten mit Recht betont hat.[52]

Mag der Chiliasmus sich das Reich auch in zu kindlicher Form vorgestellt und es damit zeitweise der Märchenphantasie ausgeliefert haben, so muß doch gerade seine große Funktion zur Zeit der Christenverfolgungen gesehen werden. In den schweren Zeiten der ersten christlichen Jahrhunderte hat er den bedrängten Gläubigen größten Mut zugesprochen. Die Christen sahen das Reich, das ihnen dereinst als Belohnung für ihr Märtyrium geschenkt werde, schon zum Greifen deutlich vor Augen, und die christlichen Gemeinden fühlten sich in solchen Situationen bereits in die beginnende Wiederkunft Christi versetzt. Der Chiliasmus hat wie wenig andere Bewegungen das Element der Hoffnung in der Christenheit lebendig erhalten, indem er beständig den Blick nach vorne lenkte. Die chiliastische Hoffnung darf man mit untätigen Wünschen nicht verwechseln; sie ist ein aktives Harren. Mit seiner gespannten Sehnsucht hat der Chiliasmus das Rad der Geschichte sich nicht endlos weiterdrehen lassen; das historische Geschehen wird mit dem zweiten Kommen Christi einen wirklichen Abschluß finden. Deswegen hat »der Glaube an die Wiederkunft Christi auf Erden aber die Hoffnung auf ein Herrlichkeitsreich Christi auf Erden zur notwendigen Folge und ist ohne diese Hoffnung nur eine Floskel«.[53] Ebenso kommt im Chiliasmus die überquellende Freude, die das Evangelium in sich schließt, wieder zum Durchbruch, welche im offiziellen Christentum schon früh verlorenging. Alle Chiliasten reden vom kommenden Festtag, dem sie mit Frohlocken entgegenschauen. Welche Beschwingtheit liegt doch in dem einen Satz von der »freudigen Hochzeitsfeier, die tausend Jahre dauern werde«! Es geht somit nicht an, den Chiliasmus als Krankheitserscheinung zu betrachten. Begleitet von einer religiösen Freude, ist es echt christliches Empfinden, das sich in ihm zu Worte meldet.

Vor allem aber stellt der Chiliasmus – und das ist seine größte Bedeutung – die Rettung der Reichserwartung dar. Gewiß gibt es auch eine Erwartung des Gottesreiches, welche die Herrschaft Christi nicht zeitlich begrenzte. Das ist aber eine innertheologische Unterscheidung von nicht prinzipieller Wichtigkeit. In einer Zeit, da die Sehnsucht nach der Herrschaft Gottes dem hellenistischen Vergeistigungsprozeß zum Opfer zu fallen drohte, hat er allein die Erwartung des Reiches in lebendiger und kräftiger Weise weitergepflanzt. Chiliasmus ist nicht Trübung der Reichserwartung, sondern ihre Spätform, wie schon gesagt wurde, »der letzte Rest der urchristlich-eschatologischen Stimmung«.[54] Er ist ein unvollkommenes, aber echtes Symbol des ewigen Reiches, das weit über die gewöhnliche Geschichte hinaus geht. Wegen dieses Symbolwertes kann man den Chiliasmus nicht ablehnen und die Reichserwartung zugleich bejahen. Vielmehr muß der frühchristliche Chiliasmus als der Ausläufer der jesuanischen Reichsbotschaft begriffen werden, deren lebendiges Erbe er gestern, heute und morgen enthält.

Das Enttäuschungserlebnis

Das Frühchristentum wird gewöhnlich einseitig unter dem Gesichtspunkt seiner Entwicklung zum Katholizismus dargestellt. Der dogmengeschichtliche Aspekt hat eine zu ausschließlich intellektualistische Betrachtung zur Folge. Gewiß spielen im historischen Prozeß Ideen eine große Rolle, aber doch nicht die einzige. Neben den Prinzipien wird das historische Geschehen nicht minder stark von Gefühlskräften bewegt, die nicht rein rational erfaßbar sind. Sie gehen als unterirdische Strömungen einher und nehmen in den Kreisen des Volkes als abstrakte Gedanken einen breiteren Raum ein. Jedenfalls versteht man die Geschichte der Reichserwartung in der Christenheit in ihrer inneren Lebendigkeit nur, wenn auch diese Gefühlsseite in Betracht gezogen wird.

Will man die Sehnsucht nach dem ewigen Reich in einem Bild darstellen, so kann sie nur mit der seelischen Spannung verglichen werden, mit der ein Liebender auf seine Geliebte wartet. Voll Ungeduld harrt der liebende Mensch beim verabredeten Ort auf die Ersehnte, er horcht auf jedes Geräusch und hört bereits ihre Schritte, er stellt sich in seiner Phantasie ihre Gestalt vor und sieht sie sich schon ihm nähern, er eilt ihr voller Freude entgegen – und ist einer Sinnestäuschung zum Opfer gefallen! Langsam verstreichen die Stunden über dem Warten, und düstere Befürchtungen jagen dem Harrenden durch den Kopf. Die Erwartete aber kommt und kommt nicht, bis sich der Liebende eingestehen muß, daß sie nicht an dem vereinbarten Ort erscheint. Eine grenzenlose Enttäuschung übermannt ihn, die ihn der wildesten Verzweiflung ausliefert. Unter diesem Bild, welches das Ereignis aus der intellektuellen in die emotionale Sphäre übersetzt, die allein ihr adäquat ist, muß die Reichserwartung betrachtet werden, deren Geschichte eine der erschütterndsten Tragödien ist, die es je auf dieser Welt gab.

Das Nichteintreffen des geweissagten Reiches mußte im Frühchristentum die denkbar stärksten seelischen Wirkungen auslösen. Die Reichserwartung entspricht einer mit Gefühlskräften geladenen Haltung, die nicht endlos weiterverkündet werden konnte. Sollte sie nicht durch ihre beständige Wiederholung die dynamische Kraft verlieren, so mußte sie Wirklichkeit werden. Wenn sie aber nicht eintraf, führte dies notwendigerweise zu einem schwermütigen Enttäuschungserlebnis. Eine tiefgreifende Enttäuschung ist immer etwas vom Bittersten, was einem Menschen widerfahren kann. Es ist heute schlechterdings nicht mehr vorstellbar, welch grenzenlose Enttäuschung das Nichterscheinen des Reiches für jene Christen bedeutete. Sie warteten endlos und warteten schließlich stündlich und unermüdlich auf das Zeichen des Menschensohnes am Himmel. Aber das Reich kam nicht. Die Tage, die Wochen, die Monate, ja sogar die Jahre und Jahrzehnte gingen im endlosen Einerlei dahin, der Himmel zeigte sein ewig gleichmütiges Aussehen, und es veränderte sich nicht das geringste. Die Menschen freiten und ließen sich freien, sie lachten und weinten, sie fluchten und beteten wie zur Zeit Noahs, aber die ersehnten Anzeichen meldeten sich nicht. Wie mag es ihnen dabei zumute gewesen sein, und welche Gedanken gingen ihnen in diesen endlos langen Stunden durch den Kopf? Mußte nicht das Jesuswort: »Wahrlich, ich sage euch: Unter denen, die hier stehen, sind einige, die den Tod nicht schmecken werden, bis sie gesehen haben, daß das Reich Gottes mit Macht gekommen ist«[1] eine geradezu peinigende Aktualität erhalten haben? Das Wort des Herrn kann doch nicht trügen! Christus lügt niemals! Auf seine Aussagen muß man sich doch verlassen können! Und so wartete man immer wieder und wartete aufs neue. Aber das Reich kam nicht. Schließlich konnte das Eingeständnis nicht mehr länger verhehlt werden: Die zweite Erscheinung Christi verzögerte sich! Der Herr bleibt aus! Zuerst nur zaghaft, dann wie ein Sturzbach muß diese traurige Erkenntnis über die Christen hereingebrochen sein. Es war die erste – leider nicht auch die letzte! – Enttäuschung, welche die Christenheit erfuhr. So grausam, wie man nur Kinder enttäuschen kann, so grausam ist auch der kindliche Glaube an die Reichserwartung enttäuscht worden. »An der großen Hoffnung der Christen kann man ihre grenzenlose Verzweiflung ermessen.«[2] Etwas unbeschreiblich Ergreifendes liegt in diesem traurigen Vorgang, den man sich konkret vorstellen muß, um sich in diese Lage hineindenken zu können. Die Enttäuschung muß furchtbar gewesen sein; sie vermag einen rückblickend heute noch melancholisch zu stimmen. Dieses Nichteintreffen des so sicher erwarteten Ereignisses war so niederschmetternd, daß es sich wie ein Albdruck auf die Seele legte. Es schien, als ginge plötzlich die Sonne unter, als hätten die Sterne ihren Glanz verloren. Es ist wohl unmöglich, daß sich der Menschen jemals eine größere Bestürzung bemächtigen konnte. Wer daran gleichgültig vorbeigehen kann, ist schlimmer als der Priester im Gleichnis vom barmherzigen Samariter, der achtlos an dem halbtoten Menschen vorbeischritt.

Natürlich sprachen die damaligen Christen über dieses traurige Erleben nicht mit der Offenheit, wie dies heute möglich ist. Die Vokabeln Täuschung und Enttäuschung waren damals wohl kaum im Gebrauch. Die Erschütterung der Reichserwartung war für die Christen ein solch niederdrückendes Erlebnis, daß sie sich das kaum ehrlich eingestanden. Bei der tiefen Neigung des Menschen zur Selbsttäuschung suchten sie es nach Möglichkeit so lange zu verdecken, bis es nichts mehr zu vertuschen gab. Wie man nach dem Sprichwort es vermeidet, im Hause des Gehängten vom Strick zu reden, so werden es auch die Christen vermieden haben, offen und laut darüber zu reden. Die Enttäuschung wird wie zehrender Liebeskummer in ihren Herzen verborgen geblieben sein. Es ist merkwürdig, wie wenig spätere Geschlechter sich dies vergegenwärtigt haben und es ein Nietzsche sein mußte, der die Worte schrieb: »Wie seltsam muß der erste Todesfall unter diesen Wartenden gewirkt haben! Wie mischten sich da Verwunderung, Frohlocken, Zweifel, Scham, Inbrunst! – wahrlich ein Vorwurf für große Künstler!«[3]

Aber wenn die Christen sich auch bemühten, dieses schmerzhafte Erlebnis schonungsvoll zuzudecken, so werden die Heiden um so stärker darauf hingewiesen haben. Je mehr sich die Christen beflissen, davon nicht zu reden, um so ungehinderter brachten ihre Gegner das Nichteintreffen der Parusie zur Sprache. Das ist keine bloße Vermutung. Das Neue Testament selbst führt aus, daß die Heiden in boshafter Weise auf diesen wunden Punkt den Finger legten: »Und wisset das aufs erste, daß in den letzten Tagen Spötter mit ihrer Spötterei kommen werden, die nach ihren eigenen Lüsten wandeln und sagen: Wo ist die Verheißung seiner Wiederkunft? Seitdem die Väter entschlafen sind, bleibt ja alles so wie von Anfang der Schöpfung an.«[4] Solche Worte würden im Neuen Testament wohl kaum erwähnt werden, wenn sie ihren Grund nicht in erregten Diskussionen zwischen Christen und Heiden gehabt hätten. Man hört aus diesen Ausführungen aus dem zweiten Petrusbrief auch heute noch das hohnvolle Gelächter über das ausgebliebene Reich. Der grausame Spott muß in der Seele der Christen gebrannt haben. Keineswegs handelt es sich hier nur um ungläubige Heiden. Der Briefschreiber nennt sie zwar Menschen, die nach ihren eigenen Lüsten wandeln, und sucht sie als Spötter zu diskreditieren. Nicht anders redet der erste Clemensbrief: »Unglücklich die Zweifler, jene, die in ihrer Seele zwiespältig sind und sprechen: dies haben wir auch schon in den Tagen unserer Väter gehört, und siehe, wir sind alt geworden, und nichts von all dem ist uns widerfahren.«[5] Wiederum ist aus diesem altchristlichen Dokument die zischende Verhöhnung der damaligen Menschen herauszuhören. Petrusbrief und Clemensbrief sind keineswegs die einzigen Zeugen für dieses grausame Erlebnis. Auch der Barnabasbrief ermahnt seine Leser, dem »Zweifel keinen Raum zu geben über Erfüllung und Nichterfüllung«,[6] Worte, die Bände sprechen. Ebenso kämpft der Hirt des Hermas gegen jene »Zweifler, die in ihrem Herzen hin und her überlegen, ob dieses sein wird oder nicht«.[7] Diese Äußerungen sind, genauer besehen, verräterische Abwehrgesten, die aber unmißverständlich dartun, mit welchem Eifer das heikle Thema doch bereits im Frühchristentum diskutiert wurde. Es ist deshalb begreiflich, daß die Christen die an der Reichserwartung irre gewordenen Menschen als verwerflich bezeichneten. Wahrscheinlich war es auf heidnischer Seite nicht nur frivoler Spott, sondern auch ein Gefühl für die Realität, das mit dem Nichteintreffen des Reiches berührt wurde. Es ist das skeptische Anliegen, das sich in den heidnischen Einwänden zu Worte meldet und mit dem die

Christen sich unverständlicherweise zu allen Zeiten viel zu wenig ernsthaft auseinandergesetzt haben. Wer die Hoffnung auf das Reich als das heiligste Vermächtnis der Christenheit betrachtet, muß mit dem anfechtenden Zweifel immer wieder erneut ringen, weil nur auf diesem Wege die größte Sehnsucht durch die Hölle der Verneinung hindurch gerettet werden kann.

Das Enttäuschungserlebnis, wie es sich bei den Christen als auch bei den Heiden ausgewirkt hat, spiegelt sich in der christlichen Literatur nur unvollkommen wider. Selten tritt es sichtbar an die Oberfläche, und es ist deswegen auch schwer darzustellen. Nach einem Urteil Harnacks »läßt sich eine Geschichte allmählicher Verdünnung respektive der Zurückstellung der eschatologischen Hoffnungen im zweiten bis vierten Jahrhundert nur in Fragmenten schreiben«.[8] Das Zurücktreten der Reichserwartung war ein Prozeß, den die christliche Geschichte nur lückenhaft überliefert hat. Es sind bloß spärliche Notizen davon übriggeblieben, und es kann eigentlich nur aus Indizien abgelesen werden, daß auf diesem Gebiet ein bedeutsames Ereignis geschehen sein muß. Die Einzelheiten lassen sich nicht rekonstruieren. Nur aus wenigen Anhaltspunkten kann auf einen gewaltigen Prozeß geschlossen werden, der in der Tiefe vor sich gegangen ist. Ein unbehagliches Gefühl beschleicht den Historiker bei dem Gedanken, eine Geschichte zu schreiben, die sich einerseits nur auf wenige Dokumente stützen kann und andererseits doch das Bewußtsein von einem tiefen Eindringen in die innere Geschichte des Christentums gibt. In dieser geschichtlichen Dunkelheit spielen sich jedoch bestimmt die entscheidendsten Vorgänge ab, und es ist daher um so notwendiger, auf diese wenigen Spuren einzugehen, die zeigen, wie die Christen mit dem Enttäuschungserlebnis fertig zu werden versuchten.

Es läßt sich nicht feststellen, wer zum erstenmal das Gefühl einer Enttäuschung über das Ausbleiben des Reiches empfunden hat. War es Jesus selbst? Daß das Problem ihm nicht fremd sein konnte, ist aus wenigen Andeutungen der Evangelien zu ersehen. Es ist nur an seine Mahnung zur Wachsamkeit zu erinnern, mit der Jesus mitten in einem Gleichnis die Worte »mein Herr verzieht zu kommen«[9] anführt, und ferner an seine Antwort, die er auf die Frage erteilte, warum seine Jünger nicht fasten und er von einer Zeit redet, »da der Bräutigam von ihnen genommen wird, alsdann werden sie fasten«.[10] Von folgenschwerer Bedeutung muß vor allem jener Tag gewesen sein, als die Jünger nach der großen Aussendungsrede zurückkamen und das Reich nicht eingetroffen war, das er ihnen doch in unmißverständlicher Weise auf diesen Zeitpunkt verheißen hatte. »Die natürliche Geschichte desavouierte die dogmatische, nach der Jesus gehandelt hatte... Man beachte, daß die Nichterfüllung von Mth. 10, 23 die erste Parusieverzögerung bedeutet.«[11] War Jesus von dieser Überraschung völlig niedergedrückt, oder hat er sich selbst die Täuschung nicht eingestanden? War das einer der entscheidendsten Momente in seinem Leben, der ihn zum Rückzug nötigte? Bringt das Neue Testament darüber keine Berichterstattung, weil die Evangelisten die katastrophale Bedeutung dieser Rückkehr gar nicht erfaßten, oder geschah die Unterlassung aus dem triftigen Grund, die Niederlage nicht zuzugeben? Lauter Fragen, auf die es keine Antworten gibt. Eine deutlichere Äußerung der Enttäuschung ist aus Jesu Munde bei seinem Sterben überliefert, als das Reich nicht kam, das er wahrscheinlich in seiner Todesstunde erwartet hatte, und er deshalb mit den dunkelsten Worten der Evangelien in die jenseitige Welt hinüberglitt: »Mein Gott, mein Gott, warum hast du mich verlassen?«[12] Ist dieser abgrundtiefe Satz, wie Nietzsche meinte, ein »Zeugnis einer allgemeinen Enttäuschung und Aufklärung über den Wahn seines Lebens; wurde er in dem Augenblicke der höchsten Qual hellsichtig über sich selber, so wie der Dichter es von dem armen sterbenden Don Quichote erzählt?«[13] Die Frage ist nicht im Sinn Nietzsches zu beantworten, aber man tut doch gut, diesen Ausruf einmal ohne das darauf folgende Ostereignis zu betrachten. Nur dann fühlte man die ganze abgründige Gottverlassenheit, die Jesus am Kreuze durchmachen mußte, und ermißt den hohen Preis, mit dem die Erlösung erkauft wurde. Diese Worte des sterbenden Jesus weisen doch auf ein schweres Problem hin, das in den traditionellen Leben-Jesu-Darstellungen viel zu leicht umgangen wird.

Sicher aber verursachte das andauernde Nichtkommen des Reiches bereits in den Urgemeinden begreifliche Beunruhigung.

Die Vorsteher der Gemeinden hatten auf die Frage nach dem Warum der Reichsverzögerung Rede und Antwort zu stehen. Ein erstes Dokument dieser sich verschärfenden Problematik stellt der zweite Thessalonicherbrief dar, auf dessen komplizierte Echtheitsfragen in diesem Zusammenhang nicht näher eingegangen werden kann. Ob Paulus oder ein anderer Christ sein Verfasser ist, an dem Tatbestand ändert es nichts, daß der Tenor des Briefes ein Tröstungsversuch über die ausgebliebene Parusie ist. Der Briefschreiber hält sich darüber auf, daß die Christen sich so schnell »in eine Aufregung oder Schrecken versetzen lassen«, »als ob der Tag des Herrn unmittelbar bevorstände«.[14] Während sonst die urchristlichen Gemeinden in gespannter Weise Ausschau hielten nach dem kommenden Reich und immer wieder in den Ruf ausbrachen, »der Herr ist nahe«, wird in diesem Brief ausgeführt, daß jetzt der große Tag gar nicht unmittelbar bevorstehe und auch nicht bevorstehen könne, »weil es noch nicht zu dem Abfall gekommen sei, der zuerst eintreten müsse«.[15] In direktem Gegensatz zum ersten Thessalonicherbrief, wo der Tag des Herrn wie ein Dieb in der Nacht unerwartet hereinbricht, muß nach dem zweiten Thessalonicherbrief zuerst »der Mensch der Gesetzesfeindschaft sich offenbaren«, was bis jetzt noch nicht geschehen sei. Die Christen müßten sich also gar keiner verzweifelten Enttäuschung überlassen, da die Vorbedingungen für das Kommen des Reiches noch nicht erfüllt seien. Diese Ausführungen wurden sicher mit bester Absicht vorgetragen, aber sie sind bei genauerer Betrachtung doch als mißglückter Versuch zu werten, »die Gläubigen in solcher Weise mit der Verzögerung jenes Ereignisses vertraut zu machen«.[16] Der zweite Thessalonicherbrief ist als symptomatisches Zeichen für die beginnende Krisis aufzufassen, die in den christlichen Gemeinden infolge des nicht eingetroffenen Reiches entstanden ist.

Dem gleichen Zweck dient das Schreiben, das unter dem Namen »Zweiter Petrusbrief« im neutestamentlichen Kanon steht. Der Brief stammt nicht von Petrus und ist mit seiner späten Erwähnung überhaupt einer der jüngsten Bestandteile des Neuen Testaments, der sich nur langsam durchzusetzen vermochte. Der Verfasser sucht seine aufgebrachten Leser über das Nichteintreffen des Reiches mit den Worten zu beruhigen: »Dies eine aber sei euch nicht verborgen, Geliebte, daß ein Tag bei dem Herrn wie tausend Jahre ist und tausend Jahre wie ein Tag. Der Herr verzögert nicht die Verheißung, wie gewisse Leute es für eine Verzögerung halten, sondern er ist langmütig gegen euch, indem er nicht will, daß jemand verlorengehe, sondern daß alle zur Buße gelangen.«[17] Diese Erklärung für das unverständliche Nichteintreffen des Reiches hat solchen Eindruck gemacht, daß sie auch von Justin aufgegriffen wurde.[18] Bis auf den heutigen Tag wird sie von allen Apologeten wiederholt und durch kaum ein neues Argument bereichert. Es liegt ihr auch ein ernsthaftes religiöses Motiv zugrunde, indem der Autor die Langmut Gottes als eine Kategorie in das geschichtliche Denken einführt. Kritischer Betrachtung vermag diese Ausführung trotzdem nicht standzuhalten, und die niederschmetternde Enttäuschung über die ausgebliebene Parusie ist mit diesen Worten nicht aus der Welt zu schaffen. Daß ein Tag vor dem Herrn wie tausend Jahre und tausend Jahre wie ein Tag seien, ist kein stichhaltiges Argument gegen die bestimmte Aussage Jesu, daß etliche, die hier stehen, nicht sterben werden, bis das Reich Gottes kommt. Wenn es bis zum Reichsanbruch noch tausend Jahre dauern kann, hatte Paulus keine Ursache, auf die Ehe zu verzichten, weil das Ende ihn so stark bedrängte. Man mag es überdenken, wie man will, das dritte Kapitel des zweiten Petrusbriefes ist ein nicht zu übersehendes Eingeständnis für die Erschütterung der Reichserwartung, und seine Relativierung der Zeit – daß man die seither verstrichenen Jahre nur als eine Stunde betrachtet – stellt ein schlecht verklebtes Heftpflaster auf die schwärende Wunde der Parusieverzögerung dar.

Ein ähnlicher Vertuschungsversuch liegt im 21. Kapitel des Johannesevangeliums vor, von dem angenommen wird, daß es nicht vom gleichen Verfasser stammte, der das Evangelium geschrieben hat. In diesem nachträglich hinzugekommenen Kapitel ist zu lesen: »Als nun Petrus diesen sah, sagt er zu Jesus: Herr, was wird aus diesem? Jesus sagt zu ihm: Wenn ich will, daß er bleibt, bis ich komme, was geht es dich an? Folge du mir nach! Da verbreitete sich diese Rede unter die Brüder, daß jener Jünger nicht sterbe.

Aber Jesus hatte zu ihm nicht gesagt, daß er nicht sterbe, sondern: Wenn ich will, daß er bleibt, bis ich komme, was geht es dich an.«[19] Der Schreiber dieses Nachtrages wollte mit dieser Stelle der Rede entgegentreten, die behauptete, daß Jesus gesagt haben soll, Johannes könne nicht sterben, »bis er wiederkomme«. Nun war Johannes offenbar inzwischen gestorben, und dieses Ereignis muß wiederum eine neue Erschütterung der eschatologischen Erwartung zur Folge gehabt haben. Deshalb behauptet der Verfasser, Jesus habe gar nicht gesagt, daß Johannes nicht sterbe, sondern nur »wenn ich will, daß er bleibe, bis ich komme, was geht es dich an«. Aber dieses »wenn« klingt zu kläglich, als daß es mehr sein könnte als ein schwacher Strohhalm, mit dem sich die brennende Sehnsucht nach dem ewigen Reich nicht stützen ließ. Diese Stelle beweist, wie krampfhaft gewisse Christen nach Argumenten haschten, um sich ihre verzweifelte Niederlage nicht eingestehen zu müssen.

Es ist deshalb verständlich, daß die Christen zuletzt überhaupt nicht mehr wagten, die Frage nach dem Kommen des Reiches eindeutig zu beantworten, und den Fragenden Sand in die Augen streuten, um sie von der Tatsache des Ausbleibens der Parusie abzulenken. Sie flüchteten sich in Zweideutigkeiten, aus deren schillerndem Charakter niemand klug wurde. Eine solch verwirrende Aussage, die wie eine künstliche Nebelwand wirkt, liegt in dem apokryphen Ägypterevangelium aus dem zweiten Jahrhundert vor. Nach diesem Evangelium antwortete Jesus auf die Frage, wann sein Reich kommen werde, mit den Worten: »Wenn ihr den Anzug der Scham mit Füßen tretet, und wenn die zwei Dinge eins sind und das Auswendige wie das Inwendige und das Männliche mit dem Weiblichen, so daß es weder Männliches noch Weibliches gibt.«[20] Das klingt im ersten Moment überaus tiefsinnig, ist aber bei näherem Zusehen eine bloße Verdunkelung der klaren Fragestellung. Die Interpretation, die der zweite Clemensbrief diesem Rätselwort gibt, vermag deswegen auch nicht, diese unsympathische Zweideutigkeit in Klarheit zu verwandeln.[21] Der Fragende ist nachher so klug wie zuvor, und mit dieser Äußerung soll das Kommen des Reiches in eine unbestimmte Ferne hinausgeschoben werden. In dieser Antwort hat man daher sicher kein authentisches Jesuswort zu sehen, wohl aber ein Schulbeispiel dafür, mit welchen Sophismen im zweiten Jahrhundert in gnostischen Kreisen das Ausbleiben der Parusie vertuscht wurde. Diese doppelzüngige Redeweise ist ethisch betrachtet noch schlimmer als das fadenscheinige Argument, mit dem der Verfasser des 21. Kapitels des Johannesevangeliums auskneifen wollte. Es ist schwerlich anzunehmen, daß mit solch schwächlichen Tröstungsversuchen jemandem ernsthaft geholfen war.

Wenn es auch angesichts des schweren Kampfes, den die Christen der ersten Jahrhunderte um ihre Existenz zu bestehen hatten, zu begreifen ist, daß das Ausbleiben der Parusie von ihnen nicht offen zugegeben wurde, so ist die Bestreitung dieser Tatsache heute jedoch nicht mehr am Platze. Es ist unverständlich, wie man in der Gegenwart die Naherwartung des Urchristentums nicht zugeben will und ihre Nichterfüllung zu bagatellisieren versucht. Im Tone der Entrüstung vorgetragene Äußerungen wie: »Will das unnütze Gerede von der ›ausbleibenden Parusie‹ denn gar nicht aufhören? Wie soll denn ›ausbleiben‹, was seinem Begriffe nach überhaupt nicht eintreten kann?«[22] bezwecken im Grunde nichts weiter, als eine für die Christenheit unangenehme Angelegenheit pseudodialektisch verflüchtigen zu wollen. Und zu sagen: »Nichts ist wohlfeiler als zu behaupten, Jesus habe sich in der Erwartung des Reiches geirrt und so auch seine Jünger. Es irren sich vielmehr die modernen Schriftgelehrten, die mit ihren blindmachenden Brillen das Reich nicht sehen«,[23] verbessert die Sachlage nicht im geringsten, denn solche Aussprüche können unmöglich ernst genommen werden. Alle Ausführungen zur Verwischung der Tatsache des Nichteintreffens der Parusie verstoßen gegen das primitivste Gefühl der Wahrhaftigkeit. Jegliche Ausflüchte wie: die ersten Christen hätten in prophetischer Perspektive die kommenden Dinge bereits als gegenwärtig erlebt, oder der Messias sei eben das Reich usw., sind unhaltbare Verschleierungsversuche. Es ist naheliegend, daß der Christ über das Enttäuschungserlebnis nicht gerne spricht. Er kann es auch nicht anders als mit blutendem Herzen tun, das dem Wühlen in einer unvernarbten Wunde gleichkommt. Trotzdem ist der Christ verpflichtet, auch dieses Ereignis ganz ernst zu nehmen. Gerade wenn ihm die Reichshoffnung das Höchste bedeutet, muß er auch diesem niederdrückenden Ereignis in die Augen blicken. Man darf sich nichts vormachen, sondern ein unumgänglicher Akt der Ehrlichkeit fordert, das Nichteintreffen des Reiches ohne jegliche Beschönigung festzustellen, zumal für gewisse christliche Kreise das Enttäuschungserlebnis eine derart zentrale Bedeutung bekam, daß sie jegliche Reichserwartung aufgaben, ohne deswegen dem Unglauben zu verfallen.

Das entscheidende Problem beginnt erst nach dieser ehrlichen Anerkennung. Wollte man bei der Feststellung der Täuschung stehenbleiben und einfach von Illusion reden, so bewiese man sowenig eine tiefere Einsicht in die wirklichen Zusammenhänge als der, der den Tatbestand des Nichteintreffens mit einigen gutgemeinten Redensarten zu verharmlosen versucht. Vielmehr fordert die Bedeutung des Sachverhaltes eine eingehende Reflexion.

Vor allem erhebt sich die Frage nach der Bedeutung des Ausbleibens des Reiches für die Christenheit. Keineswegs ist mit diesem Geschehen bloß ein beliebiger Quaderstein aus dem Gemäuer der christlichen Botschaft herausgebrochen – dieselbe wurde in ihrem Fundament in Frage gestellt. Die Parusieverzögerung muß als das größte Verhängnis der christlichen Geschichte bezeichnet werden. Es gibt kein Ereignis in der ganzen Kirchengeschichte, das mit dieser Nichterfüllung nur entfernt in Parallele gesetzt werden könnte. Ohne Abschwächung muß es das schwerwiegendste Unglück des Christentums genannt werden, worüber nur eine ruchlose Gesinnung frohlocken kann. Wahrhaftig, es gibt hierin nicht die leiseste Genugtuung zu empfinden, denn das Kommen des Reiches hätte all der namenlosen Not der Menschheit ein endgültiges Ende gemacht. Das Reich allein wäre die Lösung all der Schwierigkeiten gewesen, die es mit einem Schlag aus der Welt geschaffen hätte. Und dieses als nahe verheißene und mit leidenschaftlicher Sehnsucht erwartete Reich kam nicht! Es ist nicht zu ermessen, was da nicht geschehen ist, und es kann auch mit keinen Gründen erklärt werden. Vielmehr muß das finstere Enttäuschungserlebnis in seiner ganzen rätselhaften Unerklärbarkeit stehengelassen werden. Alle geschwätzige Apologetik, die bloß ein Räsonnement darüber verbreitet, verrät damit nur ihre erschreckende Verständnislosigkeit für die beispiellose Tragik, die sich hier ereignet hat. Christlicher Sinn kann darüber nur tiefste Erschrockenheit und persönliches Leid an den Tag legen.

Neben dieser Feststellung steht riesengroß das zweite Problem: Warum ist das Christentum im Moment seiner Enttäuschung nicht zusammengebrochen? Es grenzt ans Wunderbare, daß die Christenheit die größte Katastrophe ihrer Geschichte zu überstehen vermochte. Rein psychologisch betrachtet wäre dieser Zusammenbruch absolut zu erwarten gewesen. Ging der christliche Prozeß einfach aus Gründen der Eigengesetzlichkeit der Dinge weiter? Trösteten sich die Menschen damals wie heute bei einem schweren Schicksalsschlag mit dem Bibelwort »Meine Gedanken sind nicht eure Gedanken, und eure Wege sind nicht meine Wege«[24]? Nahmen sie zu einer Verschiebung des Termins ihre Zuflucht, zu der schon das Buch Habakuk riet, als es ausführte: »Die Weissagung wird ja noch erfüllt werden, zu seiner Zeit, und wird endlich frei an den Tag kommen, und nicht ausbleiben; ob sie aber verzieht, so harre ihrer; sie wird gewißlich kommen und nicht verziehen.«[25] Oder zeigt sich in dieser bedeutsamen Tatsache vom Nichtzusammenbruch, daß im Christentum noch andere Kräfte verborgen waren als nur die eschatologischen, die jetzt in Aktion zu treten begannen? Liegt es im Wesen der Reichshoffnung, daß sie gar nicht verwirklicht werden kann, weil sie alle Fleischwerdung überragt und deshalb auch durch keine noch so große Enttäuschung eine dauernde Widerlegung erfährt, wie denn überhaupt die Enttäuschungsfrage erst in dem Moment akut wurde, da das symbolische Denken erlöschte und die Christen nicht mehr in seinen Kategorien zu denken imstande waren? Erwies sich auch in diesem Vorgang, daß eine große Liebe durch keine Enttäuschung getötet werden kann? Man kann jedoch noch so viele und tiefgreifende Gründe geltend machen, zuletzt wird man innehalten müssen und zur Einsicht vorstoßen, daß dieses Ereignis rational nicht erklärbar ist. Irrationale Imponderabilien spielen hier mit, die mit der Vernunft nicht faßbar sind. Jedenfalls zeigte sich die wahrhafte Größe des Christentums darin, daß es diesem schwersten Stoß, der seinen Bau bis zum Fundament erschütterte, standzuhalten vermochte. Daraus darf geschlossen werden, daß die Reichserwartung nicht nur die Geschichte einer Sehnsucht und einer Enttäuschung darstellt, sondern die noch viel großartigere Geschichte einer neuen Hoffnung, in deren Wesen es begründet ist, daß sie nicht zuschanden werden kann und deshalb auch alle Enttäuschung immer wieder siegreich zu überwinden vermag.

Ein entscheidendes Problem für die damaligen Christen war sicher die Überbrückung des Enttäuschungserlebnisses, das sie zu übermannen drohte. Das Erleben einer Enttäuschung ist zunächst immer ein überaus schmerzhafter Vorgang. Auch das muß offen zugegeben werden, es wäre unehrlich, aus dieser Not eine Tugend zu machen. Enttäuschung bleibt Enttäuschung, die stets bittere Gefühle zurückläßt. Doch braucht sie nicht nur eine negative Funktion zu sein und muß nicht notwendig zu einer Müdigkeitserscheinung führen, wie Hodler sie aufgefaßt hat. Wenn der Mensch der Enttäuschung nicht ausweicht oder sie nicht alsobald zu vergessen sucht, sondern sich bemüht, sie innerlich zu verarbeiten, kann aus ihr auch Fruchtbares entstehen. Wie das Erlebnis einer unglücklichen Liebe oft eine größere Produktion zu entbinden vermag, als das schönste Liebesidyll es kann, so ging auch aus dem Nichteintreffen der Wiederkunft Christi für die Christenheit etwas Neues hervor, an das zunächst wohl niemand gedacht hatte, nämlich die Geschichte der christlichen Kirche. Die Kirchengeschichte mit ihrem gewaltigen Ablauf verdankt nur dem Ausbleiben des Reiches ihre Entstehung, wie schon gesagt wurde: »Die ganze Geschichte des Christentums bis auf den heutigen Tag, die innere, wirkliche Geschichte desselben beruht auf der ›Parusieverzögerung‹, d. h. auf dem Nichteintreffen der Parusie, dem Aufgeben der Eschatologie, der damit verbundenen fortschreitenden und sich auswirkenden Enteschatologisierung der Religion.«[26]

Die Verarbeitung der Reichsverzögerung als des Grundproblems der alten Kirche erforderte von der Christenheit eine Umstellung. Diese innere Verarbeitung muß scharf betont werden, denn ohne sie bleibt die weitere Entwicklung unverständlich. Nur wegen der Tatsache, daß durch intensive Arbeit von den Kirchenvätern diese Umstellung auch wirklich vollzogen wurde, ist die christliche Bewegung über ihre schwerste Krisis hinweggekommen. Ohne sie wäre das Christentum in eine Sackgasse hineingeraten oder sogar an der Verwundung seines tiefsten Lebensnerves zugrunde gegangen.

Eine erste Folge dieser Umstellung war die Ausscheidung der Apokalyptik aus der christlichen Glaubenswelt. Die Apokalypsen haben im Frühchristentum in großem Ansehen gestanden und sogar den Grundstock des neutestamentlichen Kanons gebildet. Wie heilig man das apokalyptische Schrifttum betrachtete, ist aus der Tatsache zu ersehen, daß im Judasbrief unbedenklich die Henochapokalypse als prophetische Schrift zitiert wird. Nachdem man aber mit der eschatologischen Erwartung solch schlimme Erfahrungen gemacht hatte, wurden die Apokalypsen als Quellen dieser Vorstellung verdächtig. Sie erlitten das Schicksal, als häretische Literatur ausgeschieden zu werden. Dieser Ausscheidungsprozeß setzte ungefähr mit dem Jahre 150 ein, als der philosophische Geist des Griechentums den Apokalypsen den Kampf ansagte.

Das erste Opfer in diesem Kampf war der Hirt des Hermas, der zunächst seine Autorität einbüßte. Hermas ist ein Apokalyptiker, dessen Werk freilich keine großen Dimensionen hat. Aber wenn auch »alles Grandiose in seinem Geiste kleinlich, philisterhaft und fast lächerlich wird«,[27] so lebt in ihm gleichwohl das apokalyptische Bewußtsein vom nahen Ende. Mit der Bezeichnung »fröhlicher Bürgersmann« ist sein Wesen nicht getroffen. Sonderbarerweise war er durch den liebenden Anblick eines schönen Weibes im Bade zum Visionär geworden.[28] In seinen Visionen, Geboten und Gleichnissen bezeugt sich ein starkes Nachsinnen des Gerechten, »dem diese Welt ein Winter ist«, und es gelang ihm zu erreichen, daß seine Worte unter der Formel »die göttliche Schrift sagt« angeführt wurden. Doch setzte bald eine Abwehrbewegung gegen ihn ein, wie im Kanon Muratori zu lesen ist: »Auch Apokalypsen nehmen wir an, aber nur die des Johannes und Petrus, die übrigens einige von den Unsrigen in der Kirche nicht vorgelesen haben wollen. Den Hirten dagegen schrieb Hermas ganz kürzlich, zu unserer Zeit, in der Stadt Rom, als auf dem Bischofsstuhle der Gemeinde der Stadt Rom der

Bischof Pius, sein Bruder, saß. Deshalb soll er zwar gelesen werden; aber in der Kirche vor dem Volke kann er nicht öffentlich vorgetragen werden, weder unter den Propheten, deren Zahl voll ist, noch unter den Aposteln, da wir ja am Ende der Zeiten stehen.«[29] Mit diesem Urteil wird dem Hirten des Hermas nur private Bedeutung zuerkannt und ihm jegliche offizielle Autorität entzogen. Damit aber war er um sein Ansehen gebracht und sein Einfluß gebrochen. Die erste Apokalypse geriet zu Fall und wurde ausgeschaltet.

Nach der angeführten Stelle des Kanon Muratori gab es damals Christen, die auch mit der Vorlesung der beiden andern Apokalypsen in der Kirche nicht einverstanden waren. Der zweite Kampf galt der Petrusapokalypse, von der heute nur noch Bruchstücke erhalten sind und deren Schilderungen an Dantes Höllenwanderung gemahnen. Noch zu Sozomenos' Zeiten wurde die Petrusapokalypse in mehreren Gemeinden während der Osterzeit vorgelesen. Dann aber muß sie immer stärker in den Hintergrund gedrängt worden sein. Die Nachwelt weiß über das Ausscheiden der Petrusapokalypse nichts Näheres. Wahrscheinlich wurde sie als Fremdkörper empfunden, und ihre Benützung geschah immer spärlicher. Jedenfalls geriet sie stets in größere Vergessenheit und wurde schließlich dem Christen gänzlich unbekannt. Die zweite Apokalypse starb eines unauffälligen Todes.

Viel schwerer war der Kampf gegen die Offenbarung Johannes. Es gibt außer ihr kein neutestamentliches Buch, um das in der Kirche ein so langer und so heftiger Streit tobte. Die Offenbarung Johannes gehört zu jenen »Zeichen, denen widersprochen wird«. Der Widerspruch ging von Kleinasien aus, wo die Gegner mit dem Spottnamen »Aloger« belegt wurden, was soviel wie Vernunftlose bedeutet, weil sie neben der Johannesoffenbarung auch das Johannesevangelium mit seiner Logoslehre ablehnten. Die Aloger bezichtigten den Ketzer Cerinth als Verfasser der Offenbarung Johannes und brachten eine Reihe von Argumenten gegen sie vor. Die Apokalypse könne nicht als echte Prophetie betrachtet werden, da sie im Zustande der Ekstase geschaut sei. Auch wiesen sie ihr einen falschen geschichtlichen Tatbestand nach, indem ihr Verfasser den Auftrag bekommen habe, dem Engel der Gemeinde zu Thyatira zu schreiben. In Thyatira aber gebe es gar keine Christengemeinde, wie solle er also einer Gemeinde geschrieben haben, die nicht einmal existiere? Die Kirche konnte sich die Kritik der Aloger nicht zu eigen machen, weil sie sich auch gegen das Johannesevangelium richtete. Aber spurlos ging deren Argumentation an ihr doch nicht vorüber. Ein Mißtrauen blieb zurück, wofür Origenes ein Beispiel ist, der dem Verfasser vorwirft, die Apokalypse geschrieben zu haben, »nachdem er doch den Auftrag erhalten hatte, zu schweigen und die Stimmen der sieben Donner nicht niederzuschreiben«.[30] Noch Euseb läßt Dionysios, Bischof von Ägypten, sagen: »Einige unserer Vorfahren haben das Buch verworfen und ganz und gar abgelehnt. Sie beanstandeten Kapitel für Kapitel und erklärten, daß der Schrift Sinn und Zusammenhang fehle und daß der Titel falsch sei. Sie behaupten, dieselbe stamme nicht von Johannes und sei überhaupt keine Offenbarung, da sie in den so dichten Schleier der Unverständlichkeit gehüllt sei. Der Verfasser dieser Schrift sei kein Apostel, ja überhaupt kein Heiliger und kein Glied der Kirche.«[31] Nicht minder heftig bekämpfte der abendländische Christ Gajus in Rom die Offenbarung Johannes. In methodischen Fragen war er den griechischen Gegnern der Offenbarung Johannes überlegen. Denn Gajus besaß einen festen Maßstab, an dem er die Johannesoffenbarung maß: das Alte Testament, die Evangelien und Paulus. So verwarf er die Offenbarung Johannes, denn sie hielt nach seinem Ermessen vor diesem Kriterium nicht stand. Zudem komme nach Paulus der Herr wie ein Dieb in der Nacht, während die Offenbarung von vielen Vorzeichen zu berichten wisse. Auch Gajus vermochte aber mit seinen Argumenten nicht durchzudringen. Aber es hatte doch zur Wirkung, daß die Offenbarung Johannes immer mehr in eine Verteidigungsstellung gedrängt wurde. Sie war nicht mehr das führende Buch wie ehedem. Wenn dem Angriff der Erfolg schließlich doch versagt blieb und die Apokalypse sich im neutestamentlichen Kanon behaupten konnte, verdankt sie es nur ihrer Verschanzung hinter dem Namen des Lieblingsjüngers Jesu. Aus dem Kampf ging die Offenbarung Johannes doch stark mitgenommen hervor, und so rein wie vordem stand sie nicht mehr da. Im neutestamentlichen Kanon mußte sie sich jedenfalls mit der letzten Stelle begnügen, und in der syrischen Kirche wurde sie nicht einmal als kanonisches Buch anerkannt. In der Befehdung der Offenbarung Johannes bekundet die Kirche ihre Befreiung von der Apokalyptik, die sie nicht mehr als Ausdruck ihres Wesens empfand.

Mit der Ausscheidung der Apokalypsen hat die Christenheit sich von einem erregenden dynamischen Element befreit. Damit war ein Faktor der Beruhigung in ihre Mitte eingekehrt, zugleich aber die Betrachtung der Dinge nüchterner geworden. Freilich war durch diese Abkehr von der Apokalyptik auch ein Spannungselement preisgegeben worden. »In dieser veränderten Haltung gegenüber der spätjüdisch-urchristlichen Apokalyptik geht der nachapostolischen Kirche auch die Einsicht in die Eigenart des sachlichen Zusammenhanges der Lehre Jesu und des Paulus mit henochischer und verwandter Apokalyptik verloren, damit notwendig aber auch der Schlüssel für das Verständnis der eigentümlichen Stellung Jesu und des Paulus zum Alten Testament.«[32] Aber im Umstellungsprozeß, welcher der Christenheit aufgenötigt war, ließ sich diese Ausscheidung der Apokalyptik gar nicht umgehen, wenn damit auch ein stärkeres Verblassen der Reichserwartung verbunden war. Deshalb ist die Zurückdrängung des apokalyptischen Momentes innerhalb der Kirche zu bedauern; sie büßte damit ein Element der Sehnsucht und der Hoffnung ein.

Mit diesem Vorgang ist nur die eine Seite der inneren Verarbeitung des Enttäuschungserlebnisses aufgezeigt. Das allein hätte jedoch nicht genügt, der schweren Krisis Herr zu werden. Mit dem Abbau der Apokalypsen allein war es nicht getan, denn niemand lebt auf die Dauer von Negationen. Es bedurfte unbedingt eines neuen Aufbaues. Bei dieser neuen Einrichtung leistete die Wendung des Paulus von der Reichsverkündigung zum Kyrioskultus nun ihre guten Dienste. Auch die Saat des Johannesevangeliums ging in veränderter Form auf. Paulus und das Johannesevangelium erwiesen sich zu dieser Stunde als überaus fruchtbar, indem sie die Umstellung wesentlich erleichterten und neue gangbare Wege zeigten, wenn nun auch nicht mehr Tod und Auferstehung Jesu als Eröffnungsakt der endzeitlichen Äonenwende zu betrachten waren. Ihre Auffassung wurde nicht in den Einzelheiten übernommen, aber die Art ihrer Umdeutung bekam doch erneut vorbildlichen Charakter. Ohne ihre Vorarbeit wäre der Umbau schwerlich gelungen, der zu höchst positiven Werten führte.

In diesem neuen Aufbauprozeß ist Origenes als erster zu nennen, der an geistiger Kraft mit Paulus und Marcion verglichen werden darf. Euseb schien »das Leben des Origenes sozusagen schon von den Windeln an erwähnenswert zu sein«.[33] Von frühester Jugend glühte in ihm eine heldenhafte, christliche Gesinnung, die auch vor dem Martyrium nicht zurückschreckte. Was er als wahr erkannte, das setzte er in die Tat um und schritt in seinem asketischen Eifer bis zur Selbstentmannung. Das Geheimnis seiner Persönlichkeit bestand in einer völligen Anspruchslosigkeit materiellen Dingen gegenüber. Ein universaler Wissensdrang lebte in ihm, er erwarb sich eine immense Gelehrsamkeit und kannte nur das eine Ziel, der Wahrheit näherzukommen. Als geborener Sammler gründete er ein wissenschaftliches Institut, in welchem mehrere Schönschreiberinnen beschäftigt waren. Dies war zugleich eine Schule, von der eine bewußt erzieherische Formung auf seine Zöglinge ausging. Origenes war einer der wenigen großen Philosophen, der nicht im bloß Grammatikalischen steckenblieb. Er stammte aus Alexandrien, der Heimat des Philo und der neuplatonischen Schule, bei deren Vertreter Ammonius Sakkas er Unterricht genommen hatte. Die Herkunft aus der hellenistischen Weltstadt veranlaßte den Spähergeist Origenes, als Christ bewußt die Fühlung mit der griechischen Philosophie aufzunehmen. Während noch Tertullian die einschneidende Frage aufwarf, »was haben Jerusalem und Athen miteinander zu tun?«, hielt Origenes das Stadium der griechischen Philosophie »auch für sich selbst für sehr notwendig«, so daß »er sich ständig mit Plato beschäftigte«.[34] Von der Weisheit der Griechen fühlte er sich so stark angezogen, daß er noch in stärkerem Maße als Clemens Alexandrinus den Versuch unternahm, Plato zu christianisieren. Die Verbindung von Christentum und Griechentum war die Großtat dieses die Harmonie suchenden Menschen, der seine Zeit gewaltig überragte. Er befreite die Kirche aus ihrer bisherigen ablehnenden Haltung der heidnischen Kultur gegenüber, indem er mit einem Ruck das Tor zum christlichen Humanismus aufstieß. Durch diese Synthese von Christentum und Philosophie, die man als eine neue Gnosis bezeichnen kann, kam es zu den ersten Anfängen einer christlichen Kultur, und erst auf diesem Boden war der gewaltige Aufbau des christlichen Dogmas möglich. Mit dem Begriff des Dogmas ist nicht gleich die Vorstellung von einem erstarrten System zu verbinden. Das ist eine allzu einlinige und verneinende Einstellung, die dem Prozeß der altkirchlichen Dogmenbildung in keiner Weise gerecht wird. Man muß auch die Tiefsinnigkeit anerkennen, die in diesen Lehren enthalten ist, und daß auch ein Dogma eine Gelegenheit ist, über seinen Inhalt eingehend zu meditieren. Die Kirchenväter hatten damit eine Position erarbeitet, auf die sich die Christen gründen konnten. In dem immer weiteren Ausbau des Dogmas lag jenes Gegengift, das, medizinisch gesprochen, allein die Enttäuschungskrankheit über das Ausbleiben des Reiches zu überwinden half.

In diesen Aufbau des Dogmas wurde auch die Botschaft vom Reich eingegliedert. Aber sie war nicht mehr existentielle Erwartung, sie wurde bei diesem Prozeß in eine Lehre verwandelt, die mit der Zeit zur rechtgläubigen Dogmatik des Christentums gehörte. Diese Lehre entbehrte der dynamischen Impulse, die auf die Menschen stimulierend wirkten. Immer die gleichen Gedanken werden abgewandelt, »die ganz und gar abhängig sind von der Schrift«.[35] Die Eschatologie wurde rein traditionsmäßig weitergeschleppt, nicht mehr die grundlegende Voraussetzung, sondern den Abschluß der Dogmatik bildend, welche die Vollendung behandelt, die alle Widersprüche löst. In den leidenschaftlichen Kämpfen um das Dogma spielt die Erwartung der Gottesherrschaft keine zentrale Rolle mehr, und in deren resultativen Zusammenfassung im berühmten Apostolischen Glaubensbekenntnis taucht nur noch der Gedanke des Gerichtes kurz auf; das Reich selbst wird mit keinem Wort mehr erwähnt!

Die Schwierigkeit, die Jesu Botschaft vom Reich diesem dogmatischen Vorgang bot, überwand wiederum Origenes durch seine Methode der Schriftauslegung. Es ist sein Verdienst, der Willkür der Auslegung einen Riegel geschoben und für die Exegese bestimmte Regeln aufgestellt zu haben. Der Bestreiter des Chiliasmus unterschied einen dreifachen Schriftsinn, den somatischen, den psychischen und den pneumatischen. Diese Unterscheidung ermöglichte es ihm, die urchristliche Reichserwartung, wie sie in den Evangelien ausgeführt wird, einfach stehenzulassen und sie als bloß somatischen Schriftsinn anzuerkennen, hinter dem noch ein tieferer pneumatischer Sinn zu suchen sei. Dieser pneumatische Sinn hatte die denkbar stärkste Vergeistigung der urchristlichen Eschatologie zur Folge. Nur den Kindern könne man es nachsehen, wenn sie das Kommen des Herrn auf den Wolken des Himmels wörtlich verstehen, nicht aber dem Pneumatiker. Für den Freund Gottes, der in den tieferen geistigen Sinn der Schrift eingedrungen sei, bedeute die zweite Ankunft kein leiblich-sichtbarer Vorgang, sondern ein geistig-inneres Geschehen. Man habe dabei nicht an Raum und Zeit zu denken. Auch die Bezeichnung »letzte Zeiten«, von denen die Schrift redet, dürfe nicht in chronologischer Weise verstanden, sondern müsse heilsgeschichtlich gedeutet werden. Origenes faßt die Wiederkunft Christi zum Gericht symbolisch auf. Weder der Ort des Gerichtes noch das Sitzen Christi auf dem Thron sei wörtlich zu verstehen. Das Gericht vollziehe sich geistig durch eine Offenbarung Christi in den Seelen der Menschen, wodurch ihr Gewissen geweckt und alles Heimliche ans Licht gebracht werde. Nur um der Anschaulichkeit willen sei in der Schrift der Vorgang des Gerichtes in der Form einer menschlichen Gerichtsverhandlung geschildert. Die Pneumatiker erwarten das Reich Gottes nicht als plötzlich hereinbrechende Katastrophe, sondern als einen allmählichen Fortschritt in ihrem Innern, wofür Origenes sich auf das fälschlich übersetzte Lukaswort vom »Reich Gottes in Euch« beruft. Wenn der Christ »um das Kommen des Reiches Gottes betet, so betet er offenbar vernünftigerweise darum, daß das in ihm befindliche Reich Gottes emporwachsen und Frucht bringen möge«, schreibt Origenes und fügt hinzu: »Mit dem Reich Gottes ist der selige Zustand des herrschenden Willens und die Ordnung der weisen Gedanken gemeint.«[36] Nach Origenes kommt das Reich Gottes in den Worten der Heiligen Schrift zu den Christen, was als Spiritualisierung der

Reichsbotschaft bezeichnet werden muß. Der große Alexandriner war der Testamentsvollstrecker der urchristlichen Eschatologie, und schon in der ersten Hälfte des dritten Jahrhunderts lag ein Christentum vor, in dem die apokalyptische Spannung und der ursprüngliche Reichsgottesglauben vollständig in die hellenistische Erlösungssehnsucht umgedeutet worden war. Diese Befreiung war Origenes nur möglich, weil bei ihm die Reichserwartung durch die Mystik ersetzt wurde. Mit dieser Feststellung ist die Bedeutung des Origenes in eschatologischer Beziehung abschließend charakterisiert. Die Mystik zeigt sich bei ihm erstmals als der große Widerpart der Reichserwartung. Das gilt für Dionysios Areopagita, für die deutsche Mystik, für Theresia von Jesu so gut wie für Angelus Silesius. Die Mystik ist als der Gegenpol zur Reichserwartung zu betrachten. Nicht, daß sie immer diese Wirkung hervorrufen müßte. Wie die Mystik des Paulus zeigt, kann es auch eine Mystik geben, die sich mit der gespannten Hoffnung auf das Reich verbindet. Die Mystik muß nicht wesensnotwendig, aber sie gelangt gerne zu einer endgeschichtlich gleichgültigen Einstellung. Verlegt sie doch in der Regel die Spannung ganz nach innen und läßt sie als ein großes Drama in der menschlichen Seele erleben. Es ist vorwiegend die seelische Vorwegnahme des erwarteten Reiches, was die Menschen über das Enttäuschungserlebnis zu trösten vermochte, wie »eine Mutter ihre Kinder tröstet«.

Mit diesem Prozeß parallel ging die Veränderung der generellen Eschatologie, worunter das Schicksal der gesamten Menschheit am Ende der Zeit zu verstehen ist, durch die Lehre von der individuellen Vollendung, die das Los des einzelnen Menschen nach seinem Tode zum Gegenstand hat. Auch auf diesem Weg ist Origenes bahnbrechend vorangegangen – die Ablehnung des Chiliasmus mußte ihn auf diese Fährte drängen. Nach seinen religionsphilosophischen Ausführungen geht der Wille Gottes dahin, die abgefallene Menschheit wieder zu ihm zurückzuführen. Dieser Heimbringung diente vor allem das Erscheinen Christi auf der Erde. Aber die Erlösung der gefallenen Seelen vollendet sich erst nach dem Tod des Individuums. Der spekulative Alexandriner nimmt den Purgatoriumsgedanken des Clemens Alexandrinus auf und baut ihn zu einer Nachgeschichte der Seele aus. Unmittelbar nach dem Hinscheiden werden die Seelen über das Zukünftige Aufschluß erhalten und je nach ihren Herzen stufenweise aufsteigen. Dieses jenseitige Fortschreiten der Seele ist nach dem individuellen Sein verschieden. Aber die Verschiedenheit ändert doch nichts an dem schließlichen Ergebnis, daß nach Origenes alle Seelen, sogar auch der Teufel, zuletzt wieder zu Gott gelangen. Die kühnste Steigerung seiner Ausführungen mündet in die grandiose Wiederbringung aller Dinge, die Origenes auch in der Bibel vertreten fand.[37] Die Allerlösung darf nicht verächtlich nur als ein verschwommenes Gefühlschristentum hingestellt werden; in ihrem Anliegen leuchtet etwas von der unbegreiflichen Liebe Gottes auf. Der Gedanke der Wiederbringung aller Dinge, nach der die ganze Welt als eine große Erziehungsanstalt für alle unsterblichen Wesen aufzufassen ist und in der alle Strafen nur als Läuterungsmittel verstanden sind, ist alles andere als ein müßiges Spiel, das der menschliche Geist mit der Ewigkeit treibt. Vielmehr ist die endliche Seligkeit aller Menschen eine der gewaltigsten Ideen, die auf religiösem Gebiet gedacht worden sind. An Großartigkeit kann sie kaum überboten werden, ist sie doch ein Ausdruck der Überwältigung von der grenzenlosen Barmherzigkeit Gottes. Die Auffassung von der Wiederbringung aller Dinge taucht in der Geschichte des Christentums immer wieder auf, da sie offenbar einem nicht auszurottenden inneren Bedürfnis des religiösen Herzens entspricht. Sie ist das fast ebenbürtige Geschenk, das der große Alexandriner der Christenheit für seine Bekämpfung des Chiliasmus zuteil werden ließ. Auf alle Fälle macht sie allein seine Spiritualisierung der Reichserwartung einigermaßen erträglich.

Die Kirche konnte diese schwindelerregende Lehre von der Allerlösung sich freilich nicht aneignen. Origenes' mutiger Geist war ihr zu kühn, als daß sie ihm hätte folgen können. Sie erschrak vielmehr über diesen luziden Geist. Origenes kam mit den kirchlichen Behörden in Konflikt. Von zwei Synoden wurde der außergewöhnliche Mann wegen Häresie abgesetzt, des Priesteramtes für unwürdig erklärt und schließlich genötigt, seine Schule von Alexandrien nach Caesarea zu verlegen. Man hatte ihn unter die Ketzer eingereiht, seine Gedanken lebten aber weiter und haben die Kirche immer wieder befruchtet. Er war und blieb der größte Kirchenvater der östlichen Kirche, deren Denkweise er beherrschte. Sein großes Unternehmen einer Versöhnung von Christentum und Griechentum getraute sich kein östlicher Christ in Frage zu stellen, geschweige denn wieder rückgängig zu machen. Auch der mystische Quell, den er eröffnet hatte, sprudelte immer reichhaltiger, namentlich in den zahlreichen Klöstern des Orients. Der Geist des Origenes blieb Sieger in der östlichen Kirche, ungeachtet aller heftigen Befehdung, und auch die abendländische Kirche hat mit ihrer Lehre vom Fegfeuer seine Gedanken von der nachträglichen Läuterung aufgenommen; löst dies doch am ehesten die intellektuellen Schwierigkeiten, die das Unsterblichkeitsproblem in sich birgt. Die individuelle Deutung der Endgeschichte erwies sich als unumgänglich notwendig, nachdem das Reich nicht eingetroffen war. Sie bildet die notwendige Kompensation, auf die nicht verzichtet werden konnte.

Bei allem Verständnis für die gigantische Leistung der Überwindung des schwermütigen Enttäuschungserlebnisses muß man sich aber des ungeheuren Stimmungsumschwungs bewußt werden, der damit verbunden war. Die von innerer Erregung zitternde Erwartung auf das kommende Reich machte einer ganz anderen Haltung Platz. Die Sehnsucht nach der Wiederkunft Christi, die das Reich bringen sollte, wurde nicht nur stark zurückgedrängt, sondern radikal abgestoppt. Man glaubte immer weniger daran, das Weltende noch selbst erleben zu können. Flammte durch die Verfolgungszeit die chiliastische Erregung wieder auf, so war man alsbald darauf bedacht, die Sehnsucht wieder zu dämpfen, indem man versicherte, daß die Zeit noch nicht erfüllt sei. Aus der glühenden Neuerwartung, die einst das Urchristentum durchpulste, wurde eine abgeschwächte Fernerwartung, die eine sichtliche Verblassung des christlichen Glaubens zur Folge hatte. Während man zuerst einfach den Glauben aufgab, das Kommen des Reiches selbst zu erleben, bestand der weitere Schritt darin, auch kein Verlangen mehr zu haben, bei dem Hereinbruch selbst dabeizusein. Tertullian sprach jenes Glaubensbekenntnis der Fernerwartung unumwunden aus, über das man nur den Kopf schütteln kann: »Wir wünschen es nicht zu erleben, und indem wir um Aufschub dieser Dinge beten, befördern wir die Fortdauer Roms.«[38] Auch Cyrill von Jerusalem war vom Wunsch beseelt, daß die Weissagung sich nicht in seinen Tagen erfülle, da die Herabkunft des Herrn schrecklich sei. Ebenso bittet Hippolyt, davon verschont zu werden, die Endzeit erleben zu müssen. Welcher Wandlung ist doch die christliche Seele fähig, daß sie solche Gedanken äußern konnte! Wieviel muß da innerlich vor sich gegangen sein! Der Weg, den die Christen in dieser Beziehung zurückgelegt haben, war ungeheuer groß. Was man zuerst sehnlichst begehrte und nachher ein schmerzliches Enttäuschungserlebnis war, das wünschte man schließlich nicht einmal mehr zu erleben. Während sich noch Paulus vor Sehnsucht verzehrte und am liebsten abzuscheiden wünschte, um bei Christus zu sein, während die Offenbarung Johannes zitternd vor bebender Erwartung mit dem glühenden Stoßseufzer schließt: »Amen, ja, komme Herr Jesu, komm bald«, beteten die Christen des zweiten Jahrhunderts bereits: Nein, Herr, komm lieber nicht, wir bitten um Aufschub des Reiches! Wie unergründlich ist doch das menschliche Herz und wie unbeständig in dem, was es begehrt. Man traut seinen Augen nicht, wenn man liest, wie die christlichen Gemeinden beteuern, »um Aufschub des Endes zu beten«. Es klingt dieses Gebet im ersten Augenblick zwar sehr mitleidsvoll, und die Christen wollten es denn auch vor allem als Beweis für ihre kaisertreue Gesinnung verstanden wissen. Romfreundlich waren diese Gebete, aber auf die Reichserwartung wirkten sie wie ein Faustschlag ins Gesicht. Man wird den schwerwiegenden Verdacht eines Verrates am Reichsgedanken nicht umgehen können. Der urchristliche Enthusiasmus war erloschen, die Reichserwartung wirkte nicht mehr als treibende Kraft des Christentums. Sie hatte ihre Anziehungskraft eingebüßt und war von der Christenheit gleichsam einbalsamiert worden. Die Kirche fühlte sich fortan nicht mehr als »die Gemeinde in der Fremde«, sie hatte sich wohnlich eingerichtet auf dieser Welt und rechnete mit einem langen Aufenthalt. Das Erdgefühl hatte über die Reichssehnsucht gesiegt. Das brennende Verlangen, auf den Wolken des Himmels dem Herrn entgegengerückt zu werden, war den Christen unbekannt geworden. Das eigene sichtbare Sein auf dieser Welt war ihnen mehr wert als eine Hoffnung auf ein zu erwartendes Reich. Die Christenheit hatte an sich selbst Genüge gefunden und verlangte nicht mehr nach dem wiederkommenden Herrn. Von dieser altkirchlichen Einstellung führt eine gerade Linie zu Dostojewskijs Großinquisitor, der Christus aus dem gewölbten Verließ hinaustreten ließ und ihn mit den schrecklichsten Worten, die ein Mensch nur aussprechen kann, verabschiedete: »Geh und komme nie wieder… komme überhaupt nicht mehr… niemals, niemals.«[39]

Montanistische Naherwartung

Wie nach dem schönen Wort aus dem Hohenlied Salomons auch ganze Ströme die Liebe nicht zu ertränken vermögen, so waren auch die größten Wasserwogen der Enttäuschung nicht fähig, die glühende Reichserwartung hinwegzuspülen. Das menschliche Herz ist viel zu sehnsüchtig veranlagt, als daß es sich durch seine bittere Erfahrung irremachen ließe. Immer wieder flackerte im Menschen die Hoffnung auf, auch da, wo scheinbar nichts mehr zu hoffen war. So verlangt es die Irrationalität seines Wesens. Nach dem Gegensatzcharakter des geschichtlichen Prozesses folgt auf das niederdrückende Enttäuschungserlebnis jeweils wieder eine Welle der Sehnsucht nach der Gottesherrschaft. Diese seltsame Tatsache läßt sich nur verstehen, wird das Reich mit einem Vulkan verglichen, der immer wieder von neuem in Eruption tritt. Schien das Reich am Erlöschen zu sein, erfolgte plötzlich wieder ein gewaltiger Feuerausbruch, der die Kirche schwer erschütterte. Man nennt den zweiten Stoß die montanistische Bewegung. Sie bildet freilich in der heutigen Kirchengeschichtsschreibung nur ein kleines Kapitelchen, das sich keiner sonderlichen Beachtung erfreut. Aber bei aller Unscheinbarkeit kommt in ihr doch die ursprüngliche Melodie der Reichserwartung in seltener Reinheit wieder zum Erklingen. Diese Tatsache birgt sowohl das interessante Problem, ob Wiederholung in der Geschichte möglich ist, in sich, als sie auch auf engem Raum eine Anzahl bedeutsamer Fragen aufwirft.

In den traditionellen Kirchengeschichtsdarstellungen wird der Montanismus gewöhnlich als bloß reaktionäre Bewegung vermerkt, die die früheren Gebräuche wiederherstellen wollte. Die Meinung geht dahin, daß er eine Restaurationserscheinung sei, die sich an die alten Zustände festklammerte und sich in die veränderte Situation nicht hineinfinden konnte. Als eine »Sekte mit archaistischer Stimmung« bezeichnet man kurzerhand den Montanismus, der die Zeichen der Zeit nicht verstanden habe und einfach nicht begreifen wolle, wohin die Dinge trieben. Auch als erste schwarmgeistige Bewegung wird er hingestellt, die nicht frei gewesen sei von »Neigung zu Rückfällen ins Judentum«.[1] Mit seinen aus früheren Jahrzehnten stammenden Ideen habe er die Spannkraft zur Umstellung nicht besessen. Doch stand nach der üblichen kirchlichen Auffassung diesem reaktionären Verteidiger der alten Sitten gegenüber »die kirchliche Entwicklung auf festerem Boden und stimmte schließlich auch besser mit der Bibel überein«.[2]

Es wird hier jedoch nicht nötig sein zu fragen: Wer urteilt in dieser Weise? Wenn man sich klarmacht, daß es die Nachfolger der kirchlichen Sieger sind, die den geschichtlichen Schauplatz behauptet haben, dann begreift man eine derart einseitige Darstellung, die nur einen Teilaspekt des Ganzen ausmacht. Betrachtet man den Montanismus einmal nicht mehr von außen, sondern von seinem eigenen Standort aus und nach den wenigen historischen Quellen, die sich von ihm erhalten haben, dann erheben sich Zweifel, ob sich diese kirchliche Beurteilung nicht einer Verkennung schuldig macht. Wenn man die Dinge jedoch vom Montanismus und nicht von der offiziellen Christenheit aus betrachtet, ergibt sich auch sogleich ein völlig verändertes Bild, und alles ist in eine andere Beleuchtung gerückt. Gewiß ist es wegen der Berichterstattung der Gegner, auf die man vorwiegend angewiesen ist, äußerst schwer, eine plastische Vorstellung von dieser enthusiastischen Bewegung zu gewinnen. Aber die wenigen Überreste, die sich in den Werken der Kirchenväter finden, verraten doch eine ans Geheimnisvolle streifende Bewegung, und es entsteht der Wunsch, mehr von ihr zu erfahren. Man macht sich keiner Übertreibung schuldig, wenn man den Montanismus als den großen Gegenspieler der Gnosis bezeichnet, die damals in zunehmendem Maße das Feld beherrschte. Der gnostischen Religionsphilosophie gegenüber war der Montanismus darauf bedacht, die alte Tradition in neuer Fassung zur Geltung zu bringen. Es ist deshalb richtiger, von einer Reformation statt von einer reaktionären Bewegung zu reden. Als es im Jahre 156 zur

Entstehung der montanistischen Bewegung kam, wurde diese nicht als eine Vertretung des alten Christentums empfunden, sondern, wie Euseb in seiner »Kirchengeschichte« ausdrücklich betont, als eine unerhörte Neuerung aufgefaßt, »die offenkundig der alten kirchlichen Überlieferung und Erblehre widersprach«.[3] Es gilt, endlich einmal dieses Neue am Montanismus anzuerkennen, das in keiner Weise durch den Umstand aufgehoben wird, daß es sich teilweise mit dem ältesten Christentum berührt. Nur zu oft ist das Neue zugleich auch das Uralteste. Neu und alt sind keine entscheidenden Kriterien, wie denn auch die Alternative Reaktion oder Fortschritt das Problem allzusehr vereinfacht und man auf diese Weise komplizierten Fragestellungen nicht gerecht zu werden vermag. Bei seinem Auftreten wurde jedenfalls der Montanismus mit seiner Bestrebung, das Christentum zu erneuern, als umstürzend empfunden, und er wirkte sich ohne Zweifel als eine revolutionäre Strömung aus.

Die Bewegung erhielt ihren Namen von Montanus, der an ihrer Spitze stand. Nach einer nicht sicher verbürgten Überlieferung soll Montanus zuerst ein heidnischer Priester im Dienste der Kybele gewesen sein, der das phrygische Volk in leidenschaftlichen Gefühlswallungen opferte, die bis zur blutigen Selbstverstümmelung gingen. Daß Montanus' Wurzeln vielleicht in die Schicht der phrygischen Kulte hinabreichten, erhöht nur noch das Rätselvolle, das diesen Mann umgibt.[4] Die altkirchliche Verlästerungskunst bezeichnet Montanus kurzweg als »giftige Schlange«, der bald nach seiner Bekehrung zum Christentum vom Teufel besessen worden und der »von dem unbändigen Verlangen, Führer zu sein«, erfüllt gewesen sei.[5] Dieser böswilligen Verleumdung kann man entnehmen, daß Montanus eine bedeutende Persönlichkeit gewesen sein muß, denn man versucht in der Regel nicht klein zu machen, was vorher nicht groß dastand. Es ist jedoch unmöglich, ein anschauliches Bild von diesem ungewöhnlichen Mann zu zeichnen. Die wenigen Worte, die sich von ihm erhalten haben, reichen dazu nicht aus. Aber seltsam! Bei der ganzen montanistischen Bewegung spürt man beständig seinen Schatten, der nicht zu fassen ist. Diese Gestalt, die sich als ein Werkzeug des Geistes gefühlt hatte, ging in ihrer Sendung völlig auf, und sie verschwindet ganz hinter dem Werke. In seiner Tätigkeit standen Montanus die beiden Frauen Priscilla und Maximilla zur Seite, die ebenfalls Prophetinnen wurden, da auch ihnen die Gabe der Weissagung verliehen war. Die Bewegung erfuhr gerade wegen der Teilnahme des weiblichen Elementes mannigfache Verdächtigungen. Historisch betrachtet ist darin jedoch nur ein Beweis für den urchristlichen Enthusiasmus zu sehen, der im Montanismus wieder erwacht war, übten doch auch im Urchristentum die Frauen weissagende Funktionen aus. In den vier prophetischen Töchtern des Philippus, welche die Apostelgeschichte erwähnt, erblickten Priscilla und Maximilla ihre Vorgängerinnen und zugleich die Berechtigung zu ihrem Auftreten. Die am stärksten faßbare Gestalt des Montanismus ist Tertullian, der aus innerer Folgerichtigkeit die Wendung von der Großkirche zum Montanismus vollzog. Es ist dies auch der Grund, weshalb er als einer der wenigen Kirchenväter nicht heiliggesprochen wurde. Dieser in seinen Worten sich überstürzende Mensch, der kein Stillestehen kannte, war eine viel zu ungebändigte Natur, als daß er sich endgültig in das kirchliche Gehäuse hätte einfügen können. Seiner religiösen Veranlagung nach gehörte dieser titanische Fleischeshasser unbedingt zu der montanistischen Bewegung. Sein Schrifttum gibt denn auch die einzige Vorstellung von der lodernden Glut, die in dieser Strömung aufflammte.

Der Montanismus trat mit einem prophetischen Anspruch auf. Darauf muß der Hauptakzent gelegt werden. Mit ihm erwachte in der Kirche die Prophetie wieder, und zwar in jener Art, die sich als die höchste Weissagung fühlte. Wohl anerkannte auch die Kirche das prophetische Anliegen, aber nur in der ungefährlichen Form der Vergangenheit. Daß es ihr auch in der Gegenwart entgegentreten könnte, empfand sie zu jenem Zeitpunkt bereits als »neu« und mußte sie vor schwerwiegende Entscheidungen stellen. Montanus bekämpfte leidenschaftlich die Annahme, die Prophetie habe mit dem Neuen Testament ihren Abschluß gefunden, und sah in dieser Ansicht die Verwandlung des Christentums in eine tote Angelegenheit. In ihm lebte vielmehr die tiefe Erkenntnis, daß Propheten nur durch Propheten ausgelegt werden können und nicht durch harmlose Exegeten, welch letztere die

Schriftworte nur mit anderen Ausdrücken wiederholen, ohne von der Kraft des symbolischen Denkens vorwärtsgetrieben zu werden. Im Montanismus wurden wieder die Charismen des Christentums lebendig, und er fühlte sich unter dem Zwang der göttlichen Inspiration, wie Maximilla sagt: »Gesandt hat mich der Herr... gezwungen, wollend oder nicht wollend, die Erkenntnis des Herrn zu lehren.«[6] Die Christenheit stieß im Montanismus wieder zum prophetischen Bewußtsein hindurch. Voll Jubel verkündete diese Bewegung, daß der Geist der Prophetie noch immer wirkt, und je mehr die Welt ihrem Ende entgegentreibt, desto maßloser wird er nach Joels Weissagung über alles Fleisch ausgegossen. Damit war der Zustand der Stagnation überwunden und wieder eine religiöse Bewegtheit erreicht, die unübersehbare Bahnen eröffnete. Wie alle Geistgetriebenen erkannten auch die Montanisten in der Offenbarung Johannes ihr eigenes Wesen wieder. Für ihre neue Prophetie beriefen sie sich auf das aufreizende Wort der Apokalypse: »Das Zeugnis Jesu aber ist der Geist der Prophetie.«[7] Dieses wenig bekannte Bibelwort, von dessen Existenz schon damals die meisten Christen keine Ahnung hatten, wurde bei ihnen aus der Vergessenheit heraufgehoben und begann in einem neuen Licht zu strahlen. Es bildete die zündende Losung, um die der heiße Kampf für oder gegen die neue Prophetie entbrannte. Die Montanisten erstrebten das überaus kühne Ziel einer Geisteskirche, indem sie ihre Offenbarungen sammelten und als ein drittes Testament aufstellten. Größeres kann nicht gewollt werden, der Montanismus ist ein erneuter Beweis für die Tatsache, daß die lebendige Reichserwartung in der Geschichte immer die kühnsten Bestrebungen wachrief.

Die prophetische Weissagung der Montanisten geschah im Zustand der Ekstase, die über den Menschen ohne sein Zutun kommt: »Siehe, der Mensch ist wie eine Lyra, und ich fliege über sie wie das Plektron. Der Mensch schläft, und ich wache.«[8] Nach der Prophetie Priscillas kommt einzig der geschlechtlichen Enthaltsamkeit vorbereitende Bedeutung für die mystische Einigung mit Gott zu, wodurch der Mensch fähig wird, Gesichte zu sehen und Stimmen zu hören. Das ekstatische Erleben forderte jedoch den stärksten Widerspruch heraus, war es doch der Kirche zu jenem Zeitpunkt bereits fremd geworden. Voll Widerwillen wendet sich Euseb von diesen Zuständen der Verzückung ab, in denen die Montanisten anfingen, »Laute auszustoßen und seltsame Dinge zu reden«, und bezeichnet dies kurzerhand als Unsinn.[9] Tatsächlich war mit diesem ekstatischen Reden allen unkontrollierbaren Vorgängen Tür und Tor geöffnet. Dieser Einwand besitzt jedoch auch seine Gültigkeit in bezug auf das urchristliche Zungenreden. Wie zur Zeit der Apokalyptik erwachte im Montanismus wieder der ekstatische Mensch, der höher zu werten ist als jener berechnende Typ, für den einfach die jeweils geltende Konvention maßgebend ist und der immer kühl bleibt bis ans Herz hinan. Diese Montanisten schäumten im Geiste über und wurden von der Ekstase fortgerissen, so daß sie ihr nicht mehr Einhalt gebieten konnten. Gewiß war es nicht »das sanfte Gesetz« (Stifter), das in diesen Menschen regierte, und die harmonische Ausgeglichenheit fehlte ihnen. Insofern ist auch in erster Linie als Korrektiv zu werten, was sich bei ihnen zu Worte meldet. Aber andererseits ist es doch verfehlt, von konfusen Schwärmern zu reden, die bloßen Phantomen nachgejagt hätten. Echte Begeisterung kann auf künstliche Weise nicht gemacht werden, sie reißt in spontaner Art die Menschen mit sich und ist nach einem Worte Goethes etwas vom Größten, was es in der Geschichte gibt. Zum Christentum gehört nun einmal der Enthusiasmus, und wer sich vor seinem stürmischen Wehen fürchtet, der mag ein biederer Pfahlbürger sein – für die ursprüngliche Evangeliumsbotschaft scheint er wenig geeignet zu sein. Das urchristliche Empfinden liegt in dem Satz: Welche der Geist Gottes treibt, die sind Gottes Kinder.

Die ekstatische Prophetie des Montanismus machte den kühnen Rückgriff auf das damals noch junge Johannesevangelium. Aber nicht die johanneische Mystik von Weinstock und der Rebe stellte sie in den Mittelpunkt, sondern von dem im vierten Evangelium geweissagten Parakleten behauptete sie, daß er in der Person des führenden Montanus erschienen sei.[10] Es war somit eine überlieferte Anschauung, die er allerdings in einer Selbständigkeit ergriff, daß sie ein ganz neues Aussehen bekam. Unter dem verheißenen Parakleten des Johannesevangeliums verstand er kein unpersönliches Ereignis, sondern eine Individualität, die in der Gestalt des Montanus ihre Inkarnation gefunden habe. Daß Montanus sich selbst als den Parakleten ausgegeben hat, verrät ein nicht geringes Selbstbewußtsein. Die Kühnheit dieses umstürzenden Vorgehens muß scharf unterstrichen werden. Nur dann wird die einem reißenden Strom gleichende Bewegung einigermaßen richtig gesehen. Es ist ein schmaler Grat, der ihn von der Hybris trennt, und es ist äußerst gefährlich, wenn göttliche Verheißungen auf die eigene Person bezogen werden. Montanus ist von diesem überheblichen Fluidum nicht freizusprechen, wenn auch nach dieser Selbstproklamierung begreiflicherweise die Bewegung von ihm den Namen erhalten hat. Montanus geht von der Annahme aus, daß es in der Offenbarung eine stufenweise Entwicklung gebe. Der Montanismus kannte auf dem Gebiet des Geistes keinen Stillstand, sondern nur eine fortwährende Kundgebung Gottes. Auf die Periode der Uroffenbarung, die sich bis auf die Erscheinung Christi erstreckt, folgt die Periode der neutestamentlichen Offenbarung, die mit den Aposteln abschließt, und endlich die Periode der Offenbarung des Parakleten, die das Ende einleitet. »Nach mir wird keine Prophetin mehr sein, sondern die Vollendung«, lautet ein Ausspruch der Maximilla.[11] Nach dieser Auffassung vom Parakleten wäre es verfehlt, den Montanismus als reaktionäre Bewegung zu beurteilen. Die traditionelle Ansicht, wonach der johanneische Paraklet an Pfingsten den Jüngern zuteil wurde, ist hier mit revolutionärer Kraft über den Haufen geworfen und an ihre Stelle die Persönlichkeit des Montanus gesetzt. Diese Beiseiteschiebung des Pfingstgeschehens, dem die Kirche immer grundlegende Bedeutung zugemessen hatte und dessen Gedenken sie bis heute als einen ihrer höchsten Feiertage begeht, ist eine Neuheit von denkbar stärkstem Radikalismus. Montanus sagte denn auch: Weder ein Engel noch ein Gesandter bin ich, sondern der vom Vater verheißene Paraklet in leibhaftiger Gestalt! Die Montanisten mußten Großes und Größtes erlebt haben, um das mächtige Pfingstereignis dermaßen durch Montanus zu ersetzen. Aus solchen Umwertungen geht hervor, daß im Montanismus ein ungewöhnlicher Stein in die Tiefe gegangen ist. Euseb war daher vollauf berechtigt, von einer neuen Prophetie zu reden, und kam ungeachtet seiner Abneigung damit dem geschichtlichen Tatbestand bedeutend näher als die modernen Kirchenhistoriker, die den Montanismus als eine bloß rückwärtsgewandte Bewegung bagatellisierten.

Der in der Person des Montanus verkörperte Paraklet ließ der Christenheit die aufregende Mitteilung zugehen, daß das Kommen des Reiches Gottes unmittelbar bevorstehe. In dieser Botschaft liegt der zweite Brennpunkt der montanistischen Bewegung, und damit wird der enge Zusammenhang von Prophetie und Reichserwartung evident, der gewöhnlich übersehen wird. Der treibende Motor der montanistischen Geistesmenschen war die Sehnsucht nach dem Reich. Ausgesprochene Naherwartung erfüllte sie, die immer das Merkmal echter Reichssehnsucht ist. Zum Greifen nahe sahen sie das Reich vor sich, und deswegen flammte im Montanismus noch einmal der urchristliche Enthusiasmus in seiner verzehrenden Glut auf, der durch die vorherige Entwicklung bereits als überholt galt. Wiederum wurden die Menschen von jener siedeheißen Spannung ergriffen: Jetzt, jetzt ganz bestimmt bricht das Reich an! Anscheinend existierten die betrüblichen Erfahrungen der vergangenen Jahre für sie in keiner Weise. Kein schwerer Klotz an ihren Füßen konnte dieses beschwingte Flügelschlagen des Geistes hemmen. Ihre Hoffnungsfreudigkeit hatte das quälende Enttäuschungserlebnis völlig vergessen. Durch die wieder aufgeblühten Charismen flehten die Montanisten nicht um Aufschub des Endes, sie kannten nur die brennende Zuversicht auf das Reich, das demnächst hereinbrechen werde. Die Wellen der Begeisterung gingen bei ihnen hoch und überfluteten alle rationalen Dämme der lahmherzigen Fernerwartung. Beständig lebten sie in der gespanntesten Erwartung, und in ihrer Vorwegnahme frohlockte bereits ihr törichtes Herz. Die Sehnsucht nach dem Reich war bei ihnen keine lederne Lehre von den letzten Dingen, sie war existentielles Gerichtetsein, aus dem das Dasein die entscheidende Bedeutung empfing. Mit glühenden Augen schauten sie dem nahe herbeigekommenen Reich entgegen. Nach ihrer Auffassung steht die Wiederkunft des Herrn unmittelbar vor der Türe, es ist hierüber kein Zweifel mehr erlaubt. »Wenn daher die Verwirklichung des Reiches des Herrn sich auf den Willen Gottes und auf unseren ungewissen Zustand bezieht« – schreibt der nun besser unterrichtete Tertullian im Gegensatz zu seiner früheren Apologie – »wie können manche einen Aufschub für die Welt verlangen, da ja das Reich Gottes, um dessen Ankunft wir bitten, auf die Vollendung der Welt hinarbeitet? Wir wünschen früher zu regieren und nicht länger mehr zu dienen. Ja recht bald, o Herr, möge Dein Reich, der Gegenstand der Wünsche der Christen, zu uns kommen, zur Beschämung der Heiden, zur Freude der Engel.«[12] Welch religiöses Hochgefühl muß die Montanisten erfüllt haben. Sie empfanden eine fiebrige Sehnsucht nach dem Reich und hatten keine Angst vor dem Gericht. In dieser Einstellung gibt der Montanismus sich als legitimer Nachfahr der urchristlichen Reichserwartung zu erkennen, die ebenfalls ausgesprochene Naherwartung war.

Die Montanisten brachten die gespannte Erwartung des Reiches innerhalb jedes Gottesdienstes durch einen symbolischen Akt anschaulich zum Ausdruck. Weiß gekleidete Jungfrauen erschienen, brennende Lampen tragend, und versetzten die Gläubigen in eine enthusiastische Aufregung. Sie begannen zu weinen, um mit ihren Tränen für die noch immer existierende Welt Buße zu tun. Es ist nicht schwer, in diesen Jungfrauen die sinnbildliche Darstellung des von Jesus stammenden Gleichnisses der zehn Jungfrauen zu erkennen, die den urchristlichen Gerichtsernst anschaulich dokumentierten. Auf eindrucksvolle Weise wurde durch diese gottesdienstliche Einrichtung den schläfrigen Christen die beständige Enderwartung vor Augen geführt, so daß sie jede Stunde den Ruf erwarteten: Der Bräutigam kommt, geht aus und ihm entgegen! Sehe ein jeder zu, daß er als kluge Jungfrau in jenem Augenblick Öl in seinen Lampen habe, damit er nicht unvorbereitet von der Nachricht überfallen werde und auf sein verspätetes Anklopfen die schreckliche Antwort vernehme: Ich kenne euch nicht! Gewiß haben solche sinnbildlichen Darstellungen im Gottesdienst ihren Wert, da sie für den einfachen Christen anschaulich sind und zugleich die Fähigkeit des symbolischen Denkens einer religiösen Gemeinschaft dartun.

Die Prophetie vom Kommen des Reiches war bei den Montanisten kein leeres Wünschen, das im Planlosen verdämmerte, sie nahm derart konkrete Formen an, daß sie die zerstreuten Christen sammelte. Am Ende der Welt, so verkündete Montanus, senkt sich das neue Jerusalem als prächtige Stadt vom Himmel auf diese Erde herab, welche die Wohnung für die auferstandenen Heiligen ist. Jetzt schien diese wunderbare Verheißung in Erfüllung zu gehen. Voll triumphierender Freude schrieb Tertullian: »Es ist kürzlich bei dem Feldzug im Orient auch wirklich so eingetroffen und sogar durch heidnische Zeugen festgestellt, daß in Judäa vierzig Tage hindurch in den Morgenstunden eine Stadt vom Himmel herabgehängt habe; ihr Mauerwerk verschwand mit dem Zunehmen des Tageslichtes, und sonst war nirgendwo eine Stadt in der Nähe.«[13] In Pepuza, dem Aufenthaltsort des Montanus, wurde das Herniederkommen des oberen Jerusalem erwartet. Einhelligkeit in dieser Auffassung bestand unter den Montanisten freilich nicht, da eine andere Version die gleiche Bedeutung dem Städtchen Tymion zuschreibt. Tertullian weiß von dieser Überlieferung nichts, und den Namen Pepuza erwähnt erst Euseb. Doch waren die meisten Montanisten der Ansicht, daß das Land Phrygien zum Schauplatz für dieses wunderbare Geschehen auserwählt sei. Aus diesem Glauben heraus entstand bei ihnen der Ruf: Auf nach Phrygien, woselbst das himmlische Jerusalem herabkommt, da muß die Christenheit sich versammeln und ihrem Herrn mit Wachen und Beten entgegenharren. Greifbarere Form konnte die Reichserwartung nicht mehr annehmen als in dieser Aufforderung, seine Häuslichkeit zu verlassen und sich in die öde Gegend von Pepuza zu begeben, um am nahe bevorstehenden Geschehen teilnehmen zu können. Es geht daraus hervor, daß der Chiliasmus seine Anhänger zu außergewöhnlichen Taten befähigte und sie zu den größten Opfern für das Tausendjährige Reich anspornte.

Diese Naherwartung hatte auch eindringliche Bußpredigten zur Folge, die in der späten Phase des Montanismus einen immer breiteren Raum einnahmen. Die sich beständig zuspitzende

Bußpredigt zog eine Erneuerung der Askese nach sich. Durch seine verschärften asketischen Forderungen unterscheidet sich der Montanismus am stärksten vom Urchristentum. Sein Rigorismus hat die »vollkommene Freude« verdrängt, und ein Ausspruch, wie ihn der johanneische Christus zu der Ehebrecherin tat, »wer ohne Sünde ist, werfe den ersten Stein auf sie«, ist im Munde des Parakleten undenkbar. Düsterer Ernst überschattet alles und nimmt immer potenziertere Formen an, wie denn nach Tertullian das Nachfolgende stets das Vorangehende überwiegt. Die asketischen Forderungen ergeben sich mit einer gewissen Konsequenz aus der Sehnsucht nach dem Reich. An die Geisteschristen müssen höhere Anforderungen gestellt werden, weil die Gottesherrschaft unmittelbar vor der Türe steht. Deswegen duldet der Paraklet nur noch die einmalige Ehe und verwirft die zweite Ehe als gewöhnlichen Ehebruch. Um des Reiches willen verschärft der Paraklet die Fastenordnung und erneuert das Verbot des Kriegsdienstes. Vor allem aber begeisterte sich die neue Prophetie angesichts des unmittelbar bevorstehenden Reiches für das Martyrium. Jegliche Flucht in der Verfolgung war verpönt, da die Rettung des eigenen Lebens als wertlos galt, jetzt, da das Reich jeden Augenblick erwartet wurde. »Wollet nicht in Betten noch in Kindsnöten und in weichlichen Fiebern zu sterben wünschen, sondern in Martyrien, damit verherrlicht werde, der für euch gelitten«,[14] mahnte der Paraklet die montanistischen Anhänger, die denn auch besonders zahlreiche Märtyrer in ihren Reihen zählten. Eine heldische Martyriumsbereitschaft spricht aus solchen todesmutigen Worten, wie denn die Montanisten dem entnervten Christentum die Seele des Heroismus zurückgaben. Die Reichserwartung hat schon immer eine Belebung der kämpferischen Auffassung des Christentums zur Folge gehabt und sich von der allzu gemütlichen Christlichkeit deutlich unterschieden. In all den disziplinarischen Fragen, in denen der Montanismus die strengere Kirchenzucht erneuerte, war nicht »falscher Maximalismus« am Werk, der lediglich »Mangel an Liebe, geistiger Stolz und falscher Moralismus« bedeutet,[15] sondern es gab die brennende Reichserwartung den Ausschlag, die dem kommenden Herrn die würdige Braut darzubringen wünschte.

Mit dieser Erneuerung des Heroismus wollte der Montanismus bewußt der Verweltlichung der Kirche entgegenarbeiten. Der kirchliche Degenerationsprozeß ist eine Parallelerscheinung zum langsamen Erlöschen der eschatologischen Erwartung. Die Parallelität besteht sogar in einer gegenseitigen Ursächlichkeit. Das allmähliche Zurücktreten der Reichserwartung bewirkte eine Stagnation der Kirche, und umgekehrt drängte die Veräußerlichung des Christentums die urchristliche Erwartung in den Hintergrund. Daraus resultierte eine tiefgreifende Veränderung innerhalb des Christentums. Die kirchlichen Kreise verknöcherten in zunehmendem Maße. Diese Erstarrung ist ihnen seither geblieben, und sie haben sich nur in begnadeten Augenblicken zu lösen vermocht. Sie suchten sich darüber durch eine immer laxer gehandhabte Bußpraxis hinwegzutäuschen. Von der anfänglichen Kirchenzucht blieb bald nur noch ein kläglicher Rest übrig. Immer mehr Sünden behaupteten die Bischöfe vergeben zu können. Diesem Absinken in die Bequemlichkeit stellten sich die Montanisten leidenschaftlich entgegen. Sie wollten nichts von dieser verderblichen Erschlaffung wissen und waren unter keinen Umständen bereit, auf den ursprünglichen Glaubensheroismus zu verzichten. Die Montanisten stemmten sich mit allen Kräften dieser absinkenden Entwicklung entgegen und wollten sie nach Möglichkeit rückgängig machen. Sie waren nicht gewillt zuzugeben, daß die Kirche inzwischen anders geworden war. In ihrem Verhalten rebellierte das ursprüngliche Gewissen gegen den Anstaltscharakter des Christentums.

Bei dieser verschiedenen Einstellung mußte notwendigerweise der Zusammenstoß zwischen Kirche und Montanismus kommen. Da die Reichserwartung des Montanismus nicht die ungefährliche Form einer bloßen Lehre besaß, sondern enthusiastisch-existentieller Natur war, fühlte sich die Kirche von ihm aufs stärkste bedrängt. Durch die Sehnsucht nach dem Reich, die das Zentrum der Botschaft Jesu wieder auf den Leuchter stellte, wurde ein Feuer entfacht, das rasch um sich griff und sich nach allen Richtungen hin verbreitete. Die kirchlichen Massen wurden wieder von der alten Erwartung ergriffen. Es schien, als wollte das erstorbene Urchristentum in neuer Kraft auferstehen. Der stürmische Enthusiasmus bemächtigte sich noch einmal der Christenheit. Der Montanismus brachte deswegen die Kirche von Jahr zu Jahr in eine schwierigere Lage. Man darf dies, ohne sich einer Übertreibung schuldig zu machen, als eine der gefährlichsten Krisen der Kirche bezeichnen. Daß der Montanismus eine derart schwerwiegende Erschütterung der Kirche bewirkte, zeigt besser als alles andere, aus welcher Tiefe bei ihm der Stoß ging, obwohl in der Kirchengeschichtsschreibung diese Bedeutung oft bis zur Unkenntlichkeit verschleiert wird. Der Montanismus war keine Eintagsfliege, sondern eine Bewegung von beträchtlichem Umfang und Dauer.

Zunächst versuchte die Kirche den Ansturm durch bewegte Diskussionen mit den Montanisten abzuwehren. Sie beschuldigten die Kirche, »Gott Grenzpfähle stecken« zu wollen, und warfen ihr vor, nicht zu erkennen, daß die Tätigkeit des heiligen Geistes seine ewige, schrankenlose und alle menschlichen Berechnungen übertreffende Gültigkeit habe. »Eines ist noch übrig«, riefen sie mit grimmigem Hohn den Vertretern der Großkirche zu, »das ihr folgerichtig auch tun solltet, den heiligen Geist ganz hinwegschaffen, weil er nun doch einmal etwas so ganz Müßiges bei euch ist.«[16] Wie schon nach den Sprüchen Salomons das Volk verwildert, wenn keine Weissagung mehr ist, so kann es nach der tiefen Einsicht des Montanismus überhaupt keine echte Kirche ohne fortlaufende Prophetie geben. Die Kirche erwiderte auf diese Vorwürfe, daß der Montanismus eine verzerrte Prophetie darstelle, der sich in falschen Weissagungen ergehe, da die angekündigten Kriege und Aufstände gar nicht eingetroffen seien. »Ist denn nicht bereits auch diese Lüge offenbar geworden? Denn seit dem Tode jenes Weibes sind bis auf den heutigen Tag schon mehr als dreizehn Jahre verstrichen, ohne daß ein lokaler oder ein Weltkrieg entstanden wäre; ja selbst die Christen genießen durch Gottes Erbarmen dauernden Frieden.«[17] Man wird es schwerlich anders sagen können, so ungern man es tut: es war im Montanismus ein schwarmgeistiges Moment enthalten, das der Bewegung Abbruch tat.

Das Nichteintreffen der montanistischen Prophezeiung war das stärkste Argument, das die Kirche gegen diese Bewegung vorbrachte. Der geschichtliche Verlauf entschied gegen die neue Prophetie und gab der Kirche recht. Das muß mit aller Eindeutigkeit festgestellt werden. Aber was will das anders besagen, als daß die Skeptiker immer recht bekommen! Auch der montanistischen Reichsankündigung blieb die Erfüllung versagt. Trotz den bestimmtesten Aussagen war das obere Jersualem nur in den Wolken sichtbar geworden und senkte sich auf diese Erde nicht herab. Auch dem Montanismus blieb das Enttäuschungserlebnis nicht erspart, es verursachte bitteres Würgen in der Kehle. Und wie sollte ihm auch ein besseres Schicksal beschieden sein als seinen urchristlichen Vorfahren? An der gleichen Unerfülltheit mußte er dahinsiechen. Ein neues Kapitel wurde der Geschichte der Reichserwartung zugefügt, ein Abschnitt einer brennenden Sehnsucht und einer grausamen Enttäuschung. Dennoch beharrten die Montanisten auf ihrem eschatologischen Glauben. Da das Reich nicht kam, und trotz den glühenden Beteuerungen der Montanisten immer wieder nicht kam, vermochten alle montanistischen Aussagen der Kirche weder zu locken noch zu erschrecken. Im Grunde hatten viele Christen sich schon damals, wenn auch nicht offen, so doch in versteckter Weise daran gewöhnt, die Reichserwartung als etwas Imaginäres zu betrachten, dem keine reale Bedeutung zukomme. Unausgesprochen bewerteten sie die Sehnsucht nach dem Reiche als eine phantastische Illusion.

Aus der Nichterfüllung der Prophezeiung schöpfte die Kirche das Recht, den Montanismus zur Häresie zu stempeln. Die Montanisten wurden als »vom Teufel besessen, im Geiste des Irrtums befangen und aufrührerische Menschen« genannt.[18] Man bezeichnete ihren Enthusiasmus als dämonische Besessenheit, gegen die mit Exorzismus vorzugehen sei. Der Ketzeranwurf ist ohne Zweifel eine unverdiente Ächtung. Der Montanismus war trotz seiner neuen Prophetie zunächst keine Häresie; er wurde vielmehr nur durch die Entwicklung der Dinge in eine schismatische Richtung gedrängt. Dogmatisch betrachtet besaß der Montanismus viel gemeinsames Glaubensgut mit der Kirche. Das hat sogar Hippolyt anerkannt, der dem Montanismus im übrigen wenig gewogen war. Die montanistische Strömung war während ihrer Entstehung eine Bewegung innerhalb der Kirche, und noch ein halbes Jahrhundert früher wäre die kirchliche Anerkennung überhaupt nicht in Frage gestanden, war doch der Chiliasmus durchaus Allgemeingut der frühchristlichen Zeit. Inzwischen hatte sich die Kirche aber zu einer starken Organisation entwickelt, und ihre Autorität duldete immer weniger freies Wehen des Geistes. Das bekam der Montanismus als erster zu fühlen, und deswegen wurde er von der Kirche verfolgt, obwohl er beteuerte, kein Wolf im Schafspelz, sondern Wort, Geist und Kraft zu sein. Die Kirche aber hatte sich bereits für bleibend auf dieser Welt eingerichtet; so konnte sie ein nur in den Wolken sichtbares Jerusalem nicht anders denn als eine trügerische Fata Morgana betrachten. Ihre errungenen irdischen Vorteile gegenüber der bloßen Hoffnung auf das kommende Reich war sie nicht willens preiszugeben. Aus diesem Grunde wollte sie vom Geist der Prophetie nichts mehr wissen und wandte sich zum zweitenmal von der Reichserwartung ab. Beide in sich zusammenhängenden Entscheidungen waren von unübersehbarer Tragweite, sie beeinflußten den weiteren Verlauf der Kirchengeschichte in absoluter Weise. Da die gegenwärtige und nicht bloß vergangene Prophetie im Montanismus für die kirchliche Organisation sich als gefährlich erwies, wurde die Christenheit beinahe geistfeindlich und beargwöhnte fortan jede Regung des Geistes mißtrauisch als Ketzerei. Sie gesellte sich in immer stärkerem Maße zu den Erstickern des Geistes. Und wenn auch in ihrer Mitte vom Geist die Rede war, verstand sie von nun an darunter etwas anderes, nämlich den Geist ihrer Hierarchie, ihres Rechts, ihrer Stabilität und nicht mehr das kühne Zeugnis Jesu, das der Geist der Prophetie ist.

Die kirchliche Beurteilung des Montanismus als Häresie führte folgerichtig zum endgültigen Bruch. Das Ende vom Lied war, daß die Kirche gegen die Montanisten vorging, und zwar nicht anders als es die jüdische Synagoge gegenüber dem jungen Christentum getan hatte. Es ereignete sich das groteske Schauspiel, über das man sich nur verwundern kann, daß die christliche Kirche, die aus dem Erlebnis der Reichserwartung hervorgegangen war, schließlich dazu überging, eine Bewegung, die wieder das Reich herbeisehnte, auszubooten. Das ist der tiefere Sinn des Kampfes, den die Kirche gegen den Montanismus, und zwar bis zu dessen vollständiger Vernichtung, führte. Die Einzelheiten dieses Kampfes, wie der Montanismus auf mehreren kleinasiatischen Synoden – es waren die ersten, die es gab! – zwischen 160–170 verurteilt wurde und sich dann nach Rom wandte, um dort dreimal zurückgewiesen zu werden, sind in diesem Zusammenhang nicht zu schildern. Die Gegner, die dem Montanismus erwuchsen und die damals zur Herrschaft in der Kirche kamen, drängten ihn Schritt für Schritt zur Kirche hinaus. Nicht der Montanismus separierte sich von der Kirche, sondern umgekehrt, »diese Leute wurden aus der Kirche hinausgeworfen«, wie Euseb wörtlich schreibt.[19] Erst als der Montanismus sich außerhalb der kirchlichen Türe befand, begann er sich als eigene Gemeinschaft zu konsolidieren, bewußt kirchenverneinenden Charakter annehmend. Als sektenhafte Körperschaft hatte er noch einen längeren Bestand, wenn ihm auch nach Tertullian kein bedeutender Geist mehr geschenkt wurde. Zwar lassen sich seine Spuren noch bis ins sechste Jahrhundert verfolgen, aber als fruchtbares Ferment vermochte er nicht mehr zu wirken. Den endgültigen Todesstoß erhielt er durch die siegreiche Kirche, die mit Staatsgewalt gegen ihn vorging.

Wenn der Montanismus auch, verglichen mit dem Urchristentum, nicht viele originelle Gedanken hervorgebracht hat, so kann ein eingehendes Nachdenken unmöglich die enorme Bedeutung verkennen, die diesem angeblich untergeordneten Kapitelchen der Kirchengeschichte zukommt. Nur zu oft schließen die scheinbar geringfügigsten Geschehnisse die größten Entscheidungen in sich. Der Kirche wurde durch die Montanisten nicht nur ihre eigene Jugendzeit vor Augen gerückt, sie wurde vor die wichtige Frage gestellt: lebendiges oder totes Christentum? Heroische Geisteskirche oder amtliche Heilsanstalt? Es gibt keine wesentlicheren Probleme von immer wiederkehrender Bedeutung als diejenigen, die in dieser Alternative enthalten sind. Vor solch fundamentale Entscheidungen aber hat die montanistische Reichserwartung die Menschen gestellt, und der Unerbittlichkeit, mit der sie dieses Entweder-Oder festhielt, kann die

Größe nicht abgesprochen werden. Es liegt darin ein Zeichen, daß jede lebendige Reichssehnsucht immer letzte Einsatzbereitschaft im Menschen zu wecken vermag.

Die Verkirchlichung des Reiches

Das geschichtlich folgenschwerste Ereignis der alten Kirche war der Übertritt Kaiser Konstantins zum Christentum. Als Persönlichkeit ist Konstantin ein schwer durchschaubarer Mensch. Bei allen dunklen Flecken, die seinem Charakter anhaften, muß ihm doch ein ungewöhnliches Zeitverständnis zugebilligt werden. Er hat in einem Augenblick, da die Welt der Antike versank und das Christentum seinen endgültigen Aufstieg antrat, den geschichtlichen Prozeß mit einer politischen Intuition begriffen, wie man ihr selten begegnet. Konstantins Religionswechsel lag die politische Einsicht zugrunde, daß in einer Zeit der allgemeinen Wirren, die das todgeweihte Römische Reich mit der Auflösung bedrohte, nur das Christentum die überlegene Kraft besitze, die Menschheit noch einmal neu zu einigen.[1] Seiner politischen Reichsidee wollte er auch die Kirche einfügen, und »mit dem Einbau der christlichen Reichskirche wurde der Universalismus der Ekklesia catholica zum Kernbestandteil des neuen Reichsgedanken«.[2] Seine innerkirchliche Politik ist ganz von dem einen Gesichtspunkt geleitet, »das religiöse Denken der Menschen in gleicher Haltung zu vereinen«, wie er dem Bischof Alexander schrieb. Deswegen brachte er für die differenzierenden dogmatischen Kämpfe kein tieferes Verständnis auf. Sie störten nur seine Bestrebungen zur Einheit, welche die Verchristlichung des Weltreiches zum Ziele hatte.

Von dem Ausmaß des Umschwunges, den das bis dahin verfolgte Christentum durch Konstantins Religionspolitik erfuhr, kann sich der heutige Mensch kaum noch eine genügende Vorstellung machen. Es war eine Drehung um 180 Grad, die alle Dinge auf den Kopf stellte. Die zahlreichen kaiserlichen Privilegien wendeten die Erkenntnis, daß das Christentum »nicht ein Werk der Überredung ist, sondern der inneren Größe, solange es von der Welt gehaßt wird«,[3] ins Gegenteil. Die Tore der Kirche gingen in dieser Zeitenwende weit auf, und die Massen des Volkes strömten wahllos in ihre Hallen. Gleichwohl brach Euseb in seiner »Kirchengeschichte« in einen überströmenden Jubel über dieses Ereignis aus und konnte sich nicht genugtun in Freudenkundgebungen über den hellen Tag, der jetzt in der Welt angebrochen sei. Eines war Euseb, dem ohnehin »Reich« und »Ökumene« bereits identische Begriffe bedeuteten, dabei völlig gleichgültig, daß nämlich durch Konstantins Begründung der Staatskirche der Chiliasmus einen schweren Schlag erhalten hatte, von dem er sich jahrhundertelang nicht mehr erholte. Mit der Erhebung des Christentums zur Weltherrschaft mußte die apokalyptische Reichserwartung zurücktreten. Die Sehnsucht nach dem ewigen Reich wurde überflüssig; in der veränderten Weltlage hatte sie keinen Platz mehr. Der Chiliasmus wurde zum Luxusartikel und erfuhr auch keinen neuen Auftrieb mehr, als Konstantin ins Grab gesunken war, ohne die große Hoffnung erfüllt zu haben, die auf ihn in bezug auf das tausendjährige Friedensreich gesetzt worden war.

Dagegen erforderte die Erhebung des Christentums zur staatlich begünstigten Religion eine Überprüfung aller christlichen Probleme. Die Bischöfe sahen sich durch diesen einschneidenden Vorgang vor ganz neue Aufgaben gestellt. Der Aufbau der Kirche, der schon der Überwindung des Enttäuschungserlebnisses zu verdanken ist, mußte in intensiver Weise weitergeführt werden. Die Patristiker begriffen diese Notwendigkeit mit mehr oder weniger großer Klarheit und kamen der unaufschiebbaren Arbeit auch nach. Keiner hat jedoch einen größeren Anteil übernommen als Augustin, in dessen Werken sich die Mächtigkeit des patristischen Denkens am besten widerspiegelt. Er hat die durch Konstantins Umschwung hervorgerufenen Probleme erfaßt und sie mit aller Konsequenz zu Ende zu denken versucht, so daß ihm auch in der Geschichte der Reichserwartung eine epochale Bedeutung zukommt.

Augustin überragt alle abendländischen Kirchenväter um Haupteslänge. Er ist eine gewaltige Gestalt – der größte Genius zwischen Plato und Goethe wurde er schon genannt. In diesem

Zusammenhang kann nur ein kleiner Teilausschnitt von seiner Bedeutung hervorgehoben werden. Mit einem Gebirgsmassiv muß er verglichen werden, das ein ganz verschiedenes Aussehen bietet, je nach der Seite, von der man sich ihm nähert. Wenn Augustin der faltenreiche Wurf des kirchenväterlichen Gewandes auch gut kleidet, so war er doch ein von einer ungeheuren Leidenschaft vorwärtsgetriebener Mensch. Als unvergleichlicher Wahrheitssucher muß er bezeichnet werden, der erst nach einer langen Odyssee den Weg zur Kirche fand. Augustin war, trotz seiner skeptischen Phase, von einem verzehrenden Gottesdurst ergriffen, dem er in seinen tränenschweren »Bekenntnissen« unvergeßlichen Ausdruck gegeben hat, diesem Buch, das nur mit dem Christentum selbst untergehen kann. Das Unvergängliche dieser ersten Autobiographie der Weltgeschichte ist nicht nur in seiner dichterisch beschwingten Sprache begründet, mit der Augustin sein Selbst erstmals vor aller Welt enthüllt, sondern in seinem unablässigen, ergreifenden Ringen, das immer eine Bemühung sowohl um neue Kraft als um intellektuelle Klarheit war. Daraus geht seine tief religiöse Veranlagung hervor, mit der dieser sehnsüchtige Mensch ausschließlich die zwei Dinge: Gott und die Seele, zu erleben begehrte und worauf er seine tiefsinnige Empfindungsmystik aufbaute. Dieser Sohn einer großen Mutter hat wie alle bedeutenden Mystiker mit genialem Instinkt die Liebe als die wesentliche Beziehung zu Gott erfaßt. Eros im umfassenden Sinn ist die Zentralsonne, von der aus diese Persönlichkeit zu verstehen ist, obschon gerade er in seiner späteren Phase der Geschlechtlichkeit ein tiefgreifendes Schandmal aufgeprägt hat. Diese Zwiespältigkeit hängt mit Augustins Tätigkeit als Denker zusammen, der wie kein anderer die philosophischen Probleme vom christlichen Standpunkt aus neu aufrollte und dabei doch immer wieder auf die Bahn des kirchlichen Predigers geriet. Von einem unglücklichen Stern jedoch war der Bischof von Hippo in seiner kirchenpolitischen Funktion geleitet. Er ließ sich von seinen Gegnern in die extremste Position hineindrängen, in der er selbst die Lage nicht mehr zu meistern imstande war. Nach seinen kläglichen Erfahrungen mit den Donatistenbekehrungen hat er als »erster Dogmatiker der Inquisition«[4] der gewaltsamen

Behandlung der Ketzer das Wort geredet und mit dieser terroristischen Methode jene verfehlte Weichenstellung vorgenommen, die für die christliche Kirche zum Fluche wurde. Neben der bedeutenden theologischen Leistung, die er vollbracht hat, gilt es, auch diese verhängnisvolle Entwicklung, die von Augustin ihren Ausgang genommen hat, klar zu sehen. Erst beide Seiten zusammen machen das Wesen dieses wirklich großen Menschen aus, auf den sich immer sowohl die katholische Kirche als die oppositionellen Strömungen beriefen, was nur ein Zeugnis ist für seinen unermeßlichen Einfluß auf die Christenheit.

Obschon Augustin Afrikaner war, bedeutete auch für ihn die Eroberung Roms durch Alarich im Jahre 410 einen schweren Schlag. Die Not des Weltreiches stieg damit auf den Höhepunkt, und zugleich wurde dadurch eine weitverbreitete christliche Vorstellung in verhängnisvoller Weise erschüttert. Von Rom, das nicht einmal der vor den Toren stehende Hannibal hatte bezwingen können, glaubten die Christen, daß es als Haupt des Römischen Reiches bestehen bleibe bis zum Ende der Welt. Pessimistische Weltuntergangsstimmung nahm begreiflicherweise wiederum überhand. Christen und Heiden schoben sich gegenseitig die Schuld am Untergang Roms zu. Eine neue Auseinandersetzung zwischen Heidentum und Christentum ließ sich nicht vermeiden, an der sich auch Augustin als der größte altkirchliche Apologet beteiligte. Die Frucht dieser Anteilnahme ist das umfangreiche Werk »Der Gottesstaat«, das der alternde Augustin in dreizehnjähriger Arbeit geschrieben hat. Eine äußerst bedrängte Situation hat zur Entstehung dieses Riesenwerkes, wie Augustin es selbst nannte, geführt. Dieses Urteil hat seine Berechtigung, nicht nur im Hinblick auf den Umfang, sondern vor allem auf den gedankenschweren Inhalt, der schon im Anschluß an ein Wort Goethes als Kampf zwischen Glauben und Unglauben gedeutet wurde und das größte Thema der Weltgeschichte darstellt. Augustin hat in diesem Werk ein ungeheures Material verarbeitet. Er philosophierte darin über die Welt, die verschieden aussieht, je nachdem sie als Kunstwerk oder als Wert betrachtet wird; er erfaßte den Menschen als ein Wesen, bei dem entscheidend ist, was es liebt, und nicht, was es denkt, er wandte sich den meisten Fragen des Kulturlebens zu. Dies alles wird aber nie nur dazu benutzt, seine Gelehrsamkeit zu zeigen, man spürt, wie Augustin von diesen Problemen in seiner Existenz getroffen war. Die Wirkung dieser aufs Praktische abzielenden Verteidigungsschrift war schon zu seinen Lebzeiten groß, und noch stärker war sie im Mittelalter, das vorwiegend im Schatten dieses Werkes über die Probleme des menschlichen Lebens nachdachte. Die zweiundzwanzig Bücher des Gottesstaates sind «Abschiedsworte an eine versinkende und Prolegomena zu einer neuen Kultur«.[5] Es ist eine Gedankendichtung, die trotz ihrer Langatmigkeit ohne weiteres mit Herders »Ideen zur Geschichte der Menschheit« und Hegels »Philosophie der Geschichte« in Parallele gesetzt werden darf.

Bedeutsam an Augustins »Gottesstaat« ist die Geschichtsphilosophie, die seinem Werke zugrunde liegt. Was man heutzutage unter einer geschichtsphilosophischen Betrachtung versteht, das hat der Bischof von Hippo erstmals in dieser Ausführlichkeit versucht. Augustin hat die mannigfachen Ansätze zu einer Geschichtsphilosophie, die sich bereits in der Apokalyptik finden, zusammengefaßt und nach allen Seiten hin entfaltet. Wie die Apokalyptiker hat er die Geschichte als Theodizee zu verstehen gesucht und sich bemüht, vom geschichtlichen Prozeß ein grandioses Gemälde zu entwerfen, indem er von der Idee einer Rechtfertigung der göttlichen Vorsehung ausging. Gott leitet die Geschichte in unsichtbarer, atembeklemmender Art, und ihr Gang ist der Schauplatz seines verborgenen, aber gerechten Gerichtes. »Die Weltgeschichte ist das Weltgericht«, diesen Satz Schillers hat Augustin vierzehnhundert Jahre früher vorweggenommen. Nach dem Vorbild der neuplatonischen Philosophie hat er die Geschichte vor allem unter ästhetischen Gesichtspunkten gewürdigt. Die Weltgeschichte bedeutet für diesen heißblütigen Afrikaner ein dramatisches Gedicht, das Erde und Himmel umspannte, dessen Anfänge in der jenseitigen Engelswelt liegen, sich dann auf diese Erde herabsenken, um zuletzt wieder zum Himmel aufzusteigen, weil die Gottesschau das Wesen der ewigen Seligkeit darstellt. Niemand wird dieser metaphysischen Betrachtung der Geschichte ihre wuchtige Bedeutung absprechen können, wenn sich daneben auch wieder geschichtsverkennende Urteile finden, die das historische Geschehen lediglich als eine Folge des Sündenfalls auffassen, ohne ihm seinen Eigenwert anzuerkennen. Auch die Einteilung der Geschichte hat Augustin beschäftigt. Er hat sie in sechs Epochen gegliedert, wobei er sich selbst als im letzten Weltalter lebend verstand, dessen Dauer nach ihm jedoch unberechenbar ist. Jedes Weltalter beginnt nach Augustin mit einem Morgen und schließt mit einem Abend, der stets in eine Katastrophe ausklingt.

Man legt beim »Gottesstaat« den Akzent auf eine falsche Stelle, richtet man, wie es gewöhnlich geschieht, die Aufmerksamkeit vor allem auf seine Staatsauffassung. Die Begriffe civitas terrena und civitas Dei spiegeln wahrscheinlich nicht den Kampf zwischen Staat und Kirche wider. Es handelt sich bei ihm nicht um politische Gegensätze, die miteinander verkeilt sind. Nach Augustin fehlt dem Staat die Empfindung für die Gerechtigkeit, und er bewertet ihn als ein Räubernest im großen. In dieser Auffassung ist selbstverständlich ein moralisches Todesurteil über den Staat enthalten, das eine Einschränkung nur durch die Erkenntnis erfährt, daß der Staat gegenüber der Anarchie eine Notwendigkeit ist. Im Weltstaat und Gottesstaat ringen nach Augustin Glaubensmächte miteinander, »civitas Dei und civitas terrena bedeuten generell den Bund der Gottesfreunde und den Bund der Weltkinder ohne Rücksicht auf Kirche und Staat«.[6] Erst diese Auffassung gibt seinen Ausführungen die metaphysische Tragweite. Im vorliegenden Zusammenhang ist Augustins »Gottesstaat« jedoch wegen seines Verhältnisses zur Reichserwartung bedeutsam. Es ist zum voraus ausgeschlossen, Augustins Gedanken von »einem eschatologischen Grundgedanken her als Einheit« zu begreifen.[7] Gleichwohl ist er ausführlich auf die eschatologischen Probleme eingegangen, und zwar wegen der veränderten Situation seit Konstantins Übertritt zum Christentum. Er wurde zum einflußreichsten Schöpfer der nachkonstantinischen Eschatologie, die durch eine seltsame Verbindung von griechischem Idealismus und Realismus der Bibel gekennzeichnet ist. Trotz dieser eingehenden Beschäftigung mit den letzten Dingen, die bei Augustin viel interessanter ist als bei Ambrosius, kann der »Gottesstaat« nicht als ein eschatologisches Werk angesprochen werden.[8] Niemand wird durch Augustins Gedanken in eschatologischer Beziehung entzündet, und niemand wird durch ihn veranlaßt, sein Leben auf die Enderwartung einzustellen.

Der Grund hierfür liegt allein in dem Umstand, daß Augustins Ausführungen nicht aus einem eigenen apokalyptischen Erlebnis hervorgegangen sind. Es fehlt ihm selbst jener eschatologische Urschauer, der noch einen Paulus durchschüttelte. Augustin steht der Reichserwartung des Urchristentums mit hoffnungslosem Unverständnis gegenüber, das ihn selbst einmal zu dem Geständnis veranlaßte: »Ich gestehe, daß ich mir völlig unklar bin, was der Apostel damit sagen wollte.«[9] Er hat damit nur ausgesprochen, was die nachkonstantinischen Gemeinden allgemein empfanden. Jegliche Naherwartung ist ihm fremd, aus seinem Briefwechsel mit dem Bischof Hesychius von Salona geht hervor, wie er seine Inkompetenz, in diesen Fragen mitzureden, durch das Argument zu verdecken suchte, daß schon viele vor ihm das Ende der Zeit für nahe gehalten und sich getäuscht hätten, und vielen würde es künftig ebenso ergehen. Ohne einen Anflug von Trauer schreibt er die kühlen Worte: »Die Berechnungen kommen und gehen, und bisher läßt die Ankunft des Bräutigams auf sich warten; woher wissen wir, wann er kommen wird?«[10] Auch die furchterregende Antichristvorstellung erfährt bei ihm eine Abschwächung. Er hält zwar an ihr fest, aber es bleibt unklar, ob er sie realistisch oder symbolisch versteht. »Der Antichrist ist für Augustin keine plastische Figur, keine Erscheinung von Fleisch und Blut, wie bei den älteren Kirchenvätern.«[11] Augustin kennt ein Endgericht, allein er vermag es nicht lebensvoll zu schildern, so daß der Leser nicht erbleicht, wenn er auch für die Ewigkeit des körperlich aufzufassenden Höllenfeuers eintritt und nichts von einer endlichen Seligkeit aller Menschen wissen will. In seiner Haltung zur Eschatologie münzte Augustin einfach die Erbschaft des Origenes auf seine Weise aus und war gezwungen, nach Konstantins Erhebung des Christentums zur Staatsreligion, sie noch wesentlich zu verbreitern. Wie der große Alexandriner versteht auch Augustin die letzte Zeit nicht chronologisch, sondern heilsgeschichtlich. Die Wiederkunft Christi wird bei Augustin genau wie bei Origenes aus einem geschichtlichen Vorgang, der katastrophenartig diese Welt verändert, zu einem seelischen Geschehen im Innern des Menschen. Er sagt einmal ausdrücklich, es gebe viele Worte im Neuen Testament, die vom Jüngsten Gericht zu handeln scheinen, während sie in Wirklichkeit von der »Ankunft des Herrn in seinen Gliedern, einer Ankunft, die sich im Einzelnen und nach und nach abspielt«, handeln.[12] Es ist dies eine überaus aufschlußreiche Äußerung, die für Augustins Denken in dieser Frage sehr charakteristisch ist und die nicht genug beachtet werden kann. Sie weist darauf hin, wie der Verfasser der »Confessionen« noch eine zweite Veränderung vorzunehmen genötigt war, indem an Stelle des Reichsanbruchs bei ihm der letzte Tag des menschlichen Lebens rückt. Aus einem Ereignis, das den ganzen Kosmos veränderte, ist ein individuelles Geschehen geworden, dem nur noch für den einzelnen Menschen Bedeutung zukommt. Damit war bewußt eine ungeheure Verschiebung vollzogen. Durch sie wird die Stunde des Sterbens in den Mittelpunkt gerückt. Von einer »Psychologie der Todesstunde« kann geredet werden, zu deren eigentlichem Schöpfer Augustin geworden war. Da die Stunde des Abscheidens über die Seligkeit der Verstorbenen entscheidet, wurde nach Nietzsche das Sterbebett zu einem Marterbett mit all den seelischen Peinigungen, die von seiten der Geistlichkeit bei dieser Gelegenheit gegen hilflose Menschen angewandt wurden, ohne Rücksicht darauf, ob sie dieses Hinübergleiten zu unbekannten Schatten auch bewußt erleben oder nicht.[13] Diese peinliche Ausgestaltung der Todesstunde geht, wie so viele andere Konzessionen an die Volksfrömmigkeit, auf Augustin zurück, weil bei ihm die individuelle Eschatologie, die ganz auf das Seelenschicksal des einzelnen Menschen eingestellt ist, die allgemeine Reichserwartung völlig überwuchert hat. In diesem bedeutsamen Vorgang hat man eine Folge seines einseitigen Kreisens um die beiden Pole »Gott und die Seele« zu sehen, das sich bei aller Wertschätzung dieser religiös konzentrierten Einstellung doch auch wiederum verengend bemerkbar macht. Jedenfalls wirkte sich Augustins Entscheidung dahin aus, daß ihm die ganze Kirche ohne Bedenken auf dieser individuellen Fährte bis zum heutigen Tag gefolgt ist und dabei völlig außer acht gelassen hat, daß es nach dem Neuen Testament keine egozentrische Erlösung gibt außer in Verbindung mit allen Seligen im Reiche Gottes. Doch war dieser einseitige Ausbau der individuellen Erlösung der notwendige Ausgleich für seinen Verzicht auf die Reichserwartung.

Die tiefgreifende Umgestaltung der urchristlichen Eschatologie zeigt sich vor allem in Augustins Verhältnis zum Chiliasmus. Da die Sehnsucht nach dem Tausendjährigen Reich das treibende Motiv aller eschatologischen Bewegungen ist, muß immer in der Auseinandersetzung mit ihm das entscheidende Kriterium erblickt werden. Wo die Reichserwartung nicht nur müßige Spielerei eines einzelnen Menschen war, sondern als eine Massenbewegung große Schichten des Volkes mitgerissen hat, da war immer das chiliastische Moment im Spiele. In all diesen Fällen hat es den Ausschlag gegeben. Deshalb ist die Stellung zum Chiliasmus der Prüfstein, ob lebendige Reichserwartung vorliegt oder aber eine Verblassung stattgefunden hat. Augustin geht sehr ausgiebig auf den Chiliasmus ein, da er eine Ahnung von dessen großer Bedeutung besaß. Er hatte ursprünglich selbst eine Neigung zur chiliastischen Hoffnung und wurde erst im Laufe seines christlichen Lebens an ihr irre. Diesem Umstand ist es zuzuschreiben, daß Augustins Eingehen auf dieses Problem mit einer Umschichtung desselben verbunden ist, die bis zur Unkenntlichkeit führt. In seiner alles verändernden Interpretation ist Augustin von dem Donatisten Tyconius abhängig, der erstmals eine fundamentale Umprägung des Chiliasmus vorgenommen hat.[14] Tyconius war von der Naherwartung erfüllt, indem er das Ende selbst noch zu erleben hoffte, obschon er das Tausendjährige Reich uneschatologisch deutete. Doch steht die Gestalt des Tyconius im Dunkel; sein Kommentar zur Apokalypse ist verlorengegangen. Man muß sich deshalb an Augustin halten. Auch in dieser Frage kommt es wiederum nicht darauf an, wer zuerst etwas gesagt hat, sondern ob die Formulierung eines Gedankens auch genügend Durchschlagskraft besitze. Dies war bei Augustins Prägung der Fall. Wenn es auch nicht seine originelle Idee war und er sich auf die Vorarbeit Tyconius' stützen konnte, so war es doch unstreitig sein Verdienst, die Umschichtung des Chiliasmus mit solcher

Mächtigkeit vollzogen zu haben, daß die Christenheit ihn fortan in seinem Lichte erblickte. Für den Verfasser des »Gottesstaates« war der frühchristliche Chiliasmus eine Sache, die er nicht strikte ablehnte, er formte sie vielmehr um. Nach ihm krankte der überlieferte Chiliasmus vor allem an einem grundlegenden Irrtum, er erwartete nämlich das Tausendjährige Reich in der Zukunft, was gar nicht dem Sinn der Offenbarung Johannes entspreche. Das Tausendjährige Reich habe vielmehr schon längst begonnen! Nach Augustins unerhört kühner Formulierung »ist schon jetzt die Kirche das Reich Christi«.[15] In dieser gewichtigen Äußerung liegt eine der größten Umwertungen innerhalb des ganzen Christentums. Es gibt nicht viele Sätze im Schrifttum der Kirchenväter, die sich an Tragweite mit der Behauptung: Die Kirche ist das Reich! vergleichen lassen. Die Identifizierung von Reich und Kirche ist die inhaltsschwere These des Bischofs von Hippo, er machte in radikalster Weise eine brennende Sehnsucht kurzerhand zu einer Angelegenheit bereits eingetroffener Erfüllung. Wie Sokrates die Philosophie vom Himmel auf die Erde heruntergeholt hat, so unternahm Augustin eine ähnliche Transformation, indem er das kommende Reich der bestehenden Kirche gleichsetzte. Der Einwand, die erste Auferstehung habe doch noch gar nicht stattgefunden, irritierte ihn in seinem Vorgehen nicht im geringsten. Er gab darauf unerschrocken eine bejahende Antwort, denn darunter habe man das Erwachen der Seele zum Leben mit Gott zu verstehen. Als Beweis hierfür berief er sich auf das Wort des Johannesevangeliums: »Es kommt die Stunde und ist schon da, da die Toten die Stimme des Gottessohnes hören und die, die sie hören, leben werden.«[16] Mit leckeren Tafelfreuden habe die wahre Auffasusng vom Tausendjährigen Reich nichts zu tun, sagt Augustin, wenn er auch so ehrlich ist zu gestehen, daß er einst auch dieser kindlichen Ansicht war.[17] Die Bindung des Teufels will er nicht buchstäblich verstanden wissen, der Satan sei vielmehr durch die Existenz der Kirche in seiner freien Wirksamkeit gehemmt. Den christlichen Völkern könne der Teufel ernsthaft nicht schaden, nur noch einzelne Nichterwählte vermöge er in Versuchung zu führen. Als wesentliche Beschränkung seiner Verführungskünste muß die Bindung des Teufels aufgefaßt werden. Der Christ darf frohlocken, daß der Wirksamkeit des Teufels immer stärkere Schranken gezogen werden. Am sichtbarsten kommt diese sich vollziehende Bindung in den Niederlagen zum Ausdruck, die das Heidentum durch das siegreiche Christentum erleidet. Der greise Bischof von Hippo schreibt wörtlich: »Unterdessen, da der Teufel tausend Jahre gebunden ist, herrschen die Heiligen mit Christus auch tausend Jahre, eben diese tausend Jahre ohne Zweifel, die auch ebenso zu verstehen sind, nämlich von der gegenwärtigen Zeit der ersten Ankunft Christi.«[18] Die Bischofskirche stellt somit nach Augustin das Gottesreich auf Erden dar. Mit der Gründung der Kirche an Pfingsten durch den Heiligen Geist hat dasselbe bereits begonnen. Die Projektion des Millenniums in die Gegenwart hat die Gleichung von Kirche und Gottesreich zur Voraussetzung.

Die Behauptung, »schon jetzt ist die Kirche das Reich Christi«, ist eine der umstürzendsten Auffassungen. Sie stellt all das, was die Christenheit bis zu Konstantin über das Reich geglaubt hatte, auf den Kopf. Ihre Bedeutung erfordert deswegen eine ausführliche Erörterung. Augustins Aussage ist eine nicht mehr zu überbietende Abschwächung der urchristlichen Eschatologie. Durch diese radikale Umdrehung, die das Reich von einem Gegenstand der Hoffnung in einen solchen des Besitzes verwandelte, wurde die Kraft der Reichserwartung gebrochen. Die Sehnsucht nach dem Tausendjährigen Reich hatte den verlockenden Zauber eingebüßt. Sie wirkte auf die Menschen nicht mehr faszinierend. Was die Christen in fiebrige Erregung versetzt hatte, war stets das brennende Verlangen gewesen, über den traurigen Zustand der Gegenwart hinauszukommen. Diese Bestrebung hat Augustin abrupt gestoppt. Er hat aus der Kirche die chiliastische Sehnsucht verbannt, fortan wurde sie mehr oder weniger zu einer Angelegenheit der sektiererischen Kreise.[19] Sie wurde, um ein Bild zu gebrauchen, zu einem Vogel, dem man die Flügel gestutzt hatte. Denn alle chiliastische Erwartung lebt einzig und allein von der Hoffnung auf eine bessere Zukunft. Wenn der Blick der Menschen von dieser Richtung weg auf das Bestehende gelenkt wird, ist dem Chiliasmus das Genick gebrochen. Dadurch, daß Augustin das Gottesreich »aus einem eschatologischen Faktum zu einer kirchenhistorischen Periode« machte,[20] hat er die christliche Reichserwartung aufgelöst. Er muß als der große »Drachentöter« der apokalyptischen Sehnsucht nach der Gottesherrschaft bezeichnet werden. Er hat damit nur das Fazit einer sich bereits seit längerer Zeit anbahnenden Entwicklung gezogen, da der Chiliasmus immer noch umstritten war und von Leuten wie Origenes sogar abgelehnt wurde. Durch seinen Einfluß wurde die Kirche in ihrem Anstaltscharakter bestätigt, in der die eschatologische Erwartung nicht mehr eine wirkliche Rolle spielte, sondern nur noch zum letzten Abschnitt einer allerdings tiefsinnigen, aber immer statischer werdenden Weltanschauung wurde.

Nach dem ersten Eindruck zu urteilen, hat man diese Tat vor allem dem Theologen Augustin zuzuschreiben. Die theologische Beschäftigung mit der Reichserwartung hatte meistens eine negative Auswirkung zur Folge. In dieser zerstörenden Wirkung zeigt sich ein wesentlicher, gewöhnlich übersehener Charakterzug der Theologie. Nach der kirchlichen Auffassung stellt die Theologie die gedankliche Verarbeitung des christlichen Glaubens dar. Dieser Tätigkeit obliegt sie auch. Aber das ist nur die eine Seite ihrer Arbeit. Daneben übt sie noch eine andere Wirkung aus, die den wenigsten Theologen zum klaren Bewußtsein kommt. Ob bewußt oder unbewußt, ging sie beinahe zu allen Zeiten darauf aus, wie Dostojewskijs »Großinquisitor« sagte, das Werk Christi zu verbessern. Das Geheimnis der Theologie besteht in dieser verkappten Bestrebung, und sie hat deswegen gerne eine Lähmung der lebendigen Religiosität zur Folge. Die religiöse Dynamik wird durch sie neutralisiert, wenn nicht direkt gebrochen. Diese auflösende Tendenz ist auch im Verhalten zur Reichserwartung festzustellen, hat die Theologie es doch verstanden, die Eschatologie ungefährlich zu machen. Sie besaß die Geschicklichkeit, die chiliastische Bewegung ihres Enthusiasmus zu entkleiden und die ganze existentielle Erwartung auf das kommende Reich in ein theologisches System zu verklausulieren. Durch diese Tätigkeit der Theologie wurde die freudige Erwartung der Gottesherrschaft zum bloßen Paragraphen einer kirchlichen Dogmatik herabgewürdigt. Sie war nicht mehr die alles tragende Grundlage des gesamten Christentums. Die Theologie hat, bildlich gesprochen, das eschatologische Geschütz entladen, und seither pflegt diese Artillerie nur noch blinde Schüsse abzufeuern. Unwillkürlich wird man bei ihrer Wirkung auf die Reichserwartung an das Wort Overbecks erinnert, daß »die Theologie der Satan der Religion ist... und unter Umständen die Kunst ist, die Religion loszuwerden, wozu sie im großen zuletzt stets gelangt«.[21]

In der Identifizierung des Reiches mit der Kirche darf jedoch nicht nur eine Entwertung der Reichserwartung gesehen werden. Dies wäre eine zu einlinige Erfassung der Dinge und würde geschichtlichen Veränderungen nicht gerecht werden. Die Knickung der Reichserwartung ist nur die Vorderseite von Augustins Tat. Sie besitzt jedoch auch eine Rückseite von ungeahnter Bedeutung. Dieser Kirchenvater hat nicht nur eine Bewegung gestoppt, sondern auch das Fundament für eine neue Entwicklung gelegt, die, wenn auch in versteckter Weise, immer noch mit dem Reich in Zusammenhang steht. Die Gleichsetzung des Reiches mit der Kirche muß in jenen großen Prozeß hineingestellt werden, der sich in der alten Kirche nach Konstantins Umschwung in beschleunigter Weise vollzog. Diese Entwicklung ist als eine große Wandlung zu erfassen, von der auch Augustins kirchliches Reich ein Ausdruck ist. Die Geschichte der Kirche darf nicht bloß nach dem Schema des Verfalls betrachtet werden; nach diesem wäre alles, was seit den Tagen des Urchristentums geschah, nichts anderes als ein Verrat am ursprünglichen Ideal. Diese Anschauung ist ebenso unzulässig wie die umgekehrte Betrachtungsweise, die in der Kirchengeschichte einen ständigen Fortschritt wahrnehmen will. Verfallsschema wie Fortschrittsglaube begehen den gleichen Fehler, nur in entgegengesetzter Richtung. Das Wesen der Geschichte besteht vielmehr in Wandlung, das will besagen, die historischen Formen und Vorstellungen sind einem fortwährenden Prozeß der Umgestaltung unterworfen. Keine Idee und keine Gestalt, die in die Geschichte eintritt, verbleibt in ihrer ursprünglichen Form. Anfänglich wichtige Wesenszüge treten zurück, und neue Eigentümlichkeiten kommen hinzu. In diesem Umänderungsprozeß liegt der

Pulsschlag des geschichtlichen Lebens beschlossen. Auch die Geschichte der Reichserwartung ist nicht als Wiederkehr des immer gleichen Motives zu verstehen, vielmehr erlebte ihre Substanz eine Geschichte, wobei diese Wandlung wiederum sehr bedeutsame Werte hervorgebracht hat, die der Menschheit unendlich viel bedeuteten. Die Fruchtbarkeit der Reichswirklichkeit ist evident, die wie ein Baum immer neue Zweige hervortrieb. Keineswegs gibt es nur eine einzige richtige Auffassung vom Reich. Die große Wandlung der Reichsidee ist auch nicht eine individuelle Tat Augustins. Persönlich trifft ihn bei seiner Transformation keine »Schuld«. Er war nur der Exponent einer Entwicklung, der das aussprach, was die Zeit verlangte. Die Christenheit besaß gar nicht die Wahl, auf diese Umdeutung einzugehen oder nicht. Sie war seit Konstantins Religionswechsel in vermehrtem Maße vor diese Notwendigkeit gestellt, die sich nicht umgehen ließ, wollte sie nicht auf einem Nebengleise stehenbleiben. Die Christenheit war zu diesem Zeitpunkt gezwungen, sich über das Nichteintreffen der Parusie Rechenschaft zu geben. Dem gewandelten Weltgefühl mußte Rechnung getragen werden. Als Beweis für diese innere Notwendigkeit ist die Tatsache zu sehen, daß dieser Prozeß sich nicht nur in der westlichen, sondern auch in der östlichen Kirche vollzog, wo das Konzil zu Ephesus 431 ausdrücklich seinen Segen über die Ausstoßung des Chiliasmus sprach. Es handelt sich somit um ein überpersönliches Geschehen, das nicht einmal allen unmittelbar Beteiligten zum klaren Bewußtsein kam, vollzog sich doch diese Umprägung ähnlich dem Vorgang der Kanonsbildung beinahe lautlos. Wenn schon die erste Umgestaltung kaum bemerkt wurde, als Paulus an Stelle des Reiches den Kyrioskult setzte, wie sollte dann die nachkonstantinische Gleichsetzung von Reich und Kirche mehr Aufsehen erregen!

Die Gerechtigkeit verlangt es, auch die Größe dieses Vorganges zu sehen. War es doch einer der erfolgreichsten Versuche, den Reichsgedanken auf eine Weise ausmünzbar zu machen, daß Jesu Botschaft von der Gottesherrschaft auch noch den späteren Geschlechtern einleuchtete. Vor allem erhielt durch Augustins Ausführungen die Gegenwart ein erhöhtes Gewicht. Während bis dahin der menschliche Geist immer in die nie mehr zurückzuholende Vergangenheit starrte oder sich in nutzlosen Zukunftsträumen erging, kommt bei Augustin die Gegenwart endlich zu ihrem Recht. Und die Gegenwart ist es schließlich, über die allein der Mensch verfügt. Der heilige, glühende Augenblick der Gegenwart wird durch Augustins Tat in den Mittelpunkt gerückt und zu ihm gleichsam gesprochen: Verweile doch, du bist so schön! Was jetzt und hier geschieht, ist entscheidend, genügt und befriedigt vollkommen. Durch das nun Kirche gewordene Reich fühlt der Mensch sich im Besitze all dessen, wessen er bedurfte. Diese Einschätzung der Gegenwart verdient Anerkennung, begegnet man ihr in der Geschichte doch nicht zu oft.

Die hauptsächlichste Bedeutung von Augustins Losung, »schon jetzt ist die Kirche das Reich Christi«, liegt in der denkbar größten Steigerung des Kirchenbewußtseins. Will man erfahren, was kirchliches Bewußtsein ist, muß man Augustin studieren. Zwar hatte schon Cyprian die katholische These verfochten, man könne Gott nicht zum Vater haben, wenn man die Kirche nicht zur Mutter habe. Die Verkirchlichung des Evangeliums hat tatsächlich viel früher begonnen, aber sie erfuhr durch Augustin ihre eindrucksvolle Krönung. Entsprach sie doch ganz seiner persönlichen Entwicklung, nach der zuerst die Gotteserkenntnis das zentrale Anliegen seines Ringens war, während im Laufe der Jahre immer mehr »die Kirche als der Leib Christi der Mittelpunkt seiner Religiosität« wurde.[22] Sie war nicht mehr Durchgangspunkt, sondern Selbstzweck geworden. Wohl schillert Augustins Kirchenbegriff auch noch in seiner späteren Phase, indem er bald die sichtbare katholische Kirche und dann wieder die unsichtbare heilige Kirche meint. Doch sind dies theologische Unterscheidungen, die sich in der praktischen Auswirkung stets als sekundär erwiesen haben. Ausschlaggebend war vielmehr jene Auffassung von Reich, das zur Kirche geworden war. Durch diese mußte das katholische Kirchenbewußtsein einen unerwarteten Auftrieb erhalten, wie ihn sonst nur die Worte »Du bist Petrus, und auf diesem Felsen will ich meine Kirche bauen« zu geben vermocht hatten. Erst die Übertragung der Reichsidee auf die irdische Kirche verlieh ihrem anstaltsmäßigen Ausbau mit dem Papst als Statthalter Gottes auf Erden und der Sakramentsspendung jenen letzten

Glanz. Dabei erschöpft sich Augustins Kirchenbegriff keineswegs im Organisatorischen. Das ist nur der notwendige äußere Rahmen, auf den man nicht verzichten kann. Für ihn war die Kirche der mystische Leib des Herrn, dem seine glühende Liebe galt. Aus diesem überrationalen Kirchenverständnis heraus wagte Augustin den Satz zu prägen, daß er dem Evangelium nicht glauben würde, wenn ihn nicht die Autorität der katholischen Kirche dazu auffordern würde. Damit unterstellte er die Botschaft Jesu ausdrücklich der Ekklesia. Nur aus dieser Identifizierung der Kirche mit dem Reich ist auch der tiefste Sinne der Parole zu verstehen, »außerhalb der Kirche kein Heil«. Dadurch wird jegliche Kritik am kirchlichen Dogma sofort als unerträgliche Ketzerei geahndet. Von diesem Standpunkt aus erhebt sich auch der Anspruch der katholischen Kirche auf alle getauften Christen. Denn wie der Mond von der Sonne sein Licht erhält, so empfängt auch die Kirche vom Reich ihre Leuchtkraft; ohne dieselbe würde sie erlöschen. Die Gleichsetzung der Kirche mit dem Reich verhalf ihr zu jener ungeheuren Kraft, mit der sie den Pforten der Hölle zu widerstehen imstande war. Daraus ist auch ihre gewaltige Hierarchie mit den feingeschnittenen Priesterköpfen, den farbigen Gewändern und dem schimmernden Kerzenlicht hervorgegangen, und durch ihr Leuchten, Klingen und Duften vermochte sie eine solch sinnenbetörende Wirkung auszuüben. Auch ihre unerschütterliche Autorität steht mit dieser Identifikation im Zusammenhang, die anlehnungsbedürftigen Menschen das beruhigende Gefühl der Geborgenheit im Leben verheißt. All die glänzende Pracht, welche die Kirche zu entfalten versteht, und nicht weniger ihre bewunderungswürdige Organisation, die strenge Gebote mit milder Herrschaft zu verbinden weiß, ist aus dieser Wurzel erwachsen. Man kann die Kirche nicht mehr höher bewerten als durch die Identifizierung mit der civitas Dei und sie als die adäquate Ausprägung des Gottesreiches auf Erden betrachten. In Augustin hat das ungeheure Selbstbewußtsein der Kirche seinen ersten Gipfel erklommen, und will man verstehen, welche mystische Liebe viele Christen der Mutter Kirche entgegenbringen, dann muß man die Schriften des Bischofs von Hippo lesen. Bei ihm kann man lernen, was es heißt, »mit der Kirche fühlen«, was unstreitig auch etwas Großes ist. Der afrikanische Kirchenvater wird von den Katholiken nicht von ungefähr so stark in den Vordergrund gerückt, betrachten sie doch die ganze Welt samt ihrem Weizen und Unkraut als ihr Ackerfeld. Die Reich-Gottes-Kirche erhebt sich mit imponierender Geste. Die kirchliche Welt ist wahrhaft auch ein Reich, das einen der stolzesten Bauten aller Jahrhunderte darstellt. Es gibt wenige Schöpfungen der Geschichte, die den Vergleich mit ihr aushalten. Die Augustinische Gleichsetzung von Kirche und Reich hat Schule gemacht. Sie hat den Kirchenmännern aller Jahrhunderte als der Weisheit letzten Schluß eingeleuchtet, ungeachtet aller Entartungen, die die Ekklesia im Laufe ihrer Geschichte durchgemacht hat. Noch im neunzehnten Jahrhundert begegnet man bei dem Protestanten Hengstenberg dieser Auffassung vom Tausendjährigen Reich, das in der Kirche Gestalt gewonnen habe. Diese Schau von der Reich-Gottes-Kirche, die alles in sich aufsog, ist von mächtiger Dimension. Nur Ignoranten können die Größe des kirchlichen Reiches bestreiten. Man kann es nicht anders ausdrücken als: Augustin ist groß, mit der Identifizierung von Kirche und Reich hat er jedoch etwas geschaffen, das noch größer ist als er selbst. Er hat damit das Mittelalter möglich gemacht, dessen scholastische Denker sich wie kleine Zwerglein auf seinen Schultern ausnehmen.

Augustins Auffassung von dem zur Kirche gewordenen Gottesreich ist nicht nur eine originelle Version des unvergänglichen Liedes vom ewigen Reich, sie bringt auch ein neues Element von großer Bedeutung hinein. Es ist dies das statische Moment, das in Augustins gewandeltem Reichsbegriff wichtig ist und das für die Menschheit gleicherweise notwendig war wie der dynamische Aufbruch. Mit der Apokalypse allein kann sie auf die Dauer nicht leben. Sie bedarf der ausgeglichenen und beruhigenden Naturen, die den sich verzehrenden zum mindesten ebenbürtig sind. Die apollinischen Gestalten haben auch ihre bedeutsame Funktion auszuüben. Man empfindet Augustins kirchliches Reich nach den tosenden Gewitterstürmen der Apokalyptik als einen stillen Sommerabend, der die ganze Welt in den so sanften Frieden hüllt, der höher ist als alle Vernunft und einen süßen Vorgeschmack des jenseitigen Daseins vermittelt.

Sacerdotium und Imperium

Ein neuer Geschichtsraum eröffnet sich, tritt man von der alten Kirche ins Frühmittelalter hinüber. Die Szenerie ist vollkommen verändert. Und dies nicht nur der »Melancholie der Ruinen« wegen, denen man überall begegnet. Viel primitivere Zustände trifft man zunächst an. Die frühmittelalterliche Seele gleicht einer Landschaft, die noch von der Dämmerung eingehüllt ist. Aber diese schlafende Seele erwachte im Laufe der Jahrhunderte und wuchs zu ungeahnter Größe. Wegen dieses Prozesses darf das Mittelalter nicht als Einheit gefaßt werden. Seine Jahrhunderte unterscheiden sich in denkbar starker Weise voneinander. Wer um die großen Wandlungen der Seele in jener Zeitspanne weiß, wird vom mittelalterlichen Menschen nur mit Vorbehalt reden. In diesem Zusammenhang kann jedoch das farbenprächtige Bild des Mittelalters, das dem geschichtlichen Reichtum jenes Zeitalters gerecht würde, nicht heraufbeschworen werden. Nur der Linie, die es mit dem Reichsgedanken zu tun hat, kann nachgegangen werden.

Das Frühmittelalter beginnt mit dem Ereignis der Völkerwanderung. Diese Katastrophe des Abendlandes war von grauenhafter Wirklichkeit. Kein Historiker hat die Gewalt dieser zweiten Sintflut, wie sie der Dichter Wilhelm Raabe in einer visionären Schau treffsicher nannte, bis dahin adäquat zu schildern vermocht. Die Erlebnistiefe der Völkerwanderungszeit war »um ein Vielfaches größer als die des letzten Weltkrieges und des Dreißigjährigen Krieges«.[1] Eine Stunde, da Götter ins Grab sanken und neue Anbetung Wirklichkeit wurde, rührte an Dimensionen, die mit Worten nicht wiederzugeben sind. Die damaligen Menschen, die von dieser entsetzlichen Heimsuchung betroffen wurden und sie als Gottesgeißel empfanden, stießen den Urschrei zum Himmel aus. Für sie ging es nicht um das interessante

Thema der »Vermählung des Christentums mit dem Germanentum«, ein Gesichtspunkt, unter dem der heutige Geschichtsschreiber das Frühmittelalter zu verstehen sucht.[2] Sie sahen sich vielmehr vor die beinahe nicht zu bewältigende Aufgabe gestellt, diesen Zusammenbruch einer Welt zu überstehen und zu trachten, von der alles verschlingenden Sintflut nicht in die Tiefe gerissen zu werden.

Die Völkerwanderung ist, an sich betrachtet, kein eschatologisches Geschehen. Aber der frühmittelalterliche Mensch erlebte diese tiefgreifende Zeitenwende als ein apokalyptisches Ereignis, fehlte ihm dafür doch jede Analogie. Auf die Erlebnisart der Zeitgenossen dieser Katastrophe kommt es in diesem Zusammenhang aber vor allem an. Bereits auf die Menschen der ausgehenden Antike machte es einen überwältigenden Eindruck, als die wilden Reiterscharen der Hunnen im Jahre 375 an die Tore des Römischen Reiches pochten und alles niedersengten, was sich ihnen in den Weg stellte. Dieser panische Schrecken steigerte sich durch das beständige Hereinstürmen immer neuer, unbekannter Völkermassen, deren Ansturm das Römische Reich schließlich erlag. Für diese Christen war beim Anblick dieser wie Heuschreckenschwärme daherstürmenden heidnischen Horden der Gedanke an jene apokalyptischen Völkerschaften Gog und Magog naheliegend, von denen die Bibel so Unheimliches berichtete. In der andauernden Erschütterung dieser Völkerwanderung schien das Wort Jesu von den »Kriegen und Empörungen«, in denen sich »Volk wider Volk und Reich wider Reich«[3] auflehnt, greifbare Erfüllung zu werden. Die Hungersnöte und Seuchen, die sich im Gefolge dieses Geschehens einstellten, steigerten die endgeschichtliche Erregung. Die Völkerwanderung hatte mit immanenter Notwendigkeit eine starke Belebung der Apokalyptik zur Folge.

Am Ausgang der ersten Hälfte des Mittelalters erreichte die apokalyptische Aufgewühltheit einen Höhepunkt, als das Jahr 1000 begann. Die Nachwelt ist leider über das Erleben dieses Jahres nicht in der Ausführlichkeit unterrichtet, die wünschenswert wäre. Ihre Kenntnis stützt sich vorwiegend auf Chroniken, die mit ihrer unentwickelten Geschichtsschreibung nicht in das

Innere des historischen Geschehens einzudringen vermochten und deshalb nur eine schwache Vorstellung vermitteln von der eschatologischen Spannung, die sich mit dem Herannahen der Jahrtausendwende in zunehmendem Maße der Menschen bemächtigte. Allgemein erwartete man das Ende des Tausendjährigen Reiches der Kirche, das nach Augustins Deutung zu diesem Zeitpunkt abgelaufen schien, und damit die nochmalige Loslassung des Satans für kurze Zeit. Man rechnete mit dem Anbruch des Jüngsten Tages. Im Jahre 999 erfaßte die Christenheit eine Todesangst, die sich bis ins wirtschaftliche Leben hinein auswirkte. Der Handel stockte, die Äcker blieben unbesät, alles Leben hielt gleichsam den Atem an. Kirchen wie Klöster ließ man verfallen, und viele Fürsten reisten nach Rom oder bauten Hospitäler für die Armen. Alles war von einer bangen Erwartung erfüllt, wie sie der Natur unmittelbar vor Ausbruch eines Gewitters eigen ist. Die ganze Christenheit zitterte vor dem nahen Ende. Angesichts des bevorstehenden Gerichtes nahm unter den Menschen eine große Versöhnungsbereitschaft überhand, und die Leute fingen an, in Scharen zu wallfahren. Ein gerade im Jahre 1000 stattfindendes Erdbeben steigerte die peinigende Furcht auf den Höhepunkt. Zwar gab es auch im ausgehenden Frühmittelalter einige wenige Christen, die sich gegen die Erwartung des Weltendes aussprachen und die Sucht geißelten, das Jahr des Weltuntergangs berechnen zu wollen. Nüchterne Menschen, von dem allgemeinen Zug der Zeit unberührt, suchten schon damals mit rationalen Gründen zu beweisen, daß die Welt noch viele Jahrtausende fortbestehen werde. Aber diese individuellen Meinungen waren der Zeitströmung zu stark entgegengesetzt, denn alles drängte auf eine immer stärker werdende eschatologische Erwartung hin. Die vereinzelten skeptischen Argumente besaßen auch dann noch zu wenig Durchschlagskraft, als das Jahr 1000 vorüberging, ohne daß das gefürchtete Ende gekommen war. In den Herzen der Menschen blieb der Schrecken zurück und zitterte noch eine Zeitlang nach. Schon nach wenigen Jahren behauptete ein Mönch aufs neue, daß ihm ein Engel das kurz bevorstehende Ende der Welt mitgeteilt habe Das Jahr 1033 wurde nun als das kritische Jahr betrachtet; man rechnete das Tausendjährige Reich plötzlich nicht mehr von Christi Geburt an, sondern erachtete es als mit dessen Tode für begonnen. Eine Sonnenfinsternis am 29. Juni 1033 trieb das »Beben und das Entsetzen der Herzen bis auf ihren Gipfel, weil alle, welche die Erscheinung beobachteten, sogleich einsahen, daß dasselbe nur das Ende einleiten könne«.[4] Diese furchterfüllte Erwartung entlud sich schließlich in einer plötzlich einsetzenden Massenwallfahrt nach dem Grabe des Herrn.

Die apokalyptische Betrachtung der Völkerwanderung und das Erlebnis des Jahres 1000 sind als Stöße des endgeschichtlichen Lebensgefühls zu werten, das auch dem Frühmittelalter keineswegs fremd war. Es hat diese Vorstellungswelt von der alten Kirche übernommen. Der apokalyptische Glaube hatte sich auch damals, wie in allen Jahrhunderten, eingestellt und sich als Zeitwende dem Bewußtsein der Menschheit eingeprägt. Trotzdem diese Ereignisse für die damaligen Menschen eine gewaltige Erschütterung bedeuteten, ist in ihnen doch keinerlei Reichserwartung wahrzunehmen. Weder im Chaos der Völkerwanderung noch im Schrecken des Jahres 1000 begegnet einem die Sehnsucht nach dem Reiche. Deswegen sind diese Geschehnisse im vorliegenden Zusammenhang nur als Präludium zum Hauptthema des Mittelalters zu werten. Sie schufen die mit apokalyptischen Vorstellungen geschwängerte Atmosphäre, die in den Kämpfen um das Reich die Voraussetzung bildet. Denn aus dem Fehlen der Reichserwartung in der ersten Hälfte des Mittelalters darf nicht gefolgert werden, daß sie jenen Menschen unbekannt war. Der mittelalterliche Christ erlebte jedoch das Reich anders, als es der altkirchliche Mensch tat. Man muß Sinn besitzen für diese veränderte Erlebnisform des Reiches, die dem Mittelalter eigen ist, will man dem Kern dieses Zeitalters nahekommen.

Die altkirchliche Zeit schloß mit der Leistung Augustins, der den frühchristlichen Chiliasmus in die Form der Kirche umprägte. Diese Umgestaltung erlebte ihre Blütezeit im Mittelalter, das die große Zeit des kirchlichen Reiches ist, erlangte es doch vorher und nachher keine solche Bedeutung mehr. Das ungewöhnlichste Schauspiel mußte sich ergeben, als dieser Augustinische Gedanke von den Trägern der Tiara aufgenommen und im

Sacerdotium gleichsam bis zum Himmel gehoben wurde. Ihre Herkunft leiteten die Päpste von dem Jesuswort ab: »Du bist Petrus, und auf diesen Felsen will ich meine Kirche bauen.«[5] Sie betrachteten sich als diesen Felsen Petri, der im ewig brandenden Meere des geschichtlichen Lebens nicht schwanke und dessen Aufgabe es sei, nach dem Johannesevangelium die Schafe zu weiden, ein Wort, das sie auf die ganze Christenheit bezogen. Sich selbst gaben sie die Vollmacht, alles im Himmel und auf Erden zu lösen und zu binden. Die Ansprüche, die sich aus diesem titanischen Selbstbewußtsein ergaben, reichen ins Übermenschliche hinein. Bedeutsame Anfänge können bereits im Ausgang der altkirchlichen Zeit wahrgenommen werden, wo die konstantinische Reichskirche immer bewußter zu einer Papstkirche umgewandelt wurde. Leo I., der sich beim Hunneneinfall als Retter Roms erwies, stellte bereits die Lehre vom Papsttum als dem Mittelpunkt der Kirche auf, und Gregor I. setzte diese Tradition fort. Im Mittelalter kam das Sacerdotium zu einer immer mächtigeren Entfaltung. Zwischen dem Frankenkönig und dem Papst wurde jener Pakt geschlossen, der »die ganze Zukunft in seinem Schoße trug«. Die Fälschung der konstantinischen Schenkung versuchte den Besitz des Kirchenstaates altkirchlich zu legitimieren. Bereits Nikolaus I. war ein Pontifex mit großer Herrschergebärde, der Königen befahl, als wäre er der Herr des Erdkreises. Freilich gab es in diesem Aufstieg auch schwere Rückschläge, besonders zu Beginn des zehnten Jahrhunderts, als der päpstliche Thron mit den ärgsten Schandflecken besudelt wurde. Aber dies war nur ein vorübergehender Niedergang, der auf die Dauer das Ansehen des Vatikans nicht zu untergraben vermochte. Dem Regiment der Hurenpäpste kommt in der Beurteilung des kirchlichen Reiches keine entscheidende Bedeutung zu. Aus den eigenen Reihen erwuchsen ihm die großen Erretter, die das Papsttum aus seinen unwürdigen Zuständen heraushoben und bald darauf seinem Höhepunkt entgegenführten. In der zweiten Hälfte des Mittelalters bestiegen einige Männer den Heiligen Stuhl, die mit dem Sacerdotium die höchste Vorstellung verbanden. Man darf diese Päpste, welche Weltgeschichte im größten Ausmaß machten, nicht als bloße Juristen und Staatsmänner auffassen. Die Politik, die sie befolgten, war zum mindesten kirchliche Politik, wenn dabei auch, wie bei allen Politikern, vor keinem Mittel zurückgeschreckt wurde, das zur Erreichung der Ziele geeignet schien. Es waren Priester, die sowohl der Welt des Geistes leidenschaftlich zugetan waren, als auch aus dem Impuls der Macht heraus handelten. Diese Eigentümlichkeit läßt z. B. Gregor VII. in diesem seltsamen Zweifel erscheinen, das ihm den Namen »heiliger Satan« eintrug. Er hat schwindelerregende Höhen erstiegen, indem nach seinen Behauptungen der Papst sich kaiserliche Insignien anlegen darf, die Fürsten ihm die Füße zu küssen haben und er selbst von niemandem gerichtet werden kann. Als cäsarische Naturen, die sich restlos für das Sacerdotium einsetzten, müssen die großen Päpste des Mittelalters bezeichnet werden. Sie kannten kein anderes Ziel, als das kirchliche Reich zum mächtigsten der Welt zu machen. Alles wurde dieser einen Bestrebung unterstellt. Von diesem Gesichtspunkt aus ist auch die Erzwingung des Zölibates für den Klerus zu verstehen. Nach Innozenz III. ergänzen sich Herrschen und Dienen, und unter seiner Führung stand das Papsttum auf dem Gipfel der Macht. Die Könige des Abendlandes beugten sich vor ihm. Die Scholastik unterbaute das Sacerdotium theologisch mit ihrer scharfsinnigen Gelehrsamkeit, nach welcher es Thomas von Aquino als zum Seelenheil erforderlich erachtet, dem Papste untertan zu sein. Mehr konnte nicht mehr gesagt werden. Das Sacerdotium erstrahlte zur Zeit der Scholastik und der Mystik in beinahe überirdischem Glanz. Noch heute wird der Mensch, der sich in jene Epoche vertieft, von seiner Mächtigkeit berührt. Dieser Größe haftete ein zeitloses Element an, das auch der anerkennen kann, der mit Ranke das Papsttum als alles andere denn als göttliche Stiftung betrachtet, in ihm aber eines »der großartigsten und bewunderungswürdigsten Institute, welche jemals hervorgetreten sind«,[6] sieht.

Dem Sacerdotium stand das kaiserliche Imperium gegenüber, das ebenfalls von imponierender Größe war. Die Idee des christlichen Imperiums war ein Erbe des Römischen Reiches. In der Karolingerzeit erlebte sie ihre erste mittelalterliche Auferstehung, stellte sich doch Karl der Große die Aufgabe, das alte römische Kaisertum in seiner Person zu erneuern. Das Reich Karls war kein nationaler Staat, da auch nichtgermanische Völker dazugehörten und der Kaiser als Träger der Reichsidee galt.[7] Der grundlegende Gedanke dieser politischen Reichsschöpfung war die Weltfriedensmission des Kaisers als Ordner der Christenheit. Weltliches und Kirchliches steht bei Karl dem Großen im Dienste des einen theokratischen Reiches, das eine kraftvolle Schöpfung darstellte.[8] Dieser Reichsidee huldigte auch Otto der Große, der von seinen Zeitgenossen »Imperator« genannt wurde und der sich als Vollstrecker einer göttlichen Mission vorkam, wie denn der Übergang von den Karolingern zu den Sachsen lediglich Trägerwechsel und nicht Ideenwandlung war. Der Titel »Heiliges Römisches Reich«, zu dem später noch der Zusatz »Deutscher Nation« kam, entstand jedoch erst allmählich nach der Zeit der Ottonen und setzte sich nur langsam durch. Die Auffassung, daß die Bezeichnung bereits auf die Kaiserkrönung Ottos I. im Jahre 962 in Rom zurückgehe, ist durch die neuere Forschung widerlegt.[9] Erst Friedrich Barbarossa führte als Neuerung die Bezeichnung sacrum imperium ein. Auch der politischen Reichsidee von der christlich gewordenen Kultur, die aus germanischen und romanischen Völkern bestehe, ist ein religiöser Charakter eigen. Das Reich als Idee der göttlichen Ordnung und Dienst an der Menschheit betrachteten unzählige Menschen im Mittelalter als die Aufgabe der abendländischen Geschichte. Die Auffassung, zu »herrschen, um Christi Reich auszubreiten«, wie noch Heinrich VI. sein Kaisertum auffaßte, ist eine erhabene Konzeption. Der Glaube an das Imperium Christianum gehört zu den heldenhaften Vorstellungen des Mittelalters, und es ist verständlich, daß es viele Menschen zur höchsten Begeisterung zu entflammen imstande war. Auf den politisch veranlagten Menschen mußte die Vorstellung vom kaiserlichen Reich eine beinahe unwiderstehliche Anziehungskraft ausüben. Das Regnum prägte in entscheidender Weise das mittelalterliche Antlitz. Ohne den innern Gehalt der Reichsidee ist die Geschichte dieses Zeitraumes nicht zu verstehen. Man hat das überaus lange »Fortleben dieser Theorie immer mit Recht als einen Beweis für die ungeheure Macht des Reichsgedanken angesehen«.[10] Die suggestive Kraft dieses Traumes vermochte noch romantische Gemüter zu entzünden, als das mittelalterliche Reich längst in Trümmern lag. Was die Vorstellung für gedankliche und gefühlsmäßige Werte noch für den neuzeitlichen Menschen in sich schließt, das ist aus Leopold Zieglers Werk »Das heilige Reich der Deutschen« und Friedrich Heers Buch »Die Tragödie des heiligen Reiches« zu ersehen.

Nach den Grundgedanken der mittelalterlichen Einheitskultur haben sich Sacerdotium und Imperium in gemeinsamer Arbeit in die Herrschaft der Welt zu teilen. Bereits von Papst Gelasius wurde diese Idee mit der Formel vorweggenommen: »Zwei sind es nämlich, durch die an oberster Stelle diese Welt regiert wird: die geheiligte Autorität der Bischöfe und die kaiserliche Gewalt.«[11] Das Wort im Lukasevangelium »Herr, siehe, hier sind zwei Schwerter« wurde im Mittelalter stets in diesem Sinne aufgefaßt, nach welchem der König das weltliche Schwert und der Priester das Schwert des Geistes führt. »Glücklich, wenn sich das Schwert des Königtums mit dem Schwert des Priestertums so verbindet, daß das Schwert der Priester das des Königs sänftigt, und das Schwert des Königs das des Priesters schärft. Dann werden beide hoch in Ehren stehen.«[12] Die Auffassung vom gemeinsamen Aufbau des Gottesstaates auf Erden durch das Sacerdotium und Imperium klingt in der Theorie sehr schön, während sie in der Praxis eine Menge von Reibungsflächen in sich schloß. Die Kirche konnte sich nie zu einem friedlichen Nebeneinander der beiden Gewalten verstehen, sondern empfand dies stets als etwas Gottwidriges. Allezeit erstrebte sie eine Unterordnung des Imperiums unter das Sacerdotium mit der Begründung, daß das Himmlische über dem Irdischen stehe. Das kirchliche Reich hat immer die Anschauung vertreten, daß der Papst über dem Kaiser stehe und niemals der Kaiser über die Päpste zu Gericht sitzen dürfe. Der priesterliche Stand wurde mit den Augen im Kopfe verglichen, während die Laiengewalt nur die Arme darstellt, welche die Kirche zu verteidigen haben. Das Imperium hänge vom apostolischen Stuhl ab, und deswegen dürfe sich auch das Sacerdotium des weltlichen Schwertes nicht entäußern.

Wie es bei dieser Auffassung gar nicht anders möglich war, mußte es zwischen Sacerdotium und Imperium zu schweren Auseinandersetzungen kommen. Diesen Kampf unter dem Schlagwort »Kirche und Staat« darzustellen ist nicht angängig, weil man damit moderne Anschauungen auf mittelalterliche Zustände überträgt.[13] Ebensowenig darf man in ihnen nur Spannungen der inneren Machtverteilung innerhalb der mittelalterlichen Papst-Kaiser-Idee sehen, wie es die katholische Geschichtsschreibung in abschwächender Weise tut.[14] Es stand sich vielmehr Reich gegen Reich gegenüber, und zwischen beiden ging der gigantische Kampf. Kaiser und Papst erhoben den gleichen Anspruch, während faktisch nur einer und nicht zwei das oberste Amt einnehmen konnte. Der erste Waffengang wurde unter der Bezeichnung »Investiturstreit« geführt und galt der Befreiung des kirchlichen Reiches von der kaiserlichen Vormundschaft. In unerhörter Sprache, wie sie nur die große Erregung gebiert, beschuldigten sich die beiden Gegner. Noch nie hatte die Christenheit bis dahin aus priesterlichem und königlichem Munde solch scharfe gegenseitige Anklagen vernommen. Der Gang nach Canossa hat sich der Welt als tiefste Demütigung des Kaisertums durch das Sacerdotium unvergeßlich ins Gedächtnis eingeprägt. Das Wormser Konkordat brachte nur einen vorübergehenden Waffenstillstand, und der Kampf wurde bald mit gesteigerter Wucht weitergeführt. Keine Seite kannte ein Nachgeben, in stahlharter Unbeugsamkeit standen die beiden Parteien sich gegenüber. Es war ein barbarischer Machtkampf um die Weltherrschaft, wie Innozenz III. es offen aussprach, der Herr habe dem Petrus nicht nur die Kirche, sondern die ganze Welt zu regieren befohlen! So groß war die Erbitterung, daß man in diesem Ringen nicht einmal vor der Entfesselung des Bürgerkrieges zurückschreckte. Der Papst beschuldigte den Kaiser offen, das Tier aus der Offenbarung Johannes zu sein, womit der Kampf in die endgeschichtliche Atmosphäre rückte. Es mußte auf den einfachen Mann im Volke einen apokalyptischen Eindruck machen, die beiden obersten Mächte der Welt in einen solchen Ringkampf auf Leben und Tod verwickelt zu sehen. Wiederum stellten sich wie von selbst Enderwartungen ein, wenn auch dem Machtkampf keine eschatologische Bedeutung zuerkannt werden kann. Durch alle Länder und Städte ging die Spaltung zwischen Ghibellinen und Welfen. Da die Kirche über eine viel größere Beeinflussungsmöglicheit der Menschen verfügte als das Kaisertum, endigte die gewaltige Auseinandersetzung mit der Vernichtung der hohenstaufischen Macht. Mit starkem Übergewicht triumphierte die Kirche und wurde Siegerin über das christliche Imperium. Trotzdem war es ein Pyrrhussieg, den das kirchliche Reich errungen hatte. Als das Sacerdotium auf dem hybriden Höhepunkt angelangt war, wurde es unter Bonifatius VIII. vom Schicksal ereilt und tat kopfüber den Sturz in die Tiefe. Der Kampf endigte schließlich damit, daß sowohl das kaiserliche als das kirchliche Reich mit zerschmetterten Gliedern am Boden lagen.

Bei der Beurteilung dieses weltgeschichtlichen Ringens hat man sich von beiden Parteistandpunkten freizuhalten, da die Wahrheit auf einer dritten Ebene liegt. Es ist ein viel zu vereinfachtes Schema, das dem tragischen Grundgesetz der Welt nicht entspricht, wenn Licht oder Schatten einseitig auf eine der beiden Parteien verteilt werden. Die Kategorien Gerecht und Ungerecht sind auf beide Teile anzuwenden. Das Imperium war zuerst bestrebt, das kirchliche Reich unter Aufsicht zu halten. Auf der andern Seite war das Sacerdotium nicht nur gewillt, Petrus von seinen Ketten zu befreien, es war auch erfüllt von einem verzehrenden Verlangen nach Macht. Dies letztere aber hat stets alle Bemühungen der Menschen vergiftet. Die Absicht, selber an die Stelle des Imperiums zu treten, ist beim kirchlichen Reich unverkennbar wahrzunehmen, und dieses Herrschaftsgelüste ist mit der demütigenden Selbstbezeichnung »servus servorum« nur notdürftig bemäntelt. Mit diesem Machtanspruch aber hat sich das kirchliche Reich in Widerspruch zum Evangelium gestellt, nach welchem Jesus sagte: »Ihr wißt, daß die Fürsten der Völker sie knechten und die Großen über sie Gewalt üben. Unter euch soll es nicht so sein, sondern wer unter euch groß sein will, sei euer Diener.«[15] Von einem höheren Gesichtspunkt aus betrachtet, verwechselten sowohl Sacerdotium als Imperium das Reich einseitig mit irdischer Machtstellung. Es ging ihnen beiden um Herrschaft und um nichts anderes. Für diesen Zweck wurde alles andere verraten. Daher müssen sowohl Kaiser als Papst, wie es schon der böhmische Bauer Peter Cheltschitzki im fünfzehnten Jahrhundert in einer Allegorie getan hat, als die zwei zu großen

Walfische bezeichnet werden, die sich im »Netz des Glaubens« verfingen und es beim Umsichschlagen zerrissen, woraus die unheilvolle Unordnung in der zweiten Hälfte des Mittelalters entstand. Wenn sowohl Sacerdotium als Imperium bedeutsame Zeichen für die erwärmenden Sonnenstrahlen des Reichsgedankens sind, die sogar auf das kirchlich-politische Geschehen mit seinem ehrgeizigen Machtstreben erhellend wirkten, so ist es doch nur ein Schimmer vom ewigen Reich, das auf sie fiel. Deswegen darf es mit diesem kurzen Hinweis sein Bewenden haben. Papst und Kaiser sind beide auf verschiedenen Wegen der Versuchung erlegen, ein irdisches Reich dem ewigen gleichzustellen. Die kirchliche und die kaiserliche Reichsauffassung besaßen stets die Neigung in sich, die Sehnsucht nach dem Gottesreich aufzusaugen, und sie beide haben in ihren Konsequenzen auch stets dazu geführt. Dies ist der Grund, warum es im Zeitalter der Karolinger und der Ottonen keine religiöse Reichserwartung gab. Sie hatte gar keine Möglichkeit aufzukommen, weil die kirchliche wie die kaiserliche Reichsidee zu jenen Zeiten zu stark waren. Die von beiden Parteien ausgeübte Weltherrschaft beanspruchte alle Kräfte, solange ihre Bestrebungen nicht als falsche Form erkannt wurden. Sogar die alten messianischen Weissagungen verschmolzen damals mit der Persönlichkeit der politischen Reichsidee, wie aus den Sagen über den bergentrückten Kaiser zu ersehen ist, dessen Wiederkehr das Volk erwartete.[16]

Ganz verdrängen freilich ließ sich die chiliastische Sehnsucht in der Christenheit nicht. Um die apokalyptische Reichserwartung auch im Mittelalter wahrzunehmen, darf man die Geschichte nicht nur nach dem öffentlichen Geschehen beurteilen, das sich vor allen Augen abspielte, wie es der Kampf zwischen Sacerdotium und Imperium war. Die oberirdischen Ereignisse sind nicht die einzigen Geschehnisse, die sich vollziehen. Oft von größerer Bedeutung ist das unterirdische Geschehen, und es erscheint merkwürdig, wie wenig in der Geschichtsschreibung diesen verborgenen Vorgängen nachgespürt wird, ja wie das Problem von oberirdischen und unterirdischen Vorgängen fast gar nicht erkannt wird, obwohl es doch zu den wichtigsten gehört. Jedenfalls darf sich eine Geschichte des Chiliasmus, welche die wirklich lebendigen Strömungen erfassen will, nicht nur darauf beschränken, dem bereits etikettierten Geschehen nachzugehen. Würde man dies tun, hätte man bald die bloß leer gewordenen Hülsen in den Händen. Vielen endgeschichtlichen Aussagen entspricht, entgegen aller Behauptung, mit der sie vorgebracht werden, keine echte apokalyptische Einstellung. Oft ist es bloß traditionelles Gedankengut, das rein gewohnheitsmäßig nachgesprochen wird. Umgekehrt gibt es geschichtliche Bewegungen, die alles andere zu sein scheinen als eschatologische Strömungen und sich bei näherem Zusehen doch als verkappte chiliastische Erwartung entpuppen. Die eschatologischen Bewegungen müssen auch unter Verhüllungen aufgespürt werden. Eine solche Bemühung wird auch den Kreuzzügen ihre Aufmerksamkeit schenken, welche als Parallelgeschehen die großen Kämpfe zwischen Sacerdotium und Imperium begleiten.

Die langdauernde Auseinandersetzung der Christenheit mit dem Islam steht unter einem eschatologischen Vorzeichen. Schon das Auftreten des Mohammed öffnete für die Christenheit apokalyptische Perspektiven, da man nicht bedachte, wie sich im Dunkel der prophetenlosen Zeit die Prophetie in die außerchristlichen Religionen flüchten mußte. Befremdend mußte bereits der Anspruch des Mohammed wirken, als letzter, höchster Prophet anerkannt zu werden, der auch die Kirche, die infolge der Trinitätslehre vom reinen Monotheismus wieder in die Vielgötterei zurückgefallen sei, zu dem wahren Glauben zu bekehren habe. Noch unheimlicher war für die Christen die rasche Ausbreitung, mit der der Islam von Arabien über Syrien, Palästina, Ägypten, Nordafrika bis nach Spanien vordrang und alle diese blühenden christlichen Gemeinden für die mohammedanische Religion eroberte. Daß diese Ausbreitung mit dem blutigen Schwert geschah, erhöhte noch den Schrecken. All dies konnte nur aus satanischer Verbindung erklärt werden. So verbreitete sich in der Christenheit die Erkenntnis: In der Person des Mohammed ist der Antichrist erschienen! Er ist jener falsche Prophet, von dem der Herr geweissagt hatte, daß er viele verführen werde. Mit Schauern sahen die Christen diese schreckliche Weissagung in Erfüllung gehen. Diese Annahme schien ihnen sowohl durch die falsche Lehre des Mohammed als auch durch dessen Leben, das er mit seinen dreizehn Frauen geführt hatte, bestätigt zu sein. Freilich wollte das Bild aus dem zweiten Thessalonicherbrief vom geweissagten Sohn des Verderbens auf Mohammed nicht ganz passen. Der Begründer des Islam hatte sich Gott nie gleichgestellt. Solche Differenzen übersah man jedoch in der Hitze des Gefechtes. Bald nach dem Bekanntwerden des Islam kam die Antichristdeutung des Mohammed auf. Sie erhielt sich außerordentlich lang in der Christenheit, man begegnet ihr noch im sechzehnten Jahrhundert.

Die Auffassung von Mohammed als einer eschatologischen Gestalt des Endkampfes legt es nahe, einmal die Kreuzzüge unter einem apokalyptischen Gesichtspunkt zu betrachten, was bisher noch nie geschehen ist. Die Kreuzzüge als eines der größten Ereignisse der mittelalterlichen Geschichte sind nicht nur als Ausfluß jener Kränkung entstanden, welche die Pilger bei ihrem Besuch der heiligen Stätte erfahren mußten. Niemals ist allein wegen der feindseligen Behandlung der christlichen Wallfahrer durch die Türken der Plan ausgeheckt worden, die Christenheit zur Eroberung des heiligen Landes aufzurufen. Um einer solchen Kleinigkeit willen kommt das ganze Abendland nicht in Bewegung und führt nicht einen der längsten Kriege, den die Geschichte überhaupt kennt. Die Kreuzzugsbewegung hat sich nicht in dieser geradlinigen Weise aus friedlichen Pilgerzügen zu kriegerischen Eroberungen entwickelt. Diese Betrachtung verwechselt den unmittelbaren Anlaß, den die Hilferufe aus dem Orient darstellen, mit den tieferen Ursachen. Der Entstehung der Kreuzzüge liegen vielmehr eine ganze Reihe von Motiven zugrunde, wie Befreiung des Erlösergrabes, die Idee des heiligen Krieges, die unumgängliche Auseinandersetzung zwischen Orient und Okzident, der Bevölkerungsüberschuß im Abendland usw.[17] Welche Ursache man auch immer in den Vordergrund rücken mag, sie muß in den eschatologischen Rahmen jener Zeit hineingestellt werden. Die beständige Bedrängnis, welche die Christenheit vom Islam erlitt, brachte diese apokalyptische Stimmung schließlich zur Entzündung. Die endgeschichtliche Komponente war nicht allein ausschlaggebend für die Kreuzzüge, wohl aber trug sie wesentlich dazu bei.

Das ganze Zeitalter der Kreuzzüge stand unter eschatologischem Hochdruck. Die apokalyptischen Vorstellungen bestimmten im Mittelalter das Bewußtsein der Menschen viel stärker, als gemeinhin angenommen wird. Da damals viele Menschen »mit Schrecken, die meisten jedoch mit geheimer Hoffnung, dem Brand der Erde und dem Einsturz des Himmels entgegensahen»,[18] sind auch ihre Handlungen aus der endgeschichtlichen Erwartung heraus geflossen. Ein eindrucksvolles Beispiel für diese sehnsüchtige Stimmung ist Bernhard von Clairvaux, der beim zweiten Kreuzzug eine ausschlaggebende Rolle spielte. Bernhard ist in der christlichen Geistesgeschichte als der antidialektische Kämpfer, vor allem aber als der geniale Schöpfer der jesuzentrischen Leidensmystik bekannt. Man hat sich deswegen schon gewundert, daß ein solch kontemplativ veranlagter Mensch eine dermaßen aktive Politik betreiben konnte, wie Bernhard es tat. Das Rätsel löst sich, wenn man Bernhards Verhältnis zur Enderwartung beachtet, der dieser große Christ stark verpflichtet war. Historische Untersuchungen haben zu dem Resultat geführt, daß »der Geist des bernhardinischen Zeitalters nicht zu verstehen ist ohne die eschatologischen Strömungen, durch die es beherrscht wurde«.[19] Bernhard selbst glaubte in der Endzeit zu leben; in den Ereignissen seiner Zeit sah er bestimmte apokalyptische Weissagungen erfüllt. Sowohl das Papstschisma als die Kreuzzüge betrachtete er im Lichte eschatologischer Gedankengänge. Im einzelnen sind dabei Schwankungen seines Urteils in pessimistischer oder optimistischer Hinsicht zu beobachten, je nachdem die Dinge sich besser oder schlechter entwickelten. Aber diese Schwankungen seiner Stimmung ändern nichts an seiner grundsätzlichen Einstellung, die nach Bernhards eigenen Worten von der Erkenntnis bestimmt war: »Es ist kein Entrinnen möglich, der Abfall, der am Ende der Tage kommen muß, ist jetzt da!«[20] Diese Enderwartung war im zwölften Jahrhundert keineswegs eine individuelle Eigenheit von Bernhard. Als die führende Persönlichkeit jenes Zeitalters war er auch hierin nur dessen Sprachrohr. Man kann die gleiche endgeschichtliche Einstellung bei Norbert Xanten aufzeigen, dem zweiten großen Heiligen jener Zeit, der sogar mit Bernhard in einen Disput über die Nähe des Jüngsten Tages verwickelt war. Wenn aber die führenden Gestalten in solcher Lebendigkeit von der apokalyptischen Erwartung ergriffen waren, ist es naheliegend, auch ihren Aufruf zum Kreuzzug einmal unter diesem eschatologischen Aspekt zu betrachten. Dieser sich hieraus ergebende Gesichtspunkt wurde in der Kirchengeschichtsschreibung gewöhnlich übersehen, weil dem Einfluß der eschatologischen Vorstellungen auf den kirchenhistorischen Prozeß eine viel zu geringe Aufmerksamkeit geschenkt wurde.

Mit der bereits angeführten Tatsache, daß die Angst vor dem Kommen des Herrn im Jahre 1033 plötzlich eine Massenwallfahrt nach dem Grabe des Erlösers hervorrief, ist die enge Beziehung zwischen Enderwartung und Wallfahrt nach Jerusalem hergestellt. Man hielt es für besser, beim Anbruch des Weltendes auf dem Wege nach Jerusalem überrascht zu werden. Die Wallfahrten nach dem Heiligen Land sind teilweise aus einer eschatologischen Einstellung heraus entstanden. Diese Annahme trifft nicht nur auf jene Wallfahrt nach der Jahrtausendwende zu. Die gleiche Stimmung ist auch bei den ersten Kreuzfahrten festzustellen, die ohne den »religiösen Überschwang« jener Epoche nicht erklärlich sind. Der Kreuzzugsgedanke gehört nicht erst dem ausgehenden elften Jahrhundert an. Er ist bedeutend älter. Schon aus der Mitte des zehnten Jahrhunderts finden sich Nachrichten, die zeigen, wie sehr die Gemüter sich im Kreuzzugsgedanken beschäftigt haben. Unter dem Einfluß von byzantinischen und syrischen Prophetenstimmen, die den baldigen Untergang der mohammedanischen Macht weissagten, steigerte sich die Kreuzzugsidee zur Kreuzzugsbewegung. Auch fing man an, die Apokalypse wieder mit andern Augen zu lesen. Später griffen noch die Astrologen aus Toledo ein, die dem Papst im Jahre 1179 schrieben, daß nach der Konstellation der Sterne der Islam nunmehr bald vernichtet werde. Diesen Glauben machte sich sogar im Jahre 1213 der damalige Statthalter Christi, Innozenz III., selbst zu eigen, indem er ausführte, das Ende der Bestie nahe heran, deren Zahl nach der Offenbarung Johannes 666 ist, denn schon bald seien 600 Jahre verflossen, seit Mohammed geboren wurde.

Zahlreiche apokalyptische Gedanken verdichteten sich und spielten bei der Kreuzzugsbewegung die Rolle des Benzins, das den Motor zum Fahren bringt. Die Befreiung des Heiligen Grabes aus den Händen der Ungläubigen bildete nur das Schlagwort, das sich für die Massen am besten eignete. Im Hintergrund aber lebten noch andere Hoffnungen, nach denen die Kreuzfahrer greifbare Dinge im Heiligen Land erwarteten. Sie wollten dem bedrängten Byzantinerreich zu Hilfe eilen, einem Reich, das im abendländischen Menschen um so märchenhaftere Vorstellungen erweckte, je weniger er von ihm wußte. Mit den Anstrengungen zur Vernichtung der mohammedanischen Macht verband sich die Hoffnung auf ein heiliges Reich im Osten, welches den Menschen ungeahnte Reichtümer erschließen werde. Nur aus dieser Erwartung läßt sich die zeitgenössische Darstellung Alberts von Aachen verstehen, nach der »Bischöfe, Äbte, Kleriker, Mönche, die vornehmsten Weltleute, die Fürsten verschiedener Reiche, und endlich die ganze Menge des Volkes, Keusche und Unkeusche, Ehebrecher, Mörder, Diebe, Meineidige, Räuber, kurz die ganze Christenheit, ja selbst das weibliche Geschlecht«[21] froh dem Heiligen Land zueilten. Eine unwiderstehliche Massensuggestion ergriff die damaligen Menschen, die dem Ruf »zum Kreuz, zum Kreuz« folgten, der zuletzt in den nicht enden wollenden christlichen Schlachtruf ausklang: »Gott will es, Gott will es.« Ganze Familien, ja oft sämtliche Bewohner von Ortschaften machten sich auf den Weg, verkauften alles, was sie an unbeweglichem Eigentum besaßen, und zogen nach Osten. Die Straßen waren überfüllt von Ausziehenden. Alle gewöhnlichen Beschäftigungen stockten. Wohin sie kamen, rissen sie wie in einem Taumel andere mit sich fort. Unausdenkbare Strapazen mit Hunger und Durst, die auf diesen endlosen Wegen erduldet werden mußten, nahmen sie bereitwillig in Kauf für das große Ziel.

Eine Analyse der seltsamen Aufregung dieser Menschen kommt zu einem ganz überraschenden Ergebnis. Es war eine irdische, allerdings mit religiösen Vorstellungen stark durchtränkte Reichserwartung, deren Erfüllung sie im Heiligen Land erhofften. Das aber ist im Grunde nichts anderes als der alte Chiliasmus, der in der Kreuzzugsbewegung nur in einem veränderten Gewand zum Vorschein kommt. Allerdings war es ein Chiliasmus, der sich selbst über seinen eigenen Charakter nicht im klaren war. Dies ist jedoch weiter nicht verwunderlich. Denn seit Augustin war diese Bewegung in der christlichen Kirche als unreine Religiosität geächtet. Niemand wagte es zunächst, sich noch offen zum Chiliasmus zu bekennen, galt er doch beinahe als Häresie. Keineswegs aber war er mit dieser Diffamierung vernichtet. Religiöse Anschauungen werden nicht überwunden, wenn sie als häretisch gebrandmarkt sind. Im Gegenteil, gewöhnlich beginnt erst dann ihre unterirdische Wirksamkeit. Der Chiliasmus war nach Augustins Verdammungsurteil darauf angewiesen, ein unsichtbares Dasein zu führen. Noch in der alten Kirche war er als legitime Anschauung wenigstens geduldet, während er im Mittelalter nur noch verborgen weitermottete. Aus diesem Grunde wurde er zum Sammelbecken beinahe aller antikirchlichen Bewegungen, deren Christentum nicht mit der katholischen Kirche übereinstimmte.

Bei den Kreuzzügen steht man nun vor dem einzigartigen Schauspiel, daß diese unterirdische Strömung des Chiliasmus unerwarteterweise wieder nach oben kommt. Aber sie getraute sich nicht, sich offen dazu zu bekennen, und hüllte sich deshalb in den Vorwand, den Türken das Heilige Land zu entreißen, um dort dem Herrn näher zu sein und ein herrliches Reich aufzurichten. Man steht somit vor dem seltsamen Vorgang, daß der Chiliasmus, da er im Innern der Christenheit eine gefährliche Ketzerei zu werden drohte, von der Kirche nach außen abgelenkt wurde. Die Kirche schaffte sich in der Kreuzzugsbewegung ein Ventil, aus dem die heißen Dämpfe des Chiliasmus ausgepufft werden konnten. Deswegen wurden auch immer neue Kreuzzüge unternommen und gab man das Ziel nicht auf, als die Unmöglichkeit seiner Erreichung längst erkannt war. Die Kreuzzugsbewegung ist unter anderem ein verdrängter Chiliasmus, wobei die Christenheit unbewußt die innerkirchlich gefährlichen Kräfte nach außen abreagierte. Die unerquicklichen Seiten der Kreuzzüge sind typische Verdrängungserscheinungen. Die Ablenkung einer innern Gefahr nach außen ist an sich kein einmaliges Vorkommnis in der

Geschichte. Zu diesem Mittel wurde oft gegriffen, wenn man innern Schwierigkeiten nicht Meister zu werden imstande war. Doch ließ auch meistens die Niederlage, die einem solchen »Ausweg« folgte, nicht lange auf sich warten, wie denn auch die Kreuzzüge in grauenhaftem Elend untergegangen sind.

Diese Auffassung, die bei den Kreuzzügen das Motiv eines verkappten Chiliasmus geltend macht, wird durch den Einwand nicht widerlegt, daß dies alles für den mittelalterlichen Menschen zu kompliziert sei. Nicht erst der moderne Mensch ist differenziert, auch der des Mittelalters war eine widerspruchsvolle Erscheinung. Besonders gilt dies vom Kreuzfahrer, dessen Psychologie einen immer wieder vor neue Rätsel stellt. Es müssen seltsame Streiter Christi gewesen sein, die unter der Parole »Gott will es« auszogen und dabei plünderten, was ihnen in die Hände kam. Mit dem mehr als fragwürdigen Begriff des heiligen Krieges, der dem Urchristentum wesensfremd und erst nach der Christianisierung der Germanen möglich war, ist längst nicht alles erklärt. Es wird vom Standort des Evangeliums aus gesehen immer schwer verständlich bleiben, wie diese Menschen es fertigbrachten, bei der Erstürmung von Jerusalem im Namen Jesu Christi alles erbarmungslos niederzumachen, so daß sie bis an die Knie im Blut wateten, um dann nach diesem vollbrachten Tagewerk in der Kirche unter Tränen dem Erlöser für den Sieg zu danken, dem gleichen Erlöser, der die Friedfertigen seligpries und das Schwert in die Scheide stecken hieß! Menschen, die dieses Kunststück fertigbrachten, können unmöglich von solch einfacher seelischer Struktur gewesen sein, wie man dies in oberflächlicher Weise dem mittelalterlichen Menschen zuschreibt. Hier scheint doch eine tiefere, psychologische Betrachtungsweise am Platze zu sein, die auch unterirdische Elemente in Erwägung zieht. Diese neue Betrachtung ist auch naheliegend, wenn man die Kreuzzugsbewegung vom Standpunkt des Islams aus ansieht, wie dies in der Märchensammlung »Tausendundeine Nacht« angetönt wird. Zur letzten Erkenntnis dringen wir freilich erst vor, wenn wir von der kriegerischen Kreuzzugsidee – der schon ein Franziskus und eine Brigitta von Schweden ablehnend gegenüberstanden – zu dem inneren Kreuzzug vordringen, den der Christ gegen all die widergöttlichen Mächte zu führen hat, die im Menschen sind. Nur diese Einsicht führt zur echten Reichshoffnung zurück, die im Schlachtenlärm der mittelalterlichen Kreuzfahrer unterging.

Dem verdrängten Chiliasmus kommt freilich nur vorbereitender Charakter zu. Das endgültige Bekenntnis zum ewigen Reich erfolgte, als am hochmittelalterlichen Horizont die strahlende Sonne des Joachim von Fiore aufging.

Joachims Reich des Geistes

»Die stillsten Worte sind es, welche den Sturm bringen, Gedanken, die mit Taubenfüßen kommen, lenken die Welt.« Unter dieses Wort Nietzsches muß das Lebenswerk Joachims von Fiore gestellt werden, denn von diesem verborgenen Menschen ist eine der stärksten geistigen Revolutionen ausgegangen, welche die mittelalterliche Christenheit erlebte. Selten hat ein so trocken formulierter Gedanke mehr lebendige Kraft in sich geschlossen, als es bei diesem großen Symboliker der Fall war, dessen Bedeutung kaum überschätzt werden kann. Joachim muß als einer der Haupterwecker des Mittelalters bezeichnet werden, bei dem die lange verschollene Reichserwartung plötzlich wieder ans Tageslicht tritt. Mit seinem nachhaltigen Einfluß hat er in den Menschen des dreizehnten und vierzehnten Jahrhunderts die größten Hoffnungen geweckt, und noch heute kann man von seinem Wollen nur mit einer verschwiegenen Zärtlichkeit reden.

Obschon sich dieses Geschehen im hellen Lichte des hohenstaufischen Zeitalters abspielte, bleibt die Persönlichkeit Joachims in ein geheimnisvolles Dunkel gehüllt. Die Lebensgeschichte Joachims wurde erst vierhundert Jahre später von einem Mönch aus alten Urkunden rekonstruiert, so daß zu ihrer Erhellung die Legende zu Hilfe genommen werden muß. Darnach wurde Joachim in der ersten Hälfte des zwölften Jahrhunderts in Celico bei Cosenza als Sohn einer vornehmen Familie geboren. Kalabrien war die Heimat Joachims, in seinen Adern aber rollte das Blut normannischer Wikinger, so daß er seiner Abstammung nach nicht reiner Italiener war. Als Sechzehnjähriger trat er in den Dienst des sizilianischen Königshofes und unternahm einige Jahre später eine Reise nach dem Osten, die ihn an den byzantinischen Hof führte. Bei einem Aufenthalt auf dem Berge Tabor rang er sich zu dem Entschluß durch, dem Mönchsstand beizutreten. Von seiner Wallfahrt zurückgekehrt, die ihn mit dem morgenländischen Mönchtum in Berührung gebracht hatte, trat er in ein Zisterzienserkloster ein, wo er trotz mehrfacher Ablehnung von den Brüdern bereits im Alter von dreiunddreißig Jahren zum Abt gewählt wurde. Später ließ er sich seines Amtes entbinden, wanderte als Bettelmönch durch Italien, um schließlich im einsamen Silagebirge inmitten eines Pinienwaldes sein neues Athos zu gründen, dessen Name »il Fiore beredt die Hoffnungen seines Stifters verkündete«.[1] Joachim unterhielt sowohl zur Kurie als zum kaiserlichen Haus Heinrichs VI. gute Beziehungen. Kurz nach Beginn des dreizehnten Jahrhunderts starb er. Das genaue Todesjahr ist bei diesem sich gewollt zurückhaltenden Menschen ebensowenig sicher festzustellen als sein Geburtsjahr. Das Antlitz, das durch Joachims fragmentarische Lebensdaten hindurchschimmert, ist dasjenige eines eifrigen Mönches. In abgenützten Kleidern umherwandernd, übte er sich in den Werken der Demut. Den geistlichen Pflichten oblag er mit solcher Hingebung, daß beim Zelebrieren der Messe sein vergilbtes »Angesicht leuchtete und beim Lesen der Leidensgeschichten ihm Tränen in die Augen traten«.[2] Nach der Legende ging Joachim einst im Klostergarten spazieren, als ihm eine liebliche Gestalt erschien, »die ihm einen Krug reichte und sprach: Nimm, Joachim, trinke diesen Wein, er ist köstlich. Joachim trank, bis er gesättigt war, und gab dann den Krug zurück mit den Worten: Ich habe genug. Da sagte der Mann: O Joachim, hättest du alles getrunken, so wäre dir kein Wissen verborgen geblieben.« Hat Joachim wirklich nicht zu Ende getrunken? Unseres Erachtens hat er sicher einen tüchtigen Trunk getan, denn was man bei ihm zu hören bekommt, wirkt sich im nüchternen Zeitalter der Moderne wie eine geistige Trunkenheit aus, die den heutigen Menschen noch förmlich berauschen kann.

Den schlichten Ausgangspunkt von Joachims geistiger Tätigkeit bildete ein gewöhnliches Bibelstudium, aus dem zuletzt jedoch etwas sehr Ungewöhnliches hervorging. Sein Drang, das Schriftwort richtig zu verstehen, war im Mittelalter nichts Neues, wohl aber war die Intensität, mit der er seiner Bibelbeschäftigung oblag, nicht alltäglich. In seiner Exegese huldigte er der allegorisch-typologischen Methode, nach welcher in jedem Ereignis des Alten Testamentes ein Vorbild für ein entsprechendes Geschehen im Neuen Testament zu sehen ist. Diese Betrachtungsweise hatte einen seltsamen Parallelismus zur Folge, indem er annahm, die Geschichte verlaufe in gleichförmigen, gesetzmäßigen Phasen, so daß die Kenntnis der früheren Begebenheiten die Erfassung der Gegenwart und Zukunft ermögliche. Es war Joachim nicht um eine bloß gelehrten Zwecken dienende Exegese zu tun, ihn erfüllte vielmehr der Wunsch, zur prophetischen Deutung durchzustoßen. Das Außerordentliche seiner Schriftauslegung kündigt sich bereits in seiner Maxime an: »Wo immer in der Schrift etwas mißtönend, dunkel, widersinnig oder absurd erscheint, gerade dort mußt du noch größere Geheimnisse suchen.«[3] Nicht Gemeinplätze wollte Joachim breittreten, sondern gerade das Unaufgehellte lockte seinen forschenden Geist und ließ ihn unbekannte Pfade suchen. Dieses wagemutige Schriftstudium brachte dann auch Früchte hervor.

Als Joachim in seiner Klostereinsamkeit auf diese Weise ununterbrochen einem grüblerischen Suchen oblag, wurde ihm unerwartet eine Erleuchtung zuteil. Es war am Morgen eines Pfingsttages, da der Abt von Fiore mit der Betrachtung der Johannesapokalypse beschäftigt war, als plötzlich das Unerwartete in sein Dasein hereinbrach. Über das Licht, das ihn in seiner waldumrauschten Zelle umstrahlte, sagte er selbst: »Als ich um die Matutine aus dem Schlaf erwachte, da nahm ich zur Meditation dieses Buch in die Hand... Da durchfuhr plötzlich... zur Stunde, in der unser Löwe vom Stamme Juda auferstanden ist... eine Helligkeit der Erkenntnis die Augen meines Geistes, und es enthüllte sich mir die Erfüllung dieses Buches und die symmetrische innere Bezogenheit des Alten Testamentes und Neuen Testamentes.«[4] Auch Joachim widerfuhr die Wirklichkeit, daß das Letzte nicht auf dem Weg des Studiums erreicht wird, und würde dies auch mit einem aufreibenden Fleiß betrieben, sondern auf intuitive Weise geschaut werden muß. Immer kommt es auf diese Erleuchtung an, in der allein dem Menschen die göttliche Offenbarung geschenkt wird. Schlägt der zündende Funke von oben nicht ein, so bleibt alle Gelehrsamkeit stümperhafte Verkrampfung. Das genaue Jahr, in welchem Joachim von dieser Erleuchtung betroffen wurde, kann nicht angegeben werden. Aber dies ist auch eine untergeordnete Frage. Bedeutsam war nur, daß die »Helligkeit der Erkenntnis« den kalabresischen Abt wie ein Blitz durchbohrte und ihm die sonst versiegelte Apokalypse zu einem offenen Buch machte, das ihm die Rätsel der Geschichte enthüllte. Nach Joachims Geständnis schien es ihm, als ob sich ein Strom glänzend hellen Lichtes auf einmal in seine Seele ergösse und sich ihm alle Mysterien der Heiligen Schrift in einer wundersamen Klarheit enthüllten. Auf alle Fälle war es ein für die mittelalterliche Christenheit höchst entscheidender Augenblick, als Joachim in diesem himmlischen Lichte stand. Seit den Tagen des Tyconius war die Offenbarung Johannes nicht mehr als ein Buch betrachtet worden, das für die Gegenwart geschrieben sei. Joachim hat durch seinen »Schwalbenflug der Seele« die Apokalypse zu neuem Leben erweckt. Unrichtig ist es, angesichts dieses ekstatischen Erlebnisses zu sagen, Joachim habe das Reich nicht erhofft, sondern durch seine typologische Wissenschaft rational erschlossen. Er ist zu seiner »Entdeckung« auf visionärem Wege gekommen, und die methodische Erschließung stellt lediglich eine nachträgliche Einkleidung dar. Seine pedantischen Beweisführungen überstürzen sich deswegen auch immer wieder und verraten deutlich eine Scheu, die geschauten Dinge auszusprechen. In seinen bilderreichen Wiederholungen, die den heutigen Leser zunächst enttäuschen, glüht unverkennbar das echte Prophetenfeuer, wenn Joachim selbst in seiner sympathischen Bescheidenheit auch nie auf den Titel eines Propheten Anspruch erhoben hat, er behauptete lediglich, das Verständnis der prophetischen Schriften zu besitzen.

Noch entscheidender als der formale Vorgang ist jedoch der Inhalt seiner Erleuchtung, die Joachim an jenem Pfingstmorgen erhielt. Eine einzige, dafür um so schöpferischere Einsicht wurde ihm in dieser begnadeten Stunde geschenkt. Er selbst hat die neue Erkenntnis in die Worte zusammengefaßt: »Auf drei Weltordnungen weisen uns die Geheimnisse der Heiligen Schrift: auf die erste, in der wir unter dem Gesetz waren, auf die zweite, in der wir unter der Gnade sind, auf die dritte, welche wir schon aus der

Nähe erwarten, in der wir unter einer reicheren Gnade sein werden, weil Gott, wie Johannes sagt, uns Gnade für Gnade gab, nämlich den Glauben für die Liebe und beide gleicherweise. Der erste status also steht in der Wissenschaft, der zweite in der teilweise vollendeten Weisheit, der dritte in der Fülle der Erkenntnis. Der erste in der Knechtschaft der Sklaven, der zweite in der Knechtschaft der Söhne, der dritte in der Freiheit. Der erste in der Furcht, der zweite im Glauben, der dritte in der Liebe. Der erste ist der status der Knechte, der zweite der Freien, der dritte der Freunde. Der erste der Knaben, der zweite der Männer, der dritte der Alten. Der erste steht im Lichte der Gestirne, der zweite im Licht der Morgenröte, der dritte in der Helle des Tages. Der erste steht im Winter, der zweite im Frühlingsanfang, der dritte im Sommer. Der erste bringt Primeln, der zweite Rosen, der dritte Lilien. Der erste bringt Gras, der zweite Halme, der dritte Ähren. Der erste bringt Wasser, der zweite Wein, der dritte Öl. Der erste status bezieht sich auf den Vater... der zweite auf den Sohn... der dritte auf den Heiligen Geist.«[5] Es sind dies höchst seltsame Worte, die einem zunächst vor den Augen flimmern. Ihre häufigen Variationen bekunden, daß Joachim sich nicht genugtun kann in dem, was er stammelt. Mit Prophetie vom unmittelbar bevorstehenden Weltende, wie man den kalabresischen Abt früher verstehen wollte, haben sie nichts zu tun. Vielmehr bildet diese Schau eine spekulative Deutung der altkirchlichen Trinitätslehre, vor deren Kühnheit man zunächst betroffen innehält. Haben doch später nicht einmal die Reformatoren die Trinitätslehre anzutasten gewagt, die dieser Mönch, gedrängt von der göttlichen Erleuchtung, in eine großartige Geschichtsphilosophie umsetzte. Joachim sah den Verlauf der Geschichte im Wesen des dreieinigen Gottes selbst begründet, und er verstand die drei Personen der Trinität als die drei großen Perioden, die im Verhältnis der Steigerung zueinander stehen.

Die erste Epoche der Menschheit nannte er das Zeitalter des Vaters. Es begann mit Abraham und dauerte durch alle Generationen hindurch bis kurz vor Christi Geburt. Das Zeitalter des Vaters war die alttestamentliche Periode, charakterisiert durch die Herrschaft des Gesetzes.

Nach Beendigung des Zeitalters des Vaters beginnt die zweite Periode der Menschheit, welche Joachim das Zeitalter des Sohnes nannte. Sie ist von der vorhergehenden Phase nicht scharf getrennt, sondern durch eine Vorbereitungszeit eingeleitet. Statt eine scharfe Bruchstelle zu bilden, fließen die beiden Zeitalter sachte ineinander über. Den Beginn dieses Zeitalters stellt Christi Geburt dar. Dieses ganze zweite Zeitalter ist gekennzeichnet durch die Herrschaft des Gottessohnes. Im Gegensatz zu dem vorhergehenden Zeitalter wird es das neutestamentliche genannt. Diese Benennung darf jedoch nur in der Weise verstanden werden, daß im Neuen Testament erst die Anfänge der sohnlichen Geschichtsperiode berichtet werden. Den weiteren Verlauf bildet die Geschichte der christlichen Kirche, wie sie sich in den Schriften der Väter und den Regeln der Ordensstifter widerspiegelt, von denen Joachim besonders Benedikt von Nursia und Bernhard von Clairvaux hochschätzte, die nach ihm mit dem gleichen Öl wie Christus und seine Apostel gesalbt waren.

Auf die Epoche des Sohnes folgt dann als drittes und abschließendes Zeitalter dasjenige des Heiligen Geistes. In dieser Phase irdischer Geschichte wird der Heilige Geist herrschen und eine große Osterfreude auslösen. Es wird jene Zeit sein, in der das wenig beachtete und doch so unendlich kostbare Wort aus der Apokalypse in Erfüllung gehen wird: »Und ich sah einen andern Engel, der ein ewiges Evangelium an die Bewohner der Erde und an alle Nationen und Stämme und Sprachen und Völker zu verkündigen hatte, im Zenith fliegen.«[6] Wahrhaftig, dieser Mensch sah nicht nur den Engel mit den ewigen Evangelien erneut durch den Raum der Christenheit fliegen, sondern er selbst stand im strahlenden Zenit. Die Losung vom »ewigen Evangelium«, die Joachim mit genialem Instinkt aus der Offenbarung Johannes herausgegriffen hatte, rückt die überzeitliche Wahrheit wieder in den Mittelpunkt. Sie wurde nicht nur zur mitreißenden Parole der ganzen joachimitischen Bewegung, die von ihr den enthusiastischen Charakter empfing, sondern sie prägte sich so tief in das Bewußtsein der Menschheit ein, daß sie daraus nie mehr ganz entschwunden ist. Unter der Verkündigung des ewigen Evangeliums verstand Joachim nicht ein neues Buch, das die Bibel überbieten sollte, sondern den höheren, geistigen und verklärten Sinn des Evangeliums.[7] »Das ewige Evangelium geht aus dem Evangelium Christi hervor, nicht im Sinn einer Ablösung, sondern einer Entwicklung.«[8] Joachim denkt an jenen paradiesischen Zustand, von dem Jeremia weissagte, daß keiner mehr den andern belehren werde, dieweil sie alle von Gott selbst gelehrt worden seien. Erst in diesem dritten Reich des Geistes wird die große Umwälzung sich vollziehen, indem die Großen und Mächtigen dieser Welt gestürzt werden, den Armen und Schwachen aber Erlösung zuteil wird. Nicht eher als zu diesem Zeitpunkt tritt die ewige Sabbatruhe ein, die allen blutigen Kriegen ein Ende bereitet. Obschon Joachim ebenso viele verlockende als betörende Worte zur Verfügung standen, wenn er das dritte Zeitalter des Geistes schilderte, so muß man sich gleichwohl hüten, spätere Anschauungen in seine Gedankenwelt hineinzutragen. Seiner geistigen Struktur nach war er Mönch. Aus diesem Grunde konnte er sich die dritte Epoche nicht anders denn als eine Zeit der Mönche denken. Der Abt von Fiore erwartete neue Mönchsorden, die wie strömender Regen das dürre Erdreich erquicken werden. Im Gegensatz zu der vorangegangenen Zeit des Petrus, welche die vita activa vertrat, wird das kommende Zeitalter des Johannes die vita contemplativa befolgen. Mit dem Auftreten dieser zukünftigen Geistesmänner werden »das geschriebene Neue Testament und seine Einrichtungen aufhören«.[9] Nach dieser großen Wende wird der Friede auf der Welt einkehren und das Tausendjährige Reich der Heiligen auf Erden aufgerichtet werden. Für dieses wunderbare Zeitalter ist der Ausspruch, den Nietzsche unmittelbar vor seiner Geistesumnachtung getan hat, das adäquate Motto: »Singe mir ein neues Lied, die Welt ist verklärt, und alle Himmel freuen sich.«[10]

Joachims brennendes Interesse war ausschließlich auf dieses dritte Reich konzentriert, ohne daß er aber irgendwelche Abneigung gegen das Neue Testament hegte. Dieses dritte Reich sah er nicht in unbestimmter Zukunft, sondern er verkündigte dessen baldigen Anbruch. Als ein neuer Elias der anbrechenden Weltzeit des Heiligen Geistes fühlte er sich gedrungen, seine warnende Stimme zu erheben. Den unmittelbar bevorstehenden Beginn des johanneischen Zeitalters schloß er aus seiner typologischen Exegese. Mit seiner prophetischen Botschaft verband er eine seltsame Zahlenmystik, wie man sie übrigens in der Geschichte des Chiliasmus öfters antrifft. Dieser lag bei Joachim eine höchst merkwürdige Rechnung mit Generationen zugrunde. Nach seiner Annahme dauerte das Zeitalter des Vaters von Abraham bis Christus. In diesem Zeitraum lebten nach dem Stammbaum des Evangelium Matthäus 42 Generationen. Da Joachim eine Generation auf 30 Jahre berechnete, ergab sich die Summe von 1260 Jahren. Ausgehend von seiner Idee des Parallelismus, nach welcher alle Geschehnisse im neuen Bund ihr Vorbild im Alten Testament haben, muß somit das Zeitalter des Sohnes von gleicher Dauer sein wie dasjenige des Vaters. So ist nach diesem einfachen Rechenexempel der Anbruch des dritten Weltalters auf das Jahr 1260 zu erwarten! Für Joachim war dieser Beweis stringent, so daß er von keinem Zweifel heimgesucht wurde. Die Jahre, welche die Menschen von dem großen Ereignis noch trennen, sind als Vorbereitungszeit zu bewerten, die im Denken des Kalabresen einen breiten Raum einnahm. Man mag über die simplen Rechnungskünste Joachims überlegen lächeln, es ehrt jedenfalls ihren Urheber, daß er der Berechnung keine Gewalt antat und den Zeitpunkt stehenließ, wie er sich ergab, obwohl er selbst mit seinen vorgerückten Jahren das sehnsüchtig erwartete Reich des Geistes nicht mehr erleben konnte. Dagegen ist es verständlich, welch zündende Wirkung eine solch gewaltige Prophezeiung auf die von endlosen Kriegen heimgesuchten mittelalterlichen Menschen ausübte und welche Erregungen, die bis zur geistigen Trunkenheit sich steigerten, von ihr ausgehen mußten. Es konnte nicht anders sein, als daß sie höchste Hoffnungen in den gedrückten Herzen entfachte. Joachims Botschaft mußte in ihren Ohren so süß klingen wie den Hirten der Gesang der Engel auf Bethlehems Fluren.

Mit der Verkündigung des dritten Reiches gehört Joachim unstreitig in die Reihe der Chiliasten. Man hat es bei dem Abt von Fiore mit einem neuen Chiliasmus von südlicher Glut zu tun, der sich in das veränderte Gewand der Vorstellung vom Zeitalter des Heiligen Geistes kleidete. Die Anschauung, die hinter dieser

Erwartung des dritten Reiches steht, ist jedoch von charakteristischer chiliastischer Prägung. Freilich tritt der Chiliasmus des Joachim in einer geläuterten Form auf. Diese Läuterung gegenüber den früheren Vorstellungen zeigt sich in der Vermeidung aller phantastischen Ausmalung der Zeit des Heiligen Geistes. Deswegen verkennt der Vorwurf, Joachim sei nicht in der Lage gewesen, inhaltlich das Zeitalter des Geistes zu beschreiben, gerade den tiefsten Sinn seiner Zurückhaltung. Eine ausschweifende Schilderung des Zustandes der Weltverklärung, da die Menschen einander nicht mehr lehren sollen, weil sie alle vom Geiste selbst unterrichtet sind, lag in verführerischer Nähe. Joachim hat dieser Versuchung mannhaft widerstanden und ist ihr nirgends erlegen. Es liegt bei ihm vielmehr ein ganz gebändigter Chiliasmus vor, von dem aber trotzdem eine spürbare Wärme und eine beschwingte Hoffnung ausgeht und der das ewige Recht des sehnsüchtigen Herzens vertritt. Seine Ausführungen über das Zeitalter des Geistes sind ungeachtet ihrer Verhaltenheit von der echten Reichserwartung erfüllt. Wohl fühlte er sich selbst als Mensch, der unmittelbar vor dem Beginn der neuen Zeit stehe; aber er war sich zugleich seiner Nichtzugehörigkeit dazu deutlich bewußt. Aus diesem Grunde empfand er es als unstatthaft, voreilig die bestehenden Institutionen zu zerbrechen, wird das neue Zeitalter dieselben doch von selbst beseitigen, ohne Zutun der Menschen. Nicht durch Zerstörung des Alten kommt das Neue. Alle politische Agitation auf diesem Gebiet hat Joachim in ihrer Unzulänglichkeit durchschaut. Das gespannte Erwarten des himmlischen Feuers ist des Christen einzige Aufgabe. Aus seiner Gewißheit vom kommenden Reich erklärt sich die scheinbar konservative Haltung dieses Bußpredigers dem Bestehenden gegenüber. Nicht der Mensch stürzt aus Ungeduld die Dinge in Eigenmächtigkeit, sondern durch das Wehen des Geistes werden sie zunichte. Mit dieser Einsicht ist Joachim kein Quietist geworden, wohl aber hat er alles Schreiende überwunden. Mit Recht wurde deswegen schon von Joachim gesagt: »Will man ihn trotzdem einen Schwärmer nennen, so muß man wissen: er schwärmte weder für ein himmlisches Jenseits, wie die begeisterten Menschen innerhalb der katholischen Welt, noch für eine selbsterfahrene neue Lebensform, wie so viele Menschen der häretischen Bewegungen. Sondern – wie wenige seltene Menschen in den Jahrhunderten des Mittelalters – für eine Verwirklichung des Ideals in einer zeitlichen Zukunft, einer kommenden Weltzeit.«[11] Bei Joachim liegt eine erlösende Synthese von Chiliasmus und Spiritualismus vor. Ihm glückte die Zusammenfassung dieser beiden Mächte, die dem großen Origenes leider versagt geblieben war. Obschon Joachim nicht vom Parakleten redet, erfährt der Geist des Montanus bei diesem kalabresischen Abt eine unerwartete Auferstehung. Er ist der erste Christ im Mittelalter, bei dem nicht die Wiederkunft des Herrn im Mittelpunkt steht, sondern das Reich. Da bei ihm das kommende Reich wieder wichtiger geworden ist als der gekommene Messias, korrigiert er sowohl die paulinische Identifikation vom Reich und Christus als die augustinische Gleichsetzung von Reich und Kirche. Joachim ist nicht christozentrisch eingestellt, da nicht das Sohnliche, das die Christen vor allem faszinierte, sondern der Heilige Geist im dritten Zeitalter herrscht. Das ist eine der gewaltigsten inhaltlichen Änderungen in der Geschichte des Christentums, die seine Ansicht zu einer Reichsauffassung sui generis macht und die eine religiöse Erneuerung einzuleiten versuchte, die nicht einmal im sechzehnten Jahrhundert zum Durchbruch kam. Die Joachimsforschung hat bis dahin darauf nicht geachtet, weil sie seine Anschauung nicht im Zusammenhang der Geschichte der Reichserwartung betrachtete. Sonst hätte ihr klar werden müssen, daß in Joachims »ewigem Evangelium« eine völlig neue überkatholische Schau vorliegt, die von einer bis dahin ungeahnten Geschichtstiefe ist. Diese köstliche Weissagung vom johanneischen Zeitalter ist noch keineswegs ausgeschöpft. Der kalabresische Abt verkündet das Ende der sohnlichen Geschichtsepoche, was jeder christliche Mensch als einen Stoß in die Herzgegend empfinden mußte. Seine Bemühung kam nahe an eine Entthronung Christi heran, an der sich die Kirche ganz unmöglich beteiligen konnte, wenn sie sich nicht selbst aufgeben wollte.

Joachim hinterließ den Ruf, ein ebenso heiliger als prophetisch erleuchteter Mann gewesen zu sein, eine Menge Wunder wurden von ihm erzählt, in den Kirchen von Kalabrien errichtete man ihm wie andern Heiligen einen Altar, und auch die Bollandisten haben ihn in ihr großes hagiographisches Werk aufgenommen. Viele hegten wirklich die Vorstellung, daß seit den Aposteln zum erstenmal der christlichen Welt in ihm ein wahrer Prophet zuteil geworden war und daß erst in seinen Schriften der rechte Schlüssel zum Verständnis der Welt- und Kirchengeschichte geboten sei.[12] Joachim selbst wollte auf dem Boden der Kirche sein. Ob er es wirklich auch war? Das ist eine nicht leicht zu beantwortende Frage. Wenn man diesen gottbegeisterten Mann nicht bis zur Unerlaubtheit verharmlosen will, muß sein spiritualistischer Chiliasmus wenigstens als der Häresie verdächtig beurteilt werden.[13] Darüber kann auch die Überlieferung nicht hinwegtäuschen, daß drei zeitgenössische Päpste Joachim aufgefordert haben, seine Erleuchtung niederzuschreiben. Sie konnten im Gespräch mit Joachim deren Konsequenzen nicht überblicken. Die verhüllte Ketzerei kommt in seiner bereits angedeuteten Stellung zu Christus zum Ausdruck. Bei Joachim ist Christus nicht mehr der Weltenheiland, der die ganze Zeitrechnung in zwei Teile »vor« und »nach« Christi Geburt spaltet. Aus der Mitte der Geschichte ist er zu einem Entwicklungfaktor in einem dreiteiligen Geschichtsprozeß geworden. Mit dieser Feststellung sind nicht einmal alle Häresien des Joachim aufgezählt. Bei aller konservativen Haltung dem Bestehenden gegenüber sind doch die stark revolutionären Kräfte wahrzunehmen, die in Joachims Dreizeitenlehre enthalten sind und die auf nichts Geringeres als eine totale Auflösung der ganzen Kirche tendierten. Das erste Charakteristikum des johanneischen Zeitalters besteht in der Beseitigung des Klerus. Denn wozu noch eine Hierarchie, wenn der Geist die Gläubigen selber unterrichtet? Wenn aber der Klerus fehlt, dann gibt es auch keine kirchlichen Sakramente mehr, die zu verwalten sind. Nach Joachims Meinung waren die katholischen Sakramente in der sohnlichen Zeit heilsnotwendig, aber im Reich des Geistes haben sie ihre Gültigkeit eingebüßt. Im dritten Zeitalter »bleibt kein Platz mehr für die Kirche und Sakramente Jesu Christi, noch für die ganze Hierarchie«.[14] Das alles verrät eine ketzerische Denkweise von letzter Kühnheit und ist ein Beweis dafür, wie dieser mutige Mann nach dem Wort des Matthäusevangeliums wirklich

»die Axt den Bäumen an die Wurzel gelegt hat«. Alle Symbole und Einrichtungen gehen nach Joachim ihrem Ende entgegen, denn wenn »das Vollkommene kommen wird, dann wird das Stückwerk aufhören«.[15] Im Anschluß an dieses von ihm geliebte Pauluswort führen Joachims tiefgreifende religionsphilosophische Reflexionen zu dem Ergebnis, daß die ganze Einrichtung des sohnlichen Zeitalters bloßes Stückwerk ist. Das ist eine radikale Entwertung. Da der Abt von Fiore von dieser Auffassung fest überzeugt war, hielt er es gar nicht für notwendig, gegen die kirchliche Lehre noch ausdrücklich zu polemisieren. Seine neue Auffassung trägt er in ruhigem Tone vor, im Bewußtsein ihrer souveränen Überlegenheit. Die Institutionen der Kirche sterben langsam ab oder erfahren eine vollständige Verwandlung. Joachim verkündet ein neues Zeitalter, in welchem greifbare Wirklichkeit auf dieser Erde wird, was dem mittelalterlichen Christen stets nur transzendentes Ideal war. Damit war die Sakramentskirche jedoch aus den Angeln gehoben. In dieser Aufhebung liegt das schlechthin Heterodoxe von Joachims Botschaft vom dritten Reich. Auch nach Ernst Benz' aufschlußreichem Buch über die »ecclesia spiritualis« vertritt der Kalabrese nicht mehr »eine Form der katholischen Kirche, sondern eine neue Religion mit einer neuen Lebensordnung: eine freie Gemeinschaft der Kirche des Heiligen Geistes, ohne Papst, ohne Sakrament, ohne heiliges Buch, ohne heilige Wissenschaft, ohne Klerus«.[16] Diese Reichsbotschaft war denn für die Kirche auch gefährlicher als jede direkte Rebellion gegen das katholische System. Alle Anklagen gegen die Kirche als ein Hurenhaus, eine Räuberhöhle, der harte Züchtigungen bevorstünden, tasten die Kirche in ihrer Substanz nicht an und lösen, wie alle Bußpredigten, stets nur eine Gegenaktion aus. Joachims berückende Botschaft dagegen höhlte die Kirche unmerklich von innen her aus. Mit leuchtender Klarheit hat er die Ansicht vertreten, daß die Neuwerdung der Welt nie aus der Organisation hervorgehen wird, weil sie immer eine Sache des Geistes ist. Seinen in stiller Klosterzelle geschriebenen Ausführungen war eine so starke revolutionäre Wirkung beschieden, wie sie von keinem sittlichen Zorn über die religiösen und moralischen Verderbnisse der Kirche erreicht wurde. Gerade weil Joachim kein geistlicher Barrikadenkämpfer war, wühlte seine sachliche Prophetie vom Vollkommenen, welches das Stückwerk ablösen werde, die Menschen in ihrer letzten Tiefe auf und brachte die eschatologische Glut wieder zum hellen Aufflammen.

Den gefährlichen Sprengstoff in Joachims Botschaft spürte auch die Kirche mit ihrem Witterungsvermögen instinktiv. Sie ließ sich durch die Versicherung, alle seine Schriften dem Urteil der Kirche zu unterwerfen, nicht täuschen. Auch sein Versprechen, etwaige Korrekturen im voraus gehorsam anzunehmen, ändert an der Sache nicht viel. Die darin zum Ausdruck gelangende Bereitwilligkeit verschwindet gewöhnlich, sobald die kirchliche Ablehnung sich nicht nur auf Nebensächlichkeiten erstreckt, sondern vom Verfasser der Widerruf des ganzen Werkes gefordert wird. Eine solche Abschwörung hätte Joachim nicht leisten können, ohne seiner göttlichen Erleuchtung untreu zu werden. Es mußte deswegen zu einer Kollision zwischen seiner Botschaft und der Kirche kommen. Wie immer, wenn lebendiger Geist sich regte, waren die Menschen bestrebt, diesen alsogleich wieder unschädlich zu machen. Bei Lebzeiten Joachims ging die Kirche gegen ihn nicht vor, war seine Schriftstellerei doch in einem weltabgelegenen Kloster vergraben und größtenteils völlig unbekannt. Nach seinem Tode aber wurden seine Schriften von den gelehrten, von Joachim immer geringgeschätzten Scholastikern eifrig durchsucht und in ihnen »sehr viele seltsame, nutzlose und unschickliche Dinge« festgestellt.[17] Die Prüfungskommission von Anagni hat alle die der Ketzerei verdächtigen Stellen genau hervorgehoben. Auf dem bekannten Laterankonzil von 1215 wurde dann der inzwischen verlorengegangene Traktat Joachims gegen die Trinitätslehre des Lombarden verdammt. Damit war seiner Geisteswelt der Makel der Verurteilung angeheftet. Das weitere besorgten dann die Pariser Professoren, die Joachim als Häresiarchen bezeichneten, den man nicht scharf genug verurteilen könne. Auch Thomas von Aquino fühlte sich gedrungen, vor der Erwartung eines tausendjährigen Reiches ausdrücklich zu warnen. Nachdem der Fürst der Scholastiker Joachim als ungebildeten Mann hingestellt hatte, dessen ganzes System nur eine menschliche Konjektur sei, wurde auf der Synode zu Arles 1260 die großartige Schau von den drei Zeitaltern noch ausdrücklich verurteilt. Damit lehnte die christliche Kirche den Chiliasmus auch in dieser geläuterten Form ab. Seither blieb Joachim in der Kirche suspekt, und alle schüchternen Versuche, seine Orthodoxie zu rehabilitieren, blieben fruchtlose Bemühungen, wenn er auch im Zisterzienserorden als Seliger verehrt wird. Noch heute spricht ein Kardinal Ehrle in verächtlichem Tone vom »joachimitischen Ideenkram« und bringt damit nur die Auffassung der Kirche zum Ausdruck, die kein johanneisches Zeitalter anerkennt.

Mit der kirchlichen Verurteilung war der joachimitischen Erwartung aber keineswegs endgültig das Grab geschaufelt. Der vorgeschobene Riegel erwies sich als zu schwach, zumal unterdrückte Lehren sich besonders rasch zu verbreiten pflegen. Wenige Jahre nach der Verurteilung auf dem vierten Laterankonzil erlebten Joachims Schriften erst ihre wahre Verbreitung, die bald nach Deutschland und Frankreich übergriff und auch unter der einfachen Bevölkerung gewaltige Aufregung hervorrief. Freilich muß bei dieser intensiven Nachwirkung ein deutlicher Unterschied zwischen Joachim und seinen Schülern gemacht werden. Diese letzteren erreichten seine Originalität nicht, vollbrachten aber mit der Deutung seiner Botschaft doch eine beachtenswerte Leistung. Der gewaltige Einfluß, der nach dem Tode von diesem einsamen Mönch ausging, ist nicht zuletzt durch die aktuelle Interpretation bedingt, welche die Botschaft im Kreise seiner Anhänger fand, die Joachim zu einer das Alte und Neue Testament überragenden Prophetengestalt steigerten. Frater Gerard faßte die drei Werke Joachims unter dem Titel »Evangelium aeternum« in einer Ausgabe zusammen und bezeichnete die Schriften des Abtes als das ewige Evangelium, welches die Bibel abzulösen bestimmt sei. Es bildet dies eine nicht unwesentliche Umgestaltung von Joachims Meinung. Dazu gesellten sich noch pseudojoachimitische Schriften, wie die Kommentare über Jeremia und Jesaja, die dem Abt von Fiore zugeschrieben wurden und die seine Ideen in kirchenkämpferischem Sinne weiterbildeten, was ihnen eine zeitgenössische Färbung verlieh. Alle diese Faktoren trugen dazu bei, daß joachimitische Gedanken in den nächsten

Jahren die Gemüter beherrschten und einen der wirksamsten Zündstoffe im dreizehnten Jahrhundert bildeten. Von den häretischen Sekten der Amalrikaner und den Brüdern des freien Geistes wurden sie aufgegriffen, auch Cola di Rienzo stützte sich bei seinem zweiten Versuch, die Herrschaft über Rom zu erlangen, auf diese Schriften. Joachims Weissagung in ihrer echten und unechten Form wurde zu einer der Hauptquellen der chiliastischen Erwartung im Mittelalter und spielte in der damaligen Geschichte der unterirdischen Strömungen eine nicht abzuschätzende wichtige Rolle.

Die größte Bedeutung erlangten Joachims Schriften jedoch durch den Franziskanerorden, der ihnen zur weittragenden Wirkung verhalf. Die Minderbrüder wurden schon bei Lebzeiten ihres Stifters mit dessen alles Maß sprengender Persönlichkeit nicht fertig. Nach dem Tode von Franziskus kam es im Orden zu einer tiefgreifenden Auseinandersetzung, die sich um das strenge Armutsideal drehte und die ganze franziskanische Bewegung in ihrer Existenz bedrohte. Zwei sich leidenschaftlich bekämpfende Parteien standen einander gegenüber. Die eine Richtung bestand aus den Konventualen, die wegen der Unmöglichkeit der Durchführung der rigorosen Armutsforderung eine Abschwächung derselben verlangten und die Annahme des Besitzes für den Orden postulierten, um ihn so den verschiedenen Ortsverhältnissen besser anzupassen. Die Konventualen, die vor allem in der Gehorsamsidee die Größe von Franziskus sahen, erfreuten sich der Gunst der Kurie, welcher das heroische Ideal des Franziskus ohnehin unheimlich war. Die andere Richtung, die Spiritualen, verlangten ein unverbrüchliches Festhalten am Armutsgelübde, und zwar für den Orden als Gesamtheit. Sie ließen nicht im geringsten mit sich markten, betrachteten sie doch die völlige Armut als das Zentrale. Zu ihren Gunsten konnten sie das Testament des Franziskus anführen und sich überhaupt darauf berufen, dem Ideal des Gründers treu geblieben zu sein. Zwischen diesen beiden Richtungen entspann sich nun ein heftiger Kampf, der mit erbittertem Fanatismus geführt wurde. Eine wesentliche Verschärfung erfuhren diese leidenschaftlichen Auseinandersetzungen, in denen die Spiritualen bis an die Grenze des

Aufruhrs gingen, durch die Einbeziehung von Joachims Schriften in diese Kämpfe. Es war im Jahre 1241, als ein fliehender Abt des Fioreordens alle Schriften Joachims in das Franziskanerkloster zu Pisa brachte, damit sie daselbst sorgfältig aufbewahrt würden. Die Lektüre dieser Schriften machte auf die Minderbrüder einen ungeheuer starken Eindruck, denn sie fanden sich auf jeder Seite selbst geschildert. Der Franziskanerorden stellte ohnehin einen mächtigen religiösen Aufbruch dar. Als er mit Joachims Schriften zusammenkam, mußte dies wie Öl ins Feuer wirken, und die Flammen lohten noch steiler empor. Mit wahrem Heißhunger stürzten die Franziskaner sich auf das »ewige Evangelium« und wurden zu seinen glühenden Aposteln. Es mußte zu einer religiösen Revolution kommen, von der sich denn auch die heutige Ordensgeschichtsschreibung distanziert: »Der Joachimismus rief in den Spiritualen eine verstiegene Unruhe, ein Verlangen nach Abenteuern und Veränderungen hervor, von denen die ersten Genossen des heiligen Franziskus frei waren.«[18] Der spiritualistischen Minoriten bemächtigte sich ein dynamisches Gefühl und entfachte in ihren Herzen die größten Hoffnungen.

Franziskus selbst hatte nach Celanos Berichterstattung zu seinen Brüdern vom »ewigen Reich« gesprochen und auf seinen Wanderungen das Gottesreich verkündigt.[19] Aus dieser Botschaft war bei ihm auch jene unbeschreibliche Wonne geflossen, die alle seine ekstatischen Handlungen durchlichtet. Das Bewußtsein, in der letzten Zeit als neuer Evangelist zu leben, das ein unverhofftes Aufjauchzen des Erdkreises zur Folge haben werde, ist bei ihm wahrzunehmen. Diese Auffassung wurde von seinen spiritualistischen Schülern dermaßen gesteigert, daß seine Persönlichkeit in die Nähe der heilsgeschichtlichen Bedeutung Christi gerückt wurde. Sogar Bonaventura konnte sich dieser beinahe überbordenden Deutung nicht ganz entziehen, stellte er seine offizielle Franziskusbiographie doch unter diesem Gesichtspunkt dar: »Von prophetischem Geist erfüllt, mit der Sendung eines Engels betraut, in seraphischem Glühen ganz Feuer geworden, als ein Mann der himmlischen Ordnung im feurigen Wagen emporgetragen, so ist er, wie aus dem Ablauf seines Lebens klar hervorgeht, eindeutig erwiesen: als gekommen im Geist und in der Kraft des Elias.«[20] Das rätselvolle Wort der Offenbarung Johannes, das die Christenheit bis dahin nie verstanden hatte, »und ich sah einen andern Engel aufsteigen von der Sonne Aufgang, der hatte das Siegel des lebendigen Gottes«,[21] enthüllte plötzlich seinen unbekannten Sinn, indem es nun auf Franziskus angewandt wurde. Franziskus wurde von den Spiritualen als die weltgeschichtliche Gestalt aufgefaßt, welche die Erfüllung der von Joachim verheißenen neuen Zeit sei. In Franziskus sahen sie die Antwort auf die Frage Joachims. Petrus Johannes Olivis Kommentar zur Apokalypse, das Lieblingsbuch der Spiritualen, wendet das joachimitische Schema auf Franziskus an, der nach ihm »wirklich der Engel ist, der das sechste Siegel öffnet«,[22] In ähnlichen Gedankengängen bewegte sich Ubertin von Casale, der die Joachim gewährte Erleuchtung, »daß zu Beginn des sechsten Zeitalters ein engelhafter Mann der Welt gegeben werde«, ebenfalls auf den Gründer des Minoritenordens deutete.[23] Begreiflich, daß die Spiritualen von einer Welle des religiösen Hochgefühls emporgetragen wurden.

Wie Franziskus den Spiritualen als »ein anderer Christus« erschien, so verknüpfte sich bei ihnen mit der Erwartung des dritten Reiches auch die Antichristvorstellung. In der fieberhaften Spannung, in der sie lebten, glaubten sie in der Person des hohenstaufischen Kaisers Friedrich II. den erschienenen Antichristen erblicken zu können. In diesem größten aller mittelalterlichen Herrscher sahen die Spiritualen nicht wie der Kreis um Stefan George die heldische Kaisergestalt; für sie war er »die Geißel der Völker«, der »Hammer der Welt«, dessen zahlreiche Blasphemien zum Himmel schrien.[24] Den damaligen Menschen mußte die orientalische Hofhaltung des katholischen Kaisers, der sich mit ungläubigen Sarazenen umgab und die kirchlichen Gebräuche verspottete, als die unheimliche Erscheinung des Antichristen vorkommen. Die eschatologische Atmosphäre, in der die Spiritualen lebten, rief geradezu nach dieser Deutung und ließ sich durch mannigfache Anhaltspunkte stützen. Die Antichristvorstellung war in der Christenheit ohnehin nicht eindeutig. Der Identifizierung von Antichrist und Satan begegnet man selten, da die Vorstellung verbreiteter war, der Antichrist sei ein vom Teufel regierter Mensch. Als solcher erschien Friedrich mit seinen ewigen Kämpfen gegen den Papst den kirchlich eingestellten Kreisen.

Die Reichserwartung ist aber nicht nur die Geschichte einer brennenden Sehnsucht, sondern auch einer bitteren Enttäuschung. Diese Wahrheit zeigte sich auch im Hochmittelalter, als sie bereits in der alten Kirche offenbar geworden war. Wie bei einer Fuge das Motiv immer wiederkehrt, so stellte sich auch bei der joachimitischen Sehnsucht die Nichterfüllung getreulich ein. Ergreifend ist wiederum zu sehen, mit welcher Zähigkeit diese glaubensstarken Menschen an ihrer Hoffnung festhielten, auch dann noch, als sie durch einige Vorkommnisse bereits aufs stärkste erschüttert worden war. Nur mit einer wahren Bestürzung kann man den jammervollen Zusammenbruch der hochgesteigerten Hoffnung der Joachiten verfolgen. Wiederum senkt sich eine Traurigkeit ohnegleichen auf die glaubensstarken Menschen, die sie nötigte, wider alle Hoffnung weiter zu hoffen.

Der erste Schlag, der die Spiritualen traf, war der plötzliche Tod des angeblichen Antichristen Friedrich II., einige Jahre bevor der entscheidende Anbruch des dritten Reiches erwartet wurde. Die Kunde, die den zu frühen Tod des Kaisers im Jahre 1250 den joachimitischen Kreisen brachte, ist in ihrer Wirkung kaum in Worte zu fassen. Niederschmetternd war der Eindruck, wie aus dem anschaulichen Bericht von Salimbene zu ersehen ist: »Denn auch ich konnte lange Zeit kaum glauben, daß er tot war, hätte ich es nicht mit eignen Ohren von Papst Innozenz IV. gehört, als er vor versammeltem Volke in Ferrara predigte bei seiner Rückkehr von Lyon. Ich stand nämlich neben ihm und berührte ihn ständig, als er in der Predigt sagte: Der ehemalige Herr Kaiser, unser und des Herrn und der Kirche Feind, hat das Zeitliche gesegnet, wie mir sichere Nachricht wurde. Ich schauderte, als ich es hörte, und konnte es kaum glauben. Ich war nämlich Joachit und glaubte und erwartete und hoffte, daß Friedrich weiterhin noch größere Untaten vollbringen werde, als er bereits vollbracht hatte, obgleich er schon viele verübt hatte.«[25] Man spürt aus diesen Worten des Chronisten noch die erbleichende Wirkung, welche die Todesmitteilung auf sein hoffnungsfreudiges Gemüt machte. Die unerwartete Nachricht brachte die begeisterten Anhänger des Joachim außer Fassung, und als grausamer Spott mußte in ihren Ohren der Ratschlag klingen: »Gib jetzt deinem Joachim den Abschied und werde vernünftig.«[26]

Einen noch fataleren Einsturz der eschatologischen Vorstellungswelt brachte als zweites Ereignis das Jahr 1260 den franziskanischen Spiritualen. In diesem Schicksalsjahr sollte der zweite Zustand der Welt enden und der dritte beginnen, den Joachim als den des Heiligen Geistes bezeichnet hatte. Begreiflich, daß in dem von blutigen Kämpfen zwischen Ghibellinen und Welfen aufgewühlten Italien die Erwartung aufs höchste stieg und in den Gemütern eine kaum mehr ertragbare Spannung erzeugte. Standen doch beide Parteien in gleicher Weise im Bann des großen Sehers, dessen Schatten das ganze dreizehnte Jahrhundert gespenstisch überragte. Stimmungen der höchsten Begeisterung und der verzweifelten Angst, der Zuversicht und der Zerknirschung wechselten mit Blitzesschnelle und erzeugten eine Atmosphäre, die nur mit einem überhitzten Treibhaus verglichen werden kann. Die phantastischsten Vorstellungen verwirrten die Gedanken der Menschen, und als das heißersehnte Jahr begann und Monat für Monat verlief, ohne daß etwas geschah, da brach es ihnen fast das Herz. Erst im September ließ sich der Sieg der Ghibellinen über die Welfen bei Montaperto als ein erstes Zeichen des nahenden Endes deuten. Doch wiederum verstrichen hierauf sechs Wochen, »ohne daß man ein zweites schaute. Der Geist, der nach der Vorstellung der Joachimiten die Weltgeschichte bewegen sollte, zauderte, die fieberhafte Ungeduld der Harrenden wurde zum ungestümen Drängen. Sie wollten den Anfang der neuen Enthüllungsepoche erzwingen und durften darum doch nur flehen. Anfang November erlebte man ein Schauspiel, wie es die Welt noch nicht gesehen hatte: die Prozession der Geißler von Perugia, welche, je weiter sie fortschritt, desto unwiderstehlicher alles mit sich fortriß; es schien der zweite Akt des grausigen eschatologischen Dramas zu sein oder auch der erste. Ja, er ist es, urteilten viele Joachimiten. Aber einen weiteren schauten sie nicht. Das Ende des Jahres kam, nicht aber das Ende dieser Weltperiode.«[27] Die Erfüllung blieb aus. Es war die zweite, noch herbere Enttäuschung, die die Spiritualen erfuhren.

Die dritte entstand durch den schweren Konflikt, in den die Spiritualen mit der Kirche verwickelt wurden. Je mehr die ursprünglichen Gedanken des Franziskus im Orden selbst zurückgedrängt wurden, um so eifriger klammerten die Spiritualen sich an die Schriften Joachims, aus denen sie ihre mannhafte Widerstandskraft schöpften. In zunehmendem Maße kirchenkritisch eingestellt, erwarteten sie ein blutiges Gericht über die Kirche. Offen sprach Petrus Johannes Olivi von einer »Zeit der Kirchenzerstörung« und der »Vernichtung des buhlerischen Babels«.[28] Mit Schaudern lasen sie im pseudojoachimitischen Jeremiaskommentar die Worte: »Wie die Kurie gemordet hat, so wird auch sie gemordet werden.«[29] Über die Christenheit sahen sie zunächst schwere Trübsale hereinbrechen und glaubten unbeirrbar an die Nähe der letzten Zeit. Nach ihren apokalyptischen Spekulationen erwarteten die Spiritualen sieben zu erduldende Heimsuchungen, ehe die tausendjährige Herrschaft des Heiligen Geistes anbrechen werde. Als sich das Papsttum gegen die Spiritualen aussprach, scheuten sie vor dem Schritt nicht zurück, den Papst des Antichristentums zu bezichtigen. Zwar lehnten sie nicht das Papsttum an sich ab, sahen sie darin doch stets eine heilige Institution, wohl aber einzelne Päpste. In Johann XXII., dem reichsten aller Päpste, entdeckten die Franziskaner-Spiritualen, mit glühender Liebe das Armutsideal verteidigend, den verkappten Antichristen, der dem großen Antichristen vorangehe. Ihm stellten sie den kommenden Engelspapst gegenüber, dem sie mit großer Sehnsucht entgegenschauten. Diese Erwartung wurde zu einem neuen Schibboleth für alle mit der damaligen Kirche zerfallenen Elemente.[30] Ihre ans Visionäre grenzende Überzeugung wurde in ihnen unter schweren Qualen geboren, mußten sie doch unsägliche Verfolgungen von seiten der Kirche erleiden. Der Konflikt zwischen Kirche und Spiritualen war keine bloß literarische Angelegenheit, sondern ein auf Leben und Tod gehender Kampf. Man ging mit allen Mitteln gegen die Spiritualen vor, da dieselben als gefährliche Häretiker betrachtet wurden. Es würde zu weit führen, all die Verfolgungen und Mißhandlungen anzudeuten, welche die Joachimiten über sich ergehen lassen mußten. Frater Gerard, der die Schriften Joachims unter dem Titel »Ewiges Evangelium« zusammenstellte, wurde wegen Verweigerung des Widerrufes zu lebenslänglichem Kerker verurteilt, und als er nach achtzehn Jahren starb, verscharrte man ihn in einem Winkel. Außer der Kerkerstrafe, die viele Minoriten traf, mußten zahlreiche Brüder den Scheiterhaufen besteigen, um bei lebendigem Leib verbrannt zu werden. Das Zeitalter der beginnenden Inquisition kannte kein Erbarmen und wendete die äußerste Brutalität gegenüber den Joachimiten an. Die Kirche ruhte nicht, bis die Spiritualen im Raume der Christenheit vernichtet waren. Mit diesem päpstlichen Sieg war die Reichserwartung von neuem abgewürgt und damit auch der Kampf gegen den Joachimismus beendigt.

Diese rücksichtslose Austilgung des joachimitischen Geistes in der zweiten Hälfte des Mittelalters ist eine Tragödie, die man nur mit herzbeklemmender Erschütterung verfolgen kann. Die Einzelheiten dieses Geschehens gehören zu jenem Drama, welches das unvoreingenommene Studium einer wahrheitsliebenden Kirchengeschichte zu einer aufregenden Beschäftigung macht, die einem oft alle Maßstäbe aus der Hand schlägt. Man wird angesichts der gewalttätigen Ablehnung diesem sich ankündigenden Geistesfrühling gegenüber an das Wort eines der genauesten Kenner der Kirchengeschichte erinnert, der diese als »die beste Schule« bezeichnete, »um an dem Dasein eines Gottes als Weltlenker zu zweifeln«, und die Äußerung tat, »gegen die Kirchengeschichte ist also das Dasein Gottes nur zu behaupten bei der Annahme, Gott habe seine Hand vom Christentum in seinem geschichtlichen Dasein abgezogen«[31] – eine sich aufdrängende Ansicht, die man trotzdem als eine der subtilsten Versuchungen niederzuringen hat.

Man muß diese rücksichtslose Ausrottung der Erwartung des dritten Zeitalters vor allem im Hinblick auf Joachim beklagen, dessen Botschaft hell wie eine silberne Glocke klingt. Gewiß, Joachims Verkündigung bedarf der Reinigung von einigen Verstiegenheiten. Die Schätzung des sohnlichen Zeitalters muß einer Revision unterzogen werden. Sein Messianismus war nach Berdiajews Urteil kein falscher, wohl aber ein verfrühter. Ungeachtet dieser Einschränkungen ist der Abt von Fiore zu den Großen im Reich des Geistes zu zählen, der seine Leser unter Berufung auf die Schrift über dieselbe hinausführt, war es doch sein Ziel, sie durch Vergeistigung vom götzendienerischen Buchstabenglauben zu befreien. Die Originalität seiner Vervollkommnungsidee spürt man heute noch hinter all seinen prächtigen Worten, die den Menschen ewige Kraft und Hoffnung zu spenden vermögen. Er hat die Musik der unendlichen Sphären gehört und zugleich den Allmittelpunkt gekannt. Trotzdem seine tiefste Hoffnung nicht in Erfüllung ging, kann seine beispiellose Weltverklärung nicht als phantastische Weissagerei abgetan werden. Sie enthält eine geniale Geschichtsphilosophie, die von einer zeitlosen Religiosität getragen ist. Kein Geringerer als Dante, der selbst Joachimit war, hat die Bedeutung dieses Mannes besungen, als er den »mit prophetischem Geist begabten kalabresischen Abt Joachim« im Paradies erglühen sah.[32] Eine tiefe und wunderbare Auffassung ist in Joachims Reichsbotschaft enthalten, nach der die Offenbarung nicht von Anfang an vollendet vorliegt, sondern im Laufe der Geschichte erst allmählich hervortritt. Ohne Übertreibung wurde von Joachims Anschauung schon gesagt, »wenn alle vernünftigen Mächte der Ordnung im dreizehnten Jahrhundert nicht zusammengehalten hätten gegen diesen im Christentum der letzten Jahrhunderte verwegensten aller Versuche einer religiösen Neuschöpfung, so hätte diese Lehre das Antlitz der ganzen Welt verändert«.[33] Diese Befürchtung ist keineswegs zu hoch gegriffen, es gehört zur tiefsten Bestimmung des Evangeliums, das Antlitz der Erde zu verändern. Aber diese angestrebte Wiedergeburt mißlang, wie so oft in der Weltgeschichte. Es blieb nach diesem Scheitern alles so unsagbar trübselig, wie es vordem war. Die chiliastische Revolution des Geistes kam nicht zustande. Trotz allen Bemühungen hatte sie es nicht vermocht, sich durchzusetzen. In dieser Vereitelung einer großen Möglichkeit besteht die wahre Tragödie des Hochmittelalters, die freilich bis heute nur von wenigen gesehen wurde.

An diesem nicht genug zu bedauernden Vorkommnis ist die Kirche in stärkstem Maße beteiligt. Sie hat die Hauptlast bei der

Erwürgung von Joachims ewig herrlicher Prophezeiung des Geistzeitalters zu tragen. Und doch darf sie nicht ausschließlich beschuldigt werden. Man muß auch die Kirche in ihrer Ablehnung verstehen, handelte sie doch nur in logischer Wahrung ihrer Interessen. Ihre Zugehörigkeit zur sohnlichen Epoche verbot ihr eine ungeteilte Zustimmung zu Joachims Botschaft. Die Christus-Wirklichkeit kam beim Abt von Fiore zu kurz. Auch war die Kirche bestrebt, dem Franziskusideal eine Form zu geben, die ihm eine dauernde Wirksamkeit ermöglichte. Bei ihren Entscheidungen läßt die Kirche sich nie nur vom Gedanken an eine Elite des Geistes lenken, wie die Spiritualen es waren, sondern sie denkt stets auch an die große Masse der mittelmäßigen Christen, die eines großen inneren Aufschwungs nie fähig sind. Allezeit hat die Kirche die Menschen als schwache Geschöpfe betrachtet, denen nicht zuviel zugemutet werden dürfe. Es war nicht nur Unverständnis, sondern auch Verpflichtung, was sie zur Ablehnung Joachims führte. Das alles kann zu ihrer Entschuldigung gesagt werden; ob diese Gründe ausreichen, ist freilich eine andere Frage.

Ganz anders hebt sich die Haltung der franziskanischen Spiritualen von ihr ab. Sie waren zum letzten Einsatz entschlossen. Und doch kann in diesem leidvollen Geschehen auch ihre Einstellung nicht in allen Teilen gebilligt werden. Gewiß war Franziskus eine der überragendsten Gestalten der christlichen Geistesgeschichte, von dessen innerer Mächtigkeit sich der heutige Mensch in der Regel eine viel zu harmlose Vorstellung macht, weil er ihn fälschlicherweise ästhetisch betrachtet. Wiederum ist Dante seiner wahren Bedeutung viel näher gekommen, als er von Franziskus sagte: »Der Welt ward hier eine neue Sonne geboren.«[34] Wer die Gestalt des Franziskus von innen schaut, begreift, daß die damaligen Menschen auf den Gedanken gekommen sind, in ihm eine neue Weltzeit der Freude angebrochen zu sehen, welche die Phase der Trauer über den Tod Christi ablöse. In Franz von Assisis Seele brach ein solcher Sturm von Freude hervor, der alles mit sich fortriß. Wie bei Jesus war es die Freude über das Kommen des Reiches, die in Franziskus' Heroldsruf zum Erklingen kam. Der Poverello glaubte sich in der letzten Zeit lebend und fühlte sich als Wegbereiter des ewigen Reiches. Aber das Innere dieses evangelischen Mannes, der in so vielem an Jesus erinnert, war durch eine grenzenlose Demut gegenüber seiner Kirche gebunden. Franziskus war der Gedanke, eine neue Kirche zu gründen, völlig fern. Eine seiner ersten Handlungen brachte vielmehr symbolisch zum Ausdruck, wie er die zerfallene Kirche wieder aufzubauen versuchte. Durch seine Unterordnung unter die Kurie erfuhr seine ursprüngliche Intention eine sichtliche Schwächung, und indem er deren Machenschaften in seiner unkämpferischen Wehrlosigkeit nur leidend gegenüberstand, gab er seinem Werk zum voraus eine Richtung, die es zur Eröffnung des Zeitalters des Geistes ungeeignet machte. Die Unmöglichkeit, das johanneische Zeitalter unter der petrinischen Herrschaft zu erwarten, haben die Spiritualen nicht genügend klar eingesehen und sich mit einer einseitigen Hartnäckigkeit auf den franziskanischen Orden versteift. Darüber haben sie alles andere außer acht gelassen. Die starke Verquickung von Joachims Botschaft mit dem Franziskanertum gereichte dem dritten Zeitalter zum Unglück. Denn dadurch wurden Joachims Ausführungen immer mehr auf ein Geleise geschoben, das keinerlei Anschluß mehr besaß.

Heute, siebenhundert Jahre später, muß man bei aller Ehrfurcht vor Franziskus sagen: Der Poverello von Assisi war nur teilweise die Erfüllung von Joachims Weissagung. Sie ausschließlich auf ihn zu beziehen war eine allzu naheliegende und gerade deswegen einseitige Deutung. Was an Joachims Botschaft nicht Sehnsucht blieb, sondern Wirklichkeit wurde, das hat sich tatsächlich 1260 ereignet, dem Geburtsjahr Meister Eckeharts, durch den Joachims Weissagung seine tiefste Gestaltung gefunden hat. Die unvergleich leuchtende Mystik Eckeharts, der mit stärkster religiöser Kraft über seine Zeit hinausschritt, gibt einen Vorgeschmack des neuen Zeitalters, sofern man das Reich des Geistes auch wirklich geistig versteht, das Angelus Silesius in die Worte zusammenfaßte:

»Der Vater war zuvor, der Sohn ist noch zur Zeit,
der Geist wird endlich sein, am Tag der Herrlichkeit.«

Der Taboriten-Sturm

Das fünfzehnte Jahrhundert bildet sowohl den Ausgang des Mittelalters als auch die Zeit der Vorreformation. Es ist beiden Epochen gleicherweise verhaftet und mit diesem Doppelcharakter eine der großen Zeitenwenden der abendländischen Geschichte.

Eine der stärksten Erschütterungen dieser Übergangszeit war die hussitische Bewegung. Sie wird gewöhnlich sehr stiefmütterlich behandelt und nicht als eine bedeutsame Erscheinung des ausgehenden Mittelalters erfaßt. An dieser Verkennung ist die nationale Abneigung, die in der deutschsprachigen Geschichtsschreibung gegen das tschechische Volk gehegt wurde, nicht unwesentlich schuld. Wer sich um solche Vorurteile aber nicht kümmert, sieht unerwartet aus dem Hintergrund eine Bewegung treten, die vieles vorweggenommen hat. Jedenfalls kommt diesem slawischen, religiös veranlagten Volk in der Geschichte des Chiliasmus ein Ehrenplatz an, der ihm länger nicht vorenthalten werden darf.

In den traditionellen Kirchengeschichtsdarstellungen wird die böhmische Volkserhebung stets von Johannes Hus überschattet. Durch seinen standhaft ertragenen Märtyrertod auf dem Konzil zu Konstanz im Jahre 1415 reihte Hus sich selbst bei den Wahrheitszeugen ein, die man nicht vergißt. Trotzdem ist Hus bei allem ernsthaften Wahrheitswillen nicht als origineller Geist anzusehen. In seinen Gedanken ist er völlig von John Wiclif abhängig, dessen radikale Ausführungen er sichtlich abschwächte. Mit einem unerschrockenen Mut und bis in den Tod seiner Überzeugung getreu, hat er in Böhmen eine Bewegung ausgelöst, die weit über ihn hinauswuchs. Die übliche Anschauung, die Hus noch einer kurzen Erwähnung für würdig erachtet, aber die an seinen Tod sich anschließenden Hussitenkriege glaubt übergehen zu können, stellt eine Umkehrung der wirklichen Bedeutung dar.

Nicht Hus ist der kühne Neuerer, sondern in der rebellischen Volkserhebung, die sich an seinen Tod anschloß, kommen teilweise neuartige Gedanken zum Vorschein, die in der Geschichte lange nachwirkten. Hus' Verbrennung war das entbindende Element der hussitischen Bewegung, die für die Geschichte der Reichserwartung viel bedeutsamer war als er.

In der Gärung, die in Wenzels Königreich nach dem Konstanzer Konzil entstand und die das in seinem nationalen Bewußtsein beleidigte Volk der Tschechen in wildem Aufstand sich erheben ließ, waren die Taboriten der treibende Faktor. Sie bildeten den linken, extremen Flügel der hussitischen Bewegung. Es verdient Beachtung, daß die Taboriten nicht in erster Linie an die Ideen von Hus anknüpften. Waldensische Einflüsse hielten ihnen die Waage. Dem Verständnis des Neuen kommt man erst nahe, wenn man auf die gesellschaftliche Herkunft der Taboriten-Anhänger achtet. Sie gehörten fast alle den niedrigen Ständen der städtischen Bevölkerung und vor allem dem Bauernstand an. Die Bauern befanden sich damals in trostlosen sozialen Verhältnissen. Unter geradezu unmenschlichen Zuständen war die Landbevölkerung gezwungen, ihr freudloses Dasein zu fristen. Der »gemeine Mann« konnte die vielen Lasten, die auf ihm lagen, beinahe nicht mehr tragen. Er erlag der erdrückenden Bürde. Darum beginnt bei dem getretenen Volk im fünfzehnten Jahrhundert ein deutlich wahrnehmbares soziales Beben, das zur Auslösung des Taboriten-Sturmes nicht unwesentlich beitrug und eine immer stärker revolutionäre Wendung annahm. Den Untergrund des taboritischen Programmes bilden soziale Wünsche, die mit religiösen Vorstellungen ein enges Bündnis eingingen. Aus dieser Verbindung ging das Neue hervor, das den Taboriten das charakteristische Gepräge verlieh und dem Reich eine bis dahin unbekannte Dimension eröffnete. Es muß als einer der entscheidenden Augenblicke in der beginnenden Neuzeit bezeichnet werden, als die chiliastischen Hoffnungen sich mit den sozialen Bestrebungen der unterdrückten Schichten verschmolzen. Dies war einer der wichtigsten Knotenpunkte in der Geschichte der Reichshoffnung. Es geziemt sich, bei ihm einen Augenblick stillezustehen. Es kam dadurch ein ganz neues Element in den Chiliasmus hinein, dem man in seinen früheren Phasen nicht begegnet. Die Verbindung mit der sozialen Not verlieh der Reichserwartung eine ungeheure Aktualisierung. Sie war nicht mehr eine theoretische Angelegenheit, sondern hat es mit dem konkreten Dasein der Menschen zu tun. Die soziale Frage gehört zu allen Zeiten zu den bedrängendsten Problemen der Menschen und bildet zugleich jenen kritischen Punkt, an dem bis dahin die Christenheit am fatalsten versagte, was sich in der Gegenwart katastrophal auswirkt. Zugleich wurde freilich durch die Verschmelzung von Chiliasmus und sozialer Not der Reichshoffnung eine Hypothek von belastendem Gewicht auferlegt. Denn durch diese Verquickung erfuhr das revolutionäre Element einen ungeheuren Auftrieb und bekam die religiöse Legitimation, deren es unbedingt bedurfte. Dieser bedeutungsvolle Moment ereignete sich erstmals bei den Taboriten, was die Wichtigkeit der hussitischen Bewegung deutlich beweist. Die chiliastische Sehnsucht nimmt hier sozial-revolutionären Charakter an, den sie bis weit in die moderne Zeit hinein beibehielt. Sozialer Chiliasmus ist die Formel, in die man die Bedeutung des Taboritentums zusammenfassen kann. Keineswegs ist damit der Chiliasmus einige Treppen herabgestiegen, denn soziale Fragen sind auch göttliche Fragen. Wohl aber ist eine Geschichtsschreibung, der es nicht bloß um abstrakte Ideen zu tun ist, sondern um das Bestreben, die Wirklichkeit zu erfassen, verpflichtet, den Taboriten eine ganz andere Aufmerksamkeit zu schenken, als es bis dahin geschehen ist.

Die taboritische Bewegung nahm ihren Anfang, als in der Osterzeit 1419 einige vertriebene hussitische Geistliche auf einem breiten, nach drei Seiten steil abfallenden Hügel in Südböhmen ein Zelt errichteten und einen tschechischen Gottesdienst abhielten. Von allen Seiten strömten die Volksmassen herbei, denen ein ungewöhnliches religiöses Erleben widerfuhr. In ihrer überquellenden Freude kamen sie sich wie die Jünger auf dem Berge der Verklärung vor und fingen gleich Petrus an, Hütten zu bauen. In dieser Begeisterung nannten sie den Hügel Tabor, ein Name, der in bezeichnender Weise auch auf sie übertragen wurde. Der Berg der Verklärung, nicht der Kelch wurde ihr

Symbol! Zu Tausenden waren sie jeweils dort versammelt, und die Wogen der Begeisterung dieser vor Seligkeit lallenden Menschen gingen hoch. Eine euphorisch zu nennende Stimmung leuchtete bei ihnen in zauberhafter Weise auf. Aus diesem beinahe orgiastischen Aufschäumen gingen die Taboriten hervor. Man hat es bei ihnen nicht mit dürren Ideen zu tun, sondern mit elementaren Kräften, welche sie dazu trieben, auf dem genannten Hügel die Stadt Tabor zu bauen. Sie war zwar wegen der großen Schnelligkeit ihrer Erstellung äußerlich sehr armselig anzusehen. Nach der Schilderung Aeneas Sylvius', des späteren Papstes Pius II., der nächtlicherweise im Jahre 1451 die Stadt besuchte, waren die aus Holz oder Lehm erstellten Häuser ohne jede Ordnung einfach aneinandergereiht. Auf die vom taboritischen Geist angehauchten Menschen übte sie trotzdem eine unwiderstehliche Anziehungskraft aus.

Durch den Priester Martin Huska und den Bauern Niklas wurde die chiliastische Hoffnung in die Reihen der Taboriten hineingetragen. Hier lag der wahre Grund ihrer Freude. Ob diese chiliastischen Gedanken über den Umweg Wiclifs auf Joachim zurückgehen, den der englische Vorreformator gekannt hatte,[1] oder auf die bis dahin unterschätzten direkten Beziehungen mit Italien, ist bis heute noch nicht erforscht. Nach dem apokalyptischen Glauben der Taboriten ist das Ende der Welt nahe herbeigekommen und steht unmittelbar bevor. Diese Überzeugung verkündeten sie mit größter Bestimmtheit. Etliche von ihnen erwarteten die Ankunft des Reiches im Februar 1420. Mit dem Beginn des Reiches ist auch das Ende der Gnadenzeit gekommen. Erbarmen ist nun nicht mehr am Platze, denn es ist die Zeit der Vergeltung gegenüber den bösen Menschen angebrochen. Die dem göttlichen Gesetz feindlich gesinnten Leute müssen mit Feuer und Schwert vernichtet werden. Die Guten, welche allein gerettet werden, haben nach dem Wort Jesu aus allen menschlichen Siedelungen auf die Berge zu fliehen, denn es werden alle Städte gleich Sodom durch das Feuer ausgetilgt werden. Nur fünf Ortschaften entgehen einem Jesajawort zufolge diesem Schicksal.[2] Die Taboriten, als die Beauftragten Gottes, werden dieses Strafgericht vollziehen. Wenn die Welt durch Feuer erneuert worden ist, wird Christus sichtbar wiederkommen und sein Reich aufrichten. »In dieser Zeit wird auf Erden kein König oder Herrscher noch ein Untertan sein, und alle Abgaben und Steuern werden aufhören, keiner wird den andern zu etwas zwingen, denn alle werden gleiche Brüder und Schwestern sein.«[3] Gott selbst wird König über die Menschen sein. Die Kirchen sind niederzureißen und die menschlichen Wissenschaften auf die Seite zu legen. Taufe und Abendmahl haben keinen Sinn mehr, sogar die Bibel ist überflüssig geworden, denn das Gesetz Gottes wird jedem ins Herz geschrieben. Im Tausendjährigen Reich wird es weder Herren noch Knechte geben, weder Sünder noch Leiden. Die Frauen werden ohne Schmerzen gebären und die von ihnen geborenen Kinder unsterblich sein. Jegliches Ärgernis und alle Unreinheit wird in diesem Zeitraum abgetan. Die Toten werden auferstehen und das große Weltgericht gehalten werden. Dies alles wird sich in Kürze erfüllen.[4]

Die Verbindung des Chiliasmus mit der sozialen Not zeigt sich in der Einführung des christlichen Kommunismus bei den Taboriten. Die von allen Seiten herbeiströmenden Bauern und Bürger verkauften ihren Besitz und hatten in der neuen Stadt alles gemeinsam. »Den Unterschied des Mein und Dein kannten die Brüder und Schwestern des Berges Tabor nicht«, wird berichtet. Das Privateigentum wurde als Todsünde betrachtet, und die politischen Standesunterschiede galten als aufgehoben. Die aus religiösen Motiven geforderte soziale Neuordnung stand bei ihnen an vorderster Stelle, woraus sich auch der reale Aufschwung des Taboritentums erklären läßt. Der Kommunismus liegt dem slawischen Volk ohnehin nahe, da ihm von Natur aus eine gewisse Brüderlichkeit eigen ist. Als sich diese naturhafte Anlage mit dem Chiliasmus verband, gebar der Glaube an das Unmögliche das Mögliche. Für die Taboriten hatte das »hic et nunc« die alleinige Bedeutung erlangt, dem sie alles zu opfern bereit waren. Tabor ist das erste Glied in jener langen Kette von »heiligen Experimenten« in der Geschichte des Christentums, die keineswegs mit dem dürftigen Hinweis widerlegt sind, daß ihnen keine Dauer beschieden war.

Der sozial verstandene Chiliasmus der Taboriten fegte zunächst wie ein Sturm über das böhmische Land. Die tschechischen Bauern begannen mit der Plünderung von Schlössern und Klöstern. Die Kirchen fielen der Zerstörung anheim, da es im Tausendjährigen Reich, dessen Ankunft sie erwarteten, keine Tempel mehr geben werde und die Heiligenaltäre für sie ohnehin nur Götzenanbetung bedeuteten. Ein wahrer Vandalismus wirkte sich zuerst bei ihnen aus, dessen dumpfes Grollen noch aus den Worten ihrer Lieder zu vernehmen ist. Man erschrickt förmlich über den rasenden Ausbruch dieser elementaren, lange gestauten Volkswut. Es war nicht gerade Reich-Gottes-gemäß und ist auch nicht restlos aus dem Charakter der slawischen Volksseele zu erklären, obwohl sich bei ihr grenzenlose Aufopferungsfähigkeit mit wilder Grausamkeit vermählen kann. Es ist vielmehr ein schwerwiegendes Symptom, daß, sobald sich im Chiliasmus das soziale Element geltend macht, auch die brutale Gewaltanwendung erfolgt. Offenbar besteht zwischen diesen beiden Faktoren eine seltsame Affinität, was nicht der christlichen Reichgotteshoffnung entspricht.

Die Taboriten konnten ihre Anschauungen nur notdürftig in die Tat umsetzen. Papst Martin v. rief die Christenheit zu einem Kreuzzug auf gegen die böhmische Ketzerei und verhieß jedem Teilnehmer vollkommenen Ablaß. Ein großes Heer, das Menschen aus allen europäischen Ländern umfaßte, leistete dem päpstlichen Aufruf Folge und zog gegen Böhmen. Dadurch wurden die Hussiten in unaufhörliche Kriege verwickelt, die sie in den Ruf unmenschlicher Grausamkeit brachten. Die von wildem Kampfesgeist erfüllten Hussiten wurden bald zum Schrecken ganz Deutschlands. Doch dürfen die Ausschreitungen der Hussiten nicht übertrieben werden. Ihr Verhalten vor Naumburg, wo sie die Bittprozession der Kinder freundlich aufnahmen, sie mit Kischen beschenkten und schließlich, durch deren Flehen bewegt, die Stadt verschonten, zeigt die geistige Beschaffenheit dieser Streiter des Herrn deutlich. Das Gesetz Gottes war die Losung in ihren Schlachten, und sie hielten auf stramme Manneszucht in ihren Reihen. Der Krieg war ihnen aufgenötigt worden und bedeutete für sie Sein oder Nichtsein. Wurde er verloren, war der Untergang für sie alle besiegelt. Es blieb ihnen keine andere Wahl, als zu siegen oder zu sterben. Den kriegerischen Ruhm verdankten sie vor allem ihrer heldenhaften Tapferkeit, mit der sie sich, oft mit bloßen Dreschflegeln versehen, den bestbewaffneten Heeren entgegenwarfen und sie nur durch den wuchtigen Anprall in die Flucht schlugen. In der Person Ziskas besaßen sie eine votreffliche Führung, die eine neue Kriegstechnik zur Anwendung brachte, welche die Ritter in helle Angst versetzte. Nie erlitt der einäugige Ziska, der später als Blinder die Schlachten leitete, eine Niederlage. Er blieb auch als der unbesiegbare Feldherr der einfache Hussit, der sich Gott allein verantwortlich fühlte. Als er 1424 von der Pest dahingerafft wurde, übernahm der Kriegerpriester Prokop der Große die militärische Nachfolge und erließ ein »Manifest an die gesamte Christenheit«, das weiteste Verbreitung fand. Nachdem die Hussiten alle gegnerischen Versuche, in das böhmische Land einzudringen, siegreich zurückgeschlagen hatten, konnten sie sogar von der Verteidigung zum Angriff übergehen, indem sie das Kriegselend in die benachbarten Länder hineintrugen und mit großer Beute heimkehrten. Das fünfte Kreuzzugsheer löste sich 1431 bei der bloßen Nachricht vom Nahen der Hussiten in wilder Flucht auf, ohne den Feind nur gesehen zu haben.

Schließlich aber erlebten auch die Hussiten an sich selbst die demoralisierende Wirkung des jahrelangen Krieges. Es gesellten sich zu ihnen immer mehr zweifelhafte Elemente, die das sittlich-religiöse Niveau der Taboriten fühlbar herabdrückten. Die anfängliche Begeisterung ließ sich auf die Dauer auf der gleichen Höhe nicht halten. Auch verstanden die Hussiten wohl zu siegen, nicht aber ihre Siege politisch auszunutzen. Ihr Erfolg beruhte auf der unumgänglichen Voraussetzung ihrer Einigkeit. Nach außen vermochten sie wohl lange noch als eine geschlossene Front dazustehen, gegen die Kaiser und Papst nicht aufzukommen imstande waren. Aber im Innern gärte ein fühlbarer Zwiespalt, der um so gefährlichere Form annahm, als die religiösen Leidenschaften aufs höchste angespannt waren. Der Hussitismus war nie eine einheitliche Formation, sondern schon früh durch eine tiefgreifende Spaltung zwischen den Pragern und Taboriten zerklüftet. Den Pragern war die Forderung des Abendmahles unter beiderlei Gestalten das hauptsächlichste Anliegen. Dem taboritischen Chiliasmus standen sie ablehnend gegenüber. Bei den Taboriten dagegen machten sich die verschiedenen Ansichten geltend, und die kurze Zeit ihres Bestehens ließ sie dieselben nicht zu einer Einheit zusammenfassen. Nach dem Nichteintreffen des Reiches geriet ihre chiliastische Vorstellungswelt in eine Krise. Die Gegensätze zwischen den Taboriten und den Pragern spitzten sich zusehends zu, so daß es schließlich zwischen ihnen zur blutigen Auseinandersetzung kam. Die mörderische Schlacht im Jahre 1434 in der Nähe von Böhmisch Brod, die trotz der Übermacht der Utraquisten lang unentschieden hin und her schwankte, endigte infolge Verrates mit der Niederlage der Taboriten. Fast ihr ganzes Heer mit Prokop blieb auf der Walstatt liegen. Nur wenige Gefangene wurden gemacht. Damit war die Kraft der Taboriten gebrochen, wenn sie den Kampf auch noch eine Zeitlang mit schwachen Kräften fortsetzten, bis sie mit Sigismund sogar einen Vertrag abschließen mußten. Zunächst retteten sie noch wenigstens die Selbständigkeit ihrer schwerbefestigten Stadt Tabor, aber schon 1452 mußten sie alle Priester ausliefern. Die ganze Bewegung erlag einem langsamen Siechtum. Nur unterirdisch mottete der taboritische Chiliasmus weiter. Das »böhmische Gift« drang denn auch bis nach Burgund und in die Schweiz.

Es ist eine Verkennung, in den Taboriten lediglich »praktische Nihilisten« zu sehen, in denen »zum erstenmal der idealistische Zerstörungstrieb des Slawentums auf dem Schauplatz der europäischen Geschichte erscheint«.[5] Diese deutsche Betrachtung übersieht gerade den entscheidenden Punkt der Hussitenkämpfe, die nur als Glaubenskriege richtig aufgefaßt werden. Einzig aus religiöser Begeisterung lassen sich die übermenschlichen Kraftanstrengungen der Taboriten erklären. Diese Menschen waren von einem glühenden Glauben ergriffen, der sie freilich in die Nähe des Fanatismus rückte. Die hussitische Bewegung, die aus dem Suchen nach neuen Wegen hervorging, ist zweifelsohne ein Zeichen des geistigen Fieberzustandes, der die tschechische Nation damals beinahe bis zum Delirium schüttelte. Es ist aber beachtenswert, daß es ausgerechnet ein slawisches Volk war, das zuerst auf abendländischem Boden ein chiliastisches Reich aufzurichten versuchte. Diese Tatsache muß festgehalten werden, wenn auch dieses Reich nur wie ein Nordlicht in der Nacht des ausgehenden Mittelalters kurze Zeit aufleuchtete und schnell wieder erlosch. Das rasche Versinken erklärt sich nicht aus dem Charakter des Slawentums, das nach germanischen Theorien zur Staatsbildung unfähig sei. Vielmehr ist der Zusammenbruch des chiliastischen Reiches der Taboriten nur religiös zu verstehen. Mehrere Momente haben dazu beigetragen. Nachteilig wirkte sich vor allem der Umstand aus, daß den Taboriten in den wichtigen Stunden der religiöse Führer großen Formates versagt blieb. Unzweifelhaft waren Ziska und Prokop Männer von echter Frömmigkeit, doch lag ihre Genialität ausschließlich auf kriegerischem Gebiet. In religiöser Beziehung waren ihnen keine außerordentlichen Qualitäten eigen. Die Gestalt mit der religiösen Überlegenheit fehlte, die ein solches Aufflammen der Reichserwartung unbedingt erfordert hätte. Dieser Mangel rächte sich. Die Taboriten waren den schwerwiegenden Entscheidungen in religiöser Hinsicht nicht gewachsen. Die charakteristische Eigentümlichkeit des taboritischen Chiliasmus bestand in seinem Versuch zur praktischen Verwirklichung. Er blieb nicht nur als Programm auf dem Papier, sondern wurde durch die Aktivität der Menschen selbst heraufgeführt. Die Verwirklichung des Gottesreiches auf Erden begann aber bei den Taboriten mit einem furchtbaren Kirchensturm, in welchem zahlreiche Priester erschlagen wurden. Sie übertrugen die grausamen Vorschriften des Alten Testamentes gegen die Kananiter auf die in der Gegenwart lebenden Gottlosen. Die Ausrottung der Bösen wurde ausdrücklich proklamiert, es schwindelt einem vor den Augen bei dem wahnsinnigen Gedanken, den diese entschlossenen Menschen in die Tat umsetzten. Nur ein Chiliast von der Größe eines Joachim hätte sie von diesem Irrweg zurückzuhalten vermocht. Eine solche Persönlichkeit aber war ihnen nicht beschieden. Statt dessen verband sich bei den Taboriten der Chiliasmus mit der Gewalt, was als Novum in der Geschichte der Reichserwartung vermerkt werden muß. Man begegnet zwar schon bei Laktanius' Schilderung des Tausendjährigen Reiches zahlreichen Erschlagenen, doch wird es bei dem altchristlichen Kirchenvater nicht deutlich, ob die Heiligen selber die Schuld tragen oder ob sie daran unbeteiligt waren. Die Taboriten jedoch lasen aus der Bibel eindeutig die Aufforderung zum Kampf gegen die Gottlosen. Sie blieben zunächst dank dieser Auffassung vor der Ausrottung, mit der die Kirche sie bedrohte, bewahrt. Zugleich mit ihrer Errettung besudelten sie aber auf unstatthafte Weise ihre heilige Sache. Dieser Schritt zur Gewaltanwendung wurde ihnen zum Verhängnis und zog sie auch in die vielen Kriege hinein. Zwar behaupteten die Taboriten in einer Denkschrift aus dem Jahre 1431, das tschechische Volk sei nur gezwungenermaßen, wider seinen Willen, in den Krieg gezogen. Es spricht jedenfalls für das christliche Gewissen der Taboriten, daß bei ihnen der Krieg nicht als Selbstverständlichkeit betrachtet wurde. Die Frage nach der Berechtigung des Krieges zu religiösen Zwecken wurde ausführlich diskutiert. Ihr chiliastisches Bewußtsein war aber doch nicht fein genug entwickelt, dieses Problem in der richtigen Weise zu lösen, obschon dies vom einsichtigen Peter Cheltschitzki deutlich nahegelegt wurde, der sich bereits damals mit prachtvoller Klarheit aus religiösen Gründen gegen jegliche Gewaltanwendung ausgesprochen hat. Am Führer- und Gewaltproblem ist der taboritische Chiliasmus gescheitert, aber nicht ohne eine große Funktion im abendländischen Geistesleben ausgeübt zu haben. Ihm war die Aufgabe gegeben worden, das heilige Feuer unter der Asche zu hüten, damit es zur gegebenen Stunde wieder zu neuer Glut entfacht werden konnte. Die Taboriten sind vor allem als Saat aufzufassen, die nicht für alle Zeiten auf steinigen Grund fiel, begegnet man ihren Spuren doch öfters in der Geschichte des Chiliasmus.

Die Niederschlagung des Taboritentums ist der Christenheit teuer zu stehen gekommen. Vom eschatologischen Fieber war sie damit keineswegs geheilt. Die damalige Zeit stand viel zu stark unter einem apokalyptischen Druck, und es geschahen beständig zu viele Ereignisse, welche die Volksseele in der Tiefe aufwühlten. Je mehr das Mittelalter seinem Ausgang entgegeneilte, um so stärker nahm eine trübe Zeitstimmung überhand. Die Gedanken wurden immer mehr auf die Endvorstellung hingelenkt. Eine

Seuche löste die andere ab und wirkte sich unter den Menschen verheerend aus. Dem großen Peststerben fiel über die Hälfte der Einwohner des Abendlandes zum Opfer. An die Türe Europas pochten die Türkenheere immer ungestümer und drohten die Christenheit zu überfluten. Im Innern lagen die uneinigen Fürsten miteinander in beständiger Fehde, deren Kosten das arbeitende Volk zu tragen hatte. Alle diese Geschehnisse mußten auf die Menschen eine beängstigende Wirkung ausüben. Die Unkenntnis der Naturvorgänge bestärkte sie in diesem unheimlichen Lebensgefühl. In allem Naturgeschehen wie Erdbeben, Erscheinungen von Kometen, Sonnenfinsternissen, Sternschnuppen erblickte man Vorzeichen des nahen Endes. »Sogar seltsame Wolkenbildungen und Wolkenfärbungen beobachtete man ängstlich und sah darin kämpfende Heere und einzelne Gestalten im Zweikampf«, die man als Vorboten des Antichristen deutete.[6] In der gleichen Weise wurden furchtbare Stürme, riesige Heuschreckenschwärme und große Dürren interpretiert. Bereits leuchteten für diese Menschen Sonne und Mond mit abgeschwächtem Glanz, und die Fruchtbarkeit der Erde nahm ab. Das Ende konnte nicht mehr lange auf sich warten lassen. Das Denken vieler Christen entsprach dem Wort jenes italienischen Mönches, daß die Welt sich nicht erneuere, sondern zugrunde gehe. Der Menschen bemächtigte sich eine wahre Untergangsstimmung. »Es ist wohl unbestreitbar, daß die Menge derer, die die Posaune des Jüngsten Tages vernommen zu haben glauben, zu keiner anderen Zeit so ergreifend groß gewesen ist wie zwischen 1430–1530.«[7] Die Ansicht, daß die Welt alt geworden sei und demnach bald sterben werde, war allgemein verbreitet.

Als Zeichen der zunehmenden Verdüsterung des christlichen Bewußtseins sind bereits die Geißlerbewegungen zu bewerten, die in der zweiten Hälfte des Mittelalters immer von neuem entstanden. Einen lähmenden Eindruck machte es auf die Menschen, als plötzlich »Edle und Unedle, Greise und Jünglinge, selbst Kinder von fünf Jahren, nackend bis auf die bedeckten Schamteile, ohne Scheu, paarweise in feierlichen Aufzügen durch die Stadt wallten. Jeder hatte eine Geißel aus ledernen Riemen in der Hand, womit sie sich unter Seufzen und Weinen heftig auf die

Schultern schlugen, bis das Blut darnach ging. Unter Strömen von Tränen, als wenn sie mit leiblichen Augen das Leiden des Heilands sähen, riefen sie in kläglicher Weise um Barmherzigkeit zu Gott. Nicht nur am Tage, auch des Nachts, im strengsten Winter, zogen sie mit brennenden Kerzen zu Hunderten, Tausenden, ja Zehntausenden, angeführt von Priestern mit Kreuzen und Fahnen, umher… Es schwiegen zu derselbigen Zeit alle musikalischen Instrumente und alle Liebeslieder; nur den Trauergesang der Büßenden hörte man überall, in den Städten und auf dem Lande; seine klagenden Töne rührten steinerne Herzen, und die Augen der Verstockten füllten sich mit Tränen.«[8] Die wilde, ans Ekstatische grenzende Geißlerbewegung dehnte sich als unaufhaltsame Epidemie aus. Bischöfe und Fürsten erbleichten gleicherweise vor den büßenden Scharen, welche alle Schranken des gesellschaftlichen Lebens durchbrachen. Erst als die geistlichen und weltlichen Oberen sich vom ersten Schrecken erholt hatten, wagten sie es, gegen die Geißler Maßnahmen zu treffen. Von Italien her war die Bewegung über die Alpen in die nördlichen Länder gedrungen. Von ihrer Auswirkung in Deutschland überliefert die Limburger Chronik eine anschauliche Schilderung.[9] Gewöhnlich wird das Flagellantentum als bloß krankhafte Bewegung abgeschätzt. Obwohl seine Pathologie nicht in Abrede gestellt werden kann, ist mit dieser Bestimmung das komplizierte Phänomen keineswegs erschöpft. Die Geißler sind ein eindrucksvolles Symptom der Apokalyptik, die nicht bloß eine Erscheinung des Spätjudentums ist, sondern in der Geschichte immer wiederkehrt. Schon ihr erstmaliges Auftreten in Perugia verrät deutlich den Zusammenhang mit joachimitischen Ideen. Auch die unmittelbare Veranlassung der Geißlerzüge im Jahre 1349 geht auf apokalyptische Prophezeiungen zurück, die Schrecken und Heimsuchungen ankündigten. Die Geißlerzüge können ohne eschatologische Unterlage gar nicht verstanden werden. Von den kirchlichen Gegnern wurden sie als »Sendlinge des Antichristen« betrachtet, und die Flagellanten fühlten sich selbst als »wirklich in der Endzeit lebend«.[10]

Geschürt wurde diese apokalyptische Stimmung durch die mannigfachen Weissagungen, welche die Menschen erschreckten.

Diese drohenden Prophezeiungen sind nicht erst eine Erscheinung des ausgehenden Mittelalters, wenn sie sich auch in diesem Zeitraum zusehends häuften. Bereits im Hochmittelalter brachten die aufstachelnden Weissagungen einer Hildegard von Bingen die Menschen zum Aufhorchen. Trotzdem die Astrologie von der Kirche als frevelhafte Schwarzkunst verboten war, wurde doch seit dem Verkehr mit den Sarazenen die Meinung immer stärker verbreitet, daß die Sterne nicht trügen können. Aus der Gestirnswelt las man den baldigen Weltuntergang, der unter unbeschreiblichem Lärm vor sich gehen werde. Eng verwandt mit dieser aus heidnischer Quelle stammenden Astrologie ist die sibyllinische Weissagung, die im Mittelalter eine große Rolle spielte.[11] Bei diesen Sibyllen handelt es sich keineswegs um echte Sprüche aus der Antike, sondern um nachträgliche Erfindungen. Dies vermochte jedoch ihrer Wirkung damals keinerlei Abbruch zu tun, da man ihnen bereitwillig Glauben schenkte. Mit ihnen vermischte sich der Strom der apokalyptischen Weissagung, der sich aus den biblischen Schriften nährte. Eine weitverbreitete Weissagung des fünfzehnten Jahrhunderts stammt von Vinzenz Ferrer, einem der größten Prediger seines Zeitalters. Er unternahm als Dominikaner weite Reisen durch Frankreich, Italien, Spanien, wobei er mit seinen Predigten nicht nur die Bekehrung der Ketzer, sondern allgemein die Aufrüttelung der verdorbenen Christenheit bezweckte. Seinen Predigten war ein eschatologisches Pathos eigen. Dieser Mönch sah das geschichtliche Geschehen in dem Traumbild des Nebukadnezar im Buche Daniel abgebildet. »Zuerst kommt das goldene Zeitalter der Kirche: vierhundert Jahre in der Aussaat; dann das eiserne: Ausbreitung des Islams und anderer Irrtümer, Reform durch Dominikus und Franziskus auf hundertfünfzig Jahre hinein; in der nächsten Periode, entsprechend den Leibesteilen aus Eisen und Ton: Sinken der Orden, so daß sie ›schlimmer sind als andere Christen‹, ›ein Weg des Verderbens‹.«[12] In Ferrers Predigt stand das Thema des Antichristen im Vordergrund, im Jahre 1412 schrieb er dem Papst Benedikt XII., daß der große Widersacher bereits neun Jahre alt sei. Nach ihm erscheint zunächst der Antichristus mixtus und erst dann der Antichristus purus. Auf seinen Reisen wurde Ferrer von den Flagellanten begleitet, welche die von ihm gedichteten Bußlieder sangen und so seinem Auftreten den entsprechenden Rahmen verschafften. Auch die Prophezeiungen von Johannes Lichtenberger, einer bis dahin historisch noch nicht genügend aufgehellten Gestalt, und die Predigten Savonarolas schürten die endgeschichtlichen Erwartungen im ausgehenden Mittelalter. Immer wurden dem Volk schwere Heimsuchungen angedroht, da Gottes Zorn wie ein orkanartiger Gewitterregen über diese Erde losbrechen werde und ein entsetzliches Morden unter den Menschen bevorstehe. All dies werde nur ein kleiner Rest überstehen. Die apokalyptischen Weissagungen nahmen schließlich Formen an, die das fünfte Laterankonzil zur Verordnung veranlaßten, daß kein Prediger es wagen dürfe, Unglück, Ankunft des Antichristen und den Jüngsten Tag vorherzusagen, ohne hiezu von der Kirche ermächtigt zu sein.

Alle diese Geschehnisse wirkten sich als schwerer seelischer Druck auf den spätmittelalterlichen Menschen aus. Eine ungeheure Steigerung der Weltangst war ihre Folge. Diese sinnlose Angst, wie das Tier sie empfinden mag, wenn es zur Schlachtbank geführt wird, steigerte sich im ausgehenden Mittelalter zur Ausweglosigkeit, welche die Menschen bis zum Wahnsinn trieb und sie in helle Verzweiflung stürzte. »Gegen Ende des Mittelalters ist der Untergrund des Lebensgefühles bittere Schwermut.«[13] Von einem wahren Terror der Angst wurde der mittelalterliche Mensch gepeinigt, welche die größten Störungen in seinem seelischen Leben bewirkte. So finster, so ohne Licht war alles, daß eine drückende Schwere über dem Leben lag. In dieser Depressionsstimmung voller Todesahnungen enthüllt sich die wahre Seele des Spätmittelalters mindestens so stark wie in ihrem morbiden Herbstcharakter, da alle Früchte reif, überreif und deshalb untergangsreif wurden. Es war nicht nur die Atmosphäre des dumpfen Trübsinns, wie sie in der Neuzeit Baudelaire so meisterhaft zu skizzieren verstand, es handelt sich hier um eine Verfinsterung des Gemütslebens. Mannigfache Zeugnisse aus jener Zeit bekunden die namenlose Angst, die aus den Augen des damaligen Menschen schaute. Die Portalgestalten der gotischen

Kathedralen stellen in ihrer Traurigkeit die »steingewordene Angst« (Spengler) dar, und nach Stadelmann liegt »eine unbezwingbare Schwermut über vielen der Schnitzwerke und Tafeln des fünfzehnten Jahrhunderts«.[14] Von Albrecht Dürers Bild »Melancholie«, aus dem einen ein überaus banges Warten entgegenblickt, wurde schon gesagt, daß es »die tote Stunde seiner Nation, wahrscheinlich ganz Europas, um 1500 festgehalten« habe.[15] Auch in seiner Holzschnittfolge zur Offenbarung Johannes, die der Künstler aus eigenem Antrieb machte, kommt dieser Urschauer der Angst zum Vorschein. Es ist nicht zufällig, daß »kein biblisches Buch zu Ende des Mittelalters so viel mit Illustrationen bedacht worden ist wie dieses«.[16] Seine schreckhaften Bilder entsprechen der Seelenstimmung jener Menschen, für die sogar die Toten zu tanzen anfingen. Diese Düsternis vermochte auch die lachende Renaissance mit ihrem Versuch, eine Verschönerung des Lebens herbeizuführen, nicht zu durchbrechen, obschon sich in ihr die Sehnsucht nach einem neuen Leben regte.[17] Selbst eine Gestalt wie Petrarca war allzusehr von weltschmerzlerischer Melancholie erfüllt, um mit grübelnden Sinnen die beklommene Ratlosigkeit zu überwinden.

Dieser Weltangst gegenüber war die Kirche jener Zeit völlig machtlos. Sie besaß gar nicht die Kraft, diese Furcht vor dem Zorne Gottes zu beseitigen, die damals wie eine drohende Gewitterschwüle über der Christenheit lag. Wallfahrten, Reliquienkult, Heiligenanrufung usw. bestätigten die Menschen nur in ihrer angsterfüllten Seelenverfassung. Die Kirche war in ihrer sittlichen Verlotterung, die sich vom niedrigsten Dorfplatz bis hinauf zum Statthalter Christi in Rom erstreckte, selbst von einer viel zu starken Lähmung ergriffen, um dieser seelischen Erkrankung der Menschen wirksam begegnen zu können. Die frohe Botschaft war ihr seit dem fünften Jahrhundert abhanden gekommen. Der »Tag Jesu Christi«, den man im Neuen Testament so sehnsuchtsvoll herbeigewünscht hatte, war ihr längstens zu einer furchterregenden Vorstellung geworden, die den Menschen wie Espenlaub erzittern machte. Christus war nur noch der grimmige Richter, der den verstörten Menschen Schrecken einflößte. An Stelle der urchristlichen Freudenbotschaft war ein furchterregendes Trauma getreten, das sich als entsetzlicher Alb auf die Seelen der Menschen legte und sie Tag und Nacht ängstigte. Nur mit Furcht und Zittern dachte man an den Jüngsten Tag, woselbst der Richter alle Menschen um sich versammeln werde. Dieses von Angst bebende Weltgefühl hat in Celanos Gedicht »dies irae«, das sich wie eine Erklärung zu Michelangelos »Jüngstem Gericht« liest, seinen unvergleichlichen Ausdruck gefunden:

Tagt der Tag der Zornesfülle,
Steht die Welt in Flammenhülle,
David sagts und die Sibylle.

Welch ein tiefes Graun wird walten,
Wenn der Richter kommt zu schalten,
Strenge sein Gericht zu halten.

Die Posaun im Schreckenstone,
Fordert auch in fernster Zone
Jeden aus der Gruft zum Throne.

Tod und Leben schaudernd sehen
Die Geschaffenen auferstehen
Hin zum Richterstuhl zu gehen.

Und ein Buch wird aufgeschlagen,
Worin alles eingetragen,
Das die Erde wird verklagen.[18]

Woher kam diese furchtbare Angst, die sich im ausgehenden Mittelalter wie eine Lawine beständig vergrößerte und die mit dem ursprünglichen Christentum sich in einem so starken Kontrast befand? Die Beantwortung dieser Frage, die sonderbarerweise in allen Darstellungen des Spätmittelalters gar nicht aufgeworfen wird, enthüllt erst das innere Geschehen. Da die mittelalterliche Kirche die freudige Reichserwartung nicht festzuhalten vermochte, verwandelte sich die eschatologische Erwartung folgerichtig in lähmende Angst vor dem Weltende. Das Ende aller Dinge war fortan nicht mehr namenlose Freude, wie es die ersten Christen erlebten, weshalb sich ein unheimlicher Schrecken geltend machte. Die nicht gebrauchte Mixtura verwandelte sich für den Menschen automatisch in Gift, das ihm schlechtbekam und seinen innern Tod herbeiführte. Die Beseitigung der Reichssehnsucht und das Überhandnehmen der Angst steht in einem ursächlichen Zusammenhang. Wo immer die Reichshoffnung aufflammte, war auch stets das Aufblitzen der wonnesamen Freude wahrzunehmen, und wo sie aus kirchlich-politischen Gründen abgewürgt wurde, trat mit immanenter Notwendigkeit die angsterfüllte Furcht vor dem Gericht an ihre Stelle. Daß sich alle Schuld auf Erden rächt, ist eine Wahrheit, die der religiöse Ausgang des Mittelalters anschaulich illustriert. Die beklemmende Todesangst, welche die Menschen damals terrorisierte, war – horribile dictu – die metaphysische Strafe für die blutige Vernichtung der Reichserwartung von Joachim bis zu den Taboriten. Es wird sich immer wieder rächend geltend machen, bis ihr endlich die Christenheit erneut Einlaß gewährt.

Der reformatorische Reichsglaube

I

Jede Erfassung der Reformation muß bei der Gestalt Martin Luthers einsetzen. Die Allgemeinheit ist noch immer von jenem langweiligen Bild Luthers beherrscht, das ihn als Superintendent zeigt. Es ist jener Luther, der selbst wieder ein scholastisches Luthertum begründet hat, das lange nicht alle seine entscheidenden Gedanken festzuhalten vermochte. Luther aber ist unendlich viel größer als seine kleinen Schüler, die ihr unschöpferisches Wesen durch unduldsames Gebaren zu verdecken suchten. Der Wittenberger Reformator darf nicht nur nach seiner Lehre betrachtet werden, die starr wirkt, wenn sie von seinem personhaften Ringen losgelöst wird. Von entscheidender Bedeutung ist vielmehr der junge Luther, der in seiner Augustinerkutte so bleich aussah und in dessen Augen ein unheimliches Feuer brannte. Dieser junge Luther sang das unvergängliche Lied von der Freiheit eines Christenmenschen, überwand den gesetzlichen Moralismus und betonte in der Auffassung vom allgemeinen Priestertum die Verantwortlichkeit des Einzelmenschen. Er war eine religiöse Potenz von riesenhaftem Format und besaß eine verschwenderische Fülle von tiefsten religiösen Einsichten. In ihm steckte trotz seiner konservativen Veranlagung ein Revolutionär, der seine Zeit aus den Angeln hob. Luther überragt an religiöser Kraft alle Gestalten seiner Zeit und war ungeachtet seiner polternden Grobheit die lebendigste Persönlichkeit jener Epoche. Im Unterschied zu den Vorreformatoren hat er sich nicht damit begnügt, nur die äußern Mißstände der Kirche zu tadeln, er hat das kirchliche Gebäude selbst in Brand gesteckt. Er lebte die Reformation in seiner eigenen Person, statt sie nur zu fordern. Was Luther befähigte, die große Bewegung ins Rollen zu bringen, wozu das fünfzehnte

Jahrhundert mit all seinen gelehrten Reformkonzilien nicht imstande gewesen war, läßt sich einzig aus dem Umstand erklären, daß er zuerst den alten Weg bis ans äußerste Ende ging, um dann den neuen zu beschreiten. Deswegen muß neben seiner mittelalterlichen Gebundenheit auch das Moderne gesehen werden, das mit ihm begonnen hat.

In seiner einsamen Klosterzelle, wohin die Angst des spätgotischen Zeitalters Luther getrieben hatte, quälte er sich bis zur Erschöpfung mit dem Ringen um einen gnädigen Gott. Er wollte in heißem Gotteskampf vom Allmächtigen nicht lassen, bis er ihn segnete. Wie Hiob nach Gottes Rede aus dem Gewitter bekennen mußte, daß er früher wohl mit den Ohren von Gott gehört, nun aber ihn mit eigenen Augen gesehen habe, wurde auch Luther von dem verborgenen Gott zuerst niedergestreckt und nachher wieder aufgerichtet. Unter der Wucht dieser unbeschreiblichen Gottesbegegnung, die ihm im Angesicht Jesu Christi zuteil wurde, empfand er fortan alles Reden über Gott als hilfloses Gestammel. Geistliche Ängste und göttliche Geburten hatte der hagere Mönch mit den blitzenden Augen an sich erfahren, er wußte, daß selbst den Heiligen Träume und Visionen schrecklich sind. In diesem christlichen Gotterleben wurzelt Luthers unerschütterliches Sendungsgefühl. Ohne diesen überwältigenden Eindruck von der Wirklichkeit Gottes ist das tiefste Wesen der Reformation nicht zu verstehen. »Durch das Fenster des dunklen Glaubens« war Luther Gottes Alleinwirksamkeit entgegengetreten und hatte ihn die Rechtfertigung des sündigen Menschen aus reiner Gnade erleben lassen, von der er mit einer unerschöpflichen Sprachgewalt zu reden verstand, die unwidersprechlich dartut, daß er durch eine jahrhundertealte Kruste zum Neuen Testament vorgestoßen war. Die Bedeutung von Luthers Tat liegt in seinem Erleben des Glaubens als göttliches Geschenk, das dem jungen Protestantismus die dynamische Stoßkraft verliehen hat.

Luthers Verständnis der Rechtfertigungslehre geschah durch das Bibelwort und läßt sich von dieser Grundlage nicht ablösen. Die Erschließung des Neuen Testamentes wurde ihm beim Studium des Paulus zuteil, indem er ähnliche Kämpfe erlebte, wie sie der Apostel durchmachte. Bewußt betrachtete Luther die neutestamentliche Botschaft unter paulinischen Gesichtspunkten: »Ja, ich darf sagen, daß in St. Pauli Episteln das Evangelium klärer und lichter ist, denn in den vier Evangelisten; denn die vier Evangelisten haben Christi Leben und Worte beschrieben, welche doch nicht verstanden sind, bis nach der Zukunft des Heiligen Geistes, der ihn verkläret, wie er selbst sagt; aber St. Paulus schreibet nichts von dem Leben Christi, drückt aber klar aus, warum es kommen sey, und wie man sein brauchen soll.«[1] Diese Entdeckung der paulinischen Auffassung ist jedoch einem Menschen des sechzehnten Jahrhunderts widerfahren, der durch die deutsche Landschaft und abendländische Kirchlichkeit geprägt worden war. Als eigenwilliger Sohn einer Übergangszeit hat Luther dem neuen Verständnis der Bibel seinen persönlichen Stempel aufgedrückt. Bei allem Jubel, den er über die wieder erschlossene Schrift empfand, beugte er sich doch nur dann ihrer Autorität, wenn sie seinem religiösen Erleben entsprach. Er konnte sich einerseits mit größter Hartnäckigkeit auf den Buchstaben der Bibel versteifen, um auf der andern Seite die seiner Auffassung widersprechenden biblischen Aussagen mit der Bemerkung auf die Seite zu schieben, daß es zweierlei Wort in der Schrift gebe, eines, das ihn treffe, und ein anderes, das ihn nichts angehe. Aus dieser Konzentration auf die paulinische Erfüllungsmystik und aus der Situation des Spätmittelalters sind Luthers Ausführungen über die letzten Dinge herausgeflossen, die bei ihm eine viel größere Rolle spielen, als die üblichen Biographien über den Reformator vermuten lassen. Ein weniger bekannter Luther tritt einem entgegen, achtet man auf seine Einstellung zu der endgeschichtlichen Erwartung. Über dieses Thema konnte er sehr widerspruchsvolle Äußerungen tun, die nicht auf eine Formel gebracht werden können und die, allein betrachtet, eine etwas einseitige Vorstellung seines Wollens geben, was sich aber in diesem Zusammenhang nicht vermeiden läßt.

Wenn Luthers Auftreten in der richtigen Perspektive gesehen werden soll, muß es unter einen apokalyptischen Aspekt gerückt werden. Ihm selbst ging dieses Bewußtsein auf, als er das Problem des Papsttums wirklich zu Ende dachte. Als getreuer Sohn der Kirche war er zunächst ein Verehrer des heiligen Vaters in Rom. Nicht von einem Tag auf den andern, sondern in einem langsamen Prozeß trat an Stelle der Ehrfurcht die offene Auflehnung gegen den Statthalter Gottes auf Erden. Der Kampf gegen den Papst lag nicht in Luthers ursprünglicher Absicht. Noch bei seinem Thesenschlag dachte er nicht im entferntesten daran, mit ihm in Konflikt zu geraten. Hiezu wurde er erst durch den Lauf der Geschehnisse gedrängt, d. h. als die Kurie seine Fragen einfach niederschlagen wollte. Erst nach dieser Erfahrung dämmerte in Luther gleichsam wider seinen Willen eine andere Anschauung über das Papsttum auf, und ein großes Erschrecken über diese neue Überzeugung durchzitterte seine Seele. Nur ganz im Vertrauen teilte er 1519 die entsetzliche Vermutung zunächst seinem Freunde Spalatin mit, indem er ihm schrieb: »Ich beschäftige mich jetzt mit den päpstlichen Dekreten für meine Disputation, und – das sage ich dir nur ins Ohr – ich glaube fast, daß der Papst der Antichrist selbst oder wenigstens sein Apostel ist; so erbärmlich wird Christus, d. h. die Wahrheit, von ihm in den Dekreten mißhandelt und gekreuzigt.«[3] Die Wahrnehmung vom antichristlichen Wesen des Papstes ließ zunächst Luther erbleichen. Ein metaphysisches Entsetzen durchzitterte seine Seele. Es läßt sich nur aus der ungeheuren Spannung erklären, in der dieser Mönch lebte. In den großen Kampfschriften des Jahres 1520 spricht er dann aber seine bis dahin nur vermutungsweise geäußerte Ansicht in aller Öffentlichkeit und mit größter Bestimmtheit aus. In der Schrift »Von der babylonischen Gefangenschaft der Kirche« schreibt Luther rücksichtslos: Das Papsttum ist eine antichristliche Institution! Der Papst ist der Mensch der Sünde und der Sohn der Verworfenheit, auf ihn geht die Weissagung vom »Greuel an heiliger Stätte«. Nachdem Luther diese Ansicht öffentlich ausgesprochen hatte, zog er rasch alle Konsequenzen. Vom Papst in den Bann getan, schrieb er sofort eine Schrift »Wider die Bulle des Endchristes«, die von dem Gedanken getragen war: Wer auch immer der Verfasser dieser Bulle sein mag, ich halte ihn für den Antichristen. Kein Ausdruck ist ihm zu scharf, um die Verworfenheit des antichristlichen Papsttums zu brandmarken. Fortan ruft er seinen Predigtbesuchern zu: »So siehe nun, ob nicht der Papst der höchste Erzgreuel aller Greuel ist, den Christus und Daniel meinet, und der rechte Endchrist ist.«[3] Für Luther ist der Papst eindeutig der Widerchrist, womit der Reformator seinem Kampf eine eschatologische Beleuchtung gibt. In dieser Haltung verharrte Luther bis zu seinem Tode, wie noch seine Schrift »Wider das Papsttum zu Rom, vom Teufel gestiftet«[4] bekundet.

Das Papsttum als personifiziertes Antichristentum bezeichnet, war eine Anschauung von solch ungeheuren Ausmaßen, die für jeden frommen Katholiken völlig unannehmbar war. Luther hatte damit eine ungemein zündende Parole gefunden, mit der er den Kampf gegen das Papsttum führen konnte. Der spätmittelalterliche Mensch verstand diese Anklage auch und nahm sie begierig auf. Das einfache Volk sah gerade zum Teil in dieser Entlarvung des Papstes als Antichristen den Kern von Luthers Werk. Eine Stärkung dieser apokalyptischen Ansicht bildet die Glorie, die Luthers Anhänger um den Reformator als den neuen Elias woben, der dem Endchrist kräftigen Widerstand leistete. Luther war zwar nicht der erste Christ, der den Papst mit dem Antichristen in Beziehung brachte. In den Joachimiten, in John Wiclif und in den Hussiten hatte er in dieser Anschauung seine Vorgänger. Und doch unterscheidet er sich wesentlich von ihnen. Nicht einen einzelnen Papst, der sein Amt schlecht ausübte, bezichtigte er des Antichristentums und auch nicht die gottlosen Renaissancepäpste, die ihr Heidentum genossen. Luther sah vielmehr im Papsttum als Institution den Antichristen. Mit dieser viel radikaleren Erkenntnis hängt noch ein weiterer Wesensunterschied zusammen. Alle früheren Oppositionsströmungen gegen den Träger der Tiara waren immer von dessen unsittlicher Lebensführung ausgegangen, an der sie Anstoß genommen hatten. Luther übersah die sittlichen Mängel nicht. Aber sie bildeten für ihn nicht den Anlaß zu seinem Angriff auf das Papsttum. Er nahm vielmehr am religiösen Machtanspruch des Papsttums Anstoß. Vor allem empörte ihn die Herrschsucht des Vatikans, welche die Nachfolge Petri dazu verführte, sich über die Bibel zu stellen und Gottes Wort mit ihren eigenen Verfügungen zu verdunkeln. In dieser Feindschaft gegen das Wort Gottes sah Luther in erster Linie das Antichristliche des Papsttums. Mit dieser Auffassung wurde sein ganzer Papstkampf auf eine andere Ebene gehoben. Der Antichrist wurde nicht mehr wie im Mittelalter außerhalb der Kirche im Mohammedanismus gesucht, sondern von Luther plötzlich *mitten* in der Christenheit entdeckt und dadurch dem Menschen ganz anders nahegerückt. Unter Schaudern sah der fromme Mönch den Antichristen als »Gegensatz zu Christus in der Gestalt der Ähnlichkeit mit ihm«.[5] Mit dieser religiösen Sicht, die den Antichristen innerhalb der Kirche wahrnahm, verschärfte und aktualisierte der Reformator das unheimliche Problem in nicht zu überbietender Weise. Als irreligiöse Wirklichkeit kann das Papsttum mit weltlichen Mitteln auch gar nicht gestürzt werden, da es nach Luther erst im Jüngsten Gericht an Christus selbst zerschellen wird.

Luthers Kampf gegen die dämonische Gewalt des Papsttums darf nicht nach modernen Gesichtspunkten beurteilt werden, die mit affektloser Objektivität Größe und Verderbnis dieser Institution abzuwägen imstande sind. Luther stand in einer Kampfessituation, die letzte Wahrheiten bedroht sah, und hieraus erklärt sich auch seine Unnachgiebigkeit. In diesem gewaltigen Ringen ging es ihm trotz unflätigen Kampfbildern nicht um ein kleinliches Gekläff, wie es der konfessionellen Polemik sonst eigen ist. Ein abgrundtiefer Haß loderte in Luther, wie er elementarer nicht sein konnte, der ihn auch vor den schwersten Beschuldigungen, über die seine heutigen Anhänger betreten schweigen, nicht zurückschrecken ließ. Der Wittenberger Reformator dagegen kannte kein verlegenes Vertuschen. Wer die Wahrheit des Evangeliums unterdrückt, verdient es, daß gegen ihn Himmel und Hölle beschworen werden. Es entstand dadurch eine apokalyptische Situation. Bei allem geschichtlichen Verständnis für diesen bis zur Weißglut geführten Kampf Luthers gegen das Papsttum kann man ihm auf dieser Fährte nicht mehr folgen. Sein alle Ufer überflutender Zorn steigerte sich in der Polemik zu solcher Maßlosigkeit, daß man sich mit Meißinger fragen muß: »Woher hat der fromme Mönch, der leidenschaftliche Bibelergründer, der unermüdlich treue Lehrer auf einmal diese dämonische Lust an messerscharfen Antithesen, an bösartigen Wortspielen, an jähem Maskenwechsel? Woher kennt dieser Weltfremde auf einmal so unheimlich genau die Instinkte der Menge?«[6] Man wird nicht umhin können, zu bedauern, daß in seiner allzu hemmungslosen Polemik – die auch Kierkegaard an Luther so befremdete – nichts mehr von dem panischen Schrecken mitschwingt, der ihn erbleichen machte, als er die antichristlichen Züge am Papsttum entdeckte. Sie läßt sich nicht nur mit seinem vulkanischen Temperament erklären, das Luther zu Einseitigkeiten und Härte fortriß. Bei allem Glauben, daß die Endzeit angebrochen sei, hat der Augustinermönch hierin eine Schranke übertreten, die der Christ in den Auseinandersetzungen mit seinen Mitmenschen nie überschreiten darf. Seine ungezügelte Kampfeslust übersah denn auch den viel gefährlicheren Papst, den jeder Mensch in sich hat. Gegen den »Papst in sich« hätte Luther losfahren müssen, dann wäre sein Ringen mit der widergöttlichen Macht in eine noch größere Tiefe gegangen.

Wie sehr Luther die Dinge in endgeschichtlicher Perspektive sah, ist vor allem in seinem Glauben an die unmittelbare Nähe des Jüngsten Tages begründet.[7] Über die Stärke dieses Glaubens bekommt man aus den neuzeitlichen Darstellungen von Luthers Theologie nur eine unvollkommene Vorstellung. Wer sich jedoch bemüht, in Luthers Wollen einzudringen, dem begegnet dieser Glaube auf Schritt und Tritt. Seine Anschauung ist keine Alterserscheinung, findet sie sich doch schon beim jungen Luther. Verschiedene Anzeichen schienen ihm dafür zu sprechen, daß der Jüngste Tag vor der Türe stehe, dessen Morgenröte sich schon zeigte. Luther hielt die Reformation für die letzte Posaune vor dem Ende, welche die Wiederkehr Christi vorbereitet. In einer seiner Predigten führt er aus: »Ich will niemand zwingen noch dringen, mir zu glauben, ich will mir's aber auch wiederum durch niemand nehmen lassen, daß ich halte, der Jüngste Tag sei nicht ferne.«[8] Aus dieser Gewißheit heraus ermahnte er seine Zuhörer: »Nun will ich hier nicht fechten, sondern den Christen befehlen, ob die Zeichen an der Sonnen, Monden und Sternen geschehen sind. Das ist aber mein Glaube und gewisse Hoffnung, daß solche Zeichen des mehrere Teil schon geschehen sind.«[9] Nach Luther »schicket sich alles fein dazu, daß der Jüngste Tag bald hereinbrechen wird«.[10] Wie nahe herangekommen er dieses Ereignis glaubte, geht aus zahlreichen Äußerungen hervor. Er spottet über das viele Kirchenbauen, »als ob der Jüngste Tag nie käme«; eine neue Osterrechnung einzuführen scheint sich nach ihm nicht mehr zu lohnen, weil das Ende der Welt doch bald eintreffe. Wie viele Stoßgebete »mein lieber Herr Jesu Christi, komme doch und komme balde« oder »ach, daß doch derselbige Tag unserer Erlösung schier käme und machte des großen Jammers und teuflischen Wesens ein Ende« – hat Luther ausgesprochen. Solche sehnsüchtigen Wünsche lassen sich aus dem kirchlichen Glaubensgut, das Luther rein traditionsgemäß übernommen hatte, allein nicht erklären. Sie entsprechen vielmehr seinem eigensten Herzen, das sich aus den trüben Erfahrungen, die Luther mit seinem Reformationswerk machen mußte, in diese brennende Sehnsucht rettete. Die Hoffnung auf den Jüngsten Tag verdichtete sich bei Luther zur Gewißheit von dessen Nähe: »Ich hoffe ja, der Tag sei nicht weit, und wir wollen ihn noch erleben.«[11] Bereits ziehen die Engel den Harnisch an, so daß Luther meinte: »Ich habe die Gedanken, daß dieser Tag wird kommen nach und um Ostern, da das Jahr am hübschesten und lustigsten ist und frühe, wenn die Sonne aufgeht, wie zu Sodom und Gomorra.«[12] Stärkern Ausdruck kann man seiner eschatologischen Einstellung nicht geben, als wenn man das große Ereignis noch selbst zu erleben hofft.

Freilich lehnte Luther alle Berechnungen des Weltendes, wie sie im ausgehenden Mittelalter immer mehr überhandnahmen, scharf ab. Als sein Freund Stiefel die neue Sintflut auf den 19. Oktober 1533 erwartete, meinte Luther, »solcher Glaube ist lauter Lügen, denn es ist kein Wort Gottes dabei«,[13] obschon er selbst früher auch bestimmte Termine genannt hatte. Luther war durch eigene Erfahrungen zu einem »Feind aller biblischen Berechnungen des Weltunterganges« geworden.[14] Auch Luther gehörte zu den gebrannten Kindern, nur eine Einstellung, die keinen inneren Anteil nimmt, kann sein Enttäuschungserlebnis mit den oberflächlichen Worten vernebeln wollen: »Es spielt unseres Erachtens dabei keine Rolle, ob er sich in der Annahme der Nähe des Zeitpunktes dieser Endzeit getäuscht hat.«[15] Dagegen bedeutet es keinen grundsätzlichen Einwand gegen Luthers Endglaube, wenn sich bei ihm auch einige entgegengesetzte Äußerungen finden, welche die Annahme von einer noch längern Weltdauer vertreten. So konnte er auch sagen, daß das Mittagsläuten um der Nachkommen willen beizubehalten sei. Nach seinem Tode, nimmt er an, werden noch viele Sekten und Rotten entstehen. Gelegentlich steigen ihm auch Zweifel auf über die Nähe des »Jüngsten Tages, ob's wohl scheinet, daß Christus fast verziehe und wolle nicht kommen«.[16] Aber diese wenigen Aussagen gegen die Naherwartung zeugen von seiner an Gegensätzen reichen Natur und vermögen nicht, gegen Luthers Gesamtanschauung aufzukommen, nach der die Welt in das Greisenalter eingetreten sei. Mit dieser Überzeugung motiviert Luther gelegentlich die Unmöglichkeit der Bändigung der Brunst, weil der Mensch in seiner jetzigen Schwachheit nicht mehr die gleiche geistige Spannkraft aufbringe wie in den früheren Jahrhunderten. Nach Luther nehmen der Welt und der Menschen Kräfte immer mehr ab, es geht zur Neige, pflegte er zu sagen. Sein Jahrhundert schien ihm im Vergleich zu früheren Zeiten wie ein Äpfelchen, das noch ganz leicht am Baume hängt. In der Tiefe seiner Seele war Luther vom Ende der Welt überzeugt, hierin seinem Gegner Sebastian Franck nicht unähnlich, der ebenfalls mit verstörtem Gesicht wie gebannt dem Untergang entgegenstarrte. Aus seinem Endzeitglauben läßt sich auch Luthers Mangel an Mut zur Zukunft erklären, der jedoch seine Schaffenskraft nicht beeinträchtigte. Dem Kommenden blickte er mit Düsternis entgegen und sah in der Türkengefahr ein furchtbares Strafgericht über der Christenheit. Er sprach von der »Staupe über Deutschland«, die nicht nur eine Züchtigung, sondern die Vernichtung der Größe Deutschlands zur Folge habe, weil sich das deutsche Volk für das Evangelium nicht genug eingesetzt habe. »Es hilft kein Bitten mehr«, sagte er angesichts der heraufziehenden Katastrophe, der Antichrist tobt und der große Tag ist nahe. Wir oder unsere Nachkommen werden ihn erleben.

Das Bedeutsame an Luthers Erwartung des Jüngsten Tages war vor allem die innere Haltung, die er diesem Ereignis gegenüber einnahm. Im Spätmittelalter verband sich mit dem Jüngsten Tag nur noch die Vorstellung des göttlichen Zornes, die zu einer Quelle der seelischen Angst für die Menschen geworden war. Luther kannte als spätmittelalterlicher Mensch diese angsterfüllte

Atmosphäre nur zu gut, aber je tiefer er in die Welt der Bibel hineindrang, um so mehr verlor für ihn dieser Tag seinen furchterregenden Charakter. Parallel mit diesem neuen Bibelverständnis brach sich bei ihm eine neue Bewertung des Weltgerichtes Bahn, überraschenderweise redete er vom »lieben Jüngsten Tag«, dessen Seligkeit er mit aller Freude erwartete. Seltsame Umkehrung. Während alle Menschen bei dem bloßen Gedanken an dieses Ereignis von einem unheimlichen Furchtgefühl beschlichen werden, begann Luther dasselbe zu begrüßen und zu ersehnen. »Wir wollen fröhlich des Tages begehren«, mit dem Wunsche, »je eher, je lieber«, sagte er und fordert seine Predigtzuhörer auf, »den Tag liebzuhaben«, denn »wer noch nicht so geschickt und bereit ist, daß er des Tages begehret, der verstehet noch nicht das Unser-Vater, viel weniger kann er's von Herzen beten«.[17] »Wer des Jüngsten Tages nicht mit Liebe und Lust wartet, der ist nicht in einem göttlichen Leben, wenn er gleich Tote aufwecket.«[18] Dieser Gedanke findet sich bei Luther nicht nur einmal, er braust wie Orgelklang durch seine Ausführungen. Für die Welt wird der Jüngste Tag »eitel Schrecken und Zittern, Tod und Gift und höllische Marter zeigen«, aber für die Christen »eitel Zucker«.[19] Welch gewaltiger Umschwung zeigt sich doch in dieser Aufforderung, den Jüngsten Tag als Freudentag zu betrachten, gegenüber dem lähmenden Entsetzen, mit dem der mittelalterliche Mensch vor diesem Tag bebte! Eine radikalere Umdrehung ist nicht möglich; diese freudigen Worte Luthers sind der helle Sonnenstrahl, der durch das dunkle Gewölk des Spätmittelalters hindurchdrang. Angesichts dieser Umwertung ist Luthers religiöse Überwindung des Mittelalters mit Händen zu greifen. Mit dieser neuen und zugleich alten Auffassung hat der Reformator tatsächlich wieder zum Urchristentum zurückgefunden. Im ursprünglichen Protestantismus ist damit wieder die neutestamentliche Sehnsucht lebendig geworden, welche seufzt: »Komme bald.«[20] Auch für Paulus war der Tag Jesu Christi ein lichtvolles Ereignis, das er mit allen Fasern seines Wesens herbeisehnte. Luther hat den freudigen Charakter des Jüngsten Tages mit dem seligen Glücksgefühl, mit dem eine Braut ihrem Hochzeitstag entgegenblickt, verglichen[21] und damit unmißverständlich verkündet, daß er den fröhlichen Klang aus der neutestamentlichen Botschaft herausgehört hat. Immer ist es eines der entscheidenden Kriterien für das Vordringen in die Nähe des Neuen Testamentes, ob dabei die große Freude widerhallt, die in Jesu Reichsbotschaft liegt. Die Umwertung »des Tages des Zornes« in den »lieben Jüngsten Tag« ist der Höhepunkt der endgeschichtlichen Einstellung Luthers, die nur ein Mensch vollziehen konnte, der die letzten Anfechtungen durchschritten hat. Ob man Luther in dieser frohen Erwartung beipflichten kann, ist der Maßstab dafür, wie tief man in seine Erneuerung der ältesten christlichen Position eingedrungen ist. An dieser Stelle und nicht in seiner hemmungslosen Polterei wird seine wirklich religiöse Kraft sichtbar.

Trotz dieser überaus bedeutungsvollen Annäherung an das Urchristentum hat Luther gleichwohl nicht die völlige Höhenlage des Neuen Testamentes zurückgewonnen, wenn er dies auch selbst meinte. Es darf über dieser Wiederentdeckung der Unterschied doch nicht übersehen werden, der zwischen Luther und dem Neuen Testament besteht und der auch mit jenem gedankenlosen Bindestrich biblisch-reformatorisch nicht überbrückt werden kann. Die Differenzen müssen wenigstens kurz angedeutet werden, weil erst sie deutlich machen, wie bei Luther wohl die ursprüngliche Melodie des Urchristentums wieder durchbricht und zugleich doch eine Variation bleibt.

Luther bezieht die Hoffnung auf den lieben Jüngsten Tag nur gelegentlich auf das Kommen des Reiches, das mit apokalyptischem Getöse hereinbrechen werde. Meistens verquickt er diese Sehnsucht mit dem individuellen Sterben. »Wenn der Mensch gestorben ist, wird er seinen Jüngsten Tag haben«, war Luthers Meinung. Für alle Sterbenden sah der Reformator den Jüngsten Tag im Tode anbrechen. Wie sehr Luther die Verbindung von Jüngstem Tag und persönlichem Tod herstellte, geht aus dem großen Gewicht hervor, das er auf die Vorbereitung zum Sterben legte. In seinem »Sermon von Bereitung zum Sterben« (1519) betreibt er nicht jene unsympathische Überbetonung der Todesstunde, die seit Augustin in der Christenheit heimisch geworden war. Luther ist bestrebt, dem Menschen zu helfen, dem Todesgeschehen real zu begegnen, und will das »erschröckliche Bild des

Todes« überwinden, indem er dem Menschen nahelegt, »sich im Leben mit des Todes Gedanken zu üben« und nicht erst im Sterben, wo es »fälschlich und nichts nütze ist«.[22] Dem Reformator ist es nicht um eine Verängstigung des Menschen zu tun, sondern um eine siegreiche Überwindung der Todesfurcht, indem er den Christen ermahnt, den grimmigen Tod zu verachten und ihn als einen süßen Schlaf zu betrachten.[23] In der ergreifend ernsten Art, mit der Luther vom heiligen Sterben und der darauffolgenden Auferstehung redet, wo Gott an sein Gräblein klopfend spricht »Doktor Martinus, stehe auf«, ist es ihm gelungen, dem Menschen die Todesangst zu nehmen. Die tief religiöse Todesbezwingung Luthers ist äußerst wertvoll, aber mit einer Privatisierung des Jüngsten Tages erkauft, die im Luthertum noch weiter ausgebaut wurde. Die Seelsorge der lutherischen Kirche ist bis zum 17. Jahrhundert vorwiegend tröstende Sterbeseelsorge, und die Sterbekunst griff tief in das Leben des Altprotestantismus ein, denn der »Karfreitag und der eigene Todestag sind die beiden großen Tage im Leben des lutherischen Christen«.[24]

Bei allem Respekt vor der sehnsüchtigen Haltung, mit der der protestantische Mensch ebenso erstaunlich wie wundervoll vom Sterben sagen konnte »schlage doch, gewünschte Stunde«, hat Luther damit doch eine Umschichtung vollzogen. Selbstverständlich ist es von eminenter Wichtigkeit, ob ein Christ wirklich mit größter Seelenruhe die Worte sprechen kann: Komm, süßer Tod. Niemals wird das jener Mensch nur im geringsten anzweifeln wollen, der selbst versucht, jeden Tag an sein eigenes Sterben zu denken. Aber der Wert dieser inneren Haltung darf nicht dazu führen, die hierin eingetretene Veränderung zu übersehen. Die Verquickung von Todesstunde und Jüngstem Tag ist kein bloßes Zusammenrücken zweier räumlich-zeitlich getrennter Ereignisse. Es liegt hier vielmehr eine vom Urchristentum zu unterscheidende Auffassung vor. An Stelle des kosmischen Ereignisses, welches das Neue Testament mit der eschatologischen Erwartung des Gottesreiches verband, war bei Luther ein persönliches Erleben getreten. Der Jüngste Tag war zu einem individuellen Geschehen geworden. Nicht mehr wird die ganze Welt vom Kommenden umgestaltet, der einzelne Mensch erleidet getrost und glaubensvoll das Todesschicksal, er hofft, in das himmlische Reich einzugehen. Diese Jenseitshoffnung nimmt den Platz ein, die denn auch in dem bekannten Lied von Johannes Matthäus Mayfart – der sowohl über das »Jüngste Gericht« als das »Himmlische Jerusalem« eine Schrift geschrieben hat – ihren klassischen Ausdruck fand:

> Jerusalem, du hochgebaute Stadt
> Wollt Gott, ich wär in dir!
> Mein brünstig Herz so groß Verlangen hat,
> Und ist nicht mehr bei mir.
> Weit über Berg und Tale
> Weit über blaches Feld
> Schwingt es sich über alle
> Und eilt aus dieser Welt.

Die Verquickung des Jüngsten Tages mit der Sterbestunde des Menschen ist durch Luthers lebhafte Abneigung gegen das apokalyptische Weltgefühl bedingt. Am heftigsten kommt diese Aversion gegen die apokalyptischen Schriften, die man nach seinem Ausspruch in die Elbe werfen sollte, im Urteil über die Offenbarung Johannes zum Ausdruck, das er 1522 zur Ausgabe des Neuen Testamentes schrieb: »Mir mangelt an diesem Buch nicht einerlei, daß ich's weder apostolisch noch prophetisch halte… daß ich es fast gleich bei mir achte dem vierten Buch Esras und allerdings nicht spüren kann, daß es von dem Heiligen Geist gestaltet sei… Mein Geist kann sich in das Buch nicht schicken, und ist mir die Ursach genug, daß ich sein nicht hoch achte, daß Christus darinnen weder gelehret noch erkannt wird.«[25] In seiner Bibelausgabe hat er der Offenbarung Johannes keine Seitenzahlen gegeben und sich mit der Beibehaltung im Kanon nur schwer abfinden können. Luther unterdrückte in den spätern Bibelausgaben zwar dieses geringschätzige Urteil über die Apokalypse, doch seine innere Einstellung hat sich nicht geändert. Noch ein Jahr vor seinem Tode schrieb er: »Es haben wohl viel sich daran versucht; aber bis auf den heutigen Tag nichts Gewisses aufgebracht; etliche viel ungeschickts Dinges aus ihrem

Kopf hinein gebräuet. Um solcher ungewissen Auslegung und verborgen Verstandes willen haben wir's bisher auch lassen liegen, sonderlich weil es auch bei etlichen alten Vätern geachtet, daß nicht St.Johannes der Apostel sei.«[26] Im Gegensatz zu seiner Ablehnung der Offenbarung Johannes hat Luther Daniel als einen »hohen, trefflichen Propheten« gerühmt[27] und sich sogar mit einer wenig glücklichen Auslegung dieses Buches abgequält.[28] Diese Inkonsequenz ist nur aus seiner Verkennung der Verwandtschaft beider Schriften verständlich, aus der er das Buch Daniel in seinem Kampf gegen das Papsttum verwendete. Luthers Ablehnung der Apokalyptik ist durch den Mißbrauch der »Schwärmer« bedingt. Es war nur logisch, daß Luther sich mit dieser Auffassung auch gegen den Chiliasmus wandte. Mit Vehemenz eiferte Luther gegen die chiliastische Hoffnung: »Denn dieser Wahn stecket nicht allein in den Aposteln, sondern die Chiliastä, Valentinianer und Tertulliani haben alle auch so genarret mit diesem Gedanken, daß es für den Jüngsten Tag also würde zugehen, daß die Christen allein das Erdreich besitzen werden, und dann keine Gottlosen sein sollten; und hat sie zu diesem Gedanken verursacht, daß die Gottlosen so glückselig in der Welt sein, haben die Königreich, das weltliche Schwert, Weisheit und Gewalt.«[29] Der Chiliasmus war für Luther ein jüdischer Wahn, von dem er sich mit Worten des Abscheus abwandte und dem er kein positives Interesse abzugewinnen vermochte. Er schien ihm eine greuliche Verunstaltung der Wahrheit zu sein. Das wahre Tausendjährige Reich betrachtete er mit Augustin der Vergangenheit angehörend. Luther legte seiner heftigen Ablehnung des Chiliasmus eine solche Bedeutung bei, daß sie sogar in die Bekenntnisschriften seiner Kirche aufgenommen wurde. In der »Confessio Augustana«, die 1530 auf dem Reichstag zu Augsburg feierlich Kaiser Karl v. von den evangelischen Fürsten und Städten überreicht wurde, heißt es im XVII. Artikel: »Item, hie werden verworfen etliche jüdische Lehre, die sich auch itz- und eräugen, daß vor der Auferstehung der Todten eitel heilige, fromme ein weltlich Reich haben und alle gottlosen vertilgen werden.«[30] Eine der schlimmsten Äußerungen, die dem Protestantismus in keiner Weise zum Ruhm gereicht! Denn sie stellt einen vor die unbestreitbare Tatsache, daß die lutherische Kirche, deren Formalprinzip die alleinige Autorität der Heiligen Schrift ist, in ihren Bekenntnisschriften die neutestamentliche Lehre vom Tausendjährigen Reich ausdrücklich verwirft. An dieser betrüblichen Feststellung gibt es nichts zu rütteln. Sie ist eindeutig erwiesen. Man kann nur die Erwartung aussprechen, daß die evangelische Kirche Deutschlands doch den Mut findet, diesen verhängnisvollen Fehltritt öffentlich zu korrigieren und sich in dieser Frage mit der Bibel in Übereinstimmung zu bringen.

Luthers Kampf gegen den päpstlichen Antichristen und seine Auffassung vom Jüngsten Tag bilden die Unterlage zum Verständnis seines Reichsglaubens. Die reale Berührung mit dem Urchristentum beweist die Reformation dadurch, daß sie sich von der Reichsvorstellung getroffen fühlte, worin sie sich von der katholischen Gegenreformation unterscheidet. Zwar hat Luther nicht gewagt, die Reichserwartung zur Grundlage seines Werkes zu machen. Dessen ungeachtet nimmt die Hoffnung auf das Reich bei ihm einen breiten Raum ein. Rein verbal betrachtet kommt bei ihm der Begriff Reich sehr häufig vor. Er verwendet ihn nicht nur gelegentlich, der Reichsglaube durchzieht sein gesamtes Schrifttum und spielt bei ihm eine gewichtige Funktion. »Das Reich muß uns doch bleiben«, hat Luther in seinem berühmten Trutzlied gesungen, und wäre von ihm nur dieser eine köstliche Satz überliefert, so müßte sein Name mit goldenen Lettern in einer Geschichte der Reichserwartung eingekerbt werden. Denn mit dieser Losung hat Luther ausgesprochen, worauf es ankommt. Wenn die Christen das Reich aus den Augen verlieren, dann ist es um ihren Glauben geschehen. Sie stehen und fallen mit der Reichshoffnung. Jeden Tag müssen sie diese kraftvollen Worte wiederholen. Sie bringen ihr innerstes Anliegen zum Ausdruck. Solange sie den Glauben an das Reich nicht aufgeben, sind sie unüberwindbar. Die zentrale Bedeutung des Reiches für des Christen Hoffnung war mit Luthers Wiederentdeckung des Neuen Testamentes unvermeidlich gegeben. Da der Reformator das Evangelium jedoch ausschließlich durch die Brille des Paulus sah und zugleich von Augustin nie ganz loskam, erhielt auch seine Reichsauffassung durch diese beiden Komponenten ihre eigentümliche Prägung.

Nicht ein, sondern zwei Reiche kennt Luther. »Ihr aber höret, daß wir also lehren, daß zweierlei Reich ist.«[31] Luther legt das größte Gewicht auf diese Lehre von den zwei Reichen, die wie eine Erneuerung des iranischen Dualismus anmutet. Sie bildet eine der hauptsächlichsten Voraussetzungen seiner Argumentation. Diese beiden Reiche liegen in einem beständigen Kampf miteinander. Sie stehen nicht friedlich-schiedlich nebeneinander, sondern sind in einem Ringen auf Leben und Tod ineinander verkeilt. In dramatischer Weise sah Luther, wie sich »die zwei widerwärtigen Reiche miteinander raufen für und für um die Krone, und gilt, welcher den Sieg und Oberhand behalte; darum sind die Christen in den Kampf gesetzet, daß sie müssen zu Felde liegen wider den Feind Gottes«.[33]

Das eine Reich ist das der Welt. Luther kann auch sagen: das des Teufels. Die Bezeichnung ist bei ihm nicht einheitlich. Daß er bald diesen, bald jenen Ausdruck gebraucht, ist für seine Denkweise charakteristisch. Kurzerhand sagt er: »Das weltlich Reich gehet über die Schälke und böse Buben.«[33] Nach Luther »machts der Kaiser in seinem Reich, wie er will, bestellet sein Reich aufs beste er kann, durch Vernunft, Weisheit, Juristen, Gesetz und Ordnung«.[34] Die Berechtigung dieses Reiches hat Luther nie in Frage gestellt, denn sein Realismus anerkannte dessen Notwendigkeit stets. Er hat die Christen immer zur Respektierung des weltlichen Reiches aufgefordert. Mitunter pries er dieses weltliche Reich sogar in hohen Worten, daß man Gott in der Obrigkeit sehen solle. Auf alle Fälle lag ihm jeglicher Gedanke an eine Umgestaltung des weltlichen Reichs fern.

Diesem weltlichen Reiche gegenüber steht das von ihm gänzlich verschiedene Reich Gottes. »In seinem Reich, darin Christus König und Herr ist, lehret er nicht, wie wir sollen ackern, pflügen, säen, ernten, haushalten, Geld sammeln, Krieg führen, Land und Leute regieren.«[35] Um dieses Reich, das für Luther eine Glaubenswahrheit war, kreisen seine innersten Gedanken. Wenn er von ihm spricht, wird er entflammt. Es ist ein geistlich Reich, das nicht in äußerlichen Dingen besteht. »Also ist Gottes

Reich nit anders, denn Fried, Zucht, Demütigkeit, Keuschheit, Liebe und allerlei Tugend«, führt Luther aus.[36] In diesem Reich gibt es keine Strafen, sondern nur Gnade. Unermüdlich betont Luther, wie das Reich Gottes nicht in Verdammnis bestehe, sondern in Vergebung der Sünden, und darum »kömmet nun niemand in dieses Reich, denn die Sünder«.[37] Nach ihm ist es eine herrliche Predigt, daß es »ein solch Reich ist, da Blinde, Lahme, Aussätzige, Taube, todte Leute und sonderlich die armen Sünder, und alles was elend, dürftig und nichts ist, angehören und da Trost und Hilfe finden«.[38] »In diesem Reich Gottes regiert unser lieber Herr Christus, gleich als ein Spittelmeister in einem Spital, unter den kranken, armen, siechen Menschen. Denn hieher zu diesem Reich gehört niemand, denn eitel Sünder und elende Menschen, denen die Sünden sollen vergeben werden.«[39] Wichtig war für Luther, daß dieses »Reich Christi also ohne äußerlichen Zwang und Gewalt, allein durch den Mund der Unmündigen, das ist, allein durchs Wort und Glauben gestiftet und regiert wird«.[40] Dieses geistliche Reich ist auf Erden und dennoch keine irdische Angelegenheit, wie Luther in paradoxer Weise betont. Vielmehr wird »Gottes Reich wohl hier anfangen und nimmt zu; es wird aber in jenem Leben vollbracht«, deswegen betet der Christ »laß uns hie nit lang leben, auf daß vollkommen werd in uns, dein Reich, und wir erlöst werden gänzlich von des Teufels Reich«.[41]

Luther selbst erachtete es als eines seiner Hauptverdienste, die scharfe Trennung dieser beiden Reiche begonnen zu haben. Nach ihm hat Christus schon flugs nach seiner Geburt angefangen »zu unterscheiden sein und der Welt Reich«.[42] Luther faßte seine eigene Predigttätigkeit in dem Sinne auf, »daß wir das Reich Christi von der Welt, und den König Christum von andern weltlichen Königen scheiden lernen.«[43] Ein Hauptartikel des Glaubens ist für Luther diese Unterscheidung: »Denn diese zwei Reiche sollen unterschieden bleiben, nicht ineinander gemenget werden.«[44] Er betrachtet es als seine Sendung, diese Unterscheidung »einzubleuen«, wie er sich selbst ausdrückt. Seit den Tagen der Apostel habe niemand so klar diese beiden Reiche unterschieden wie er, und er wurde denn auch in der Betonung der Trennung dieser beiden Reiche nicht müde, da sie sich nach ganz verschiedenen

Gesetzen bewegen. Durch die Verkennung dieser Unterscheidung entsteht nach Luther das Chaos, das den Untergang der beiden Reiche zur Folge hat. Die Leidenschaft, mit der er für die Trennung der beiden Reiche eintrat, ist aus der Situation der mittelalterlichen Kirche verständlich, die diese beiden Reiche identifizierte. Er fühlte sich gedrungen, gegen diese Verfälschung der Wahrheit Protest einzulegen. Sein Kampf gegen das Papsttum ist in seiner Auffassung dieser Institution als einer Vermischung beider Reiche begründet. »Der Papst hat diesen Unterschied aufgehoben und in seinem Dekret aus Christi ein weltlich Regiment gemacht.«[45] Diese päpstliche Verquickung geht auf satanischen Ursprung zurück: »Denn der Teufel will immerdar diese beiden Reiche ineinander kochen und brauen. So hat der Papst das weltliche Reich und Kirchenregiment auch gemenget und ist Kaiser und König in der Welt worden.«[46] Auch Luthers Haltung im Bauernkrieg ist wesentlich durch diese Einsicht gegeben: »Wer nun diese zwei Reich ineinander will mengen, wie unsere falschen Rottengeister tun, der wird Zorn in Gottes Reich setzen und Barmherzigkeit in der Welt Reich.«[47] Sein Zwei-Fronten-Krieg, den er gegen rechts und links geführt hat, ist vorwiegend aus dieser Auffassung zu verstehen.

Rückblickend dagegen ist die Trennung der beiden Reiche nicht Luthers große Leistung. Sie war eine geschichtliche Notwendigkeit und wäre in anderer Form wahrscheinlich auch ohne ihn gekommen, da die werdende Neuzeit zu ihr hindrängte. Luthers Ausführungen über Christi Reich verdienen eine nähere Betrachtung. Man fühlt in Luthers Antwort auf die Frage, wie das Reich kommen werde, einen schimmernden Glanz: »Auf zweierlei Weise: einmal hie zeitlich, durch das Wort und den Glauben; zum andern, ewig, durch die Offenbarung.«[48] Man kann es schöner nicht sagen, als daß das Reich sich im Herzen der Menschen befindet. »Es ist nahe bei dir, so du willst. Ja, es ist nit allein bei dir, sondern in dir. Denn Zucht, Demut, Wahrheit, Keuschheit und alle Tugend – das ist das wahre Reich Gottes – mag niemand über Land oder übers Meer holen, sondern es muß im Herzen aufgehen.«[49] Nicht nur einmal redet Luther in dieser sinnigen Weise, sondern mehrfach betont er, es ist »ein unsichtbares Reich im Geist und inwendig in uns«.[50] Das Reich Gottes macht sich nicht mit Kasten und Schlössern zu schaffen, dieweil es im Herzen steht. Diesen Gedanken steigert Luther zu der grandiosen Formulierung, daß »auch wir ein Stück« vom Reich sein sollten,[51] wie es seine paulinische Christologie von der Gegenwärtigkeit des Heiles erforderte. Es ist das innere Reich, dessen Torflügel Luther mit mächtiger Kraft wieder aufgestoßen hat. Hierin folgt er unvermerkt den Fußstapfen des sonst von ihm verschmähten Origenes und gerät bei seiner Auslegung der Wiederkunftreden Jesu unwillkürlich unter dessen Bann, indem auch er zur Allegorese Zuflucht nimmt.[52] Auf alle Fälle hat nach Luther der Christ das Reich bereits jetzt in sich, in der gläubigen Zuversicht: »Einerlei Reich ist es, das Reich des Glaubens und das Reich der zukünftigen Herrlichkeit... Jetzt hören wir im Wort: dort werden wir's haben im Schauen.«[53] Man merkt bei diesen Ausführungen deutlich, daß Luther nicht umsonst wenigstens vorübergehend in der Schule der Mystik gewesen ist, denn auch diese redet vom innern Reich. Seine Verbindung mit der Mystik kann ernsthaft nicht in Abrede gestellt werden, wenn man seine Vorrede zur Neuausgabe des Büchleins »Eine deutsche Theologie« beachtet: »Und daß ich noch meinen alten Narren rühm, ist mir nächst der Bibel und St. Augustin nicht fürkommen ein Buch, daraus ich mehr erlernet habe« als aus dieser mystischen Schrift,[54] die später freilich aus seinem Denken wieder verschwand. Das innere Reich wurde ihm durch die Mystik vermittelt, aber erst der lutherische Protestantismus vermochte diese Vorstellung mit seiner an sich unrichtigen Übersetzung des Jesuswortes »das Reich Gottes ist inwendig in euch« – anstatt »das Reich Gottes ist in eurer Mitte«[55] – im deutschen Volk einzubürgern. Das Innere brach mit elementarer Gewalt auf und beherrschte den ganzen Gesichtskreis. Je mehr Innerlichkeit, desto mehr Leben. Die Innerlichkeit allein verleiht dem Äußern Bestand. Luther wußte, daß die Innenwelt der sorgsamsten Pflege bedarf. Nach Hermann Kutter besteht darin »das Kennzeichen des Protestantismus: die auf die Tat gerichtete, sich nicht mehr in sich selbst aufzehrende Innerlichkeit«.[56] Tatsächlich baut sich das Leben von innen nach außen auf, und die Mächte der Innenwelt sind des Menschen Rettung. Es ist nicht ratsam, über die vielgenannte deutsche Innerlichkeit zu spotten. Sie ist keine Naturgegebenheit, sondern eine durch das Christentum vermittelte Gabe. Man darf schon sagen, ohne diese Innerlichkeit wäre Deutschland nicht Deutschland geworden. Alles wahrhaft Große und Bleibende, das dieses Volk in Dichtung, Musik und Philosophie geschaffen hat, ist daraus hervorgegangen. Diese Innerlichkeit blieb nicht auf die Grenzen Deutschlands beschränkt. Sie hat im Protestantismus reiche Früchte getragen, wenn an Georg Fox' wundersame Botschaft vom innern Licht gedacht wird. Mit dem innern Reich ist die johanneische Gegenwärtigkeit des Heils wieder erreicht, welches das Ewige im Menschen ist, das ihm durch kein Unglück geraubt werden kann. Alles Äußere verblaßt ihm gegenüber zu wesenlosem Schein. Die Herrlichkeit dieses innern Reiches kann man nicht genug mit lobpreisenden Worten hervorheben. Wer seiner Stille gelauscht hat, weiß, daß darin die Wurzeln der menschlichen Kraft liegen. Luther hat das Reich als etwas rein Geistiges erfaßt, das über jede rechtliche Verfassung und irdische Organisation erhaben ist, da es in der Verbindung des glaubenden Menschen mit Gott besteht. Dieses Reich erschließt unergründliche Schächte und verfügt über unübersehbare Gemütskräfte. Aus ihm flossen Luther die ewig jungen Worte vom Glauben zu, die so tapfer, so innig klingen, als hätte noch nie ein Mensch vor ihm das gleiche kindliche Vertrauen zu Gott empfunden. Diese Innerlichkeit, aus der dem Leben erst die echte Tiefe zuströmt, ist von einer Zeitlosigkeit, die heute noch gilt. Mit diesem innern Reich als der Heimat der Seele hat die evangelische Kirche einen deutsamen Beitrag geleistet, der Augustins kirchlichem Reich ebenbürtig ist.

Die Unendlichkeit dieses innern Reichs entbindet jedoch nicht von dem Nachdenken über diese Tat Luthers. Die Reformation kann nicht, wie es der Katholizismus tut, einfach als ein Werk des Bösen bezeichnet werden. Luther war nicht »der wilde Eber«, der in den Weinberg des Herrn eingebrochen war. Dafür war der Reformator viel zu sehr »hingerissen von dem Gesang der Engel, betroffen durch den Zorn Gottes, sprachlos vor dem Wunder der Schöpfung, verzückt über die göttliche Gnade«.[57] In diesem von

Gott in Flammen gesetzten Mann erklang tatsächlich ein Widerhall von der Freude am ewigen Reich. Aber sein religiöses Werk darf auch nicht in unkritischer Weise einfach mit dem Urchristentum identifiziert werden, hat es doch nicht die ganze Reichsbotschaft in sich aufgenommen. Vom Ruf Jesu »tut Buße, das Reich ist nahe herbeigekommen« hat Luther in seinen Thesen die beiden ersten Worte ausgeführt, während der zweite, sie bedingende Teil des Satzes kein adäquates Verständnis fand. Luthers inneres Reich ist nicht jene kommende, vom Himmel sich herabsenkende Gottesherrschaft. Sie ist eine friedliche Sache, die schon gegenwärtig in der Seele der Christen ruht. Der Reformator dachte nicht mehr kosmisch, sondern war, trotz seiner Gegnerschaft zu Erasmus, von der neuen Denkweise des Humanismus bereits beeinflußt und näherte sich den rationalen Kategorien. Das symbolisch-figürliche Denken hielt in ihm dem kritisch-philologischen allerdings noch die Waage, und das innere Reich war das Ergebnis, das sich aus dem Zusammenprall der beiden Denkmethoden ergab. Es war ein erneuter Versuch, in einer schon nüchtern gewordenen Welt das Reich zu retten, indem Luther es nach innen verlegte. Dieser Vorgang ermöglichte ihm auch die scharfe Trennung der beiden Reiche, die für ihn eine Frage des saubern Denkens war. Wenn diese Scheidung der beiden Reiche, auf die er sich viel zugute tat, auch durch die Kampfsituation gegen den Papst bedingt war, so hat sie doch für das innere Reich überaus nachteilige Folgen gehabt. In der Geschichte des Christentums wurde dadurch etwas vom Größten in eine verhängnisvolle Entwicklung gebracht, und darin besteht die furchtbare Tragik des lutherischen Protestantismus. Die zwei Reiche nötigten den Christen, ein zweifaches Dasein zu führen, ein geistliches und ein weltliches. Diese Aufspaltung in zwei getrennte Bezirke hat sich schon in Luthers betrüblicher Haltung im Bauernkrieg gezeigt. Sie war nicht, wie ihm schon vorgeworfen wurde, aus Liebedienerei gegen die Fürsten erwachsen, sondern eine logische Konsequenz seiner Scheidung der beiden Reiche. Diese Trennung hat es den Menschen ermöglicht, sich im Reich der Welt wie die Teufel zu benehmen, um sich dann wieder ins innere Reich zu flüchten und dort den frommen Christen zu spielen. Sie hat viel dazu beigetragen, daß die neuentdeckte Rechtfertigungslehre so geringe Früchte bei ihren Anhängern zeigte, was nicht unwesentlich die pessimistische Verdüsterung Luthers am Ende seines Lebens verursachte. Luthers Auseinanderreißung der beiden Reiche hat sich im Abendland leider verheerend ausgewirkt, trug sie doch viel zur Entchristlichung der Welt bei. Politik und Ethik wurden als Gebiete betrachtet, die miteinander nichts zu tun haben, weil das Christliche nur auf das Innere beschränkt blieb, obschon gerade Luther ursprünglich das Prinzip der Sittlichkeit in der Religion stets betont hatte. In dieser Interpretation konnte sich der Reichgottesgedanke nicht mehr als »das unruhige Element in der Geschichte der neueren Staatslehre« auswirken.[58] Das innere Reich erwies sich als ein zu schwacher Schutzwall gegenüber den dämonischen Mächten der Geschichte. Gewiß dürfen die beiden Reiche nicht identifiziert werden, aber sie sollen auch nicht zusammenhangslos nebeneinanderstehen. Es geht nicht an, nur tiefe Gedanken zu denken, ohne sich um ihre Verwirklichung zu kümmern. Dies ist eine der Ursünden des geistigen Menschen, die sich in der deutschen Geschichte furchtbar gerächt hat. Die beiden Reiche müssen beständig ineinandergreifen, ein solcher Kontakt ist von zentraler Bedeutung, weil nur dann das Christliche auf das Weltliche einen Einfluß gewinnt. Nicht eine theologische Lutherrenaissance, die einzig alte Formeln repristiniert, sondern nur eine religiöse Lutherrevolution, die ihre Treue dem Reformator gegenüber in einem Unähnlichwerden mit ihm beweisen würde, könnte den protestantischen Strom in eine neue Richtung lenken.

II

Wenn der reformierte Protestantismus auch nicht ohne Einfluß Luthers entstanden ist, so hat er doch früh seine Unabhängigkeit von der deutschen Reformation gewonnen. Er ist nie in bloßes Epigonentum ausgeartet, sondern hat das reformatorische Erlebnis selbständig verarbeitet und ihm eine eigene Prägung verliehen. Es war keine gegenstandslose Bemerkung, als Luther anläßlich des Marburger Religionsgespräches zu Zwingli sagte: »Ihr habt einen andern Geist als wir.« Dieses Wort verkannte zwar die gemeinsame Grundlage, auf der die beiden Männer standen, aber sie traf doch – wie fast alle Äußerungen Luthers – einen wesentlichen Punkt. Der andere Geist war nicht nur in der Abendmahlsfrage vorhanden, wo er den Theologen zuerst zum Bewußtsein kam. Er wirkte sich auch in zahlreichen anderen Fragen aus und nicht zuletzt in der Anschauung vom Reich.

Man spürt die Verschiedenheit schon in der Zürcher Reformation, die sich durch größeren Radikalismus und verständige Nüchternheit vom Wittenberger Geschehen unterscheidet. Die eschatologische Einstellung tritt bei ihr sichtlich in den Hintergrund. Wohl konnte auch der Zürcher Reformator vom »Antichristen in Rom« schreiben, aber der Papst ist für ihn keine endgeschichtliche Gestalt. Unter dem Antichristen versteht Zwingli eine dem Evangelium widersprechende Gesinnung. Als weltoffener Humanist teilte der Leutpriester von Zürich den Glauben an das nahe bevorstehende Weltende nicht, wenn er auch annahm, daß die Welt ins Greisenalter eingetreten sei. Zwingli rechnete noch mit Jahrhunderten bis zum Jüngsten Gericht. Deswegen konnte er auch in seiner Schrift »Freundschaftliche Auseinandersetzung mit Luther« voll siegesfroher Zuversicht an das künftige Jahrhundert appellieren, welches kraft der Lauterkeit seines Urteils über diesen Streit seinen Spruch fällen werde! Eine solche Haltung verrät keine apokalyptische Erwartung des demnächst hereinbrechenden Reiches. Zwingli verwendet den Begriff Reich nicht sehr häufig, und wenn es geschieht, formuliert er meistens »das Reich oder Wort Gottes«, womit er jenes in das Gebiet der Lehre rückte. Diese Abdrängung der apokalyptischen Reichserwartung an die Peripherie ließ ihn sagen: »Wer sieht nicht, daß der Tag des Herrn gekommen ist? Nicht der Tag des Jüngsten Gerichts, sondern der Tag der Erneuerung der gegenwärtigen Verhältnisse.«[59] Um diese Aufgabe kreisten Zwinglis Bemühungen. Er kam, wohl infolge seiner vorzeitigen Abberufung, nicht dazu, seine Eschatologie auszubauen. Der Reichsglaube des reformierten Protestantismus fand seine Gestaltung erst, als nach Zwinglis Tod eine neue Führerpersönlichkeit hervortrat, die der reformierten Auffassung die nötige Nachachtung zu verschaffen imstande war.

Diese Aufgabe fiel Johannes Calvin zu, der eine nicht ohne weiteres zugängliche Gestalt ist. Viele Charakterzüge Calvins stoßen den heutigen Menschen ab. Von jeher ist seine Herrschsucht aufgefallen, mit allen Mitteln kämpfte er um die Macht und duldete auch in untergeordneten Fragen keinerlei Widerspruch. Castellio ist nicht der einzige Mitarbeiter, der dies bitter erfahren mußte. Die Hinrichtung Servets bildet mehr als nur einen dunklen Fleck in Calvins Genfer Aufenthalt. Der französische Reformator war ein amusischer Mensch, der kein fröhliches Lachen kannte. Eine finstere Düsternis hüllte diesen schwarz gekleideten Mann ein, und in seiner unmittelbaren Umgebung haben sich wenige wohl gefühlt. Sein Antlitz blickte die Menschen streng an, und Humor betrachtete er nicht als köstliche Gabe Gottes. Das alles muß gesagt werden, will man sich nicht einer unangebrachten Apologie schuldig machen. Aber über diesen negativen Seiten darf man doch die Größe dieses »auserwählten und unvergleichlichen Rüstzeuges Gottes«, als das ihn seine Anhänger bezeichnet haben, nicht übersehen. Calvin war eine aristokratische Natur von höchstem Pflichtgefühl. Diesem Franzosen war die Klarheit des lateinischen Intellekts eigen, und mit seinem logischen Bedürfnis verband er einen wundervollen Ordnungsgeist. Als nüchterner Mensch kannte er keine Schwärmerei. Mit gallischer Präzision machte er sein Hauptwerk »Unterricht in der christlichen Religion« zu einem der bedeutsamsten Bücher seiner Zeit, das den Gang der abendländischen Geschichte in entscheidender Weise beeinflußt hat. Mit unglaublicher Energie und Willenskraft hat Calvin sich für die Reformation eingesetzt und in seinem verzehrenden Eifer um das Haus des Herrn sich buchstäblich für sein Werk aufgeopfert. Dies alles nur aus ungezügeltem Ehrgeiz erklären zu wollen würde einer Psychologie entspringen, die am tiefsten Kern seines Wesens vorbeigeht. Calvin fühlte sich von Gott berufen, der ihn zwang, seine starke Vorliebe für ein stilles Gelehrtenleben zu überwinden, um wie Elias für

Gottes Ehre zu kämpfen. Ohne Calvin wäre der Protestantismus dem Ansturm der Gegenreformation nicht gewachsen gewesen. Er hat die Reformation in einer Stunde, da sie bereits zu erlahmen drohte, erneut zur Aktivität aufgerufen.

Obschon auch bei Calvin die Christologie das Hauptinteresse beansprucht, wurde er schon unter den Reformatoren der »Theologe der Hoffnung« genannt, der das Heil mehr in der Zukunft als in der Gegenwart sehe. Das Trachten nach dem ewigen Leben steht bei Calvin an vorderster Stelle. In überaus eindrucksvoller Weise spricht er von der Nichtigkeit des irdischen Lebens und gibt seiner Todessehnsucht ergreifenden Ausdruck.[60] Von der meditatio futurae vitae hat Calvin in unvergleichlicher Art geredet. Nicht das Erlöschen im Tod war ihm wichtig, sondern die darauffolgende Auferstehung. Die Jenseitshoffnung ließ ihn dem Todestag mit Sehnsucht entgegenschauen. Die individuelle Eschatologie nahm sein ganzes Interesse gefangen, und er vermochte sie noch schärfer zu Ende zu denken als Luther, bei dem gewisse Fragen in ungeklärter Schwebe geblieben waren. Calvin fragt sich gleich in seiner ersten Schrift »über den Seelenschlaf«, ob die Seele unmittelbar nach dem Tode vor Gottes Richterstuhl treten müsse oder ob sie schlafe bis zum Jüngsten Tag, wo alle Menschen miteinander ihr Urteil empfangen werden. Er glaubt an eine vorläufige Seligkeit, über die er sich eingehend äußert. Die Lehre vom Zwischenzustand wurde schon »als das eigentliche Problem seiner Eschatologie« bezeichnet,[61] was bei ihm um so verwunderlicher ist, als er sonst alle spekulativen Fragen ablehnte, da sie nach seiner Auffassung nur zur Befriedigung der Neugierde dienen.

Durch diese individuelle Ausrichtung der Eschatologie war bei Calvin die Verwerfung der Apokalyptik gegeben. Sie hat in Calvins Schriften an keiner Stelle Unterschlupf gefunden. Auch strenge Calvinisten müssen gestehen: »Es kommt bei Calvin nicht zu einer bestimmten Erwartung der Parusie in der nächsten Zukunft, wie sie für die Hoffnung des Neuen Testamentes kennzeichnend ist.«[62] Er hat in dieser Beziehung so wenig wie die übrigen Reformatoren den ganzen Reichtum der neutestamentlichen Botschaft aufgenommen. Jegliche Naherwartung ist ihm fremd, und er findet es töricht, auf Vorzeichen zu achten. Die

Verborgenheit des Tages Christi ist ihm bedeutsam, denn »absichtlich verbirgt uns Gott diesen Tag, damit wir uns nicht sicher fühlen, sondern stets Wache halten«.[63] Mit der Ablehnung der Apokalyptik war bei diesem logischen Menschen konsequenterweise auch das Urteil über den Chiliasmus gesprochen, den Calvin als ein vom Satan bewirktes »Wahngebilde« betrachtete, welcher das Reich Christi unterhöhle! »Ich sehe hier davon ab, daß er schon zur Zeit des Paulus anfing, es zu untergraben. Es sind dann aber kurz die Chiliasten gefolgt, die das Reich Christi auf tausend Jahre festgelegt und beschränkt haben.«[64] Nach Calvin brennt man dem Reich Christi einen Schandfleck auf, wenn man ihm nur eine Dauer von tausend Jahren einräumt, statt ihm ewige Gültigkeit zuzuschreiben. Der Genfer Reformator vermochte die tausend Jahre nicht als Symbol für die Herrschaft Gottes auf Erden zu erkennen. Die Vertreter des Chiliasmus beschuldigte er, »entweder in allen göttlichen Dingen gänzlich unerfahren zu sein, oder aber sie bemühen sich in versteckter Bosheit, Gottes Gnade und Christi Kraft zu erschüttern«.[65] Eine dritte Möglichkeit zieht er nicht in Erwägung. Die Beurteilung des Chiliasmus als einer »kindischen Phantasie« und Verkürzung der christlichen Hoffnung geht auf seine Abhängigkeit von Augustins Deutung und seine Abneigung gegen die Offenbarung Johannes zurück. Calvin hat die Offenbarung Johannes nicht wie Luther und Zwingli abgelehnt, sie aber in seiner sonst vollständigen Auslegung des Neuen Testamentes stillschweigend übergangen, was im Ergebnis auf das gleiche herauskommt. Sein Widerwillen gegen alle Apokalyptik hat diesen getreuen Bibelausleger dazu verführt, die Wiederkunftsreden Jesu zu spiritualisieren. Er nimmt hier Zuflucht zur Anpassungstheorie und erklärt: »Daß die Sterne vom Himmel fallen, ist nicht wörtlich zu verstehen, sondern als ein unserem Begriffsvermögen angepaßtes Bild.«[66] Calvins Verwerfung des Chiliasmus wurde Allgemeingut des reformierten Protestantismus, indem sie sogar in das helvetische Bekenntnis aufgenommen wurde.[67] Der Kleine Rat der Stadt Bern erließ sogar ein Verbot, vom Tausendjährigen Reich auch nur zu reden![68] Damit hat sich auch der reformierte Protestantismus in gleicher Weise wie das Luthertum in diesem Punkt zur

Bibel in Widerspruch gesetzt. Alle eschatologischen Vorstellungen an der Heiligen Schrift zu messen ist zwar eine etwas sterile Betrachtungsweise, aber der biblizistischen Einstellung gegenüber ist man zu diesem Vergleich verpflichtet.

Calvins eigene Reichgottesidee tritt in seinem »Genfer Katechismus« deutlich zutage, er definiert bei der Erklärung der zweiten Bitte des Unservaters diese mit den Worten: »Die Leitung der Erwählten durch seinen Geist und die Niederwerfung und Vernichtung der Verworfenen, die sich seiner Herrschaft versagen.«[69] Calvins Reichsauffassung hängt mit seinem Kirchenbegriff zusammen. Das Reich beginnt für ihn mit der Kirche, wie er wörtlich sagt, »jenes Reich ist der Bau der Kirche«.[70] Im kirchlichen Leben gewinnt das Reich seine erste Gestaltung. Das war seit Augustin die traditionelle Auffassung der Christenheit, und sie wurde auch vom Protestantismus ungeprüft übernommen. Im reformierten Protestantismus nimmt sie allerdings eine eigene Färbung an. Die Kirche steht wohl in einem überaus nahen Verhältnis zum Reich Gottes; aber sie ist selbst noch nicht das endgültige Reich. Nur den Anfang desselben stellt sie dar. Aus diesem Grunde ist Calvin am Ausbau des kirchlichen Lebens mit großer Leidenschaft interessiert. Da sich im kirchlichen Dasein das Reich Gottes zu verkörpern sucht, kämpft Calvin für die Reinheit der kirchlichen Ordnung. In der Gemeinde Jesu Christi muß strengste Zucht herrschen. Calvin hielt es für nötig, Mahlzeiten, Kleidung, Wohnung, Gespräche streng zu überwachen. Theater und Spiele schicken sich nach seiner Meinung für den Christen nicht. Das Reich wird geschmäht, wenn die Glieder der Kirchengemeinde sich gleichgültig verhalten oder sich eines lasterhaften Lebenswandels schuldig machen. Calvin stellt deswegen an die Menschen hohe Ansprüche, welche die wenigsten zu erfüllen imstande waren. Nur eine kleine Elite vermochte ihr Genüge zu tun. Die Ehre Gottes verlangte, daß das ganze Leben vom Geist des Evangeliums durchdrungen wird. Mit einem Löwenmut hat Calvin für diese Idee gekämpft, und daraus ist auch seine berüchtigte Härte seinen Gegnern gegenüber, wenn auch nicht zu entschuldigen, so doch zu erklären. In der Genfer Opposition sah er lediglich Vertreter der Finsternis, die das

Reich aufhalten wollen. Auch die Prädestinationslehre, die ihm am Herzen lag, ist in diesen Zusammenhang einzuordnen. Es sind die dem Reich zugehörenden Auserwählten, die er zu äußerster Kraftanstrengung anzuspornen sucht. Am Schicksal der Verdammten hat Calvin sich keine Minute geweidet. Die Herrschaft Gottes auf dieser Erde bildet das Grundmotiv in Calvins Reichgottesidee. Das Regnum Christi soll zur Geltung kommen. »Calvin will in Genf den Gottesstaat herstellen. Nur Einer ist ihm König und Herr in Staat und Kirche: Gott im Himmel. In seinem Namen herrscht jede irdische Gewalt. Gottes Herrscherruhm zu verkünden, seine Majestät zu verherrlichen, seinen heiligen Willen zur Ausführung zu bringen und seine Bekenner zu heiligen, ist die gemeinsame Aufgabe von Staat und Kirche.«[71] Es ist die theokratische Reichsauffassung, die in Genf zum Durchbruch gelangte. Aber es ist dies nicht nur eine Lieblingsidee des finsteren Calvin im Gegensatz zum freien Zwingli. Das theokratische Reichsverständnis war vielmehr Allgemeingut des reformierten Protestantismus. Auch in Zürich herrschte eine prophetische Theokratie, in der weltliches und geistliches Gebiet ineinander übergingen und die, als das pneumatische Moment zurücktrat, zum obrigkeitlichen Staatskirchentum führte. Doch war es nicht das mittelalterliche Sacerdotium, das sich bei Zwingli und Calvin wieder regte.[72] Dem reformierten Protestantismus ging es nicht um die Herrschaft der Kirche über den Staat, als vielmehr um eine deutliche Abgrenzung. Nur kleinliche Nörgelei kann die Wucht dieser theokratischen Reichsauffassung übersehen und sich vorwiegend über die Unzulänglichkeiten aufhalten, die damit verbunden waren. Wenn auch das theokratische Reichsverständnis immer an der unvermeidlichen Verwechslung von göttlichem Herrschaftsanspruch mit menschlichen Diktaturgelüsten zerbricht, so kommt doch gerade bei ihm »Größe und Elend des Menschen« (Pascal) in solch erschütternder Weise zum Ausdruck, daß sie nicht mit Anteilnahme verfolgt werden kann, ohne im Betrachter eine innere Läuterung auszulösen.

Nicht nur Genf als »protestantisches Rom« stellt einen Anfang des Reiches dar, wenn sich Calvin auch klar bewußt war, »wie wichtig dieser Weltwinkel zur Ausbreitung des Reiches Christi ist«.[73] Auch an anderen Orten will das Reich Gestalt annehmen, und um ihm in diesem Ringen zu helfen, sandte Calvin die auf der Genfer Akademie ausgebildeten Sendboten in alle Länder. Er führte deshalb eine immense Korrespondenz, die sich bis nach England und Polen erstreckte. Alles sollte zur Ausbreitung des Reiches getan werden. Aus diesem Bewußtsein ist die heldische Kraft der Hugenotten geflossen, die der Geschichte des französischen Protestantismus dieses äußerste Ausmaß verlieh. Niemals erschöpfte sich für Calvin das Reich in den kirchlichen Funktionen. Im Begleitbrief an den französischen König, mit dem Calvin seine »Institutio« übersandte, heißt es, »die Überzeugung macht einen wahren König, daß er sich als Gottes Diener erkennt in der Verwaltung seines Reiches«.[74] Auch die königliche Machtausübung ist Dienst am Reich. Wie eng für Calvin sich das Kommen des Reiches mit dem politischen Geschehen verknüpfte, ist aus seiner Bemerkung zu ersehen, daß er die Gewinnung eines Herzogs für den evangelischen Glauben als »großen Zuwachs für das Reich Gottes« betrachte.[75] Das Reich Gottes in der Geschichte werden zu sehen ist das neue Motiv in Calvins Auffassung von der Gottesherrschaft. Das Reich ist nicht in den nächsten Tagen in seiner Vollendung zu erwarten, es ist in einem Werdeprozeß begriffen und steht mit den Mächten der Finsternis in einem gewaltigen Kampf. »Der Glaube an das Reich Gottes als an eine in der Weltgeschichte einbezogene Größe, die in der Geschichte wirkt und am Ende der Geschichte durch das Weltgericht ihre letzte Erfüllung findet, ist das erste, was sich uns aufdrängt am Wesen der Reichgottesidee Calvins.«[76] In der Weltgeschichte und nicht bloß in der Kirchengeschichte vollzieht sich die Reichsgottesgeschichte, und von diesem Gesichtswinkel aus betrachtet der Genfer Reformator das geschichtliche Geschehen. Wahrhaftig, bei Calvin ist das Reich Gottes keine Konventikel-Angelegenheit, sondern steht in einem weltgeschichtlichen Ringen. Der Blick des reformierten Protestantismus ist beständig auf die ganze Welt gerichtet, und das gibt seinen Bestrebungen auch die ungeheure Weite. Zwinglis politische Pläne eines Zusammenschlusses aller Protestanten von der Nordsee bis zu den Alpen bilden auch hierin die Vorstufe für diese Haltung. Nicht über

Nacht steht die Gottesherrschaft da. Nach Calvins wörtlicher Aussage »verhält es sich mit dem Reich Christi, daß es von Tag zu Tag wächst und zum Bessern fortschreitet«. Wie die Saat im Acker reift es und befindet sich in einem aufsteigenden Prozeß. In dieser Anschauung steckt ein Fortschrittsgedanke, der bei Calvin deutlich wahrzunehmen ist. Wenn er auch nicht die moderne Fortschrittsidee darstellt, ist er doch der Anfang davon. Mit seiner Auffassung vom unaufhörlich wachsenden Gottesreich[77] steht Calvin in der Mitte zwischen dem altkirchlichen Erziehungsgedanken, der schon bei Irenäus auftaucht, und dem liberalen Fortschrittsglauben des neunzehnten Jahrhunderts, der sich vom Religiösen emanzipiert hat. Von dieser Reichsauffassung ist jene unwiderstehliche Dynamik ausgegangen, die dem Calvinismus eigen ist und ihn zu jenem wichtigen Ferment in der Geschichte des Christentums gemacht hat.

Luther hat das innere Reich verkündet, und Calvin kämpfte für die theokratische Reichsidee, die sich im Sturm der Weltgeschichte vollendet. Diese beiden Auffassungen sind zueinander nicht gegensätzlich. Sie ergänzen sich vielmehr gegenseitig in notwendiger Weise und machten zusammen die Reformation zu einer der größten geistigen Umwälzungen, die das Abendland erlebte. Während das innere Reich dem Protestantismus die unauslotbare Tiefe verliehen hat, vermittelte ihm die calvinistische Reichsauffassung die weltumspannende Breite. Aber erst beide zusammen machen die protestantische Reichserwartung aus, die als eine Neuschöpfung bewertet werden muß. Die Fülle von Kräften, die sie in sich birgt, vermag auch noch die Gegenwart zu befruchten.

Der Chiliasmus der Täufer

Es hat sich als unmöglich erwiesen, eine Bezeichnung zu finden, die alle protestantischen Außenseiter unter einen Sammelbegriff zusammenfaßt. Der Name Wiedertäufer ist eine irreführende Benennung, die zu wenig von den innern Motiven dieser Bewegung aussagt und auf die spiritualistischen Mystiker jener Zeit nicht zutrifft. Die Bezeichnung stammt auch nicht von ihnen selbst, sondern geht auf ihren Gegner Zwingli zurück, der auf diesem Namen bestand und die Wiedertaufe zum Charakteristikum dieser Bewegung machte. Nun spielte bei den Wiedertäufern der Kampf gegen die Kindertaufe, die sie als schriftwidrig ablehnten, eine gewichtige Rolle, weil sie der Ansicht waren, daß nur die Erwachsenentaufe ein gedankenloses Christwerden ausschließe. Auf diese ernsthafte »Verwilligung des Menschen unter Gottes Willen« kam es den Täufern an. Es ist das synoptische Christentum der Nachfolge, das bei ihnen wieder in seiner ganzen Unerbittlichkeit in den Mittelpunkt gestellt wurde, mit dem auch eine entschlossene Absage an die Welt verbunden war. Für den täuferischen Menschen war die Erwachsenentaufe hiefür nur ein Zeichen, das aber nicht für alle verbindliches Symbol war, wurde es doch gelegentlich auch durch das innere Wort ersetzt. Die Zeremonienfrage trat bei der Täuferbewegung gegenüber der apostolischen Gemeinde zurück, denn diese war ihr zentrales Anliegen. Der wahren Gemeinde Christi opferten sie die Volkskirche, und aus dieser Auffassung ist auch ihre Ablehnung der Eidesleistung, des Waffentragens, überhaupt ihre Abwehrstellung dem staatlichen Leben gegenüber zu verstehen. Wenn endlich einmal die große Ehrenrettung der Täuferbewegung geschrieben wird, die nicht mehr die verkennenden Maßstäbe der Reformatoren an diese »Schwärmer« und »Rottengeister« anlegt, wird sie in erster Linie in völliger Vorurteilslosigkeit das Christentum der

Nachfolge, das die reine Gemeinde verwirklichen wollte, anerkennen müssen, das nicht nur die Lehre, sondern auch das Leben zu reformieren bestrebt war.

Nur dieser apostolischen Gemeinde, die als kleine Herde sich nicht zu fürchten braucht, wird nach einem Wort Jesu das Reich gegeben. Mit dieser Hoffnung war die eschatologische Einstellung des Täufertums gegeben, das sich zur Aufrichtung des Tausendjährigen Reiches bekannte. Der unverdächtige Zeuge Sebastian Franck führt in seiner »Chronika« aus, wie die Täufer ein Reich Christi auf Erden erstrebten, worüber er resigniert feststellt: »Die tausend Jahre sind zu schwach, um ein leibliches Regiment Christi auf Erden zu beweisen.«[1] Der radikale Flügel des Täufertums wagte es, die chiliastische Reichserwartung zur tragenden Unterlage seiner Bestrebungen zu machen, wodurch sie sich am stärksten vom offiziellen Protestantismus unterschieden. Sie sind nicht nur ein kleines Anhängsel desselben, sondern bilden eine eigene, höchst bedeutsame Gruppe. In einer Geschichte des Chiliasmus kann ihre Wirksamkeit gar nicht überschätzt werden. Das traditionelle Argument, das Bullinger den Täufern entgegenhielt, »das Reich auf Erden ist die Kirche«, verfing bei ihnen nicht mehr. Vielmehr loderte der von allen Kirchen unterdrückte Chiliasmus bei den Täufern zur hellen Flamme auf. Dieses Aufbrechen der Reichshoffnung ist durch die starke Verbundenheit mit den niedrigen Volkskreisen bedingt, die beim Täufertum im Gegensatz zu den adelsfreundlichen Lutheranern wahrzunehmen ist. In den untern Volksschichten regte sich stets eine viel lebendigere Sehnsucht nach dem Tausendjährigen Reich als bei den wohlsituierten oberen Ständen. Die glühende chiliastische Erwartung ließ die Hoffnung hegen, daß »die Zeit des Tröschens nahe herbeigekommen ist« und bald die Frommen »den Gottlosen auf die Häls' treten werden«. Der Gedanke der Erhebung gegen die Unterdrücker fachte das chiliastische Feuer bei den Täufern zu einer hellen Glut an, das sich zuletzt zu einem verzehrenden Brand entwickelte. Die soziale Not, die auf den ärmeren Volksgenossen lastete, gab der Hoffnung nach dem Gottesreich auf Erden einen erneuten Aufschwung. Die Verbindung von religiöser Sehnsucht mit sozialen Forderungen, die schon bei den Taboriten festzustellen war, tat der Taufbewegung keinen Abbruch. Der verständnislosen Beurteilung dieser Verkoppelung ist vielmehr die Frage des unvergeßlichen Hermann Kutter entgegenzuhalten: »Sind die täuferischen Propheten in der Reformationszeit deswegen schon abgetan mit der pharisäischen Kennzeichnung des offiziellen Kirchenmannes: Stürmer und Dränger, weil sie damals sich nicht durchzusetzen vermochten? Sind ihre sozialen Forderungen heute nicht brennender und wichtiger geworden als die reformatorische Lehre?«[2]

Sichtbar wurde dieses enthusiastisch-chiliastische Element gleich beim ersten Auftreten der protestantischen Außenseiter, welche in die Geschichte unter dem Namen Zwickauer Propheten eingegangen sind. Wenn man auch über deren Anfänge nichts Näheres weiß, so ist doch von Markus Stübner die Ansicht überliefert, daß in Kürze eine solche Änderung in der Welt eintrete, die keine Gottlosen überstehen werden. Bedeutender war Klaus Storch, der von hagerer Gestalt war und ohne viel Wert auf Äußeres zu legen in einem langen grauen Rock und einem breiten Hut umherzog. Er stammte aus einem einst wohlhabenden, nun verarmten Tuchmachergeschlecht und besaß freundliche Umgangsformen. Sowohl Stübner als Storch waren kluge Menschen, die über eine große Belesenheit der Bibel verfügten. In Böhmen war Storch unter den Einfluß von Nachkommen der Taboriten geraten, und damit ist geschichtlich eindeutig nachgewiesen, wie deren chiliastische Saat im Täufertum Frucht trug.[3] Fortan behauptete auch Storch, daß das Tausendjährige Reich bald kommen werde, zuvor aber noch die Türken und der Antichrist kurze Zeit herrschen müssen. Darnach würden alle Gottlosen totgeschlagen, und darauf breche das ersehnte Reich an. Die Zwickauer Propheten beriefen sich für ihre Aussagen auf innere Erleuchtungen, voll Selbstbewußtsein sagten sie: »Die von Luther begonnene Reinigung der Kirche ist noch nicht bis zu den lebendigen Quellen gedrungen und nicht gründlich vollzogen.«[4] Jedenfalls verstanden sie es, mit ihren Anschauungen »das Feuer helfen anschüren und Pulver einstreuen, daß es in einem Hui ist aufgegangen«.[5] Auch in Wittenberg vermochten die Zwickauer Propheten während Luthers Abwesenheit die Stadt in gärende

Aufregung zu versetzen, indem sie Karlstadt überrannten und Melanchthon solche ungewöhnliche Fragen vorlegten, daß sie dem gelehrten Magister das verlegene Geständnis entlockten: »Ich kann nicht sagen, wie sehr ich durch diese Männer bewegt werde. Durch schwerwiegende Gründe werde ich dahin geführt, daß ich sie nicht geringschätzen kann. Denn daß in ihnen gewisse Geister herrschen, ist durch viele Beweise deutlich.«[6] Die Bedeutung der Zwickauer Propheten, die nach Luthers Wort »ungeheuerliches gebären«, liegt jedoch nicht in ihrem kurzen Gastspiel zu Wittenberg, von dem sie bald für immer auch vom Schauplatz der Geschichte verschwanden, sondern in ihrer Begegnung mit Müntzer, für den sie zum Schicksal geworden sind.

Thomas Müntzer wurde jahrhundertelang als Fanatiker verleumdet und lag unter dieser dicken Staubschicht begraben. Seit den Tagen, da ihn Luther als »leiblicher Teufel« verschrien hatte, galt er als blutrünstiger Mensch und wurde höchstens als pathologische Erscheinung verstanden. In stärkstem Kontrast hiezu steht das Urteil des überlegenen Blumhardt, der ihn als »einen der edelsten Menschen«[7] bezeichnete. Man nahm an Müntzers Wildheit Anstoß, und ebenso an seiner gelegentlichen Großsprecherei, die gewiß vorhanden war. Offenbar gehören beide Charaktereigentümlichkeiten zu diesem in der Tiefe aufgewühlten Menschen. Der Gedanke ist jedoch unvorstellbar, daß dieser »größte abendländische Chiliast«,[8] wie ihn ein Kenner schon genannt hat, in einer gemütlichen Idylle hätte leben können. Müntzer war der kompromißfreie Mensch. Ihm ging es nicht um die Taufe, sondern er war einer mystischen Religiosität zugetan. Auch Kirchenhistoriker, die von einer deutlichen Abneigung ihm gegenüber erfüllt sind, müssen zugeben, daß er »nächst Luther der selbständigste und originellste und daher auch der einflußreichste religiöse Denker seiner Zeit« war.[9] Er verfügte über eine ungewöhnliche Intelligenz, besaß eine außerordentliche Willenskraft und eine bildhafte Sprachgewalt von mitreißendem Pathos. »Sämtliche Schlagworte, mit denen die Schwärmer arbeiten, sind durch ihn in Umlauf gesetzt worden.«[10] Müntzers Herz war einer selten anzutreffenden Begeisterung fähig, und diese Eigenschaft machte ihn zu einer passionierten Gestalt der Kirchengeschichte.

Müntzer führte in seinen jungen Jahren ein unruhiges Wanderleben, das für sein leidenschaftliches religiöses Suchen symbolisch ist. Jahrelang quälte ihn die Frage, ob Gott wirklich existiere und wie der Mensch Gottes gewiß werden könne. Als Prediger in Zwickau wurde er im Winter 1520 mit Storch bekannt, der für seine geistige Entwicklung unerwartete Bedeutung erlangte.[11] Auf der Kanzel scheute Müntzer sich nicht, offen diesen Laien gegenüber allen Priestern als den einzigen Menschen zu rühmen, der die Bibel im Geiste erkannt habe. Der ungelehrte Tuchknappe half dem gebildeten Müntzer, sich selbst zu finden; durch diesen Zwickauer Propheten wurde er auf jenen unendlichen Weg gewiesen, wo man Gott selbst auf unmittelbare Weise inne wird. Zwar hatte er schon ein Jahr vorher die Schriften von Tauler und Seuse gelesen, die ihm einen nachhaltigen Eindruck gemacht hatten. Durch die Erfahrung des unmittelbaren Geistbesitzes wurde dieser mystische Einfluß verstärkt, der ihn die überlieferte Kirchlichkeit als ungenügend empfinden ließ. »Darum ist's unrecht, daß man euch in die hölzernen und steinernen Kirchen weiset, daß ihr alle Sonntage und in den Werktagen darinnen bei Gehorsam des Bannes müsset erscheinen und ihr Wort hören. Es ist nicht Gottes Wort, sondern ein lauter Schall und Getöne. Meinet ihr nicht, daß Gott nicht ein ander Wort sollte haben und es euch durch den Geist offenbaren.«[12] Auch in der Gegenwart gibt Gott sich selbst kund. Noch heute redet der Allmächtige durch Visionen und Ekstasen zu den Menschen. Auf diesem Weg und nicht durch den »stinkenden Atem teuflischer Schriftgelehrter«[13] muß man zum Glauben kommen. Das kann aber »nit anders sein, der Mensch muß seinen gestohlenen gedichteten Christenglauben in Trümmer zerstoßen durch mächtig hohes Herzeleid und schmerzliche Betrübnis und durch unausläßliches Verwundern«.[14] Das Kreuz wurde von ihm als wahrer Heilsweg erkannt, und es ist die Theologie der Anfechtung, wie sie Jeremia in der Zisterne erlebte, die Müntzer fortan verkündete. »Einen süßen Christus der fleischlichen Welt predigen, ist das höchste Gift«,[15] und warnend ruft Müntzer aus: »Siehe, liebe Brüder, solcher Trost hat regiert in der Kirche und kein andrer. Derselbe Trost hat allen christlichen Ernst zum

Greuel gemacht«,[16] schreibt Müntzer, damit den Finger auf eine böse Wunde legend. Schuld an der Verkennung dieser Wahrheit sind nach Müntzer die Pfarrer, die den Leuten einen Christenglauben vorpredigen, den sie selbst nicht erlebt haben. Nur wer von Gott selbst unterrichtet wurde, kann anderen Menschen predigen, und »sonst ist's ein Diebsgeschwätz«.[17] Die direkte Unmittelbarkeit, nach der Müntzer strebte, hat ihre Gefahren in sich; nichtsdestoweniger stellt sie eines der wichtigsten religiösen Anliegen dar. Dieses eigene religiöse Erlebnis, das bei Müntzer unzweifelhaft stattgefunden hat, veranlaßte ihn auch, als erster Pfarrer die Messe ganz in deutscher Sprache zu halten und eine deutsche Liturgie zu schaffen. Er hatte etwas anderes vom Ewigen erfahren als die »großen Hansen, die Gott also lästerlich zum gemalten Männlein gemacht haben«.[18] Müntzers erste Bedeutung liegt in der Begründung einer protestantischen Mystik. Diese schöpferische Leistung mußte ihn jedoch logischerweise in eine immer größer werdende Spannung mit Luther bringen. Wiederum als erster wurde er sich über seinen Gegensatz zum Reformator klar: »Ich predige einen solchen Christenglauben, der mit dem Luthers nit übereinstimmt.«[19] Luthers Pochen auf die Schrift schien ihm nicht zu Recht zu bestehen, und er sprach sich mit heftigen Worten gegen dessen Rechtfertigungslehre aus, die den Menschen nur zum Leichtsinn verführe. Unverhohlene Verachtung erfüllte ihn gegen diesen »neuen Papst«,[20] er schalt ihn »Bruder Sanftleben und Vater Leiseschritt«[21] und ergoß sich in offenkundigen Schmähungen über das »geistlose Fleisch zu Wittenberg«.[22]

Zu der neuen Unmittelbarkeit, der Müntzer im Gegensatz zu den Reformatoren das Wort redete, kam das chiliastische Element hinzu. Nach seiner Vertreibung aus Zwickau floh er nach Saaz, das nach dem Sturze Tabors der Mittelpunkt der Hussiten war, und hielt sich mehrfach in Prag auf. Auch Müntzer ist ein Beispiel für die Tatsache, daß die taboritischen Ideen im radikalen Protestantismus nachwirkten. Von Prag aus erließ er auch sein berühmtes Manifest, in welchem er seine Glaubenslehre zum erstenmal entwickelte.[23] Seit 1521 lebte Müntzer in steigendem Maße in eschatologischen Vorstellungen, die bei ihm den Charakter der Naherwartung annahmen. Er hoffte zunächst auf eine »neue Kirche« durch »den Geist Eliae«,[24] da die bestehende Kirche nach ihm »baufällig« war und der »armen, elenden zerfallenen Christenheit« nicht mehr aufzuhelfen vermochte.[25] Nur ein übernatürlicher Einbruch, wie ihn das Buch Daniel und die Offenbarung Johannes schildern, ist allein imstande, die rettende Wendung zu bringen. In diesem Glauben fing Müntzer an, das Reich Gottes auf Erden zu predigen, in dessen Verkündigung er sich außer von taboritischen Einflüssen auch durch das pseudojoachimitische Schrifttum bestärkt fühlte. Dieser rotblonde Jüngling war mit dem heiligen Öl des Joachimitismus gesalbt: »Ihr sollt auch wissen, daß sie diese Lehre dem Abt Joachim zuschreiben, und heißen sie ein ewiges Evangelium in großem Spott. Bei mir ist das Zeugnis Abbatis Joachim groß. Ich habe ihn allein über Jeremiam gelesen. Aber meine Lehre ist hoch droben.«[26] Dies zeigt, daß Müntzer um geistige Zusammenhänge gewußt hat, die sogar Paracelsus entgangen sind, in dessen Schriften der Name Joachims nie erwähnt wird.[27] Es ist Quellwasser des reinen Chiliasmus, das bei Müntzer wieder zu sprudeln begann und das ihn hoffen ließ, »daß sich das irdische Leben schwinge in den Himmel«.[28] Allein schon für diese prachtvolle Formulierung verdient Müntzer den Dank aller Reichsgläubigen. In ihr hat er der höchsten Hoffnung ewig gültigen Ausdruck gegeben. Mit dieser brennenden chiliastischen Sehnsucht, mit der er das Reich gleichsam berennen wollte, verband er die Einsicht von der unumgänglichen Notwendigkeit des Prophetischen, das mit Joelscher Maßlosigkeit alles Volk erfassen muß: »Ein rechter Prediger muß ja ein Prophet sein, wenn es die Welt noch so spöttisch dünkt. Es muß die ganze Welt prophetisch sein, soll sie anders urteilen über die falschen Propheten.«[29] Wie wenige Menschen hat dieser verlästerte Mann das vernachlässigte Problem der christlichen Prophetie gesehen, das so über alle Gebühr verkannt wird. Nach Müntzer gibt es keine andere Erneuerung mehr, als daß »ein gnadenreicher Knecht Gottes hervortreten muß im Geiste Eliae«,[30] der alles »in den rechten Schwang« bringt. Es zeugt für die Sachlichkeit Müntzers, daß er sich nie selbst für diesen »neuen Daniel« ausgegeben hat, obschon er glaubte, Gott selbst habe die Sense in die Hand genommen, um das Unkraut zu mähen.

Wie Öl ins Feuer muß es gewirkt haben, als sich dieser fiebrige Chiliasmus mit der sozialen Not verband, die im damaligen Bauernelend so stark zum Ausdruck kam, daß sie zum Himmel schrie. Man hat schon behauptet, daß die Bauern Müntzers Reichgottesbotschaft zu erfassen nicht imstande waren. Möglicherweise haben die geknechteten Bauern den tieferen Sinn des Regenbogenbanners der Apokalypse, das Müntzer vor ihnen entrollte, nicht begriffen – obwohl die einfachen Leute immer mehr verstehen, als die Akademiker in ihrem Dünkel meinen – das chiliastische Feuer aber, das in ihm brannte, spürten sie instinktiv. Jedenfalls stellt Müntzers prophetischer Chiliasmus das einzig lichtvolle Element in diesem dumpfen Verzweiflungskampf dar, und es wächst dieser Mensch über sein Einzelschicksal hinaus in eine große Volksbewegung hinein. Dieser Bannerträger des Tausendjährigen Reiches war einer der wenigen, welche der Bauernerhebung nicht mit jener erschreckenden Blindheit gegenüberstanden, wie dies die meisten führenden Persönlichkeiten des sechzehnten Jahrhunderts taten, die vor lauter theologischen Fragen die Hoffnung auf das Anderswerden im sozialen Raum nicht sehen wollten. Mit fliegenden Fahnen ging Müntzer in das Lager der sich auflehnenden Bauern über, weil »man muß gar mächtig Achtung haben auf die neue Bewegung der jetzigen Welt. Die alten Anschläge werden es ganz und gar nicht mehr tun, denn es ist eitel Schlamm, wie der Prophet saget.«[31] Müntzer hatte ein mitfühlendes Herz für die Leiden des arbeitenden Volkes, und voller Ingrimm schrieb er Albrecht von Mansfeld: »Meinst du, daß Gott nicht mehr an seinem Volk denn an euch Tyrannen gelegen ist.«[32] Freilich darf man Müntzers unheimliche Aktivität im Bauernkrieg nicht mit den sozialistischen Theorien des neunzehnten Jahrhunderts vermengen. Nicht aus der modernen Zeit, sondern aus seiner Situation muß Müntzer verstanden werden. Chiliastischer Glaube hat Müntzer vielmehr dazu getrieben, bewußt die Fahne des Aufruhrs zu erheben. Der Aufruf an die Allstedter verrät eine revolutionäre Leidenschaft, die an elementarer Kraft nicht mehr übertroffen werden kann:

»Vielgeliebte Brüder! Wie lange schläft ihr? Wie lange seid ihr Gottes Willen nicht geständig? Ach, wievielmal habe ich euch gesagt, daß es sein muß! Ihr müßt stehen! Nur dran, dran, dran! Es ist Zeit! Die Bösewichter sind verzagt wie die Hunde. Es ist über die Maßen hoch vonnöten. Laßt euch nicht erbarmen. Dran, dran, dieweil das Feuer heiß ist! Laßt euer Schwert nicht kalt werden. Es ist Zeit.«[33] Solch rasende Worte, die wie Peitschenhiebe auf die versklavten Massen wirken mußten, fließen nur einem Menschen in die Feder, der selbst in Flammen steht. Dieser Aufruf hat Müntzer in den Ruf eines Hetzers gebracht. In diesem Zusammenhang ist jedoch die Tatsache wichtig, daß man in der kirchengeschichtlichen Literatur nicht manches Dokument findet, das mit solchem Dynamit geladen ist und in dieser dramatischen Weise die Zeit als erfüllt erachtete. Nach Müntzer kommt die Schuld für die blutige Bauernerhebung einzig den Fürsten zu: »Die Herren machen das selber, daß ihnen der arme Mann feind wird. Die *Ursach* des Aufruhrs wollen sie nicht wegtun. Wie kann es die Länge gut werden? So ich das sage, muß ich aufrührerisch sein, wohlan!«[34] Mit dieser Einsicht in die Ursachen der Volksreformation steht Müntzer in seinem Jahrhundert als einziger auf weiter Flur da, und keiner erhebt sich, der ihm diesen Ruhm streitig macht. Damit hat dieser glühende Chiliast eine Erkenntnis an den Tag gelegt, die von der ganzen »Innern Mission« des 19. Jahrhunderts noch nicht eingeholt wurde, die immer nur die Wunden des sozialen Lebens zu verbinden suchte und nie den Quellen der Not nachging. Da es nach Müntzers scharfsichtiger Erkenntnis keine wirkliche religiöse Reformation ohne eine gleichzeitige soziale Umwälzung geben kann, hält er »es wahrlich nit für eine schlechte Sach, die jetz zur Zeit gehet«.[35] Für die chiliastische Revolution verausgabte sich dieser Theologe so restlos, daß er darob seine große Bücherliebhaberei vergaß.

Wie bei den Taboriten ist bei Müntzer die soziale Not unlösbar mit der chiliastischen Botschaft verwoben. Man versteht seine immer radikaler werdende politische Tätigkeit, die sonst den Charakter fast jedes Menschen verdirbt, nur richtig, wenn man auf seinen Glauben achtet, daß im Bauernkrieg das fünfte Reich der Welt zu Ende gehen werde. Aus dieser eschatologischen

Überzeugung heraus sind seine Ausführungen über die Gewalt geflossen, die im Widerspruch zu dem »Weg der Liebe« stehen, den Müntzer zwar auch kannte, aber für den ihm jetzt die Zeit abgelaufen schien. Als ein Werkzeug im Dienste des kommenden Reiches fühlte sich dieser »Zerstörer der Ungläubigen«, der sich selbst mit den Nietzsche vorwegnehmenden Worten unterschrieb »Thomas Müntzer mit dem Hammer«.[36] Die letzte Phase Müntzers ist durch sein schweren Bedenken unterliegendes Bekenntnis zur Gewalt gekennzeichnet, dem er in der Danielspredigt Ausdruck gab, nach der ein »gottloser Mensch kein Recht hat zu leben«.[37] Mit Blutdurst hat seine drohende Faust jedoch nichts zu tun; seine zur Gewaltanwendung aufrufenden Worte stammen aus dem Alten Testament, das für ihn verbindlichen Charakter besaß.[38] Müntzer stand vor der Frage: Wie kommt man aus dem heutigen Weltzustand zum Tausendjährigen Reich? Dieses Problem durchhieb er gleich dem gordischen Knoten mit der gewaltsamen Vertilgung der Gottlosen. Es war der gleiche Weg, den schon die Taboriten zu gehen versucht hatten, nur mit dem Unterschied, daß er bei dem slawischen Volk mit der nationalen Erhebung vermischt war, während er sich bei Müntzer in der Form einer sozialen Revolution zeigte. Wenn die ethische Seite der Frage dadurch auch keine Veränderung erfuhr, muß doch die Tatsache aufs stärkste unterstrichen werden, daß bei Müntzer das ebenso unerwartete als erschreckende Ereignis eintrat: Die Apokalyptik wird zur Revolution! Eine Wendung von unübersehbaren Folgen war mit diesem überkühnen Schritt eingeleitet. Die passive Auffassung der Apokalypse, die sich rein duldend verhält, wird durch eine aktivistische Haltung überwunden, die helfen will, das Kommende heraufzuführen. Der christliche Mensch fühlt sich zur tätigen Mitarbeit der sozialen Gestaltung des Lebens aufgerufen und erkennt seine verborgenen Schaffenskräfte. Diese absolut neue Phase Müntzers wurde schon dahin beurteilt: »Hier beginnt erst Politik im neuzeitlichen Sinne.«[39] Die aus der Welt hinaus tendierenden Spannungen wurden bei Müntzer zum Sprengstoff innerhalb des diesseitigen Lebens. Er kleidete sie in die Vorstellungswelt des Tausendjährigen Reiches, dem von jeher eine versteckte revolutionäre Tendenz innewohnte und das aus diesem Grunde auch von den offiziellen Kirchen stets verfemt wurde. Der Übergang vom Quietismus zum Aktivismus erfolgt bei Müntzer nicht als bloßes theoretisches Postulat, sondern in existentieller Tat, die schon mit den Worten kommentiert wurde: »Nicht für bessere Tage, sondern für das Ende aller Tage wurde hier gekämpft, dem rechten Ausdruck zufolge: in apokalyptischer Propaganda der Tat; nicht für die Überwindung irdischer Schwierigkeiten in einer eudämonistischen, uneingebauten Zivilisation, sondern für ihre Entrealisierung am Durchbruch des Reiches – niemals hat die Menschheit Tieferes gewollt, erfahren, begriffen als in der unerlösten Katholizität dieses Täufertums.«[40] Mit diesem chiliastischen Willen bildet Müntzer den Auftakt zu jenen permanenten Revolutionen, welche die Neuzeit nicht mehr zur Ruhe kommen ließen.

Der erste Vorstoß des täuferischen Chiliasmus mißlang. Die Bauernerhebung wurde aufs blutigste niedergeschlagen und an den Besiegten grausame Rache genommen. Als Ursache des Scheiterns können mannigfache Gründe genannt werden. Müntzer fehlte es sowohl an Organisationstalent als auch an strategischer Begabung. Man kann ihn auch beschuldigen, daß er Unerreichbares wollte, dem kein Gelingen beschieden sein konnte. Dieses Streben nach dem Unmöglichen macht jedoch seine Größe aus. Er hat seine Schaffensjahre nicht mit kleinlicher Streberei vertrödelt, sondern gab sich nur mit dem Letzten zufrieden. Für diesen heroischen Glauben hat er nach der Schlacht bei Frankenhausen im Jahre 1525 den Preis seines Lebens bezahlt. Daß er einen Widerruf geleistet habe und in Verzagtheit gestorben sei, berichten nur seine Feinde. Wenn die furchtbare Folter seine seelische Widerstandskraft auch gebrochen haben sollte, besagt dieses traurige Ende nichts gegen den ewigen Glanz seines chiliastischen Zieles. Man wird diesem lodernden Kämpfer, der so mächtig an den Gitterstäben dieser ungerechten Welteinrichtung gerüttelt hat, zuletzt nicht anders gerecht, als indem man seine Fragen noch heute als unerledigt betrachtet, die noch immer eine Antwort von uns erheischen!

Nach dem Fehlschlagen des Bauernkrieges trat naturgemäß im Vordringen des Chiliasmus eine Pause ein. Es stockte alles und drohte auseinanderzulaufen; eine Erholung von diesem schweren Rückschlag war unbedingt notwendig. Während dieser Zeit kam es vor allem darauf an, das glimmende Feuer unter der Asche wachzuhalten. Diese Aufgabe suchte zunächst der Buchbinder Hans Hut zu erfüllen, der als Schüler Müntzers nach dem Bauernkrieg eifrig die chiliastische Hoffnung ausbreitete, bis er bald im Kerker den Tod fand. Der große Herold der Reichserwartung in jenen Jahren wurde Melchior Hofmann, der die Auswirkung des Chiliasmus im Leben eines einzelnen Menschen anschaulich darstellt. Es ist nötig, in der Geschichte den Blick zuweilen wieder auf ein Einzelschicksal zu lenken, das neben den großen Bewegungen stets seine unvergängliche Bedeutung behält. Hofmann gelang es, breite Täuferkreise von der fundamentalen Wichtigkeit der Reichserwartung zu überzeugen. Diese Leistung ist um so erstaunlicher, als Hofmann keine überragende Gestalt war. Aber er war ein religiöser Mensch, der das Äußerste zu erdulden bereit war. Aus seinen Worten spricht ein Mann mit todesmutiger Entschlossenheit, der einen suggestiven Einfluß auf die Täufer ausübte. Obschon diesem Kürschner die theologische Ausbildung fehlte, hatte er sich auf autodidaktischem Weg eine ansehnliche Schriftkenntnis erworben. Er übte eine um so breitere Wirkung aus, als er nicht seßhaft war, sondern als Prädikant unruhig weiterwanderte. Zuerst zog er in Norddeutschland umher, hielt sich auch in den skandinavischen Ländern auf, kam hierauf nach Holland und zuletzt in den Südwesten Deutschlands, woselbst er namentlich von Straßburg aus eine rege Tätigkeit entfaltete. Auf allen diesen Reisen agitierte er unermüdlich für seine Anschauungen, ließ sich nie für seine Lehrtätigkeit bezahlen und ernährte sich stets mit seiner Hände Arbeit.

Anfangs stand Hofmann Luther nahe und wirkte zunächst auch für die Ausbreitung der lutherischen Reformation. Schon früh huldigte er mystischen Anschauungen, wie dies in seiner Abendmahlslehre ersichtlich wird. Doch fühlte er sich in zunehmendem Maße zu den eschatologischen Ausführungen der Bibel hingezogen, die seiner religiösen Veranlagung mehr entgegenkamen und denen gegenüber alle andern Teile der Heiligen Schrift zurücktraten. Da nach seiner Beobachtung die chiliastische Botschaft bei den Pastoren völlig im Hintergrund blieb, betrachtete Hofmann die Gelehrsamkeit als Hemmnis zu echtem Schriftverständnis. Er kam sich fortan als der Entdecker der eschatologischen Weissagungen vor, die er alle auf die Nähe des Jüngsten Tages deutete. Als Luther hiezu bemerkte, er meine es recht, aber fahre zu schnell, kehrte er dessen Werk den Rücken. Hofmann fühlte sich genötigt, in einem erschütternden Bußruf Zeugnis abzulegen von der Nähe des Weltgerichtes. Dieses Bewußtsein gewann immer größere Macht über ihn und fand seinen Niederschlag in einer Reihe von Schriften, die teilweise verlorengegangen sind. Schon die Titel verraten jedoch die eschatologische Einstellung, wenn ein Büchlein »Vom Jüngsten Tag« heißt und ein anderes sich »Auslegung des zwölften Kapitels des Propheten Daniel« nennt, eine dritte Schrift »Von den Trübsalen der letzten Zeit« betitelt ist und 1530 die »Auslegung der heimlichen Offenbarung Johannes« dem Druck übergeben wurde. Durch die in diesen Schriften ausgesprochene Prophezeiung wollte Hofmann den Glauben an das Reich zum Mittelpunkt eines geistigen und zugleich innerlichen Christentums machen. Die visionäre Gabe besaß Hofmann selbst nicht, und er täuschte sie in seiner Ehrlichkeit auch nie vor. Wo er über die Bibel hinausging, stützte er sich stets auf die seherische Begabung ihm befreundeter Menschen.

Nach Hofmanns Botschaft steht der Jüngste Tag nahe bevor. Der genaue Tag und die Stunde sind zwar unbekannt, wie Jesus sagte, nicht aber das Jahr! Warum hätte Gott sonst Daniel Offenbarungen gegeben? Bald nach seinem selbständigen Auftreten im Jahre 1526 verkündete Hofmann den Anbruch des Reiches in sieben Jahren. Die fünfte Posaune gehört nach seiner Auslegung der Offenbarung Johannes bereits der Vergangenheit an, und die sechste Posaune läßt er eben »im Schwange« gehen: »Da ertönt der Schall des göttlichen Wortes, da muß der Strom der Menschenlehre vertrocknen, das Amt vom Buchstaben wird in den Geist gewendet.«[41] Hofmanns Gedanken kreisen um jenes Reich Gottes auf Erden, woselbst dasjenige, »was im Geistlichen begonnen ist, auch im Leiblichen vollendet werden soll«.[42] Nach seiner Überzeugung war das ewige Reich im Kommen begriffen, dem er selbst als »zweiter Elias« vorangehen werde, und zwar sollte, wie ein gewisser Jost weissagte, Straßburg das neue Jerusalem werden. Von dieser Stadt aus soll nach dem Plane Gottes das Reich seinen Ausgang nehmen. Warum gerade diese mächtig aufstrebende Handelsstadt zu dieser Ehre ausersehen sei, ist nicht ersichtlich. Vielleicht weil in Straßburg eine freie kirchliche Reformation sich vollzogen hatte und der Reformator Wolfgang Capito sich zum Chiliasmus bekannte, da das geistige Reich sich »in dem äußern Zustand der Auserwählten abspiegelt, in dem Friede herrscht und die Erde überschwengliche Fruchtbarkeit zeigt«[43] und die Stätte der Wirksamkeit von Martin Bucer war, der einst ein Buch über »De regno Christi« geschrieben hatte.[44]

Aktuelle Bedeutung bekam diese Annahme, als ein alter Mann in Ostfriesland prophezeite, Hofmann müsse nochmals nach Straßburg ziehen, dort ein halbes Jahr gefangen liegen und dann nach seiner Befreiung das Täufertum zum Sieg über alle Gewalten führen. Hofmann fühlte sich durch diese seherische Mitteilung getroffen und machte sich im Frühling 1533 auf zu seinem letzten Hinaufzug nach Straßburg, als dem neuen Jerusalem. Sein Enthusiasmus stieg von Tag zu Tag, und seine innere Spannung drängte ihn, das Schicksal auf eine beinahe frevelhafte Weise herauszufordern. Bereits lebte er über zwei Monate in Straßburg, ging daselbst ein und aus, ohne daß der Stadtrat von seiner Anwesenheit auch nur Notiz nahm. Durch seine beständige Weissagung der schreckliche Niedermetzelung aller ungläubigen Menschen – das neue Jerusalem kann nicht gebaut werden ohne vorherige Vernichtung des alten Babylon – gelang es ihm schließlich doch, die begehrte Aufmerksamkeit der Behörde auf sich zu lenken, die ihn im Mai kurzerhand in Haft setzte. Bei seiner Verhaftung brach Hofmann in lautes Frohlocken aus, entledigte sich schnell seiner Schuhe und schwur beim lebendigen Gott, nur noch Wasser und Brot zu genießen bis zu der Stunde, da er mit der Hand auf den zeigen werde, der ihn gesandt habe. Seine Verhaftung erhöhte als erste Erfüllung der Weissagung mächtig das Ansehen seiner Persönlichkeit in den täuferischen Kreisen.

Im Sommer blieb jedoch die angekündigte Belagerung in Straßburg aus, und der dogmatisch engherzige Bucer verfehlte nicht, den Gefangenen auf das Trügerische seiner Prophezeiung hinzuweisen. Hofmann blieb in seiner peinlichen Situation nichts anderes übrig, als zu dem beliebten Ausfluchtsmittel zu greifen: Der Herr habe den angekündigten Termin hinausgeschoben. Seine Hoffnung gab er nicht auf und wartete mit steigender Spannung auf den höchsten Augenblick, in welchem Christus sich auch öffentlich für ihn erklären werde. Aber der Zeitpunkt der prophezeiten Endkatastrophe rückte unaufhaltsam näher, ohne daß sich auch nur eines der geweissagten Anzeichen einstellte. »Der Himmel zeigte dem ungeduldig Ausspähenden immer die gleiche kalte Miene und kümmerte sich nicht um die Hoffnungen und Berechnungen des vereinsamenden Propheten im Straßburger Turm.«[45] Leider ist man über Hofmanns Seelenzustand in diesen Monaten nicht eingehend orientiert. Aber man kann sich auch ohne detaillierte Nachrichten leicht vorstellen, was im Innern des gefangenen Hofmann vorgegangen sein mußte.

Hofmann begnügte sich zunächst, den Termin nochmals um ein Jahr hinauszuschieben, und versuchte, das Mißliche dieser zweiten Verlängerung mit einem um so zuversichtlicheren Gebaren zu überdecken. Er richtete an den Magistraten sogar das Gesuch, man möge ihn in ein Loch werfen, wo er weder Sonne noch Mond sehe, bis der Tag der Erlösung komme, von dem er geschrieben habe. Seinem Gesuch wurde bereitwillig entsprochen. Aber auch das Jahr 1534 verstrich, ohne daß sich auch nur ein Wölklein am Horizont zeigte, das auf die Ankunft des Herrn schließen ließ. Als Hofmann im April des Jahres 1535 den Rat aufforderte, die Stadt mit Proviant zu versorgen, denn in diesem Jahre werde unbedingt die von ihm verkündigte Belagerung Straßburgs erfolgen, ging man ohne ein Wort der Widerlegung über diese monotonen Deklamationen hinweg.

Als das Jahr 1535 wiederum ohne Anbruch des Reiches vorüberging, muß selbst die Zuversicht Hofmanns einen neuen Stoß erhalten haben, und auch ihm blieb das bitterste aller bitteren Enttäuschungserlebnisse nicht erspart. »Wie einst über den wirklichen Elias unter dem Wacholderstrauch ein Augenblick tiefster Verzagtheit kam, so sehen wir auch seinen Nachfolger im Frühling 1536 für eine Weile der Verzweiflung anheimfallen.«[46] Hofmann erholte sich jedoch von seiner Niedergeschlagenheit wieder und schaute bald aufs neue voll sehnsüchtiger Erwartung durch die Gitterstäbe nach dem Kommen des Reiches aus. Doch kümmerte sich mit der Zeit niemand mehr um den in ungesunder Zelle im oberen Stock des Straßburger Turmes gefangenen Hofmann. Seine Kerkerhaft dauerte noch jahrelang. Ende November 1543 wurde seiner bei Anlaß einer schweren Krankheit zum letztenmal im Ratsprotokoll Erwähnung getan.

Man mag den Kopf schütteln über diese eigensinnige Unbelehrbarkeit, mit der Hofmann, einem Geisteskranken gleich, an seiner fixen Idee festgehalten hat. Das sture Element, das viele Chiliasten auf Granit beißen ließ, tritt bei ihm besonders deutlich hervor. Es gilt aber auch, das Ergreifende dieses Lebens zu sehen. Dieser Mensch schmachtete einzig um einer großen Hoffnung willen zehn lange Jahre unschuldig in dunkeln Kermauern. Das chiliastische Feuer verzehrte schließlich sein Inneres. Dabei durfte Hofmann nicht einmal wie Moses das Gelobte Land wenigstens von ferne schauen. Alles schien in diesem Leben ein einziges »Umsonst« gewesen zu sein. Als eine vom Schicksal aufs grausamste genarrte Gestalt steht Hofmann da. Und doch war auch dieses ganz auf das Warten eingestellte Leben nicht völlig vergeblich. Er selbst durfte sich an der Gestaltung des Reiches nicht beteiligen, weil er, geschichtsphilosophisch gesehen, gleich Isaak zwischen Abraham und Jakob, bloß als Zwischenglied verwendet wurde. Ihm kam die Aufgabe zu, in wartender Haltung die Reichshoffnung still weiterzutragen, bis seine Anhänger den zweiten Vorstoß des Chiliasmus zu unternehmen in der Lage waren. Und dieser war an Gestaltungskraft demjenigen Müntzers noch um ein beträchtliches überlegen.

Hofmann besaß in Holland zahlreiche Schüler, die man die Melchioriten nannte. Zunächst harrten seine Anhänger wie er in geduldiger Ergebung auf den Anbruch des Reiches, das nach seiner Auffassung ohne Zutun der Menschen kommt. Als diese Erwartung sich nicht erfüllte, entstand unter seiner Gefolgschaft eine Spaltung, aus der der Quietismus und Aktivismus hervorgingen. Da trat Jan Matthys, ein Bäcker zu Haarlem, für die gewaltsame Heraufführung des Gottesreiches ein. Dieser Weg der Gewalt stand im schroffsten Widerspruch zum milden Geist Hofmanns, der sogar mit der Taufe hatte zuwarten wollen bis zur neuen Ausgießung des Pfingstgeistes. Matthys wurde durch den Schneider Johann Bockelson von Leiden im Glauben unterstützt, die Zerstörung der gegenwärtigen Welt erfolge durch ihn. Geschickt verstanden zudem einige Melchioriten in Holland die Offenbarung zu verbreiten: Der Herr habe Straßburg um seines Unglaubens willen verworfen und an seiner Statt Münster zum neuen Jerusalem erwählt, weil in der westfälischen Stadt ein ansehnlicher Teil des Rates dem Täufertum zuneigte. Noch bei Lebzeiten Hofmanns kam sein chiliastischer Weizen im Wiedertäuferreich zu Münster zum Blühen. Dies muß als ein Kulminationspunkt der Reichserwartung in der Reformationszeit bezeichnet werden.

Für Luther war es eine ausgemachte Sache, daß in Münster »gewißlich ein Teufel auf dem andern, wie die Kröten, sitzen«.[47] Dieses Urteil blieb in modifizierter Weise bis in die Gegenwart hinein bestehen.[48] »Ein grauenvolles Fastnachtsspiel« sah man in Münster,[49] vom »Auswurf der Bevölkerung aus allen Ländern« aufgeführt, wo »verkommene Subjekte« eine wahre »Schreckensherrschaft« ausgeübt haben.[50] Die Bezeichnung Fanatiker war noch die wohlwollendste, die man auf diese Menschen anwandte. Nicht die geringste menschliche Teilnahme brachte man diesen »Irrsinnigen« entgegen, und jeder Historiker hielt es für notwendig, seinen Abscheu diesen Verirrungen gegenüber zum Ausdruck zu bringen und in ihnen höchstens eine Warnung für alle spätern Geschlechter zu sehen.

Doch ist moralische Entrüstung nicht die geeignete Voraussetzung zum Verständnis eines geschichtlichen Tatbestandes. Daß sie dermaßen stark gegenüber dem Wiedertäuferreich zum Ausdruck kam, ist durch die zeitgenössische Berichterstattung bedingt, welche die Geschichtswissenschaft unbedenklich als Quellen benützt hat. Es ist jedoch am Platze, ihrem historischen Wert gegenüber mehr als nur ein Fragezeichen anzubringen, stammen sie doch ausnahmslos von Täufern feindselig gesinnten Gegnern. Eine kritische Prüfung des Quellenmaterials kann die Kerssenbrochsche Darstellung nur in beschränkter Weise als Augenzeugenbericht gelten lassen. Ihr Verfasser hat das Reich der Wiedertäufer nur als unreifer Knabe vier Wochen lang miterlebt und fünfundzwanzig Jahre später dasselbe mit einer »von Haß vergifteten Feder« (Blanke) dargestellt. Heinrich Gresbecks Chronik ist wertvoller, weil er als angeblicher Anhänger an den Vorgängen in Münster bis zuletzt selbst teilnahm, ohne jedoch in die wichtigeren Entschlüsse eingeweiht worden zu sein. Aber auch seiner Berichterstattung gegenüber ist größte Vorsicht geboten, weil er derjenige ist, der die Stadt verriet! Man hat allen Grund, einem täuferischen Judas mit äußerstem Mißtrauen zu begegnen, zumal Gresbeck seine ehemaligen Genossen anschwärzen mußte, um seinen Gesinnungswandel zu dokumentieren. Aus seinen Erinnerungen spricht der treulose Verräter, der alles andere als jenes vorbehaltlose Vertrauen verdient, das ihm die Geschichtsschreibung unüberlegt entgegengebracht hat. Es sind dies aber die einzigen Quellen, die den Historikern als Grundlage für ihre Entrüstung dienten, und ihre Beschaffenheit ist derart, daß sie einer unabhängigen Denkweise gegenüber nicht aufrechterhalten werden können.

Eine kritische Einstellung wird auch nicht in den umgekehrten Fehler verfallen und alles für gut halten, was die Täufer in Münster ausgeführt haben. Es handelt sich überhaupt nicht um eine Rechtfertigung; dieses Geschehen soll in seiner ganzen Fremdheit bestehen bleiben und gar kein Versuch gemacht werden, es dem eigenen Verständnis anzupassen. Sicher gab es bei den Täufern Menschliches-Allzumenschliches, und in ihrer Exaltiertheit kam es zu krankhaften Zuständen. Seltsam muß es gewesen sein, wenn diese Handwerker sich als Brüder in Christo schmatzend auf den Mund küßten, und es ist kein Zweifel, daß bei der Betrachtung der Münsterischen Vorgänge viele plebejische Züge wahrzunehmen sind. Gleichwohl wäre es nicht recht, in den führenden Männern nur skrupellose Abenteurer zu sehen, die, von eitlem Geltungsdrang betört, vor den schlimmsten Verbrechen nicht zurückgeschreckt seien und deren Motive in jeder Beziehung zu verdächtigen sind. Der führende Theologe der Täufer, Bernhard Rothmann, war ein sehr ernsthafter Mensch, der aufrichtig nach der Wahrheit suchte.[51] Knipperdolling erfreute sich bei der Bevölkerung offenkundiger Beliebtheit, und Johannes von Leiden war ein überaus begabter Mensch von berückendem Zauber. Es waren Menschen mit mächtigem Tatendrang, die freilich jeden Einfall als Offenbarung des Vaters betrachteten und sich gegenüber eine viel zu geringe Selbstkontrolle in Anwendung brachten. Man muß durch ihre Extravaganzen hindurchschauen und wahrnehmen, wie sie durch eine große Hoffnung über sich selbst hinausgehoben wurden. Von der Reichserwartung getragen, wurden sie zu Begeisterung, Hingabe und Opferfreudigkeit angespornt. Zudem darf man nicht einseitig die Führergestalten ins Auge fassen, sondern muß auch die Massen in Münster beachten, die in der Kirchengeschichtsschreibung stets in ungebührlicher Weise auf die Seite geschoben werden. Der Anteil des Laienelementes war beim täuferischen Chiliasmus groß. Beim Wiedertäuferreich kam es an den Tag, welche Kraft im Volke steckt und welch ungewöhnliche Dinge es zu leisten imstande ist, wird es von einer großen Hoffnung durchpulst.

Es ist deswegen angebracht, endlich einmal das Großartige des münsterischen Versuches zu betonen. Nicht umsonst ist die Erinnerung an jene einzigartigen Tage im einfachen Volk durch alle Jahrhunderte wie eine Sage, die gruselt und zugleich lockt, lebendig geblieben. Eine packende Gewalt ist dem münsterischen Experiment eigen, das im bewegten Reformationszeitalter kein Gegenstück gefunden hat. Noch heute mutet es wie ein traumhaftes Ereignis an, das man mit Bewunderung und Schaudern betrachten muß. Es ist der kühne Versuch, nichts Geringeres als das Gottesreich auf Erden zu verwirklichen! Diesen Täufern ging es um die irdische Herrschaft Christi. Nach Rothmanns »Restitution« ist auch »von dem Reiche Christi kein rechter Verstand auf Erden vorhanden gewesen, insonderheit von der Herrlichkeit seines Reiches auf Erden. Bisher hat man die Schrift mit Unverstand ausgelegt und, was vom Reiche Christi auf Erden geschrieben steht, auf den Jüngsten Tag und auf das Reich der Himmel darnach bezogen. Die Münsterischen aber wissen, daß sie in den Zeiten dieser Generation erfüllt werden muß und deshalb, was von dem Reiche Christi in der Schrift vermeldet steht, hier auf

Erden zu erwarten ist.«[52] Aus diesem Grund spielte bei ihnen keine Schriftstelle eine solch ausschlaggebende Rolle wie das zwanzigste Kapitel der Offenbarung Johannes. Auch für Johann von Leiden war noch angesichts des Todes »unser Reich zu Münster ein Bild« des ewigen Reiches.[53] Also nicht das Reich selbst, sondern nur eine Abschattung davon. Diese Unterscheidung ist wohl zu beachten. Die Täufer von Münster waren Chiliasten im reinsten Sinn des Wortes, die das Reich mit der ganzen Kraft ihrer Herzen herbeizuzwingen versuchten. Vor der Größe dieses mit letzter Anstrengung unternommenen Wagnisses, das Tausendjährige Reich heraufzuführen, kann man sich nur verneigen, und es verrät Unfähigkeit, außerordentliche Geschichte wirklich zu verstehen, wenn man über den Exzessen das Positiv-Ungewöhnliche übersieht, das in diesen Menschen lebte. Das Reich sollte nicht mehr nur ergänzend neben das staatliche Leben treten; seine Bestimmung war es vielmehr, die natürlichen Ordnungen zu verdrängen. Man wird in der Geschichte nicht oft von einem solch glühendheißen Atem angehaucht wie bei der Betrachtung des Münsterreiches während seines Aufbaues. Von dieser orgiastischen Reichserwartung allein ist der innere Sinn des münsterischen Geschehens zu begreifen und nicht von einem sozialistischen Gesichtspunkt aus, mögen auch noch so frappierende Ähnlichkeiten mit der modernen Arbeiterbewegung festzustellen sein.[54] Das kühne Zerbrechen der bestehenden Ordnung geschah bei den Täufern unter einem chiliastischen Vorzeichen. Die eschatologische Einstellung war das Wesentliche bei ihnen. »Apokalyptik und Münster sind nicht voneinander zu trennen.«[55] Es ist chiliastischer Geist, der in dieser Stadt zur Macht kam und der Rothmann schreiben ließ: »Die rechte Zeit zu wissen, ist sehr wichtig. *Jetzt* ist sie vorhanden.«[56] Nur von dieser apokalyptischen Voraussetzung aus, die im Kairos lebt, ist das Wiedertäuferreich zu verstehen. Alle wissenschaftlich-rationalen Maßstäbe können ihm darum nicht gerecht werden, weil sie auf einer andern Ebene liegen.

Die Geschichte des Wiedertäuferreiches begann zunächst mit dem Zusammenströmen von täuferischen Elementen nach Münster. Unter den Zugewanderten gab es manche verarmte Existenz. Gleichwohl spielten die Emigranten bald eine Hauptrolle, weil sie als Melchioriten das eschatologische Element mit sich brachten. Von schicksalhafter Bedeutung war es, als Jan Matthys und Johann von Leiden im Januar 1534 in fremdartiger Tracht auftauchten und sich für die biblischen Gestalten Henoch und Elias ausgaben. Mit ihrem Erscheinen wurde der Tag des Herrn in Verbindung gebracht und die chiliastische Erwartung durch aufwühlende Bußrufe beständig geschürt. Plötzlich gerieten Menschen in Raserei, liefen durch die Straßen und riefen mit lauter Stimme: der Tag des Herrn ist nahe. Sie deuteten zum Himmel und behaupteten, Gott in seiner Glorie in den Wolken leuchten zu sehen. Mit schäumendem Munde verkündeten sie den Einsturz des Himmels und klatschten vor Freude mit den Händen, weil der Vater mit dem himmlischen Heere schon im Begriffe stehe, auf die Erde herabzusteigen. Wie die alten Bacchantinnen sprangen die Frauen mit aufgelösten Haaren und offenen Kleidern auf dem Marktplatz umher in Erwartung dessen, was da kommen werde.

Auf die Dauer genügte es den Täufern nicht, ihre chiliastischen Freudengefühle nur in verzückter Begeisterung zu bekunden, obschon das Aufleuchten dieses Gottesfunkens auch bei ihnen vermerkt werden muß. Ihr mit Apokalyptik geladener Enthusiasmus drängte zur Tat. Nachdem ein Aufstand der Täufer mit dem Ziel, der Stadt sich zu bemächtigen, mißlungen war, erhielten sie bei der neuen Ratswahl im Februar 1534 die Mehrheit. Darnach sind die Täufer auf legalem Wege zur Machtübernahme gelangt. Münster wurde so die einzige Stadt, in der die Anabaptisten das Regiment in die Hände bekamen. Ein Teil der wohlhabenden Bürger ergriff vor Schrecken die Flucht, voller Ahnung der unheimlichen Dinge, die im Anzuge waren. Die Täufer aber schritten unverzüglich zur Verwirklichung ihrer Gemeinschaft der Heiligen.

Noch im gleichen Monat ihrer Machtergreifung trat der ungestüme Jan Matthys mit der Behauptung auf, der Vater wolle, »daß dies neue Jerusalem mit dem Heiligtum von Unsauberkeit gereinigt werde«.[57] Unter dieser Reinigung verstand er die Hinrichtung aller Katholiken und Lutheraner. Der angesehene Tuchhändler Knipperdolling sprach sich gegen das Todesurteil aus und schlug an dessen Stelle die Vertreibung der Gottlosen vor. Diese Ansicht drang durch. Gemäß diesem Beschluß mußten alle Andersgläubigen die Stadt räumen unter Zurücklassung ihrer Effekten. Die Ausstoßung der nichttäuferischen Einwohner fand in den letzten Februartagen bei heftigem Schneegestöber statt. Nicht einmal gegen Schwangere und Wöchnerinnen wurde Schonung geübt; man warf alle erbarmungslos hinaus. Wer zurückbleiben wollte, mußte sich der Taufe unterziehen. Diese gewalttätige Austreibung war die erste Maßnahme der Täufer, die das Entsetzen der Zeitgenossen hervorgerufen hat. Zweifelsohne war es eine menschlich überaus harte Verordnung. Eine realistische Betrachtungsweise aber muß in der Vertreibung der Gottlosen eine Präservationsmaßnahme sehen, die den Weitblick der Führer beweist. Modern ausgedrückt, entledigten sich die Täufer auf diese Weise rechtzeitig der »fünften Kolonne«. Anderseits darf die Bemerkung doch nicht unterdrückt werden, daß sich diese Maßnahme, mag sie auch einer militärischen Notwendigkeit entsprechen, vom Standpunkt des Evangeliums aus in ihrer rigorosen Härte der Durchführung keineswegs rechtfertigen läßt.

Kurz nach dieser Austreibung begann der Fürstbischof Franz von Waldeck, die Stadt einzuschließen. Der Bischof war der Angreifer und nicht die Täufer. Er versuchte zunächst, die Stadt durch einen Überfall zu nehmen, was ihm jedoch mißlang. Die Täufer wurden in eine langwierige Belagerung verwickelt und bekamen die Blockade in solcher Schärfe zu spüren, daß sie genötigt waren, auf den öffentlichen Plätzen Gemüse zu bauen. Man hat die Verteidigung der Täufer schon als »ein Vorspiel des totalen Krieges« bezeichnet,[58] weil die gesamte Bevölkerung in den Dienst der Kriegsanstrengung gestellt wurde. Mit heroischer Begeisterung unterzogen sich die Täufer dieser Pflicht und wehrten die Angriffe auf das neue Jerusalem ab. Des Soldatendienstes unkundig, traten sie mit der heldenhaften Tapferkeit einer militärisch geschulten Übermacht entgegen, wozu nur Menschen fähig sind, die für Heiliges kämpfen. Infolge der Belagerung konnten die Täufer ihr Reich nicht in Ruhe aufbauen. Die ganze Stadt wurde in ein einziges Heerlager verwandelt; es war also keineswegs der geeignete Moment zur Durchführung innerpolitischer Reformen. Man darf deswegen an das Wiedertäuferreich nicht den Maßstab des Friedens anlegen. Bei der Beurteilung muß diesem beständigen Kriegszustand Rechnung getragen werden. Niemand kann deshalb sagen, welche Gestalt ihr Reich ohne Störung von außen angenommen hätte.

Trotz diesen ungünstigen Verhältnissen versäumten die Täufer nicht, im Innern einen fundamentalen Neubau durchzuführen. Dieser Versuch beweist, wie ernst die Täufer es mit ihrem Sendungsgefühl nahmen. Es war ihnen nicht nur darum zu tun, an der Macht zu bleiben, sie wollten die ihnen gebotene Gelegenheit auch voll ausnutzen. Als Menschen, die alle Brücken mit der Vergangenheit abgebrochen hatten, schreckten sie vor den kühnsten Schritten nicht zurück. Sie stellen damit das Problem des Radikalimus in seiner ganzen Schwere zur Diskussion.

Keineswegs begnügten sie sich mit der bloßen Umbenennung der Straßen und dem Abbruch der Kirchtürme. Sie waren darauf bedacht, dem neuen Jerusalem auch ein neues Aussehen zu geben. Als erste Tat von revolutionärem Charakter wurde das Privateigentum beseitigt. Den Anstoß dazu gab Knipperdollings reiche Schwiegermutter, die sich vom Geiste Gottes getrieben fühlte, ihre Schuldbriefe samt den bereits bezahlten Zinsen zurückzugeben. Diese zunächst vereinzelte Handlung machte großen Eindruck und wurde in ihrer Vorbildlichkeit zum allgemeingültigen Prinzip erhoben. Zunächst wurden die Güter der vertriebenen Einwohner eingezogen und über den Gebrauch der Kleider genaue Bestimmungen erlassen. Wer mehr als ein notwendiges Gewand besaß, mußte es abgeben. Schließlich wurde die Einführung der Gütergemeinschaft beschlossen. Mit dem münsterischen Kommunismus waren auch gemeinsame Mahlzeiten verbunden. Die Haustüren wurden bei Tag und Nacht nicht mehr geschlossen. Wenn auch die Durchführung dieses Kommunismus über Anfänge nicht hinauskam, so bleibt er doch als Symptom der sozialen Hoffnung in jener Umbruchszeit von Bedeutung.

Einige Zeit darnach schritt man in Münster zu einer Umgestaltung der Eheeinrichtung, indem man die Monogamie abschaffte. Über keine Maßnahme haben die Zeitgenossen sich so stark aufgehalten wie über diese Entweihung der geheiligten Institution der Ehe, während sie die Duldung von Freudenhäusern ohne weiteres in Ordnung fanden. Den sexuellen Ausschreitungen, die sich in Münster abgespielt haben sollen, braucht man keinen Glauben zu schenken. Dieselben sind ein Produkt der verdorbenen Phantasie der Chronikschreiber, nach welcher die Täufer verlangt hätten, jede Frau müsse jedem Manne, der mit den Worten »mein Geist begehrt dein Fleisch« ihre Hingabe fordere, bei Strafe der Hinrichtung zu Willen sein. Wenn auch vereinzelter Mißbrauch vorgekommen sein mag, so ist doch gegenüber offensichtlichen Verleumdungen größte Skepsis geboten. Die Täufer neigten in ethischer Beziehung eher zu einem Rigorismus statt Libertinismus. Mit wenigen Ausnahmen waren sie sittenstrenge Leute, die weder Hurerei noch Trunksucht duldeten. Auch in Münster stand auf Verführung und Ehebruch Todesstrafe. Die Beseitigung der Monogamie im neuen Jerusalem muß aus andern Motiven als aus der sinnlichen Geilheit ihrer Führer erklärt werden. Abgesehen vom starken Frauenüberschuß in der belagerten Stadt – zweitausend Männer standen über achttausend Frauen gegenüber – ging die Einführung der Vielweiberei aus dem Streben nach einer Neuordnung aller Dinge im Reiche Christi hervor. Es brauchte Mut, um auch auf diesem heiklen Gebiet einen neuen Versuch zu wagen, der freilich als mißlungen bezeichnet werden muß. Die Einführung der Polygamie erschien zuerst auch den münsterischen Prädikanten als unmöglich, und sie leisteten mehrere Tage energisch Widerstand. Aber sie lag in der Konsequenz der Gleichstellung von Altem und Neuem Testament. Aus der wörtlichen Befolgung aller biblischen Aussagen ging der Beschluß hervor, »daß jeder Mann nach dem Beispiel Abrahams, Jakobs, Davids und der übrigen Väter des alten Testamentes, deren Leben sie nachahmen wollten, mehrere Frauen nehmen dürfe.«[59] Was die vorbildlichen Patriarchen des alten Bundes getan haben, kann nach Auffassung der Täufer nicht unsittlich sein. Tatsächlich folgt aus der Annahme der Inspiriertheit der Bibel in dieser Frage eine Schwierigkeit, welche die meisten Biblizisten seltsamerweise gar nicht sehen wollen.

Von einer kommunistischen Weibergemeinschaft dagegen kann in Münster nicht geredet werden. Der Einzelhaushalt wurde nicht aufgehoben. Auch müssen die Frauen diese Neuregelung der ehelichen Verhältnisse nicht als eine entehrende Schmach empfunden haben, sonst hätten sie sich wohl nicht in solch leidenschaftlicher Weise an der Verteidigung der Stadt beteiligt. Die Täufer kamen – schon in Anbetracht der abnormen Verhältnisse – überhaupt nicht über die ersten Anfänge einer Ehereform hinaus, bei der sie freilich übersahen, wie nur die Einehe dem sittlichen Liebesgefühl der geistigen Menschen Genüge tun kann.

Die dritte Änderung bestand in der Aufhebung der republikanischen Verfassung und in der Einführung der Monarchie. Johannes von Leiden ließ sich aufgrund göttlicher Offenbarung zum König ausrufen. Nach der Krönung umgab er sich mit einem Hofzeremoniell, ließ Münzen schlagen, übte das einzige Richteramt in der Stadt persönlich aus und bezeichnete sich als »den Herrn der Welt«. Dieses Vorgehen des ehemaligen Schneidergesellen ist nicht frei von Eitelkeit, wenn auch die Übergabe des höchsten Amtes an ihn nicht unverdient war, denn daß die Stadt sich viele Monate gegen eine solche Übermacht zu halten vermochte, war wesentlich die Leistung dieses sehr befähigten, dämonischen Mannes. Die Einführung der Monarchie ist als Lösung des Problems von Führer und Masse im Stil der damaligen Zeit zu interpretieren.

Alle diese Neuschöpfungen sind um so erstaunlicher, als sie in schwerster Bedrängnis in die Welt gesetzt werden mußten. Die Lage der Täufer war alles andere als beneidenswert. Alle Hoffnungen auf Entsetzung, die mit der Aussendung der Apostel in alle vier Windrichtungen bezweckt wurde, gingen nicht in Erfüllung. Die Situation wurde von Monat zu Monat ernster, worüber auch die vom König veranstalteten Volksbelustigungen nur vorübergehend hinwegzutäuschen vermochten, wenn sie auch eine äußerst geschickte psychologische Behandlung der Massen verraten. Ebensowenig traf die vom König auf Ostern 1535 prophezeite Erlösung der Stadt ein, worauf er, sich krank stellend, sechs Tage zu Hause blieb. Hierauf ging er zuversichtlich auf den Markt, um dem sehnsüchtig nach Hilfe Ausschau haltenden

Volke zu verkündigen, der Vater habe die Sünden aller Israeliten auf seine Schultern gelegt. Die innere, geistige Erlösung, welche die Hauptsache sei, habe er gemeint. Die äußere müßten sie geduldig abwarten; sie würde sicher kommen, wenn sie nicht in die Sünden zurückfielen. Inzwischen harrte das täuferische Volk weiter, und seine Sehnsucht wurde immer brennender. In der Stadt aber begann der Hunger zu wüten und würgte mit einer Grausamkeit ohnegleichen die enthusiastischen Menschen. Kinder und Frauen begannen nach Brot zu schreien. Man fing an, die Katzen an den Spießen und die Mäuse in den Pfannen zu braten. Moos wurde als Brot verzehrt und alte Schuhe in Wasser aufgeweicht gegessen. Gedörrte Kuhfladen wurden gesammelt, und aus den Aborten suchte man die eingetrockneten Exkremente heraus. Die Schwindsucht grassierte wie eine Epidemie unter den Menschen. Die westfälische Stadt ist nicht umsonst das neue Jerusalem genannt worden, sie ist dem palästinensischen an Trübsal gleich geworden. »Manche verließen sich auf das Versprechen des Königs und glaubten, ehe sie Hungers stürben, würde der Vater die Steine auf der Straße in Brot verwandeln. Von grimmigem Hunger geplagt, machten sie die Probe, und bissen auf die Steine. Da sie aber weder am Wesen noch an der Form eine Veränderung merkten, schwand ihr Vertrauen, und sie weinten bitterlich.«[60] Aber die Täufer wollten lieber Hungers sterben als den Glauben an das Reich aufgeben, obschon auch sie den Kelch der Enttäuschung bis auf die Neige leeren mußten, eine Erfahrung, die nun einmal wesensgemäß zu der freudigen Hoffnung des Chiliasmus gehört.

Endlich erfolgte die vom Volk so lang ersehnte Aufhebung der Belagerung. Aber sie kam nicht in der erhofften Gestalt des auf den Wolken des Himmels wiederkommenden Herrn, sondern durch die in die Stadt einstürmenden feindlichen Krieger, die in den Straßen ein furchtbares Blutbad veranstalteten. Das Wiedertäuferreich zu Münster ist nicht durch die Übermacht der Feinde und nicht durch den Hunger bezwungen worden. Auch in ihren Reihen fehlte die Gestalt des Verräters nicht. Die Führer fielen teilweise lebend in die Hände der Feinde, wurden in Käfigen ausgestellt und starben unter unmenschlichen Quälereien, ohne ihre

Überzeugung zu verleugnen. So endigte dieser ungewöhnliche Versuch, das Reich Christi in Münster zu begründen, nach sechzehnmonatiger Dauer in einem Meer von Blut und Tränen, worüber ein bei der Hinrichtung der Rädelsführer anwesender Zeitgenosse die nicht fehlgehenden Worte schrieb: »Es waren hier viele zu sehen, denen nichts angenehmer begegnen konnte als dieser Anblick. Aber uns anderen, die mit uns bedachten, was immer hier geschehen, sei um unserer Sünden willen geschehen, war es keineswegs so angenehm. Zwar sind sie mit Recht und nach Verdienst weggeschafft; wer nämlich von gesundem Sinn sollte das nicht bekennen? Aber doch mußten wir unterdessen auch unsere Sünden bekennen, deren Übermaß und Größe Gott gleichsam durch Geiseln rächen wollte.«[61]

Als der Schlußakt dieser Tragödie zu Ende ging, lag Hofmann noch immer im Straßburger Turm gefangen. Die Männer von Münster waren seine Schüler gewesen. Doch besteht zwischen ihnen und Hofmann ein tiefgreifender Unterschied. Die reine Erwartung Hofmanns steigerte sich in Münster zu denkbar stärkster Spannung, die auch nicht das kleinste Zeichen einer Erschlaffung aufkommen ließ. Die passive und die aktive Haltung im Reichsglauben stehen bei diesem Vergleich so nahe beieinander wie sonst nirgends in der Geschichte. Angesichts des blutigen Endes von Münster steigen allerlei Bedenken gegen die aktivistische Einstellung auf, von der Goethe prinzipiell gesagt hat: »Der Handelnde ist immer gewissenlos.« Gegenüber dem geduldigen Harren wurde allerdings schon eingewendet, daß es zu einer bloßen Wartsaal-Frömmigkeit führe. In der Tat, welche von beiden Einstellungen ist richtig? Es ist uneinsichtig, das passive Warten gegen die tätige Haltung auszuspielen oder umgekehrt. Sowohl Aktivismus als Quietismus huldigen einer Einseitigkeit. Vielmehr sind beide Einstellungen miteinander zu verbinden, wie es das Neue Testament mit seiner Aufforderung tut, »die Ankunft des Tages Gottes zu erwarten und zu beschleunigen?«[62] Nur in dieser Synthese findet die Reichssehnsucht die ihr gemäße, für den Christen verbindliche Lösung.

Die Katastrophe von Münster übte auf das Täufertum selbst eine niederschmetternde Wirkung aus. Es war in den Augen der

Zeitgenossen schwer kompromittiert. Die Folge war eine akute Krise in der Täuferbewegung, die sich in einer fühlbaren Ermattung auswirkte. Sie konnte nur durch eine Zurückdrängung des Chiliasmus überwunden werden. Der Mann, der diese Wendung vollzog, war der Holländer David Joris, der schon in jungen Jahren zur Täuferbewegung gekommen war und für dieselbe auch öffentliche Auspeitschungen ertragen hatte. Zuerst war er von den chiliastischen Ideen Hofmanns ebenfalls erfaßt, doch rückte er nach dem Fall von Münster von ihnen ab. Die Fragen: »Seid ihr bereit? Sind eure Kleider weiß?« wurden von Joris immer mehr moralisch und nicht mehr im eschatologischen Sinn verstanden. »Das Licht der Ewigkeit ist kein äußeres Licht, das man wie eine Kerze ausblasen kann, sondern ein ewiges, unvergängliches neues Licht der Gedanken und des Verstandes«, führte er aus.[63] Das Blasen der Trompeten erklärte er als innere Erfahrung und merzte das enthusiastische Element aus. Joris selbst lebte in unerkannter Weise in Basel, von wo er die Hauptfäden der Täuferbewegung in seinen Händen hielt und unablässig dafür besorgt war, seine Anhänger zu stillen Menschen zu machen, die in aller Gottseligkeit ein ruhiges Leben führen. Man darf in dieser Besänftigung der chiliastischen Erregung nicht nur eine Abschwächung sehen. Sie entsprach einem Selbsterhaltungstrieb, der das Täufertum in einer äußerst heiklen Situation rettete. Vor eine ähnliche Notwendigkeit sah sich einige Jahrzehnte später Faustus Sozzini gestellt, als der Chiliasmus unter den polnischen Unitariern starken Anhang gewann und die politische Existenz der ganzen Bewegung gefährdete.[64] Aber auch durch die Zurückdämmung der chiliastischen Hoffnung versank das Täufertum nicht in Kleinbürgerlichkeit. Groß an ihm blieb die Entschlossenheit, die schwersten Leiden auf sich zu nehmen. Es gibt keine Bewegung im sechzehnten Jahrhundert, die gleiche Verfolgungen erdulden mußte. Verordnete doch ein Reichsgesetz von Karl v., jeden Wiedertäufer ohne vorherige Untersuchung rücksichtslos dem Tode zu überantworten. Wahre Hetzjagden wurden sowohl von katholischer als protestantischer Seite auf die Täufer gemacht, deren Blut in Strömen floß. Die Täufer ertrugen das Martyrium mit einer heldenhaften Gesinnung, die grenzenlose Achtung abnötigt. Allgemein staunte man über die freudige Standhaftigkeit, mit der diese Menschen in den Tod gingen. Durch diese tapfere Todesverachtung, auf welche die täuferische Geschichtsschreibung mit Recht stolz ist, nehmen diese Blutzeugen in einem christlichen Märtyrerbuch einen breiten Raum ein.[65]

Erst hundert Jahre später kam es zum dritten Vorstoß des Chiliasmus, der gleichwohl noch in diesen Zusammenhang einzuordnen ist. Holländische Täufer trugen die Botschaft vom Gottesreich auf Erden nach England hinüber, wo sie im Zeitalter der großen Revolution einen mächtigen Widerhall erfuhr. Heinrich VIII. hatte die englische Kirche von Rom gelöst, aber die innere Wandlung erfolgte erst durch die protestantische Infiltration, die im siebzehnten Jahrhundert zur englischen Revolution führte. Diese hatte den Kontinent nur deshalb nicht stärker in Mitleidenschaft gezogen, weil er mit der Bewältigung des Dreißigjährigen Krieges beschäftigt war. In jenen Jahren, da die Stuarts beseitigt wurden und Oliver Cromwell an die Spitze Englands trat, griff ein modifiziertes Täufertum wiederum erneut in die Geschichte ein. Der Geist der englischen Revolution hat wenig von der langsamen, aber zähen Nüchternheit an sich, die man heute als Kennzeichen der britischen Mentalität nennt. Es war vorwiegend chiliastischer Geist, und nicht zufällig hat der Geschichtsschreiber der »Revolutionskirchen Englands« das Wort vom Chiliasmus als dem »Stundenzeiger an der Uhr der Kirchengeschichte« geprägt.[66] Die Beurteilung der kurzgeschorenen Puritaner als freudlose, finstere Menschen oder als verheuchelte Moralisten wird schon durch ihre gewaltigen Leistungen widerlegt. Der vom Calvinismus befruchtete Puritanismus war in seinen Anfängen eine heroische Bewegung, die wie ein Sturzbach über die Nation hereinbrach und die im Angelsachsentum auch heute noch eine geistige Weltmacht darstellt. Die Puritaner fühlten sich selbst als die unmittelbaren Vorläufer des Gottesreiches auf Erden und malten sich das neue Jerusalem in sinnlichen Farben aus. »Man rüstete sich in einzelnen Grafschaften zur Winterszeit auf den Jüngsten Tag; aus dem Norden kamen Pilger durch London, die sich zum Zuge nach der heiligen Stadt, dem

Schauplatz der großen letzten Dinge, anschickten. Manchen Unbekannten haben sie darauf angesehen, ob er nicht Johannes sei, der noch lebe und wiederkehren sollte.«[67] Spiritualistische Prediger verkündigten in ekstatischen Worten den Ostermorgen des neuen Weltalters: »Wie Maria am Grabe stand, als sie den Herrn zu sehen gedachte, so stehe ich unter euch; über ein kurzes, und ihr werdet seine Stimme hinter uns vernehmen; sein Tag geht auf, vor dem die Schatten fliehen.«[68] Aus solchen und ähnlichen Worten geht die ganze, zum Zerreißen gespannte Situation hervor, die das England des 17. Jahrhunderts beherrschte. Sie geben der von apokalyptischen Vorstellungen geradezu geschwängerten Atmosphäre jener Zeit bildhaften Ausdruck.

Als Wegbereiter dieses Tages fühlte sich auch Oliver Cromwell. Der ernste Cromwell mit dem geröteten Antlitz und seinem entschlossenen Willen wurde von einer glaubenslosen Zeit, die den Chiliasmus nur noch als Schwärmerei zu sehen vermochte, als lügnerischer Ränkeschmied hingestellt. Es ist dies eine groteske Verzeichnung dieses geborenen Gentleman, der vom Soldaten zu staatsmännischer Größe aufstieg. So trocken einen auch bei der ersten Lektüre seine Briefe anmuten, so enthalten sie doch eine verborgene Glut. Er trug das himmlische Feuer, das ihn erfaßt hatte, nicht zur Schau, aber das göttliche Wort bildet doch die Urmelodie in diesem Leben. Cromwell ist vor allem von seinem Sendungsbewußtsein aus zu verstehen, das ihm die instinktive Sicherheit seines Handelns verlieh. Er fühlte nicht nur sich selbst als Werkzeug, sondern glaubte auch an die Mission, die dem englischen Volk als solchem von Gott bestimmt sei. Diese beiden Gedanken verschlingen sich bei ihm unaufhörlich und geben seinem Werk das Gepräge. Auch Cromwell war, bedingt durch seinen Biblizismus, eschatologisch orientiert, und »das apokalyptische Bild eines Gemetzels der Heiligen hat ihn wiederholt heimgesucht und hat auch seine Außenpolitik dann und wann beeinflußt«.[69] Freilich war er eine viel zu starke Persönlichkeit, als daß die Reichserwartung durch ihn nicht ihre eigene Note erhalten hätte. »Seine Eschatologie war sein Glaube daran, daß Gott das, was er mit dem englischen Volk angefangen hatte, auch hinausführen würde in die volle Herrlichkeit seines erfüllten Willens.«[70] Das aus dem Erwählungsbewußtsein hervorgegangene Sendungsgefühl wurde – wie in Israel – auf die ganze Nation übertragen, was nicht einfach als Trübung des religiösen Bewußtseins bezeichnet werden kann.

In die Sphäre des Gottesreiches auf Erden geriet Cromwell mit seinem Parlament der Heiligen, das im Jahre 1653 tagte und das ein einzigartiges Faktum in der Parlamentsgeschichte darstellt. Im Unterschied zu Sitzungen neuzeitlicher Parlamente, wo oft gähnende Langweile über dem Saal lagert oder die Abgeordneten sich mit Tintenfässern bewerfen, unternahm in diesem Parlament der Heiligen der religiöse Enthusiasmus eines seiner unvergleichlichen Experimente, das auch Cromwell mitriß. Jede Sitzung wurde, als wäre das Parlament zur Kirche geworden, mit langen Gebeten, eingehender Bibellektüre und verzückten Predigten begleitet. Welch hohes Selbstgefühl diese Männer der fünften Monarchie beseelte – Quintomonarchisten nannte man sie, weil sie nach dem Buch Daniel von dem fünften Reich sprachen –, geht aus dem chiliastischen Pathos hervor, mit dem Cromwell dieses Parlament eröffnete: »Ihr aber seid berufen, von Gott, mit ihm und für ihn zu regieren.« Im Gefühl, den größten Tag Englands zu erleben, schärfte er den Abgeordneten feierlich ein, »daß noch nie die, welche die oberste Gewalt bildeten, so das Bewußtsein hatten, Gott darin zu erkennen und von ihm anerkannt zu sein«.[71] Das enthusiastische Moment trieb Cromwell dazu, mitten in seinen Reden in den Ruf auszubrechen: »Wären doch alle, die zu Gottes Volk gehören, Propheten«, und Unaussprechliches fühlend, fährt er in seiner apokalyptischen Stimmung weiter: »Wahrlich, ich glaube, etwas stehet vor der Türe; wir sind die Schwelle.«[72] In diesen Äußerungen manifestiert sich die ewig wiederkehrende Überzeugung des endgeschichtlich ausgerichteten Menschen. Man kann nicht stärker vom eschatologischen Bewußtsein durchdrungen sein, als wenn man sich selbst als die entscheidende Schwelle vom alten zum neuen Zeitalter versteht. Die von Cromwell geführten Heiligen unternahmen den grandiosen Versuch, mit einem Schlag das Tor zum Gottesreich aufzustoßen. Duelle und Eide, Zehnten und Kirchenregiment schafften sie ab und rührten damit an den Zitterrochen der sozialen Reformation.

Freilich standen auch sie bald vor dem schwerwiegenden Problem, ob zur Heraufführung des Reichs Gewalt angewandt werden dürfe oder nicht. Aus begreiflichen Gründen konnten sie darauf nicht verzichten und gerieten deswegen in unlösbare Konflikte. Diese tragische Kollision macht Schatten und Licht dieser Revolution Gottes aus, welche die Herrschaft des Unbedingten auf Erden errichten wollte und damit eine weit über die bloß politische Bestrebung hinausgehende Note erhielt. Er gibt darum wenige erregendere Umwälzungen als die englische Revolution. Sie ist am stärksten vom Ewigkeitsatem angehaucht. Am ergreifendsten spielte sich der unlösbare Konflikt in der Seele des immer einsamer werdenden Cromwell ab. Der Lordprotektor teilte die Reichsauffassung der Puritaner und machte das Kommen des Reiches von einer reicheren Ausgießung des Heiligen Geistes abhängig. Auf der andern Seite konnte er nicht dulden, daß die Heiligen unter Berufung auf das Reich Christi in die politische Leitung Englands, von der sie doch nichts verstanden, hineinschwatzten. Schließlich kamen ihm Zweifel über die Nähe des Reiches, und er »protestierte gegen die Ansicht, daß die fünfte Monarchie bald anbrechen werde und daß es Männern, die diesem Prinzip huldigen, zukomme, sich einzubilden, daß sie die einzigen Männer seien, Königreiche zu regieren, Nationen zu beherrschen, dem Volke Gesetze zu geben und über Eigentum und Freiheit und alles andere zu bestimmen«.[73] Cromwell mußte die traurige Erfahrung machen, daß sich inmitten dieses Hexenkessels von chiliastischen Ideen kein Staat regieren ließ. Er fühlte, wie das Gebäude der Gesellschaft durch diesen eschatologischen Radikalismus ins Wanken geriet. Mit politischem Scharfblick erkannte Cromwell, daß dieser Weg keinen andern Ausgang nehmen konnte als den des Wiedertäuferreiches zu Münster, und kurz entschlossen gebot er dieser Entwicklung Halt. »Seine Erfahrungen mit dem Parlament der Gottseligen haben unzweifelhaft dazu beigetragen, eine Grenze gegen einen übergreifenden religiösen Enthusiasmus zu ziehen, der schon das Ende aller Dinge herbeigekommen wähnte und die unmittelbare Errichtung eines Königreiches Christi auf Erden im Stil der apokalyptischen Bücher der Bibel in die Hand nehmen wollte.«[74] Nicht gerade im Reichgottesstil trieb er mit seinen Reiterscharen die ihm innerlich verwandten chiliastischen Brüder kurzerhand auseinander. Seine realistische Auffassung der Politik siegte über die enthusiastische Religiosität, aus welchem Vorgang auch seine blutige Unterdrückung Irlands und der Krieg gegen das protestantische Holland zu verstehen sind, die im Interesse des englischen Staates notwendig waren.

Mit Cromwells Auflösung des Heiligenparlamentes war die Reichserwartung in England nicht abgebremst. Sie stieg im Gegenteil von Jahr zu Jahr, wie es in diesem damals vom religiösen Fieber geschüttelten Land nicht weiter verwunderlich war, und schlug in den Anfängen des Quäkertums neue Wellen. Das Quäkertum mit seiner Lehre vom »innern Licht« ist eine der liebenswürdigsten Erscheinungen der Kirchengeschichte. Wenn ihm auch einige Schrullen anhafteten, die in der Persönlichkeit seines Stifters Georg Fox begründet waren, bewies es doch mit seinem erstmaligen Kampf gegen die Sklaverei, die Todesstrafe, den Krieg usw., von welchen religiösen Kräften es bewegt war. Diese sich heutzutage vorwiegend charitativ betätigende Bewegung hatte einst auch ihre gefährliche Sturm-und-Drang-Periode durchgemacht, die aus einer heftigen eschatologischen Gärung hervorgegangen war.

Es war zur gleichen Zeit, als der falsche Messias Sabbatai Zwi das Judentum in eine heute kaum noch vorstellbare Aufregung versetzte, da sich in der Person James Nayler die chiliastischen Erwartungen immer mehr verdichteten. Nayler war ein schlichter Landmann, dem hinter seinem Pflug einhergehend einst ein eigenartiges Erlebnis widerfuhr: »Plötzlich hörte ich eine Stimme, die zu mir sagte: Gehe aus deiner Freundschaft und aus deines Vaters Haus – und eine Verheißung ward mir auch. Darüber ward ich überschwenglich froh.«[75] Nach einem innern Kampf nahm er schweren Abschied von den Seinen und zog ins Unbekannte. Wie er glaubte, hatte Jesus sich mit seiner Person auf eine geheimnisvolle Weise vereinigt. Mit dieser Auffassung schloß er sich den Quäkern an, wo er mit seiner gewinnenden Persönlichkeit bald einen großen Einfluß ausübte. Einige Frauen brachten ihm schwärmerische Verehrung entgegen, indem sie ihn

»den Holdseligsten von Zehntausenden, den eingeborenen Sohn Gottes« nannten, was er zunächst ablehnte. Er geriet ins Gefängnis, fastete tagelang und wurde schließlich von seinen Verehrerinnen daraus befreit und nach Bristol eingeladen. Als er mit einem Pferd im Oktober 1656 bei strömendem Regen nach Bristol ritt, kam es zu dem berühmten Messiaseinzug, der eine vermessene Analogie zu Jesu Einzug in Jerusalem ist. »Bei seiner Annäherung verkündeten die Quäker mit lauten Rufen durch die Straßen der Stadt seine Ankunft, die anderen zogen ihm in großen Scharen entgegen, die Frauen breiteten Kleider auf den Weg, und unter jauchzendem ›Hosianna dem Sohn Davids, gelobt sei, der da kommt im Namen des Herrn‹ hielt Nayler seinen Einzug. Bei einigen Freunden, die seine Kriegsgefährten gewesen, kehrte er ein. Dort knieten Frauen vor ihm nieder als vor dem schönsten der Menschenkinder und küßten ihm die Füße, die Quäker begrüßten ihn als den König in Israel, die ewige Sonne der Gerechtigkeit, als den höchsten Propheten und den eingeborenen Sohn, als die Hoffnung Israels.«[76] Es ist eine Vertuschung dieser Situation, wenn die heutigen Quäker behaupten, Nayler habe »wohl kaum den symbolischen Sinn dieser Szene erfaßt«.[77] Vielmehr bordete die enthusiastische Erwartung des werdenden Quäkertums über, schwemmte alle rationalen Dämme hinweg und entlud sich in einer apokalyptischen Symbolhandlung, die das Kommen des Reiches einleiten sollte. Der Messiaseinzug zu Bristol muß als Auftakt zu etwas Größerem gewertet werden, das jäh unterbrochen wurde. Jeglicher psychologischen Erklärung dagegen spottet das rätselvolle Verhalten Naylers. Er kam in einen chiliastischen Wirbel hinein, den zu meistern er nicht mehr die Kraft besaß, obwohl das Geschehen nicht seinen Wünschen entsprach. Die Woge des Enthusiasmus war stärker als er und verwirrte seinen Geist. Während des Einzugs »flutete eine Traurigkeit ohnegleichen ihm ins Herz; er litt bitterste Pein unter den Jubelnden, und in dieser Pein fühlte er sich Gott dem Herrn nahe«.[78] Als das Volk sich immer mehr zusammenrottete und der Messiaseinzug den Charakter eines Aufruhrs anzunehmen drohte, griff das Cromwellsche Militär ein. Nayler wurde in Fesseln gelegt und nach London gebracht, wo ihn der Parlamentsausschuß der »schrecklichen Gotteslästerung« schuldig erklärte und ihn einen »Verführer des Volkes« nannte. Er wurde zur Strafe verurteilt, zwei Stunden am Pranger zu stehen, und dann mit hundert Geißelhieben durch die Straßen Londons gepeitscht; seine Zunge wurde ihm mit einem glühenden Eisen durchbohrt und auf seiner Stirne das Zeichen des Gotteslästerers eingebrannt. Die standhafte Freudigkeit, mit der Nayler die blutige Strafe über sich ergehen ließ, während Tausende von Quäkern das Schafott mit entblößtem Haupte umstanden, verrät seine Einstellung zu dem Geschehen in Bristol, das er nicht als Frevel betrachtete. Es blieb ihm ein unverständliches Ereignis, das sich auf höheren Anruf vollzogen hatte. Seine Anhänger hefteten über seinen Marterpfahl die Kreuzesinschrift: »Das ist der Juden König«. Die Seelengröße, mit der er sein Unglück trug und die ihn auf dem Weg nach seiner Heimat einsam, aber voller Heiterkeit sterben ließ, machen es einem unmöglich, ihn in die Reihe der Betrüger einzuordnen. Naylers Messiaseinzug hat damals weit über England hinaus ungeheures Aufsehen erregt. Gleichwohl bedeutet er innerhalb der englischen Revolutionswirren das letzte Auflodern des chiliastischen Feuers zu einer steilen Flamme, die deren baldiges Erlöschen anzeigte. Nayler wies den Chiliasmus in eine Sackgasse, was er auch selbst gefühlt haben muß, indem er diese Linie kurzerhand abbrach. Von ihr führte auch keine Richtlinie weiter, und Naylers Handlung stellt ein Ende und nicht einen Anfang dar. Das Quäkertum streifte den Enthusiasmus ab; die Engländer wandten sich der Begründung ihres Weltreiches zu. Die Ära der englischen Revolution bietet das großartige Schauspiel, wie ein ursprünglich chiliastischer Glaube zu einem Weltimperium führte. Der Lordprotektor legte hierzu den Grund, da für den Puritanismus religiöse Bestrebung und nationale Wohlfahrt zusammenfielen.

In Bunyans »Pilgerreise«, ein Buch, das diese Phase der englischen Geschichte abschließt, heißt es am Schluß: »Da erwachte ich und siehe, es war ein Traum.« Man hat in diesen Worten schon das Wesen der englischen Reichserwartung sehen wollen. Das puritanische Gottesreich auf Erden sei auch ein solcher Traum gewesen, den viele Menschen geträumt haben und der das

Schicksal aller Träume teile, daß sie bloße Schäume seien. Diese Auffassung wird dem Gedanken jedoch nicht gerecht. Die englische Revolution war kein holder Traum, von dem man sagen konnte, »zu schön, um wahr zu sein«. Sie war vielmehr ein höchst reales Geschehen und hat – wie später die französische und russische Revolution – der Menschheit bleibende Errungenschaften gebracht, auf die sie nicht mehr verzichten kann, wenn an die Glaubens-, Gewissens- und Pressefreiheit, an die demokratischen Institutionen, an die modernen politischen Ideen usw. erinnert wird. Aus den schweren Geburtswehen der englischen Revolution ging nach Abstreifung der chiliastischen Hüllen die Neuzeit hervor.

Der täuferische Chiliasmus, angefangen von den Zwickauer Propheten bis zu dem Parlament der Heiligen, enthält eine solche Fülle wichtiger Geschehnisse, daß die Reflexion darüber kaum nachkommt. Doch ist eine verarbeitende Besinnung über diese Reichserwartung unumgänglich notwendig. Die Täufer mit ihrem Christentum der Nachfolge haben eine Seite des Evangeliums stärker gespürt als die Reformatoren. Aber sie haben dieses an die Türe Pochende auf ihre Weise gedeutet und glaubten ihm nachhelfen zu müssen. Damit stellen einen die Täufer mit ihrem Willen zur Nachfolge und ihrer konkreten Gestaltung des Reiches vor das Problem der religiösen Verwirklichung. Sie wollten ihr Ideal nicht über den Wolken schweben lassen, sondern es im Leben realisieren. An der Größe dieses heiligen Experimentes ändert auch sein Scheitern nichts. Der Ernst ihres Wollens ist über alle Zweifel erhaben und verdient restlose Anerkennung. Und doch erweckt ihre Haltung in der Reichserwartung Bedenken, die nicht verschwiegen werden können. Dieser an sich richtige Drang des Menschen, seine Einsichten auch in die Tat umzusetzen, stellt dem Reich gegenüber einen Kurzsprung dar, wie alle aus Ungeduld geborenen, nicht ausgereiften Handlungen beurteilt werden müssen. Der chiliastisch eingestellte Mensch – so groß er auch in seinem Einsatz sein mag – übersieht, daß das Reich keine menschliche Angelegenheit ist, die mit politischen Mitteln heraufgeführt werden kann. An der Verkennung dieser Wahrheit sind die heroischen Bemühungen des täuferischen

Menschen auf tragische Weise gescheitert. Das Reich ist tiefer als alle Realisierungsversuche. Wenn das Reich von Menschen verwirklicht werden könnte, wäre es nicht mehr jene göttliche Wirklichkeit, die allem zugrunde liegt.

Die Reichserwartung im Pietismus

Als mir das Reich genommen,
Wo Fried und Freude lacht,

in dieser ergreifenden Klage Paul Gerhardts ist die religiöse Katastrophe des siebzehnten Jahrhunderts in einem Satz zusammengefaßt. Er enthüllt den tieferen Grund des Zerfalles der Reformation, der sich im Dreißigjährigen Krieg vollendet. Daß dem deutschen Protestantismus das ewige Reich genommen wurde, macht die Trostlosigkeit jenes Zeitalters aus. Nicht in der erschreckenden Verknöcherung, in der alle religiös lebendigen Kräfte sich in feststehende Formeln verwandelten, ist das Wesen der Orthodoxie zu sehen. Die Umbildung des ursprünglich aus Gott strömenden Lebens in öde Schulbegriffe ist nicht primäre Ursache, sondern notwendige Folge eines Zeitalters ohne Reichshoffnung. Wenn auch das Wort von der toten Orthodoxie einer traurigen Wahrheit und nicht einer bloßen Fabel entspricht, so ist damit noch nicht alles gesagt. Das Urteil »geistige Dürre« trifft nur auf einen Teil zu. Es gab auch in jenem Jahrhundert glaubensstarke Männer, wie gerade Paul Gerhardt und Joh. Seb. Bach. Aber die Frömmigkeit floß immer mehr in eine andere Richtung, und ein Johann Arndt vermochte die verhärtende Tendenz nicht aufzuhalten. Die reine Lehre dokumentiert sich vor allem in einer theologischen Streitlust, die aus keiner großen Leidenschaft stammte und mit dem primären Liebesgebot des Evangeliums schlechterdings nicht zu vereinen war. Die protestantische Kirche geriet auf die Bahn eines unfruchtbaren Intellektualismus, der sich mechanisierend auswirken mußte. Diese steifen Perückenmänner verfielen einer neuen Scholastik, weil sie die Erwartung des Reiches nicht mehr kannten. Die überbetonte Rechtgläubigkeit war hiefür ein schlechter Ersatz, da aus ihr letzten Endes nur eine eingebildete Sattheit hervorgehen konnte.

Damit will nicht gesagt sein, daß dem rätselvollen Menschen des Barockzeitalters jede eschatologische Einstellung fremd war. Sie war ihm mit seiner Neigung zum Extravaganten durchaus bekannt. Bereits in Grecos gigantischem Gemälde »Die Eröffnung des fünften Siegels« tritt sie in überwältigender Weise zutage. Die Gestalten dieses Bildes erleben das Unbeschreibliche mit letzter Gebärde und verraten eine Dynamik, »wie sie bis dahin der Kunst aller Zeiten unbekannt war«.[1] Wie in Spanien, so begegnet einem zur Zeit der Raskol in den Kreisen der russischen Altgläubigen ein ausgeprägter Glaube an den Antichristen, der dem unmittelbar bevorstehenden Weltende vorangehe.[2] Die chiliastisch eingestellten Raskolniki erwarteten das Ende der Welt in solch greifbarer Weise, daß sie allabendlich Totenhemden anzogen und entsprechende Lieder sangen. Der unheilvollen Prophezeiung des nahen Weltunterganges gab der russische Mönch Rogowyi in einer Schrift Ausdruck: »Durch tausend Jahre nach Christi Geburt war der Satan gebunden. Das war die beste Zeit des Christentums. Dann aber ist Rom abgefallen. Nach abermals sechshundert Jahren fiel Westrußland zur römischen Union ab. Und nach abermals sechzig Jahren wird auch Rußland von Christus abfallen und zum Antichrist übergehen.«[3] Auch in Deutschland erwachte während der schweren Drangsale des Dreißigjährigen Krieges die Sehnsucht nach dem Ende. Trotz der ablehnenden Einstellung der lutherischen Kirche gegenüber allen Weissagungen gab es sogar unter den orthodoxen Theologen Männer, die von dem Glauben an das baldige Ende der Welt erfüllt waren.[4] Aber es war wie im Spätmittelalter nur die angstvolle Vorstellung von der baldigen Weltauflösung und nicht jene hoffnungsfreudige Erwartung auf das kommende Reich, wo Fried und Freude lacht. Das war im protestantischen Mittelalter, wie man das Jahrhundert der Orthodoxie seit Gottfried Arnold zu nennen pflegt, den Christen genommen, und daraus erklärt sich die kirchliche Düsternis, die über jenem von der Kriegsfurie zerstampften Deutschland lag, das Grimmelshausen so eindrucksvoll geschildert hat.

Auch im orthodoxen Zeitalter war »die Nacht tiefer als der Tag gedacht«. Es gab innerhalb der Orthodoxie Bewegungen, die versuchten, diese Verkrustung zu durchbrechen, und wieder um das eschatologische Problem kreisten wie Piscator, Jurieu und Vitringa. Wenn auch nur in zaghafter Weise stellt die Lebensarbeit des Johannes Coccejus einen ersten Vorstoß dar zur Zurückeroberung des den Christen abhanden gekommenen Reiches. Er verdient um so größere Beachtung, weil er aus den Reihen der orthodoxen Theologie selbst kam. Er wirkte als Professor in Leiden und wurde 1669 von der Pest hinweggerafft. Obwohl eine Schwalbe noch keinen Frühling ausmacht, so ist er doch ein Symptom dafür, wie auch zur Zeit der orthodoxen Trockenheit die chiliastischen Bächlein langsam zu fließen begannen. Es ist ein erstes Blümlein im Lenz, wenn Coccejus inmitten der selbstbewußten Rechtgläubigkeit hoffte, »daß Gott auch künftig der Kirche Fortschritt schenken werde. Denn ich bin weit entfernt von der Meinung derer, die glauben, daß von den Vorausgehenden den Nachfolgenden alles weggeschnappt werde.«[5] Schon früh besaß er starke eschatologische Interessen, die ihn am Schicksal Israels lebhaften Anteil nehmen ließen. Die Annahme des Christentums durch Israel wird nach Coccejus die Endzeit einleiten. In seinem umfassenden Bibelstudium huldigte er einer barocken Schrifttypologie und betrachtete die Bibel als lebendigen Organismus, in welchem alle Ausführungen bedeutungsvoll sind. Diese Auffassung nötigte ihn, auch den apokalyptischen Teilen der Bibel seine Aufmerksamkeit zu schenken. Die Versenkung in die prophetische Apokalyptik wurde allmählich zu seiner Lieblingsbeschäftigung. Freilich war er, in der unschöpferischen Orthodoxie befangen, mehr darauf bedacht, im abgelaufenen Geschehen die erfüllte Weissagung aufzuzeigen, als über das Zukünftige seherische Ausführungen zu machen. Seine Betrachtung der Kirchengeschichte, der ein Erziehungsgedanke zu Grunde liegt, unterschied sieben Perioden, die stufenweise aufeinanderfolgen. Sich selbst sah Coccejus als in der sechsten Periode lebend, die der letzten Phase unmittelbar vorangeht. Die Schrecknisse des Dreißigjährigen Krieges bestätigten ihn in dieser Annahme, da die düsteren Bilder der grauenhaften Zerstörung ihn notwendig auf den Gedanken des nahen Endkampfes bringen mußten. In dem auf 1667 erwarteten großen Umschwung spielte das Reich eine Rolle. Für Coccejus war das Reich Christi nicht eine lutherische Angelegenheit der Innerlichkeit, sondern echt reformiert eine »göttliche Bewegung im Zeitlauf der Welt«.[6] Wenn das Reich auch schon im Alten Testament vorhanden war, so faßte er es doch vor allem als eine kommende Größe auf. Als orthodoxer Theologe hat Coccejus sich zu dem reformatorischen Reichsglauben bekannt, den er an keiner Stelle grundsätzlich überschreitet. Seine Eigenart liegt nur in einer viel intensiveren Beschäftigung mit der Eschatologie, als sie den Reformatoren eigen war. Da »die Königsherrschaft Gottes das Hauptthema seiner Korrespondenz war«,[7] versuchte er auch dem täuferischen Anliegen mehr gerecht zu werden und es mit dem Calvinismus zu verschmelzen. Doch brachte er es zu keiner neuen Synthese, weil ihn von den Täufern gerade deren Chiliasmus schied, den er als falsche Hoffnung betrachtete. Wie alle Kirchenmänner übernahm Coccejus die augustinische Auffassung vom Tausendjährigen Reich als eine in der Kirchengeschichte bereits angebrochene Wirklichkeit. Zwar ist das Reich nach seiner reformierten Auffassung nicht mit der Kirche identisch, da diese lediglich ein Organ desselben ist. Gleichwohl kam Coccejus vom Gedanken eines irdischen Gottesreiches am Ende der Zeiten nicht los. Sein Biograph bezeichnet seine eschatologische Gedankenwelt als »vergeistigten Chiliasmus«,[8] der jedoch allzu stark im Gebiet des Lehrhaften steckenblieb. Coccejus bedeutet in der Geschichte der Reichserwartung keine neue Epoche, doch hat er zur Auflockerung der orthodoxen Verhärtung beigetragen.

Parallel mit dieser Bestrebung, die erstarrte Lage wieder in Bewegung zu bringen, ging der bedeutsame Versuch der protestantischen Mystik zur Zurückgewinnung des Reiches. Die protestantische Mystik wird selten unter diesen Aspekt gestellt, obschon sie das eschatologische Steuer radikal herumgeworfen hat. Am deutlichsten sichtbar wird dieses Tasten zum Chiliasmus bei dem genialen Jakob Böhme, der ein in sich versponnener Mensch von dunkler Tiefe war. Gewöhnlich wird in Böhme nur der Schöpfer jener barocken Mystik gesehen, der mit seiner autodidaktischen Terminologie unablässig um das übermoralische Problem von Gut und Böse kreist. In seiner Zeit aber wurde

Böhme vor allem als Gram-Prophet verstanden, der den Ausbruch des großen Krieges als Strafe für die Entartung der christlichen Kirche betrachtete und sich in geheimnisvollen Prophezeiungen über den Zusammenbruch von Babel erging. Was ihn aber von seinen weissagenden Zeitgenossen unterscheidet, ist nicht nur die kraftvolle Schönheit seiner Bilder, sondern seine chiliastische Hoffnung, die ihn noch in seiner Sterbensstunde himmlische Musik hören ließ.[9] Dieser unscheinbare Schuster redet in taufrischer Art »von einer realen Gesamterneuerung der Welt in der kommenden Jesusmonarchie«, und es vermindert seine unbeirrbare Erwartung einer güldenen Zeit nicht im geringsten, daß er dieses Wort wahrscheinlich von Paracelsus übernommen hat.[10] Von einer kommenden Lilienzeit schreibt dieser philosophus teutonicus, da manch edles Röslein aufblühen werde, das jetzt wegen der großen Finsternis von Babel nicht aufkommen könne.[11] Mit seinem seherischen Blick schaute Böhme, der sich als in der Endzeit lebend betrachtete, bereits den Anbruch einer Morgenröte dieser Lilienzeit, die eine neue Ära einleiten wird. »Der Himmel muß mit der Erde ein Ding werden, die Erde muß zum Himmel werden«, verkündet dieser aus drückender Melancholie zur chiliastischen Freude hindurchgedrungene protestantische Mystiker.[12] Böhmes Botschaft vom Lilienzeitalter ist aus einem hintergründigen Wissen um das Mysterium des Reiches geflossen. Die orthodoxe Kirche besaß für diese »Universalkirche der Weisheit« freilich kein Verständnis und verfolgte diesen nicht genug zu rühmenden Mann bis über sein Grab hinaus. Nur der irrlichterierende Quirinus Kühlmann deutete Böhme als Propheten der letzten Heilszeit und brach darob in den Jubelruf aus: »Der Antichristentums-Winter hat meist ausgewintert! Christentumsfrühling befrühlingt sich schon!«[13] Kühlmann aber wurde mit seinem krankhaft übersteigerten Ichbewußtsein nicht ernst genommen, und die protestantische Mystik gelangte nur sehr unvollkommen zur Geltung. Im Zeitalter der Orthodoxie konnte sie sich vorerst nur unterirdisch auswirken, wo sie freilich mit ihrer Verheißung des Lilienzeitalters mehr als eine dürstende Seele erquickte.

Verwandte Hoffnungen hegten auch die Separatisten, die zu jener Zeit in Holland eine rege Tätigkeit entfalteten. Bei den Kollegianten harrte man mit Ungeduld auf das Tausendjährige Reich der Herrlichkeiten auf Erden. Der bekannte Pädagoge Comenius, der sich damals in den Niederlanden aufhielt, setzte den Termin auf das Jahr 1672 an und sah dieser Zeit voller Erwartungen entgegen. Auch Lodenstein, nach welchem die Bedeutung Christi nicht in seinem Versöhnungsamt, sondern in seiner Reichsherrschaft bestehe, sprach von der nahe bevorstehenden Wiederkunft des Herrn. Ebenso verkündete der Konvertit Jean Labadie an Hand der Apokalypse das Gottesreich auf Erden. Seine Neujahrspredigt von 1665 ist von dem Bewußtsein erfüllt, am Vorabend großer Ereignisse zu stehen. Die zweite Ankunft Christi, die sich in Kraft und Herrlichkeit vollzieht, ist vor der Türe. »Falsch ist es – meint dieser Separatist – bloß von einer innerlichen Königsherrschaft Christi über die Herzen zu sprechen. Wenn es heißt, daß Christus und die Seinen das Regiment haben, so müssen sie siegen, hervorbrechen und auch äußerlich über die Feinde triumphieren.«[14] Labadie rückt von der traditionellen Auffassung ab, nach welcher das Tausendjährige Reich bereits in der Kirche erschienen sei, damit wieder den Weg zum biblischen Denken zurückfindend. Mit Recht macht er darauf aufmerksam, daß das blutige Gemetzel, von dem die Blätter der Kirchengeschichte erzählen, gegen diese Annahme spreche. Freilich war Labadie dem Chiliasmus nur in einer vorübergehenden Phase seines Lebens zugetan, er blieb ihm bei seinem unsteten Charakter nicht treu. Das enthusiastische Element brach bei ihm jedoch immer wieder durch, was sich auch in den Ausbrüchen von geistlicher Freude bei seinen Anhängern kundtat. Zur Nachfolge Lodensteins und Labadies gehört auch Wilhelm Brakel, der nach seinem Geständnis mit »sehr vielen ausgezeichneten Gottesgelehrten aller Zeiten und mit den meisten in der Gegenwart« darin einig war, daß in der »letzten Weltzeit ein herrlicher Zustand in der Kirche zu erwarten sei«.[15]

Die Bedeutung all dieser Strömungen ist vor allem im Bestreben zu sehen, eine erste Bresche in das orthodoxe Gemäuer zu schlagen, welches das Reich in einer toten Lehre gefangenhielt, anstatt ihm in einer lebendigen Erwartung entgegenzuharren.

Durchzudringen vermochten sie allerdings nicht. Dazu war der Widerstand zu groß und die Kraft dieser Bestrebungen zu schwach. Aber ihre vorbereitende Wirkung ist trotzdem beachtenswert. Sie haben den Boden umgepflügt, aus dem der Pietismus hervorgehen konnte, eine Bewegung, in der die Reichserwartung einen beträchtlichen Raum einnahm.

Dem Pietismus – der Name wurde von seinen Gegnern geprägt – stehen mannigfache Vorurteile entgegen. Man bezichtigt ihn entsprechend der rosarot gefärbten Rokokozeit einer süßlich-femininen Tändelei, einer unnatürlichen Sprache Kanaans und einer engherzig-weltflüchtigen Einstellung den Kulturgütern gegenüber. Die muckerische Ablehnung der »Mitteldinge« bekunde seine Angst, die er im Glauben nicht überwunden habe. Das einförmige Bekehrungsschema mit dem erzwungenen Bußkampf verrate die Unausgeglichenheit der Bewegung, die mit ihrer Betonung der Gesetzlichkeit manchmal wie verchristlichter Pharisäismus anmute. Der geistliche Hochmut, den viele seiner Vertreter unter der Maske der Demut zur Schau tragen, hat stark zu seinem Verruf mitgeholfen. Alle diese nicht zu bestreitenden Eigentümlichkeiten sind aber wesentlich Entartungserscheinungen des Pietismus. Es ist unstatthaft, ihn nach dem Mißbrauch zu beurteilen, der mit ihm von Menschen getrieben wurde, welche nur noch nachschwatzten, was sie selbst nicht mehr erlebt hatten. Der genuine Pietismus darf mit dem degenerierten Neupietismus nicht verwechselt werden, da der letztere ein langweiliges Gebilde schwächlicher Art ist und nicht mehr über die ursprünglichen Kräfte verfügt. Auch im Pietismus zeigte sich das Gesetz aller geschichtlichen Bewegungen, die stets während ihrer Entstehung lebendige Kräfte in sich bergen und diese verlieren, wenn das Denken nur noch auf Sicherung des Bestehenden gerichtet ist.

Der Pietismus ist geschichtlich als ein Teil jener religiösen Welle zu verstehen, die im siebzehnten Jahrhundert das Abendland überflutete und die in England die Form des Puritanismus, in Frankreich die des Jansenismus, in Polen die des Chassidismus annahm und sich in Deutschland in der pietistischen Bewegung auswirkte. Wenn der deutsche Pietismus auch eine heterogene

Erscheinung ist, die nicht von einem einzigen Prinzip abgeleitet werden kann, so war er nach dem Dreißigjährigen Krieg in dem darniederliegenden Deutschland doch in erster Linie eine Reaktionsbewegung auf die Orthodoxie, zu der er in einem ausgesprochen feindlichen Verhältnis stand. Die ersten Pietisten nahmen mit aller Schärfe die stumme Totenstarre wahr, in welcher die Orthodoxie den Protestantismus eingesargt hatte, und ihre Absicht ging auf eine Zertrümmerung der verkalkten Rechtfertigungsanstalt. Das Auswendiglernen von Formeln genügte ihnen nicht mehr, zumal die Lehre nur einem kleinen Teil der christlichen Botschaft gerecht wird, die noch andere Seiten in sich schließt. Der ursprüngliche Pietismus war von echt religiösen Kräften getragen, von einer Hingabe an das Ewige und einem brennenden Durst nach dem Brünnlein Gottes erfüllt. Aus dieser Einstellung heraus rannte er gegen die Orthodoxie an. Die Durchlöcherung dieses mumifizierten Systems war sein Anliegen, und sicherlich gehört er zu den religiösesten Bewegungen des Protestantismus. Die Wurzeln des Pietismus liegen einerseits in der protestantischen Mystik und anderseits in der Reformbewegung innerhalb des Luthertums. Aus diesen beiden Komponenten schuf er eine neue gefühlskräftige Frömmigkeit – und nicht nur eine Theologie! – die tief in das Volksleben einzudringen vermochte und eine sichtliche religiöse Belebung zur Folge hatte. Der Pietismus brachte den religiösen Individualismus, der sich bereits bei den Reformatoren zu Worte gemeldet hatte, in verstärktem Ausmaß zur Geltung. Aus seinem Subjektivismus ist die beachtenswerte Seelenkunde hervorgegangen, die das Tor zum Reich der Innerlichkeit, das die Orthodoxie bis auf einen engen Spalt zugemacht hatte, aufs neue aufschloß. Die pietistische Bewegung war bestrebt, die verstandesmäßige Lehre durch eine gemüterweckende Rede zum Erlebnis werden zu lassen, so daß der Mensch die Gemeinschaft mit Gott auch wirklich zu fühlen bekam. Er bemühte sich, die Wortspalterei und den Zelotismus der Orthodoxie durch ein praktisches Christentum zu ersetzen, und rief zu diesem Zweck die Laien zur aktiven Teilnahme auf. Vor allem weckte die pietistische Frömmigkeit mit ihrem innigen Gottvertrauen eine neue Liebe zum Bibelwort, so daß sie es im protestantischen Volk heimisch zu machen verstand.

Der Pietismus hat tatsächlich bleibende Werte geschaffen. Gewiß war das Neue, das er ins Leben rief, nicht überall von großem Format, und wer ihn dazu hinaufschrauben will, macht sich einer Verfälschung schuldig. Entsprechend dem Kleinbürgertum, in dessen Reihen das pietistische Lebensgefühl sich am meisten verbreitete, besaß auch seine Religiosität einen kleinlichen Zug, der zum Konventikel drängte. Der Pietismus ist die Mystik des kleinen Mannes, und es ist nicht zufällig, daß er nur das Kirchlein in der Kirche sein wollte. Aber seine Neigung zum Kleinen ist kein entscheidender Einwand gegen ihn. Es muß nicht alles gigantisch und kolossal sein, um vor dem Richterstuhl des Ewigen bestehen zu können. Warum soll nicht auch etwas klein sein dürfen? Kann nicht im Kleinsten etwas ebenso Wertvolles liegen wie im Größten? Nur eine hysterische Geschichtsschreibung, der die innere Überlegenheit fehlt, kann diese Wahrheit bestreiten. Der Pietismus ist ein Beweis für die Tatsache, daß das Göttliche manchmal den Umweg über das Kleine einschlägt und dem Unscheinbaren oft eine stärkere Kraft eigen sein kann als vielen mächtigen Gebilden. Wenn es auch wahr ist, daß der Pietismus oft den Eindruck eines zart besaiteten Pflänzchens erweckt, das nicht für robuste Naturen berechnet ist, und seine Frömmigkeit kein überwältigendes Ausmaß besitzt, so war ihm ursprünglich doch ein sehr lebendiges Element inne, und darauf kommt es schließlich an. Dieser lebendigen Einstellung verdankt es der Pietismus, daß bei einzelnen Vertretern auch die eschatologische Quelle wieder zu sprudeln begann, was bei der Darstellung der pietistischen Bewegung gewöhnlich zu wenig beachtet wird.

Das offene Fenster des Pietismus gegen die eschatologische Erwartung ist gleich bei seinem Begründer, dem Elsässer Philipp Jakob Spener, festzustellen. Von seinen heutigen Anhängern wird der einfache, an sich nicht reich veranlagte Spener sogar als »Reformator nach der Reformation« bezeichnet. Tatsächlich war Spener bei aller Nüchternheit »der Meinung, daß die Reformation Luthers noch nicht ganz zu ihrer Vollendung gekommen ist. Das Werk ist steckengeblieben. Wir sind daher verpflichtet, daran weiterzuarbeiten.«[16] Spener hatte ein ausgeprägtes Gefühl für die religiöse Not, in welche die evangelische Kirche durch die Orthodoxie hineingeraten war, und versuchte ihr mit seinem »collegia pietatis« zu steuern, die als »ein heimeliges Zusammenrücken, ein keusches Sichmitteilen und ein besonnenes, fast zögerndes Handeln« zu charakterisieren ist.[17] Mit dieser Bestrebung wurde der ängstliche Mann, der selbst nie eine bewußte Bekehrung durchgemacht hatte, sondern allmählich immer tiefer ins Christentum hineingewachsen war, zum Vater des Pietismus – einer Bewegung, die in Deutschland eine ziemliche Aufregung auslöste. Im Unterschied zu Spener, dem jegliches enthusiastische Element fehlte, besaß sein Freund Johann Wilhelm Petersen ausgesprochen mystische Neigungen, die durch eine eifrige Böhme-Lektüre noch gefördert wurden. Über den heute fast völlig vergessenen Petersen existiert nur eine wertlose Dissertation, die von keinem tieferen Verständnis getragen ist.[18] Doch hat er selbst eine eigene Lebensbeschreibung veröffentlicht, die ein anschauliches Bild von diesem sympathischen Menschen vermittelt, der in einer innigen Beziehung mit seiner »Eheliebsten« Johanna Eleonore verbunden war, die alle seine religiösen Ansichten teilte. Das Petersensche Ehepaar erwartete eine Geistesausgießung in der gegenwärtigen Letztzeit und vertrat die Wiederbringung aller Dinge. Noch heute offenbare Gott sich den Menschen durch Erscheinungen, und nur wer an »Blödigkeit« leide, könne den Chiliasmus noch verkennen. Während bei Spencer die eschatologische Einstellung nur gelegentlich in den Vordergrund trat, stand sie bei den Eheleuten Petersen beständig im Mittelpunkt. Es ist nicht zuviel gesagt, wenn Ritschl schreibt: »Sowohl die Nähe des Tausendjährigen Reiches als die Wiederherstellung der Verdammten sind schon vor ihrer Entdeckung durch das Ehepaar Petersen von andern bezeugt worden; allein in Schwang gebracht worden sind diese Erwartungen erst durch sie.«[19]

Sowohl Spener als Petersen wurden entsprechend ihrer biblizistischen Haltung auf dem Weg der Schriftlektüre zur Anerkennung des Chiliasmus geführt. Durch seine Doktorarbeit über eine Stelle aus der Apokalypse wurde Spener genötigt, sich mit den Auslegungen der Offenbarung Johannes vertraut zu machen, worauf ihm »je länger um so mehr klar wurde, daß vornehmlich alles auf die wunderbare Herrschaft Jesu im Tausendjährigen Reich hinauslief«.[20] Bei Petersen hatte die Wahrnehmung des Reiches den Charakter einer Erleuchtung angenommen, indem er sich plötzlich gedrungen fühlte, die Apokalypse zu lesen, vor der er sich bis dahin stets als vor einem versiegelten Buch gefürchtet hatte. Noch ganz bewegt über die unerwartete Enthüllung des Reiches schritt er in seinem Studierzimmer auf und nieder, als seine Gattin zu ihm kam und atemlos erzählte, daß ihr Gott soeben in ihrer Kammer die Offenbarung Johannes erschlossen habe! Das glückliche Ehepaar hat in dieser gleichzeitigen, unabhängigen Wahrnehmung des Reiches natürlich eine Bestätigung der Göttlichkeit dieses Vorganges gesehen. Jedenfalls ist sie ihm spontan zuteil geworden; die Lektüre von Melchior Hofmanns Schriften kam erst später hinzu.[21] Es war nichts Geringeres als die Entdeckung des ewigen Reiches, das den Vätern des Pietismus geschenkt wurde. Die Bedeutung dieser Tat kann nur richtig ermessen werden, wenn man sich die damals herrschende Orthodoxie vergegenwärtigt, die dem Christen das Reich, wo Fried und Freude lacht, genommen hatte. Diese Entdeckung vollzog sich freilich bei diesen ersten Pietisten in einem viel ruhigeren Fahrwasser, als es bei den Täufern geschehen war. Aber Spener faßte doch mit richtigem Instinkt die tausend Jahre nicht buchstäblich auf, sondern betrachtete die Zahl als ein Geheimnis. Obschon ihre Entdeckung der kirchlichen Lehre widersprach und sie alles andere als revolutionäre Naturen waren, gaben diese Männer der Wahrheit doch die Ehre, einzig durch ihr biblisches Gewissen bezwungen, das exegetisch nicht leugnen konnte, was schwarz auf weiß stand. Zu dieser Haltung brauchte es Mut, und ihre tapfere Wahrhaftigkeit verdient jedenfalls die gleiche Anerkennung, welche man den ersten Pionieren der Bibelkritik zollen muß. Sie unterscheiden sich in ihrer freiheitlichen Haltung der Tradition gegenüber vorteilhaft von der Manie der heutigen Pietisten, welche diese glorreiche Entdeckung als eine bloße »theologische Spekulation von gänzlich untergeordneter Bedeutung« zu bagatellisieren versuchen.[22]

Das Entscheidende an dieser bedeutsamen Entdeckung liegt jedoch in ihrem Reichsverständnis. Die übliche Auffassung von dem in der Kirche bereits begonnenen Reich lehnten sie bewußt ab, weil von einer Bindung des Teufels wahrheitsgemäß nicht geredet werden könne. Vielmehr waren sie der Überzeugung, »daß das Reich Christi, welches das Tausendjährige Reich heißt, noch zukünftig« sei.[23] Darauf kam es in der Tat an. Mit dieser Wiederentdeckung wurde eine gewichtige Position zurückerobert, die der Christenheit verlorengegangen war und die strategisch wichtige Folgen nach sich zog. Vor allem wurde Augustins Deutung, nach der das Tausendjährige Reich schon in der Kirche Gestalt gewonnen habe, dadurch außer Kraft gesetzt. Wenn man sich den ungeheuren Einfluß von Augustins Umprägung des Reiches vergegenwärtigt, von dem sich auch die Reformatoren nicht befreien konnten, so muß diese Auffassung vom erst noch kommenden Reich als die große Errungenschaft des Pietismus bezeichnet werden. Es bedeutete keine geringe Leistung, den mächtigen Augustin mit seinem enormen Ansehen aus dem Sattel zu heben. Die Tatsache, daß kleine Pietisten dieses vollbrachten, zeigt, daß unter Umständen auch das Schwache über das Starke zu siegen vermag. Und nicht genug damit. Mit dem noch bevorstehenden Reich war der Christenheit wieder eine Zukunft geschenkt; sie hatte wieder eine Hoffnung erhalten. Wie dieser Blick sich nach vorwärts auswirkte, ist aus der Schrift zu ersehen, die der bedächtige Spener als bald sechzigjähriger Mann unter dem Titel herausgab: »Behauptung der Hoffnung künftiger besserer Zeiten« (1693). In dieser Schrift redet Spener auch von schweren Gerichten, die über die Christenheit hereinbrechen und die »am Hause des Herrn« beginnen, »weil wir von dem alten Babel so viel Böses und Mißfälliges gesogen haben«.[24] Nachher aber folgt die künftige bessere Zeit, die als herrlicher Zustand des Reiches Christi auf Erden zu bezeichnen ist, aber nicht irdisch aufgefaßt werden darf. Wie Spener sich jeglicher Ausmalung dieses seligen Zustandes auf Erden enthält, so macht er auch keine genauere Zeitangabe über den Beginn dieser besseren Zeiten. Nur auf den Gedanken legt er Gewicht, daß sie in Kürze eintritt und die große Veränderung noch vor dem Absterben

ben der mit ihm lebenden Generation beginne. Die lebendige Naherwartung ließ Speners Herz höher schlagen, denn »ohne diese Hoffnung würde aller Mut und daher auch aller rechtschaffene Fleiß untersinken«.[25]

Aus dieser Erwartung auf das nahe herbeigekommene Reich ist die unverkennbare Freude geflossen, die im Pietismus neben all den Reuegefühlen und Sündenschmerzen vorhanden war. Petersen pflegte stets von der »gesegneten Offenbarung« zu reden und betonte in der Vorrede zu seiner Lebensbeschreibung, daß »das Reich nichts anderes ist als die Hochzeit des Lammes«. Eine spürbare Freude spricht aus den Ausführungen der Pietisten über das Reich. Es gab ihrem Dasein neuen Glanz und bedeutete für jene Menschen unermeßlichen Gewinn. Denn nach dem Dreißigjährigen Krieg standen sie vor der schweren Aufgabe, aus dem Trümmerhaufen des zerstörten Deutschlands ein neues Dasein aufzubauen, und nur die Aussicht auf eine bessere Zeit ließ sie an dieser Arbeit nicht verzweifeln, wie denn Spener die chiliastische Erwartung seinen vornehmsten Trost nannte. »Ein schwaches Haupt mit seinen Ursachen ist und bleibt ein Geheimnis, das noch kein Philosophus und Arzt ganz ausstudiert« hat, schrieb ein Pietist,[26] aber die freudige Reichserwartung vermochte die wie Nebelschwaden dahinziehende Melancholie siegreich zu durchbrechen. Unermüdlich legte Petersen inmitten dieser niederdrückenden Situation sein »Bekenntnis von dem zukünftigen herrlichen Reich Jesu Christi« ab. Vom Reich konnte er nicht reden, ohne das schmückende Beiwort »herrlich« zu verwenden. Es verdient alle Beachtung, wie in dieser unsagbar traurigen Zeit, da die Struktur Deutschlands mit seinen vielen Kleinstaaten auch auf die seelische Verfassung der Menschen in unangenehmster Weise abfärbte, ein frommer Pietist unbeirrt vom »herrlichen Reich Christi« sprechen konnte und damit die große Wonne bekundete, die ihm diese Hoffnung bereitete. Ist das nicht ein Zeichen, daß auch im Kleinsten etwas Seliges liegen kann und man zu Unrecht den Pietismus nur des unfreien und ängstlichen Lebensgefühles bezichtigt? Daß es in jener Zeit überhaupt eine solche Bewegung gab, ist etwas Erfreuliches, denn ohne sie wäre das siebzehnte Jahrhundert in kirchlicher Beziehung von einem nicht auszuhaltenden Trübsinn zugedeckt.

Die Verkündigung des zukünftigen Reiches mußte gegen große Schwierigkeiten erkämpft werden. Noch war die Augustana mit ihrer Verdammung des Chiliasmus in unbeschränkter Geltung. Über deren Innehaltung wachten die Vertreter der Orthodoxie sorgsam. Da allein schon der Begriff Chiliasmus suspekt war, umgingen die ersten Pietisten diesen Namen und sprachen von besseren Zeiten, womit aber das ewige Reich gemeint war, das sie für schriftgemäß hielten. Auch an politischer Verdächtigung fehlte es nicht; die Reichsbotschaft wollte man mit dem Hinweis auf die »Münstersche Tragödie« erledigen. Dessen ungeachtet waren diese Pietisten bereit, um des »heiligen Chiliasmus« willen[27] Leiden auf sich zu nehmen. Endlich fand die Sache die ihr würdige Bezeichnung. Um eine heilige Sache und um nichts anderes ging es der chiliastischen Reichserwartung. Der schüchterne Spener wurde dadurch in Streitigkeiten verwickelt, die seinem friedfertigen Naturell nicht zusagten, die er aber doch durchkämpfte, weil die Sache es erforderte. Noch mehr mußte Petersen auf sich nehmen, dem als Superintendent von seinen untergebenen Pastoren ein Ketzerprozeß angehängt wurde. Es kam zu einem »Fall Petersen«, und er mußte sich unerquicklichen Verhören unterziehen. Zuerst vermochte er sich zu rechtfertigen. Beiden Teilen wurde das Verbot auferlegt, auf der Kanzel den Ausdruck Tausendjähriges Reich weder im zustimmenden noch im bekämpfenden Sinne zu gebrauchen. Doch hatte Petersen einen viel zu starken »Vorgeschmack der zukünftigen Welt«, als daß er vom »gloriosen Reich« hätte schweigen können. Er wurde schließlich sowohl seines Amtes entsetzt als auch des Landes verwiesen, weil das Luthertum auch den friedlichen Chiliasmus nicht aufkommen lassen wollte. Der tapfere Mann wurde gewürdigt, um des Reiches willen zu leiden, was seine Seele mit nicht geringer Genugtuung erfüllte. Während des unglücklichen Ausganges des Prozesses und auch nachher hat Petersen eine erstaunliche Heiterkeit bewahrt, wie sie nur aus einer tiefen Verbundenheit mit dem Reich hervorgehen kann. Das Urteil machte ihn nicht irre, es gestattete ihm, ungehemmter für den Chiliasmus zu wirken und viele Menschen für diesen zu gewinnen, so daß es keine bloße Theologenangelegenheit blieb. Das alles ereignete sich auf dem kleinsten Raume. Aber dessenungeachtet bleibt es doch wahr: Der ursprüngliche Pietismus hat der Christenheit die Botschaft vom Reich zurückgewonnen, wenn das Erreichte zunächst auch noch auf schmaler Basis stand, und diese Leistung muß ihm unvergessen bleiben. Um dieser Tat willen wird man den Pietismus immer in ehrendem Gedächtnis behalten und sich hüten, ihn je als elende Muckerei zu schmähen. Ohne ihn sähe es in der protestantischen Christenheit um vieles armseliger aus, denn seine erneuernde Reichsbotschaft brachte Licht und Feuer in ihre Reihen.

Eine Verbreiterung erfuhr dieselbe erst im württembergischen Pietismus, der gegenüber dem norddeutschen seine eigene Note besitzt. Dies erklärt sich nicht nur aus der Tatsache, daß er einem der religiös begabtesten deutschen Volksstämme entsproß, sondern auch der Seele dieser Landschaft entsprach, so daß er daselbst zu einer volkstümlichen Sache wurde und fast die ganze Kirche zu erobern vermochte. Der süddeutsche Pietismus suchte sich von allen Überspanntheiten frei zu halten, entsprechend dem maßvollen Charakter dieses Volksschlages. Obwohl auch der schwäbische Mensch Gegensätze in sich trägt, zieht er dem unversöhnlichen Entweder-Oder doch stets den Ausgleich vor. Im württembergischen Pietismus finden sich prächtige Gestalten, die mit verzehrender Inbrunst um die innere Form rangen, die sie Heiligung nannten und aus der sich auch das substantielle Wesen erklären läßt, das diesen Menschen eigen war. Eine ganze Menge urtümlicher Christen findet sich dort auf engem Raum zusammen, Originale, die ihresgleichen suchen und mit denen näher sich zu beschäftigen es sich noch in unserer Gegenwart lohnt.

An der Spitze des schwäbischen Pietismus steht der ehrwürdige Johann Albrecht Bengel, eine Persönlichkeit von nachhaltigem Einfluß. Freilich spürt man auch bei ihm gelegentlich etwas vom aufkeimenden Angstgefühl, das dem Pietismus eigen ist, aber es vermochte doch nicht, ihn aus seiner seelischen Ruhe zu werfen. Alle seine Schriften spiegeln den tiefen Eindruck wider, den dieser Mensch von der Ewigkeit empfangen hatte. »Die

Frömmigkeit Bengels ist wie ein letzter Glanz und Nachklang des Paradieses.«[28] Seine überlegene Gelassenheit entsprang nicht einem förmlichen Wesen. Sie ging aus einer Stille hervor, die über den Abgrund gesiegt hatte und die ihn unabhängig seinen Weg gehen ließ, aber auch ohne sich selbst jemand anderem als Modell aufzudrängen. Dieser ehrfurchtgebietende Theologe lehnte die Universitätslaufbahn mit den Worten ab: Schriftmäßige Gedanken sind etwas anderes als akademische Ideen. Wie groß der Eindruck ist, den Bengel noch heutzutage auf Menschen macht, kann aus den schönen Worten ersehen werden: »Die Mischung von Mathematik und Schriftwort, erbaulicher Psychologie und Frömmigkeitsphantasie in seinen Schriften um die ›Erklärte Offenbarung‹ hat nur ein einziges zeitgenössisches Gegenstück: das sind die Kantaten und Passionen Johann Sebastian Bachs, der als Leipziger Kantor die Sehnsucht des protestantischen Barocks mit der Musik auf ähnliche Weise erfüllte wie Bengel mit seinen apokalyptischen Schriften.«[29]

Die Lebensarbeit Bengels galt der Erhellung der Bibel. Der württembergische Klosterpräzeptor gehörte zu den konservativen Theologen, die sich in redlicher Weise mit dem textkritischen Problem der Heiligen Schrift zu schaffen gemacht haben. Wie sein besonnener bruchstückartiger Kommentar über das Neue Testament zeigt, war ihm die Bibel kein totes Spruchbuch, sondern das Wort des lebendigen Gottes. Jedes Detail der Schrift erwog er sorgfältig, um es dem Ganzen einzufügen und damit die Ökonomie Gottes sichtbar zu machen. Er huldigte weder einer wörtlichen Inspirationslehre, noch war er gesonnen, das Wehen des Geistes auf die Bibel zu beschränken. Bewußt war er bestrebt, über den individualistischen Schriftgebrauch hinauszukommen und in tiefere kosmische Zusammenhänge einzudringen. Es war deswegen nur folgerichtig, daß diese respektable Bibelarbeit in der Beschäftigung mit der Apokalypse kulminierte, die zuletzt alles andere überschattete. Was Bengel zum Eingehen auf die Offenbarung Johannes bewegte, war nicht Neigung zu Geheimniskrämerei oder bloßer Schriftgehorsam. Es geschah auf höheren Anruf, nachdem er durch Speners Hoffnung auf bessere Zeiten darauf vorbereitet war.

Wie bei Joachim von Fiore wurde auch Bengel inmitten seiner Bibelarbeit von einem Erlebnis betroffen, das unerwartet über ihn gekommen und von ihm nicht gesucht worden war. Sein Eindringen in die Offenbarung Johannes besaß den Charakter des Auftrages und nicht des Selbsterwählten. Als Bengel sich im Jahre 1724 auf seine zweite Adventspredigt vorbereitete, trat plötzlich mit stärkster Klarheit das Wort aus der Apokalypse vor seine Seele: »Hier ist die Weisheit vonnöten. Wer Verstand hat, berechne die Zahl des Tieres; sie ist nämlich die Zahl eines Menschen. Und zwar ist seine Zahl 666.«[30] Eine ungewöhnlich heftige Gemütsbewegung überkam diesen verhaltenen Menschen, so daß er darob seine wartende Gemeinde vergaß. Dieses Erlebnis bestimmte fortan sein Dasein. Er fühlte sich von der Bibel selbst aufgefordert, eine Berechnung anzustellen, da er glaubte, daß solch wichtige Worte den Christen locken müssen, mit ehrerbietiger Begierde zu forschen. Seine Bemühung war von nun an unlösbar mit der geheimnisvollen Welt der apokalyptischen Zahlen verbunden. Bengel hatte die Gewißheit erlangt, daß die Zahl 666 nicht den Namen, sondern die Zeit des Tieres bedeute und drang nun voller Kühnheit immer tiefer in das Labyrinth der biblischen Mathematik. Voll zitternder Erregung schrieb er seinem Freunde: »Es ist mir nicht möglich, Dir eine Nachricht vorzuenthalten, von der ich gleichwohl wünschen muß, daß Du sie ganz für Dich behaltest. Unter dem Beistand des Herrn habe ich die Zahl des Tieres gefunden. Es sind 666 Jahre von 1143–1809. Dieser apokalyptische Schlüssel ist von Wichtigkeit und ist auch ein Trost bei häuslichen Trauerfällen. Denn die jetzt geboren werden, kommen in wunderbare Zeiten hinein. Auch Du hast Dich darauf gefaßt zu machen; denn Wahrheit wird not tun. Gelobt sei, der da kommt.«[31] Seit dieser Stunde wurde die Apokalypse für Bengel zum bedeutsamsten Buch der Bibel, und seine weitere Beschäftigung ist von der Überzeugung getragen: »Jetzt, da man es am wenigsten glauben will, beginnt die Offenbarung Johannes für uns und unsere Kinder sonderlich nötig zu werden.«[32] Sein Versuch, in das Geheimnis der »göttlichen Haushaltung« einzudringen, geschah in der Annahme, daß in der Apokalypse tatsächlich ein Abriß der Kirchengeschichte bis zum Jüngsten

Tag gegeben sei. Bengels Freunde erschraken über diesen unablässigen Vorstoß in die geheimnisvolle Zahlenphilosophie und versuchten, ihn von dem »Zusammenrechnen von Buchstäblein« zurückzuhalten. Doch der innerlich gefestigte Bengel ließ sich nicht irremachen. Als hätte er bereits die Erkenntnis Novalis' besessen, daß reine Mathematik Religion sei, zu der man nur durch eine Theophanie gelange und die es nicht ohne Enthusiasmus geben könne, antwortete er: »Indes bezeichnet die Offenbarung Johannes auch Zahlen und Merkmale von Zeiten und nicht bloß Jahre und Monate, sondern auch Tage und Stunden, ja sogar eine halbe Stunde kommt drin vor, und das nicht darum, daß diese Bezeichnungen bis ans Ende verborgen bleiben sollen. Man muß also an der Schrift im Ganzen festhalten, die Zeitangaben aber nicht unbeachtet lassen.«[33] Unerschütterlich glaubte er, daß »ein jedes Zeitalter soviel Licht in die Offenbarung bekommen habe, als ihm gerade notwendig war«.[34]

Von dieser Voraussetzung aus veröffentlichte Bengel seine »Erklärte Offenbarung Johannes«. Sein Ansehen erlaubte es ihm, diese Studien vorzulegen, die jeden andern in den Ruf eines tollen Schwärmers gebracht hätten. Sie untergruben denn auch seine stark verwurzelte Wirksamkeit nicht; mochte er auch nach dem Urteil unverständiger Leute dem Christentum mehr geschadet haben als die Aufklärer Semler und Teller! In Wirklichkeit übte Bengels sachliche Arbeit einen läuternden, heilsamen Einfluß auf die pietistische Denkweise aus. Verließ ihn doch seine Besonnenheit auch in dieser Tätigkeit keine Minute. Seine eschatologischen Studien wollte er nicht als untrügliche Offenbarung verstanden wissen. Sie bedeuteten ihm lediglich das natürliche Ergebnis seines einfältigen Forschens im göttlichen Worte, das er zur Prüfung vorlege. Diese sympathische Erklärung bezeugt, daß Bengel in seiner Bescheidenheit nie dem eitlen Wahn verfallen ist, seine eigenen Ansichten mit denjenigen von Gott zu verwechseln. Dabei war er aber selbst von der Richtigkeit seines eschatologischen Systems felsenfest überzeugt, und der einzige Zweifel, der ihn heimsuchte, war der Gedanke, warum gerade durch seine Wenigkeit der Menschheit diese wichtige Sache mitgeteilt werden müsse. Aber dieses Bedenken vermochte ihn nicht an der prophetischen Auslegung der Offenbarung Johannes zu hindern in der Gewißheit: »Wer im Glauben an Jesus Christus steht, der hat einen Prophetengeist.«[35] Deshalb ist es nicht langweilige Exegese, sondern kühne Deutung, die Bengel betreibt im Bewußtsein, daß Offenbarung Entdeckung bedeutet, bei der man sich nicht durch das Ansehen der Alten in der wahren Auslegung des prophetischen Wortes beirren lassen darf und vor allem das Erfüllte von dem nicht Erfüllten scharf abzugrenzen sei. Bei seiner Deutung ging Bengel von der Zahl 666 aus, die er durch die im gleichen Kapitel vorkommenden zweiundvierzig Monate dividierte und das Resultat als Schlüssel für sämtliche biblischen Zahlen betrachtete. Man muß gegen dieses Vorgehen einwenden, daß er seinem Einsatzpunkt zu wenig kritisch gegenüberstand, andere Berechnungen gar nicht in Erwägung zog und deswegen nicht bemerkte, daß seine Schlußkette viele Lücken aufwies. In seiner Entdeckerfreude übersah er diese Mängel und ließ sich von dem Tenor fortreißen »er kommt«, seine Leser freudig versichernd: »Wir, wir werden auch dabeisein, unser keines wird dabei vermißt werden.«[36]

Die größte Bedeutung von Bengels Auslegung der Apokalypse liegt in seinem Bekenntnis zum Chiliasmus. Daß dies noch immer ein Wagnis war, ist daraus zu ersehen, daß Spener den Ausdruck »Tausendjähriges Reich« möglichst zu vermeiden suchte und Petersen seine Verkündigung mit der Amtsenthebung büßen mußte. Bengel argumentierte gegen die Verwerfung des Chiliasmus durch die lutherische Bekenntnisschrift, daß diese nur die grob sinnliche Auffassung des Tausendjährigen Reiches ablehne, und meinte, die Botschaft von ihm haben »etliche dem Inhalt nach dieses an sich selbst herrlichen Zeugnisses verkehrt und einen fleischlichen jüdischen Sinn darein gemengt. Darüber ist anderen ein Grauen ankommen, so daß sie auch die Wahrheit selbst zurücksetzten. Man tut am besten, wenn man das, was geschrieben steht, einfältiglich annimmt, als ob es erst heute geschrieben, und nie keine Deutung darüber gegangen wäre.«[37] Die Chiliasten dürfe man aber den Häretikern nicht einfach gleichsetzen, handle es sich doch beim Tausendjährigen Reich nicht um eine wertlose Liebhaberei, sondern um die höchste Angelegenheit. Nach Bengel hat die Kirche sich durch ihr negatives Verhalten gegenüber dem offenbaren Wortsinn dieser Weissagung vergangen, wie denn dieser fromme Mann einen scharfen Blick für die Schäden der Kirche seiner Zeit besaß und es nicht als ein Zeichen der Gottseligkeit betrachtete, davor einfach die Augen zu verschließen. Den Einwand, daß der Chiliasmus nur eine unnötige Verdoppelung der endzeitlichen Vollendung darstelle, ließ Bengel nicht gelten, vielmehr verhält es sich nach seiner treuherzigen Auffassung beim Tausendjährigen Reich »wie bei einer Hochzeit, da am Hochzeitstage selbst alle Gäste zusammenkommen, aber des Tages vorher die allernächsten Angehörigen schon eine Abendmahlzeit im Hochzeitshause einnehmen«.[38] Bei Bengel brach die prophetische Erkenntnis siegreich durch, die als gewaltiger Schritt über die Reformation hinaus gewertet werden muß: »Es wird eine Zeit kommen, da der reine Chiliasmus zur Rechtgläubigkeit gerechnet, und die Offenbarung so bekannt sein wird, daß man sie in den Schulen lesen wird, obgleich man gegenwärtig so wenig davon hört und den für einen Sonderling hält, der sich damit abgibt.«[39] Mit dieser Erkenntnis reihte sich Bengel bei den bedeutsamsten Chiliasten des nachreformatorischen Pietismus ein, der wirklich die ganze Fülle des biblischen Realismus zurückeroberte. Das herrliche Tausendjährige Reich erfüllte ihn mit einer solchen Freude, daß er nicht umhin konnte, die Kirche des Protestantismus als eine Interimskirche zu betrachten, die er gelegentlich sogar einen bösen Sauerteig nannte. Der trägen Masse des Kirchentums gegenüber wollte Bengel auf die Hoffnung des chiliastischen Reiches nicht verzichten, was mehr als nur eine frische Blutzufuhr in die abgestandene Theologie jener Zeit bedeutete. Mit dem Bekenntnis zum Reich hat Bengel aufs lebendigste den unlösbaren Zusammenhang mit der christlichen Botschaft bezeugt. Seit Augustin haben das in der Geschichte des Christentums sozusagen nur noch als Ketzer verdächtigte Außenseiter getan. Nun sprach dies nicht ein konfuser Phantast aus, sondern ein begnadeter Bibeltheologe, der auf solider Basis arbeitete und der in seiner sachlichen Bescheidenheit kein anderes Bestreben kannte, als der Wahrheit die Ehre zu geben. Ein ehrwürdiger Prälat bekannte sich zum Chiliasmus, und zum erstenmal blieb deswegen ein Christ von der Kirche unangefochten. Das verdient festgehalten zu werden. Etwas hatte der Pietismus erreicht und war durch ihn in der protestantischen Kirche anders geworden: Man durfte fortan unbehindert sich zum chiliastischen Reich bekennen, ohne deswegen scheel angesehen zu werden. Das war wahrhaftig keine kleine Errungenschaft.

Bengels chiliastische Botschaft erhielt ihren Nachdruck durch seine Bemühung, das Kommen des Reiches zu berechnen. Das Bedenken, daß es schriftwidrig sei, in solcher Weise die Zeiten bestimmen zu wollen, die doch nach Jesu eigenen Worten nicht einmal der Sohn wisse, wies Bengel zurück. Er argumentierte, damals habe Jesus Tag und Stunde noch nicht gewußt, es aber hernach vom Vater erfahren und den Seinen durch die Apokalypse geoffenbart. Bengel setzte mit Beginn des achtzehnten Jahrhunderts das Auftreten des Antichristen an und genau auf das Jahr 1836 den Anbruch des Reiches, zu einem Zeitpunkt übrigens, da er selbst schon Jahrzehnte im Grabe ruhen mußte. Es finden sich bei Bengel überraschende Weissagungen, die auf eine seherische Begabung schließen lassen. Er wies auf »eine große Revolution hin, die nicht weit entfernt ist«,[40] und nicht minder deutlich hat er das Auftreten Napoleons vorausgesagt.[41] Am überraschendsten sind seine Äußerungen über Rußland, welches berufen sei, während des bevorstehenden Königreiches Christi auf Erden die Nationen mit dem eisernen Stabe zu weiden. Den Blick nach dem Osten hat der Pietismus schon zu Beginn des achtzehnten Jahrhunderts aufgebracht, und es finden sich bei ihm die ersten Hinweise auf die Bedeutung Rußlands in religiöser Beziehung, wenn er auch nicht die Großzügigkeit besaß, hier wirklich zu Ende zu denken.

Das Erscheinen der »Erklärten Offenbarung« mußte unter den Frommen des Landes eine ungeheure Erregung hervorrufen. War sie doch keine bloß individuelle Angelegenheit, sondern betraf breiteste Kreise. Da sie der apokalyptischen Strömung in der schwäbischen Volksseele entsprach, erregte sie Aufsehen in einem Maße, wie es einem gelehrten Buch sonst nicht beschieden ist. Allgemein empfand man Bengels Schriften als neues, bisher noch nie erschienenes Licht. Als der Ausbruch der französischen

Revolution seine Verkündigung zu bestätigen schien, glaubten die Leute in Württemberg so fest an Bengels Verkündigung, daß sie »sich auf die Richtigkeit derselben ohne Anstand den Kopf hätten abschlagen lassen«.[42] Bis in die Träume hinein verfolgten Bengels Weissagungen die Menschen, und mit dem Herannahen des Entscheidungsjahres fing es bei den Stillen im Lande mächtig zu gären an. Freilich blieb auch der großen Bengelgemeinde die herbe Enttäuschung so wenig erspart wie seinen zahlreichen Vorläufern. Vorsorglicherweise hatte er jedoch erklärt: »Sollte das Jahr 1836 ohne merkliche Änderung vorbeistreichen, so wäre freilich ein Hauptfehler in meinem System, und man müßte eine Überlegung anstellen, wo er steckte.«[43] Mit dieser Äußerung hatte Bengel einer Katastrophe vorgebeugt. Denn als das Reich im Jahre 1836 nicht kam, suchte man eifrig nach dem Fehler in der Rechnung und fand diese schließlich zu gelehrt und zu gekünstelt. Trotz seinem Irrtum bleibt aber Bengels Unternehmen verdienstlich. Wie er selbst durch seine eschatologische Beschäftigung einen freien Sinn bekommen hatte, der ihn über den Kleinkram des Alltages weit hinaushob, so hat er auch den Horizont des schwäbischen Pietismus gewaltig erweitert. Bei Bengel erhält die sonst kleine Welt des Pietismus ihren größten Ausblick. Den entscheidenden Kampf sah man nicht mehr in der Wahl zwischen kirchlichen Systemen, sondern in der Stellungnahme für oder gegen das Reich! Die Mission wurde durch diese eschatologischen Weissagungen beflügelt, und in das Leben der Christen kam ein größerer Zug. Die Besucher der Bibelstunden fingen plötzlich an, neben der Heiligen Schrift mit Eifer auch den politischen Teil der Zeitungen zu lesen, um sich über den Gang des Gottesreiches auf dem laufenden zu halten, und bekamen so auch ein geschichtliches Interesse für die zukünftige Gestaltung der Völker. Diese Erweckung ist wohl bedeutsamer als die Stellungnahme des Neupietismus, der glaubt, sich von der chiliastischen Hoffnung distanzieren zu müssen, und von einer angeblichen Grenze spricht, die den Christen in eschatologischer Beziehung gesetzt sei, die Bengel überschritten habe!

Die tiefe Nachwirkung Bengels zeigt sich in seiner schulbildenden Kraft. Die Gefolgschaft, die er von seinen Schülern und

Freunden erhielt, war keine sklavische, sondern ein sinngemäßes Weiterbauen auf seiner Grundlage. Es befanden sich unter ihnen geniale Naturen von einer urwüchsigen Originalität, wie man ihnen in der neuzeitlichen Theologiegeschichte sonst kaum begegnet. In diesen Schülern steckte etwas Ketzerisches, »nach welchem das wahre Christentum erst durch Aufgabe des kirchlichen möglich ist«,[44] das sie über den Pietismus hinaus zu einer christlichen Theosophie drängte. In ihrer Wahrheitsliebe legten sie kaum Gewicht auf eng dogmatische Korrektheit. Für den mit Bengel eng befreundeten Friedrich Christoph Oetinger waren Chemie und Theologie ein Ding, da er die Retorten als andere Abendmahlskelche betrachtete, in denen sich auch geistliche Wandlungen vollziehen. Oetinger besaß einbalsamierte Kindesleichen in seinem Studierzimmer und predigte nachts den abgeschiedenen Geistern, er war überhaupt eine ganz außerordentliche Erscheinung, wie sie im heutigen Theologenstand restlos nicht mehr zu denken ist. Auch Philipp Matthäus Hahn beschäftigte sich als Mathematiker und Techniker mit Rechnungsmaschinen, erfand die Zylinderuhr und arbeitete jahrelang an einer großen astronomischen Weltmaschine. Es ist bei diesen vielseitigen Interessen nicht angebracht, über »die Milch der frommen Denkungsart« zu spötteln. Die Bengelschüler waren dem Pietismus zugetan, schon aus Opposition zu den »kalten Namenschristen«, ohne ihm aber unkritisch verfallen zu sein. Frei von jeglichem sektiererischen Geist pflegten sie sich in ihren Predigten nicht ausschließlich mit der Bekehrung ihrer Zuhörer zu beschäftigen. Oetinger als »Magus des Südens« wagte sich bis zur Kabbala, zu Swedenborg und Theresia von Jesu vor und hat bei Böhme die »Zentralschau« gefunden. Damit hat er einen Zusammenhang mit der Geheimtradition bekundet, der es einem verbieten muß, den Pietismus in doktrinärer Weise abzutun, wie es Ritschl tat. Als ein Liebhaber der »Weisheit der Gasse« kleidete Oetinger die Bibeltheologie Bengels in ein philosophisches Kleid. Von einer »philosophia sacra« redet Oetinger, nach der alle Dinge in Ja und Nein bestehen, für die das Rad zum Symbol alles Lebens wurde und die einer organischen Naturbetrachtung huldigte, die Gott in allen Dingen sah, ohne aber deswegen den

Schöpfer mit dem Geschöpf zu identifizieren. Die Bengelschule wollte die Bibel nicht zu einem unphilosophischen Buch machen und hat das bedeutsame Problem einer christlichen Philosophie gesehen, da sie die strikte Trennung von Theologie und Philosophie als Illusion erachtete.

Von Bengel haben seine Schüler die Vorliebe für die »apokalyptischen Erfindungen und Gnadengeschenke« übernommen, sich dagegen von seinen Berechnungen gelöst. Diese finden sich weder bei Hahn noch bei Oetinger, wenn sie auch den Ruhm Bengels noch mehr verbreiteten und sein apokalyptisches System als »das eigentümliche Charisma ihrer Zeit« betrachteten.[45] Vor allem hatte es ihnen das chiliastische Reich angetan. Oetinger schrieb unter dem Titel »Die güldene Zeit« eine eigene Schrift, in der er »das Schönste der Religion, nämlich das Reich Gottes im buchstäblichen Verstand« behandelt, das bis dahin »aus göttlicher Vorsehung, weil die Zeit noch so nahe nicht war, versteckt geblieben; aber nun ist es um die Zeit, daß das, was man bisher einander ins Ohr gesagt, an den erhabensten Orten verkündigt werde, es mag nun nach dem Geschmack der Menschen sein oder nicht«.[46] Auch nach Hahn ist »das Königreich Gottes in seinem zukünftigen vollkommenen Zustand auf dieser Erde die verheißene tausendjährige Regierung auf Erden«.[47] Die Schüler Bengels haben mit sicherem Instinkt das Tausendjährige Reich als Symbol für das Reich schlechthin verstanden und sind damit dem richtigen Sachverhalt nähergekommen als die offizielle Kirchenlehre. Nach ihnen verdunkelt man das Königreich Gottes, wenn man es aus Mißverstand allein in die Seele verlegt und seine äußere Gestaltung ganz übersieht. »Das Reich ist nahe, darum ändert euren Sinn, war damals die Predigt Johannes und Jesu Christi, wie viel mehr soll es jetzt das Motiv und der Inhalt aller Zusprüche und Ermahnungen sein, da die Welt in so großen Geburtswehen zu den größten Revolutionen liegt und das Seufzen der Kreatur zur Freiheit der Söhne Gottes nun größer ist als jemals.«[48] Mit welcher Energie die Freude Bengels den chiliastischen Standpunkt geltend machten, ist aus der Forderung Oetingers zu ersehen, daß »in Verbindung mit dem Königreich Jesu alle Wahrheit vorgetragen werden soll«.[49] Die ganze Theologie muß eschatologisch begründet und orientiert sein! Mit diesem Grundsatz hat das Reich wieder jene zentrale Bedeutung erlangt, von der alle christlichen Ausführungen erst ihren wahren Sinn empfangen. Das Reich war auch für Hahn die Grundlage der Bibel, wofür Jesus den Tod gelitten hatte. Es blieb schwäbischen Pietisten vorbehalten, diese fundamentale Erkenntnis zuerst wieder auszusprechen. Die Bengelschule vermochte die Botschaft von der kommenden Königsherrschaft mit solcher Eindrücklichkeit zu verkünden, daß die Zuhörer glaubten, etwas noch nie Gehörtes zu vernehmen, und den Anbruch bereits miterlebten. Die Hoffnung auf das Reich befreite sie auch von der Drehung um das kleine Ich, das bei den meisten Menschen im Vordergrund steht. »Ich soll nicht nur für mich zu meiner eigenen Errettung einen Lichtschatz in mein Herz sammeln, sondern ich soll suchen, einen Überfluß der Erleuchtung in mein Herz zu bekommen, damit ich ein Werkzeug sein könne zur Austeilung dieses Geheimnisses unter alle Menschen, damit Christi Reich auch durch mich gefördert werde.«[50] In der Verkündigung der Pietisten ist tatsächlich wieder etwas von den Urlauten des Evangeliums lebendig geworden.

Die Bengelschule geht in der realistischen Erfassung des Reiches über ihren Urheber hinaus, was als ihre kühnste Tat bezeichnet werden muß. Sie machte nicht den geringsten Versuch einer Spiritualisierung und wirkte stellenweise wie eine Wiederkehr der altkirchlichen Chiliasten Papias und Laktantius. Besonders der tiefsinnige Oetinger empfindet die massiv klingenden Ausdrücke als das Herrlichste an der Heiligen Schrift: mit Christo an seinem Tische essen, vom Gewächs des Weinstockes trinken, körperlich sitzen auf Stühlen und die Nationen wie Töpfe zerschmeißen! Mit diesen Worten wollte er nicht nur zimperlichen Zeitgenossen einen Nasenstüber geben. Es war ihm bitterer Ernst mit dieser Aussage, die auf einzigartige Weise die größtmögliche Realität des Reiches wahrte, ohne einer eigenmächtigen Verwirklichung zu verfallen. »Wer in das Innerste des Neuen Testaments hineinsieht, der sieht, daß das Körperliche zur Hauptsache gehört.«[51] Für den Magus des Südens war ähnlich wie für Hamann die »leibliche Unzerstörlichkeit das Ende der Werke

Gottes«.[52] Nur ein »närrischer Idealismus« kann nach ihm an dieser neuen Geistleiblichkeit, für die alles Geistliche zugleich auch leiblich ist, Anstoß nehmen, während er sich am meisten über die Leiblichkeit wundert, mit der die himmlischen Dinge umgeben sind. Man darf nicht meinen, im Reiche »sei nichts als Gott. Nein, im Himmel ist eine ganze Welt, auf der neuen Erde sind Gärten, Paradies, Früchte, Weinstöcke, Bäume, Kristalle, Ströme, Edelsteine, Gold, Silber.«[53] Dem pietistischen Chiliasmus wird man nicht gerecht, versteht man ihn einfach als eine Projektion der unerfüllten Vitalität der Christen in die Zukunft. Ist aber diese Vorstellung nicht ein Rückfall in eine sinnliche Denkweise? »Falsch geraten«, kann man darüber nur lachend sagen. Oetinger hat mit dieser glühend-plastischen Hoffnung endlich den echten religiösen Realismus zurückgewonnen, der im schwäbischen Pietismus mit großer Wucht aufgetreten ist. Diese neue Sicht der Reichserwartung bringt die Teilwahrheit, die auch in einem richtig verstandenen Materialismus enthalten ist, zum Aufleuchten, welche die Christen nicht einfach dem Gottlosen überlassen dürfen. Der charismatische Realismus konnte nur aus einem tiefen Verständnis des Chiliasmus hervorgehen und schließt noch nicht ausgeschöpfte Möglichkeiten in sich. Jegliche idealistische Abschwächung des chiliastischen Realismus beurteilte Oetinger mit Recht als Verrat am Evangelium. Die bleibende Bedeutung dieser realistischen Reichsauffassung hat bereits Richard Rothe erkannt, als er sagte: »Oetinger steht in seiner Zeit als eine ahnungsreiche, prophetische Erscheinung da, beschienen von den ersten Strahlen der eben erst am Horizont auftauchenden Sonne eines neuen Tages. Er steht noch mitten in Dämmerung und Nebel, aber der feinere Sinn wird bald inne, daß dieses Halbdunkel das der Morgendämmerung ist. Oetinger verkündet eine neue Theologie; aber er kann sie erst weissagen, noch nicht selbst bringen.«[54] Diese neue Theologie, die man besser die wahre christliche Theosophie nennen würde, besteht in einem elementaren Erlebnis des charismatischen Realismus, der allein das quälende Leib-Seele-Problem wirklich zu lösen vermag.

Der Chiliasmus war keineswegs eine Eigentümlichkeit des schwäbischen Pietismus. Er findet sich bei ihm nur besonders eindrucksvoll und bis ins neunzehnte Jahrhundert hinein vertreten. Aber auch außerhalb Württembergs besitzt er seine Verkündiger. Der vielseitige Johann Caspar Lavater war dem Chiliasmus zugetan und forderte seine Leser auf, die Offenbarung Johannes nur »ohne Vorurteile« zu lesen.[55] Gottfried Menkens Lieblingslehre war das Königreich Gottes, das auch er realistisch verstand. Ebenso huldigte Jung-Stilling dem Chiliasmus, der von der »Entwicklung der prophetischen Zeit« sprach und es als höchste Pflicht betrachtete, in der »Apokalypse nach den Zeichen der Zeit« zu forschen, weil er »ein glückseliges Reich des Friedens hier auf Erden« erwartete. Ein neues Verständnis, das für die Geschichte der Reichserwartung eine Bereicherung wäre, findet sich bei diesen Vertretern freilich nicht mehr.

Dem Pietismus muß das große Verdienst zugesprochen werden, daß er dem Chiliasmus in der protestantischen Kirche ein gewisses Heimatrecht verschafft hat. Dank seinem Biblizismus hat er die Botschaft vom Reich in der Heiligen Schrift wiederentdeckt und sie ans Tageslicht gefördert. Die pietistische Reichserwartung war christozentrisch. Im Unterschied zum Joachimitismus stand bei ihr die Gestalt Jesu Christi im Mittelpunkt, der bei seiner Wiederkunft das Reich mit sich bringt. Gottesreich und Wiederkunft Christi sind beim Pietismus untrennbar miteinander verbunden. Jesu Botschaft vom Reich und paulinische Erfüllungsmystik hat er zu einer Einheit verschmolzen. In der Wahrnehmung des Reiches ist der Pietismus biblischer als die Reformation. Legt man auf die Schriftgemäßheit Gewicht, muß das pietistische Reichsverständnis dem reformatorischen übergeordnet werden. Der Pietismus hat die ursprüngliche Melodie reiner gehört, als sie im sechzehnten Jahrhundert vernommen wurde, und sie bei aller Unvollkommenheit aus der Tiefe herausgeholt. Der Ruhm für diese Tat muß ihm ungeschmälert bleiben.

Natürlich lassen sich auch gegen die Reichsauffassung im Pietismus gewisse Einwände vorbringen. Man kann sagen, daß ihm die Erfindungskraft zur Variation fehlte. Die pietistische Reichserwartung blieb im Rahmen des Biblizismus, der selten die schöpferische Fähigkeit zu einer neuen Ausprägung besaß, wie sie Augustin mit seinem kirchlichen und Luther mit dem Reich der Innerlichkeit erreichten. Der Pietismus hat zum Urchristentum wohl zurückgelenkt, aber mit seiner Rehabilitierung des Chiliasmus doch kein eigentlich neues Kapitel in der Geschichte der Reichserwartung eröffnet. Die pietistische Reichsverkündigung – man muß es bei allem Respekt vor seinen Zeugen sagen – vollzog sich auf eine zu sanfte Weise, so daß er nur ein zartes chiliastisches Flämmlein anzublasen imstande war, von dem keine umwälzende Wirkung ausging. Jenes lodernde Feuer fehlte, mit dem die Täufer das Reich heraufführen wollten. Das zur Tat drängende Harren der Täufer war im Pietismus zu einem ruhigen Warten geworden, es war nicht mehr Motiv, sondern nur noch Quietiv. Dadurch bewahrte er sie freilich auch vor der Vermengung mit der Politik, die naturnotwendig stets eine Beschmutzung des Chiliasmus nach sich zog. Dieses Fehlen der dynamischen Stoßkraft war die Ursache, daß er die Reichserwartung nicht zur Hoffnung des ganzen Pietismus, geschweige denn der Kirche überhaupt zu machen fähig war. Der Francckesche und Zinzendorfsche Pietismus sind in keiner Weise von der chiliastischen Erwartung bewegt. Die unausbleibliche Folge war, daß der Pietismus sich auf seiner anfänglichen Höhe nicht halten konnte und im Laufe der Zeit immer mehr auf ein egoistisches Seligkeitschristentum zurückfiel. Dieses aber steht in seinem Bestreben zur Rettung der eigenen Seele im deutlichen Gegensatz zur Reichserwartung. Er erhielt so den Wurm, der an seinem Lebensmark nagte und ihn verhinderte, mit einer erneuernden Kraft das Abendland umzupflügen. Beim ursprünglichen Pietismus drängte sich etwas zur Geburt, aber die Wehen erlahmten vorzeitig, und es kam nicht zur erhofften Erneuerung. Daß er den neuen Wein schließlich wieder in die alten Schläuche füllte, ist ihm selbst zum größten Verhängnis geworden.

Es wäre eine krasse Ungerechtigkeit, mit einem negativen Urteil über die pietistische Reichserwartung abzuschließen. Im Pietismus sind erstaunliche religiöse Kräfte enthalten, die ganz zentral gerichtet sind und aus einer letzten Wurzel kommen. Es ist mehr in ihm verborgen, als gewöhnlich zugegeben wird. Man merkt es jedem protestantischen Christen schnell an, ob er einmal durch den Pietismus hindurchgegangen ist. Es ist ihm dann das Christentum auf eine ganz persönliche Weise nahegekommen, das fortan durch alles hindurchgeht, was eine unumgängliche Notwendigkeit ist. Der Pietismus ist eine der besten Vorschulen für ein vertieftes und lebendiges Christentumsverständnis. Das Ressentiment gegen ihn ist gar nicht am Platze. Wesentlicher wäre die Frage für die protestantische Christenheit, wie sie die mächtigen religiösen Kräfte, die im Pietismus schlummern, heute wieder frei machen kann, ohne die überholte pietistische Terminologie zu erneuern.

Wo immer der Pietismus sein enges Gehäuse sprengte, ist daraus auch später noch Großes und Größtes hervorgegangen. Das schlagende Beispiel für diese Behauptung ist Johann Christoph Blumhardt, wohl neben Kierkegaard die religiös mächtigste Gestalt des Protestantismus im 19. Jahrhundert. Der ältere Blumhardt wurde unfreiwillig in den aufreibendsten Dämonenkampf verwickelt, den man heute mit den Augen eines Bernanos ganz anders anschaut als im vergangenen Jahrhundert, das ihn fast als etwas Beschämenswertes empfand. Durch die reale Glaubenskraft, die Blumhardt in dem Ringen mit der satanischen Macht erfuhr, wurde er zu einer großen Hoffnung geführt, die ihn eine neue Ausgießung des Heiligen Geistes erwarten ließ! Es ist gewiß kein Zufall, daß man bei ihm wie kaum bei einem andern Christen lernen kann, welch unvergängliche Sache es um die lebendige Hoffnung ist und was für ungeahnte Kräfte sie im Menschen entbindet. Es gibt wenige Männer des vergangenen Jahrhunderts, bei denen das Christentum so völlig aus der gedanklichen Sphäre in eine eschatologische Seinshaltung übergeführt wurde, wie sie Blumhardt in Möttlingen und Bad Boll erlebt hat. Seine von Zündel geschilderte Wirksamkeit zeigt Blumhardts Reichserwartung in einem überwältigenden Licht. Er hat vom Chiliasmus wieder chiliastisch und nicht vernünftig geredet, und niemand vermochte ihn darin irrezumachen. Mehr als ein befruchtender Strom hat vom älteren Blumhardt den Ausgang genommen und vieles von dem, was in der Gegend an lebendiger Religiosität im Protestantismus anzutreffen ist, geht letztlich auf ihn zurück. Seine Wiederkunftserwartung Christi war so nah, daß er bei jedem Neujahrsbeginn darauf hinwies:

Dieses Jahr könnte...! »Nach glaubwürdiger Überlieferung soll im Bad Boll jahrein, jahraus eine Kutsche mit allem Zubehör bereitgehalten worden sein, um gegebenenfalls die Reise ins heilige Land, dem wiederkehrenden Christus entgegen, anzutreten.«[56] Ist das nicht der Gipfel der Naivität? Nein! Diese Haltung zeigt die Reichserwartung in ihrem aktuellen Vollzug, wie man sie in dieser Konkretheit in der neueren Zeit höchstens noch beim Chassidismus antrifft, bei dem die messianische Sehnsucht ebenfalls eine denkbar glutvolle Wiedergeburt erfuhr. Statt über Blumhardts anschauliche Vorbereitung den Kopf zu schütteln, kann der Christ nichts Besseres tun, als sich im Geiste zu ihm in die Kutsche zu setzen und dem kommenden Reich in innerer Spannung entgegenzufahren!

Das philosophische Idealreich

In den Evangelien wird eine Szene von großer Eindrücklichkeit berichtet. Nach der Verurteilung Jesu wurde ihm von den Kriegsknechten ein Purpurmantel umgelegt. Sie setzten ihm eine Dornenkrone auf das Haupt und verspotteten ihn als der Juden König. Als die Kreuzigung aber vollendet war, sprach der dabeistehende Hauptmann doch erschrocken: Wahrlich, dieser ist Gottes Sohn gewesen! Diese Begebenheit kann als symbolische Parallele zum Erleben der Reichserwartung im Zeitalter der Aufklärung betrachtet werden. Zum ewigen Reich gehört seine Passion, die auch in dem ungläubigen Gelächter über den Chiliasmus zum Ausdruck kam. Als der Hohn verklungen war, hat aber auch das Jahrhundert der Vernunft nicht umhin gekonnt, gleich dem Hauptmann die ewige Wahrheit der Reichsbotschaft anzuerkennen.

Wenn die Erwartung des Reiches auch zu allen Zeiten auf Widerstand stieß, verdichtete sich dieser doch in denkbar starker Weise zu Beginn der Aufklärung. Mit dem achtzehnten Jahrhundert setzt sich die bereits in der Renaissance beginnende Neuzeit durch, deren tiefstes Problem der Rationalismus ist. Eine gewaltige Erschütterung der christlichen Tradition war die sich zunächst ergebende Folge aus diesem Erwachen der Vernunft. Die christliche Weltanschauung wurde nicht einfach auf die Seite geschoben. Doch erfuhr sie eine tiefgreifende Umformung, von der auch die Reichserwartung als ein Grundpfeiler des Christentums mitbetroffen wurde. Das Ideal der natürlichen Religion ließ für das ewige Reich wenig Raum, und der aufklärerische Optimismus, der diese Welt als die beste unter den möglichen betrachtete, war dem Chiliasmus nicht gewogen.

Das Zeitalter der Aufklärung konnte die eschatologische Reichserwartung zunächst mit seinem rationalen Weltbild nicht in Übereinstimmung bringen. Wie es fast immer zu geschehen pflegt, erscheint dem Menschen töricht, was er in sein Weltgefühl nicht einbauen kann. Wenige vermögen einen Wert von der unabhängig eigenen Person zu erkennen, sie übertönen ihr Unverständnis nach außen mit Hohn und Spott. Semler, als der größte Aufklärungstheologe, war von einer unverkennbaren Abneigung gegen die Offenbarung Johannes erfüllt, der er sarkastischen Ausdruck gab. Diese Geringschätzung teilte auch Reimarus, der nur mit Verachtung von der Apokalypse reden konnte. Mit kritischem Scharfblick erkannte jedoch der Verfasser der Wolfenbütteler Fragmente den Inbegriff der Botschaft Jesu in dem Satz: Tut Buße, denn das Reich ist nahe herbeigekommen. Während Jesu Ermahnung zur Buße der moralischen Weltanschuung Reimarus' entgegenkam, fand er die sie begründende Reichsankündigung von bedenklicher Zweideutigkeit, welche das Christentum nach seiner Ansicht auf eine schiefe Bahn gebracht habe. Da das Reich nicht gekommen war, wurden die Jünger zu neuen Erdichtungen erzwungen, über die Reimarus geringschätzig schrieb: »Es ist also die von Jesus und seinen Aposteln für seine Wiederkunft bestimmte Zeit ein für allemal vorüber; die Weissagung bleibt ewig unerfüllt.«[1] Für die Aufklärer war die Reichserwartung nur ein Ausdruck »roher und niedriger Vorstellungen von Glückseligkeit«, mit deren »elenden Begriffen« sie sich in keiner Weise befreunden konnten.[2] Sie forderte nur ihr spöttisches Lächeln heraus.

Am stärksten wahrnehmbar wird dies in der »Kritischen Geschichte des Chiliasmus«, die Heinrich Corrodi in jenen Jahren schrieb. Sie darf zwar den Ruhm für sich beanspruchen, die erste historische Darstellung des Chiliasmus zu sein, die den Vergleich mit R. Fülop-Millers Buch: »Führer, Schwärmer und Rebellen« (1934) in jeder Beziehung aushält. Abgesehen von diesem Vorzug, gibt es an Corrodis Werk wenig anzuerkennen. Er sieht die Reichsvorstellung lediglich als Produkt einer »versengten Einbildungskraft«, über deren Abgeschmacktheit er sich nicht genug aufhalten kann und die ihm nur als »Krankheitsgeschichte der Seele« buchenswert zu sein schien. Man kann über einen Gegenstand nicht verächtlicher denken, als Corrodi es getan hat, der mit seiner Beurteilung des Chiliasmus als einem »System fanatischer Erwartungen naher Wollüste« die blinde Auffassung zum Ausdruck brachte, welche die ersten Aufklärer allgemein über die Reichserwartung empfanden. Deswegen kommt seinem Werk heute keinerlei Wert mehr zu, und es bleibt leider nur noch als Dokument einer völlig verständnislosen Geschichtsschreibung bestehen.

Bei den tieferen Denkern der Aufklärung, für die die Wirklichkeit nicht einfach mit gesundem Menschenverstand identisch war, verstummte dieser Hohn. Der zeitlose Sinn des Chiliasmus fand seine Anerkennung. Reimarus und Corrodi haben das Phänomen des Reiches zwar auch gesehen, aber bloß von der Rückseite, so daß sie seine Bedeutung nicht zu erkennen vermochten. Es bedurfte einer Umdrehung dieser ins Negative gewandten Kehrseite, um den wahren Glanz zu sehen. Wo der Rationalismus sich nicht in dürre Vernünftelei verlor, sondern den Verstand als das große Wunder erlebte, geriet er schließlich auch in die Sphäre der Reichserwartung. Freilich nahm diese Hoffnung im deutschen Idealismus seiner Wesensart entsprechend eine andere Form an als im Pietismus. Der deutsche Idealismus griff die wesentlichen Gedanken der Aufklärung auf, unterzog sie einer tiefschürfenden Umbildung und baute sie zu einem großartigen System aus, dem man die Bewunderung nicht versagen kann. In diesem spekulativen Umschichtungsprozeß wurde das Reich teilweise seiner religiösen Vorstellungswelt entkleidet und mit philosophischem Begriffsmaterial formuliert. Die Übersetzung aus der religiösen in die philosophische Sprache war ohne erneute Wandlung der Reichsidee nicht möglich. Diese Modifikation hat für die Neuzeit eine ähnliche Bedeutung erlangt wie Augustins Umprägung für das Mittelalter.

Mit dem früheren Chiliasmus verglichen, weht einem bei den Aufklärungsphilosophen eine andere Luft entgegen. Man begegnet keinem Bibelzitat, auf das bisher die Garantie der chiliastischen Hoffnung gestützt worden war. Jegliche Hinweise auf apokalyptische Vorgänge sowie zahlenmystische Berechnungen fehlen. Es ist eine intellektuelle Atmosphäre, in die man eintritt, und die Arbeit, mit der man es zu tun hat, ist streng gedanklicher

Art. Eine völlig neue Szene beginnt, wie sie bis dahin in der Geschichte der Reichserwartung nicht angetroffen wurde. Zum erstenmal im Abendland wird der rationale Versuch gemacht, diese chiliastische Wahrheit zu begründen, und die Vernunft tritt, um zu dieser Erkenntnis zu gelangen, in Aktion. Das ist das schlechthin Neue gegenüber allen früheren chiliastischen Unternehmungen, das jegliche Parallele zum vornherein ausschließt. In früheren Jahrhunderten waren es stets der Glaube und die Hoffnung, die angerufen wurden, und die sich auch mit ihrer ganzen Gefühlskraft an diese Vorstellung klammerten. Jetzt dagegen beschäftigt sich der kühle Verstand mit den Problemen des Reiches. Das Seltsame dieses Vorganges hat sonderbarerweise die große Beachtung nicht gefunden, auf die er doch seiner Eigenartigkeit wegen Anspruch erheben kann. Kennen doch die wenigsten Menschen die Tatsache, daß auch in der deutschen Philosophie der Chiliasmus eine beachtliche Rolle spielt. Mag es auch ein ungewohntes Vorgehen sein, sich auf rationalem Wege diesem irrationalen Faktum zu nähern, so ist der Ernst bei diesen Menschen doch keineswegs geringer als bei den sich in heißer Glaubensinbrunst nach dem Reich Verzehrenden. Nachdem dieser rationale Versuch nun einmal unternommen worden ist, wird er wahrscheinlich wiederholt werden, wenn er auch seinem Wesen nach nie ganz gelingen kann. Doch ändert dieses Scheitern nichts an der Tatsache, daß es ein überaus beachtenswertes Unternehmen darstellt, das den denkenden Menschen fesseln muß. Wie ungewöhnlich, auf einem Gebiet, in dem man sich bisher stets auf Offenbarungen von Gott berufen hat, nun mit der hellen Vernunft zu argumentieren, die aus den geschichtlichen Vorgängen kausal zu schließen bereit ist, wie das menschliche Leben sich dem ewigen Reich entgegenbewegt. Die Frage erhebt sich freilich alsogleich: Ist es wirklich ein streng logischer Vernunftschluß, dem man sich dabei überläßt, oder machen diese Philosophen in ihren rationalen Überlegungen nicht plötzlich einen Sprung? Ist ihre intellektuelle Bemühung auf diesem Gebiet nicht nur täuschendes Gewand, hinter dem letztlich ein Glaube steht? Stößt in diesem überaus eigenartigen Vorgang nicht das Rationale zum Überrationalen vor, und nimmt die Philosophie den Charakter eines Bekenntnisses an? Spielt bei diesen Denkern die pietistische Tradition, von der sie fast alle herkommen, bei ihren Bestrebungen nicht unbewußt eine viel größere Rolle, als sie sich selbst zugeben? Wenn auch einige Wahrscheinlichkeit für das letztere spricht, so ändert diese Wahrnehmung doch nichts an dem seltsamen Tatbestand, daß die Ratio auf einem Gebiet nicht zerstörend gewirkt hat, wie dies sonst gerne der Fall ist, wenn sie auf eine Sache angewendet wird, wo sie wesensgemäß nicht hingehört. Bei diesen Denkern hat die Vernunft den Chiliasmus nicht zu unterhöhlen versucht. Das Reich wurde von ihnen nicht als bloße Fiktion hingestellt, sondern als allgemein verbindliche Erkenntnis aufgezeigt, der sich niemand entziehen könne.

Als erster unternahm G. E. Lessing den denkwürdigen Versuch, den Chiliasmus rational zu begründen. Das ist bei diesem wahrheitsliebenden Denker keineswegs überraschend. Gehört doch Lessing nicht zu den heimlichen Totengräbern des Christentums. Zwar hat man ihn schon öfters als einen Menschen erachtet, der keines Gottes bedürfe und der mit seiner Fabel von den drei vertauschbaren Ringen einem Relativismus das Wort geredet habe, der das Ende aller Religion bedeute. Als ein kritischer Geist sei Lessing nicht schöpferisch gewesen und habe die religiösen Probleme auf die moralische Ebene verlagert. Obschon Lessing keiner Apologie bedarf, so muß diese Auffassung doch als eine Verkennung seines wahren Wesens zurückgewiesen werden. Sicher hat er mit seinen theologischen Publikationen starke Unruhe in die lutherische Christenheit hineingetragen. Aber es geschah nicht aus dem Bestreben, den Menschen ihren religiösen Halt zu nehmen. Lessing überblickte vielmehr als erster die schwierige Lage des Christentums in der Neuzeit. Er prüfte die bisherigen theologischen Fundamente auf ihre Tragfähigkeit hin, damit sie bei offenkundiger Brüchigkeit neu begründet werden könnten. Der Mensch sollte unruhig gemacht werden, weil nur daraus der Stachel zum Suchen hervorgehen und er einzig auf diesem Weg von der äußern Autorität zur innern Evidenz geführt werden kann. In der Konsequenz seines klaren Denkens, das auf keine wunschbetonten Bedürfnisse Rücksicht nahm, und in der Anwendung seiner produktiven Kritik, die immer der Befreiung von Unwahrem diente, bleibt dieser unbestechliche Geist vorbildlich. Wenn sein Werk auch vor allem in fruchtbaren Anregungen bestand, so war es ihm doch in seinen reifsten Arbeiten vergönnt, ein letztes Wort anzudeuten, das ins Zeitlose hinaufreicht. Trotzdem Lessing kein in sich geschlossenes System vertrat, steht hinter seinen fragmentarischen Ansätzen eine einheitliche Weltanschauung. Dieselbe liegt allerdings nicht offen zutage, da der Verfasser des »Nathan« es liebte, sie zu verstecken, damit der Leser sie ausgraben müsse. Aber Hegel hatte recht mit seiner Bemerkung, Lessing habe in ganz anderen Tiefen des Geistes gelebt, als seine Freunde ahnten.

Scheinbar spottet auch Lessing über den Chiliasmus. In einer Rezension macht er sich lustig über den unbedeutenden Autor der Schrift »Neu aufgeschlossenes Cabinett Gottes« als einen »Chiliasten, der in das Innere der Gottesgelehrtheit ebenso verräterische Blicke tut als der Kannegießer des Herrn Baron von Holberg in das Innere der Staatskunst«.[3] Aber man darf Lessings Hohn über diesen Prospekt des neuen Himmels nicht mißverstehen. Er galt nicht dem Chiliasmus als solchem, sondern dessen unzureichender Vertretung. Seine Ehrfurcht wurde verletzt, wenn ein Mensch mit frommer Anmaßlichkeit von der Königsherrschaft Gottes sprach, und aus diesem Grunde versetzte er ihm einen öffentlichen Klaps. Lessing schüttete jedoch das Kind nicht mit dem Bade aus. Er war trotz seiner kritischen Veranlagung im Grunde ein enthusiastischer Denker, und es handelte sich bei ihm nie um kalte, das Lebendige ertötende Analyse, die, wie es dem populären Rationalismus eigen ist, kein Verständnis für das Irrationale aufzubringen vermag. Lessing ist ein Beispiel dafür, wie nahe Feuer und Kühle beieinander sein können. Dieser kristallklare Kopf besaß seine unverkennbare Freude an jedem Tröpflein Schwärmerei, sofern es nur echt war. Das enthusiastische Element brach bei ihm immer wieder durch und trieb zuletzt unerwartet auf einem Gebiet eine Blüte, die man mit dem Namen philosophischer Chiliasmus bezeichnen muß.

Lessing machte besonders das schwere Rätsel des historischen Geschehens zu schaffen, dessen Qual noch in seinem Aufschrei »O Geschichte, o Geschichte, was bist du?« deutlich hörbar ist.

Den sinnlos-sinnvollen Ablauf der Geschichte versuchte er schließlich mit dem Gedanken der fortschreitenden göttlichen Offenbarung zu bezwingen. Der geschichtliche Prozeß wurde für ihn zur großen Erziehung des Menschengeschlechtes, ein Gedanke, der seit Origenes immer wieder auftaucht und der zeigt, wie auch die idealistische Philosophie im Schatten der christlichen Botschaft steht. Lessings Auffassung von der Religion als einem göttlichen Erziehungsplan bedeutet nichts anderes als eine Theodizee der Geschichte. Es ist dies ein Problem, um das schon Leibniz stark gerungen hatte, und mit seinen Ausführungen legte der Wolfenbütteler Bibliothekar die Grundlage der Geschichtsphilosophie des deutschen Idealismus. Den Höhepunkt dieser geschichtsphilosophischen Reflexionen bildet das überraschende Bekenntnis zum Chiliasmus, für das Lessing eine solch lapidare Formulierung fand, daß sie sich in ihrer Wärme dem Gedächtnis der Menschheit unvergeßlich eingeprägt hat. Sie verdient es, in extenso an dieser Stelle erwähnt zu werden.

»Soll das menschliche Geschlecht auf diese höchsten Stufen der Aufklärung und Reinigkeit nie kommen? Nie? Nie? Laß mich diese Lästerung nicht denken, Allgütiger! Die Erziehung hat ihr Ziel; bei dem Geschlechte nicht weniger als bei dem Einzelnen. Was erzogen wird, wird zu etwas erzogen. Die schmeichelnden Aussichten, die man dem Jünglinge eröffnet; die Ehre, der Wohlstand, die man ihnen vorspiegelt: was sind sie mehr als Mittel, ihn zum Manne zu erziehen, der auch dann, wenn diese Aussichten der Ehre und des Wohlstandes wegfallen, seine Pflicht zu tun vermögend sei! Darauf zwecke die menschliche Erziehung ab: und die göttliche reiche dahin nicht? Was der Kunst mit dem Einzelnen gelingt, sollte der Natur nicht auch mit dem Ganzen gelingen? Lästerung! Lästerung! Nein; sie wird kommen, sie wird gewiß kommen, die Zeit der Vollendung, da der Mensch, je überzeugter sein Verstand einer immer bessern Zukunft sich fühlet, von dieser Zukunft gleichwohl Bewegungsgründe zu seinen Handlungen zu erborgen nicht nötig haben wird; da er das Gute tun wird, weil es das Gute ist, nicht weil willkürliche Belohnungen darauf gesetzt sind, die seinen flatterhaften Blick ehedem bloß heften und stärken sollten, die innern bessern Belohnungen desselben zu erkennen. Sie wird gewiß kommen, die Zeit eines ›neuen, ewigen Evangeliums‹, die uns selbst in den Elementarbüchern des Neuen Bundes versprochen wird. Vielleicht, daß selbst gewisse Schwärmer des dreizehnten und vierzehnten Jahrhunderts einen Strahl dieses neuen, ewigen Evangeliums aufgefangen hatten und nur darin irrten, daß sie den Ausbruch desselben so nahe verkündigten. Vielleicht war ihr dreifaches Alter der Welt keine so leere Grille; und gewiß hatten sie keine schlimmen Absichten, wenn sie lehrten, daß der Neue Bund ebensowohl antiquieret werden müsse, als es der Alte geworden. Es blieb auch bei ihnen immer die nämliche Ökonomie des nämlichen Gottes. Immer – sie meine Sprache sprechen zu lassen – der nämliche Plan der allgemeinen Erziehung des Menschengeschlechtes. Nur daß sie ihn übereilten; nur daß sie ihre Zeitgenossen, die noch kaum der Kindheit entwachsen waren, ohne Aufklärung, ohne Vorbereitung, mit eins zu Männern machen zu können glaubten, die ihres dritten Zeitalters würdig wären. Und eben das machte sie zu Schwärmern. Der Schwärmer tut oft sehr richtige Blicke in die Zukunft: aber er kann diese Zukunft nur nicht erwarten. Er wünscht diese Zukunft beschleunigt und wünscht, daß sie durch ihn beschleunigt werde. Wozu sich die Natur Jahrtausende Zeit nimmt, soll in dem Augenblicke seines Daseins reifen. Denn was hat er davon, wenn das, was er für das Bessere erkennt, nicht noch bei seinen Lebzeiten das Bessere wird? Kömmt er wieder? Glaubt er wiederzukommen? Sonderbar, daß diese Schwärmerei allein unter den Schwärmern nicht mehr Mode werden will! Geh deinen unmerklichen Schritt, ewige Vorsehung! Nur laß mich dieser Unmerklichkeit wegen an dir nicht verzweifeln. Laß mich an dir nicht verzweifeln, wenn selbst deine Schritte mir scheinen sollten zurückzugehen! Es ist nicht wahr, daß die kürzeste Linie immer die gerade ist.«[4]

Man kann diese sekularen Worte nicht lesen, ohne daß einen eine eigenartige Gemütsbewegung überkommt. Welch ein erhabenes Pathos spricht aus diesen Ausführungen, die von keinem falschen Ton getrübt werden. Es ist, als habe die Weisheit von oben sie selbst verkündet. In ihm redet nicht jener Lessing, welcher der Orthodoxie Schwierigkeiten bereitete, um darnach mit interessiertem Blick zuzuschauen, wie sie ihrer Herr werde. Die Neigung zur polemischen Auseinandersetzung liegt weit hinter ihm. Vielmehr läßt er den Leser an dieser Stelle seiner Schriften einen Blick in sein Innerstes tun. Wie kann angesichts dieses chiliastischen Bekenntnisses noch das Gerede vom kalten, zerstörenden Lessing aufrechterhalten werden! Wird es einem doch bei diesem religiösen Geständnis feierlich zumute. Den Sprung über den »garstigen breiten Graben«, über den Lessing nicht kommen konnte, so oft und ernstlich er ihn auch versucht hatte – wie er in seiner Schrift »Über den Beweis des Geistes und der Kraft« im beschwörenden Ton ausführte – in diesen hymnenartigen Ausführungen ist er ihm doch gelungen. In seiner religionsphilosophischen Hauptschrift brachte er die neue Synthese von Historischem und Rationalem zustande, die nicht mehr im Widerspruch zueinander stehen. Das Geschichtliche ist von ihm als ein Weg zur Verwirklichung des Vernünftigen verstanden worden. Die Religion gehört weder einseitig dem Gebiet des Zufällig-Zeitlichen noch dem Notwendig-Ewigen an, sondern immer beiden zugleich, weil sie Ewig-Vernünftiges im zeitlichen Werden ist. Auf rationalem Wege ist Lessing zum gleichen Ziel wie Joachim von Fiore gekommen, dem er über Jahrhunderte hinweg brüderlich die Hand reicht! Jeglicher spöttelnde Ton ist verstummt und alles ironische Lächeln erloschen. Die von den Aufklärern als Schwärmer verachteten Chiliasten der Vergangenheit werden von Lessing ritterlich in Schutz genommen. Es wird immer erstaunlich bleiben, daß ein Verstandesmensch vom Format Lessings die Hoffnung auf das dritte Zeitalter teilte und dem Chiliasmus ohne zu erröten in solch ergreifender Sprache zustimmt. Mit genialem Spürsinn hat er erkannt, daß nur der Ausdruck dieser Hoffnung entsprechend dem Verständnis vergangener Zeit mangelhaft war, dessen Wahrheitsgehalt aber von ewiger Bedeutung ist. Es war nicht nur eine kurze Euphorie, die Lessings Worten zugrunde liegt, sondern die rationale Gewißheit – »sie wird kommen, sie wird gewiß kommen, die Zeit des neuen ewigen Evangeliums« – stand ihm unerschütterlich fest. Er betrachtete es als seine Aufgabe, die chiliastische Überzeugung in der Sprache seiner Zeit als göttliche Erziehung des Menschengeschlechtes zu formulieren, bei welcher von Zeit zu Zeit »das erschöpfte Elementarbuch« durch ein neues ersetzt werden müsse. Selbstverständlich ist die Lessingsche Entwicklungslehre sub specie aeterni betrachtet ein genauso unvollkommener Ausdruck vom ewigen Reich wie derjenige »gewisser Schwärmer des dreizehnten und vierzehnten Jahrhunderts«. Die Menschen sind stets nur imstande, dem Reich mit den Worten ihrer Zeit Ausdruck zu geben. Diese zeitgeschichtliche Ausprägung bedeutet jedoch keinen ernsthaften Einwand. Wichtig allein ist, ob die Menschen das Reich sahen und immer wieder versuchten, von ihm zu reden. Das hat Lessing auf glänzende Weise getan, indem er den alten Chiliasmus in der rationalen Terminologie seiner Geschichtsphilosophie ausdrückte und damit einen Beweis gab, daß inmitten der abstrakten Denkarbeit der deutschen Philosophie Ausblicke auf einen Zustand wunderbarster Seligkeit möglich sind. Die neue Formulierung des chiliastischen Credo im Zeitalter der nüchternen Aufklärung gehört zu den größten Verdiensten Lessings, wie dies schon Friedrich Schlegel besungen hat:

»Es wird das neue Evangelium kommen,
So sagte Lessing, doch die blöde Rotte
Gewahrte nicht die aufgeschlossene Pforte,
Und dennoch, was der Teure vorgenommen
Im Denken, Forschen, Streben, Ernst und Spotte
Ist nicht so teuer wie die wenigen Worte ...«[5]

Lessings wundervolles Bekenntnis zum Chiliasmus ist nicht die unberechenbare Grille eines Einzelgängers. Vielmehr drängte die tiefste Sehnsucht auch des Aufklärungszeitalters diesem Reich entgegen. Diese Hoffnung fand daher im größten Vertreter des deutschen Idealismus einen unerwarteten Herold, in Immanuel Kant. Der Königsberger Philosoph ist der Mann der Erkenntnistheorie, der vor allem über das Denken nachgedacht und auf diesem Gebiet seine unsterblichen Leistungen hervorgebracht hat. Seine gründliche Zerstörung der bisherigen Metaphysik hat ihm den Namen »Alleszermalmer« eingetragen. Aber die Auffassung vom nur zertrümmernden Kant beruht auf einem Mißverständnis. Der Verfasser der »Kritik der reinen Vernunft« prüfte die vorhandenen Denkmethoden auf ihre Leistungsfähigkeit mit dem heimlichen Wunsch, eine neue Metaphysik zu begründen, die nicht mehr mit solcher Leichtigkeit gestürzt werden könnte. Wer in Kant nur eine eingetrocknete Seele sieht und den Pedanten, nach dessen Spaziergängen die Königsberger ihre Uhren richten konnten, hat eine vielverbreitete Vorstellung übernommen, die aber nichtsdestoweniger oberflächlich ist und Kants zeitloses Antlitz nicht wahrzunehmen vermag. Sicher war dieser Philosoph eine verhaltene Natur, er wurde über alles, was seine Person betraf, immer wortkarger, je mehr er in seine sachliche Aufgabe hineinwuchs. Aber man hüte sich, ihn zu philiströs zu sehen. »Auch Kant ist keinen gemeinen Steg gewandelt. Von dem Beginn seiner selbständigen Entwicklung an bis in sein Alter hin tat er nie das, was in seinem Falle gewöhnliche Menschen würden getan haben. Daher schritt sein Leben, näher angesehen, keineswegs in vollkommener Regelmäßigkeit vorwärts, sondern es bewegte sich in ganz irregulärer Art auf seine Ziele hin. Es lief immer der gemeinen Ansicht der Menschen zuwider und täuschte die Erwartungen derer, die ihn umgaben und beobachteten.«[6] Ebensowenig ist über ihn in religiöser Beziehung das letzte Wort gesprochen, bezichtigt man ihn auf diesem Gebiet nur der Sprödigkeit. Die Gnadenfülle christlicher Frömmigkeit wurde bei ihm durch ein hochentwickeltes Pflichtbewußtsein überdeckt. Doch besaß er dank seiner pietistischen Erziehung ein tieferes Verständnis für das Religiöse, als man gewöhnlich annimmt. Es braucht nur an seine Antinomienlehre und an seine Ausführungen über das radikal Böse erinnert zu werden. Sein Agnostizismus, der die Überheblichkeit verabscheute, »die Absichten der göttlichen Ratschlüsse einzusehen«, war in einer Ehrfurcht vor dem Unerforschlichen begründet, vor dem sich Kant in tiefer Demut beugte, und hatte nichts mit Nihilismus zu tun. Seine Betonung des moralischen Elementes im Religiösen ist ein neuzeitlicher Ausdruck des Wortes Jesu: »Es werden nicht alle, die zu mir sagen ›Herr, Herr‹, in das Himmelreich kommen, sondern die den Willen tun meines Vaters im Himmel.«

Der Königsberger Philosoph, der sich mit seiner Phantasie

Dinge vorstellen konnte, die andern Menschen schwer anschaulich sind, beschäftigte sich auch mit eschatologischen Fragen, wofür sein wenig bekannter Aufsatz »Das Ende aller Dinge« ein beredtes Zeugnis ablegt. Bei seinen Reflexionen über das apokalyptische Thema ist Kant – ähnlich wie bei seiner Auseinandersetzung mit Swedenborg – von einem zwiespältigen Gefühl geleitet. Einerseits empfand er die Annahme einer Aufhebung der Zeit »eine die Einbildungskraft empörende Vorstellung«[7] und konnte es auf der andern Seite doch nicht lassen, »sein zurückgeschrecktes Auge immer wieder darauf zu wenden«.[8] Doch blieb Kant bei dieser geteilten Haltung nicht stehen. Er suchte sie durch die Hoffnung zu überwinden, »daß der Jüngste Tag eher mit einer Eliasfahrt als mit einer der Rotte Korah ähnlichen Höllenfahrt eintrete«.[9] Mit dieser Zuwendung zur lichteren Seite der Eschatologie war auch Kants Schritt von der Untergangsvorstellung zu »der Gründung eines Reiches Gottes auf Erden« gegeben. Unter dem Gottesreich verstand Kant vor allem den Sieg des guten Prinzips über das Böse und die moralische Besserung des ganzen Menschengeschlechtes. Die Erwartung einer alle Menschen vereinenden Kirche ist die sichtbare Vorstellung eines unsichtbaren Reiches Gottes auf Erden. Für Kant »ist der allmähliche Übergang des Kirchenglaubens zur Alleinherrschaft des reinen Religionsglaubens die Annäherung des Reiches Gottes«.[10] Es gibt für ihn zum höchsten Guten auf Erden nur eine Annäherung, welche in einem kontinuierlichen Fortschreiten besteht, dessen Ziel aber erst in vielen Jahrhunderten erreicht sein wird. Jenes Stadium, das dem gegenwärtigen Menschen als Zustand des Zwiespaltes von Natur und Vernunft gegeben ist, wird dann überwunden sein. Das kommende Reich, in welchem die Vernunft allen Wirrwarr schlichten und die Menschheit in einem moralischen Ganzen vereinigt sein wird, ist dann an seine Stelle getreten. Damit war auch Kant ohne die Autorität der Bibel auf rationalem Wege zum Chiliasmus gelangt, zu dem er sich auch ausdrücklich bekannte: »Der Chiliasmus«, so führte er aus, kann so gut wie »die Ankündigung der Nahheit des Weltendes vor der Vernunft ihre gute symbolische Bedeutung annehmen, und die letztere, als ein nicht vorherzusehendes Ereignis vorgestellt, drückt sehr gut die Notwendigkeit aus, jederzeit darauf in Bereitschaft zu stehen, in der Tat aber – wenn man diesem Symbol den intellektuellen Sinn unterlegt – uns jederzeit wirklich als berufene Bürger eines göttlich-ethischen Staates anzusehen«.[11] In diesem verschnörkelten Satz verbirgt sich eine tiefe Einsicht vom Chiliasmus als Symbol, die der religiös vorsichtige Kant im Gegensatz zur Kirchenlehre seiner Zeit besaß. Sowenig wie Spener faßte er mit seinem Denken über das Reich das Wort »tausendjährig« buchstäblich auf. Gegenüber dieser symbolischen Erkenntnis tritt seine Bemühung, das messianische Reich in ein moralisches zu verwandeln, an Bedeutung zurück, obschon die Theologie des neunzehnten Jahrhunderts an diese immanente Seite, welche die Gottesherrschaft als ein ethisch-kulturelles Ideal verstand, angeknüpft hat.

Die neue Note, welche Kants moralisches Reichsverständnis enthielt, lag in seiner Ausrichtung auf den Pazifismus. Dieser hat bei ihm jedoch nicht die geringste Verwandtschaft mit dem schwächlichen Zwischenkriegspazifismus der heutigen Generation, der in so kläglicher Weise Schiffbruch erlitten hat. Kants Pazifismus ist getragen von einem Heroismus, der aus seiner hohen Auffassung von Pflicht entsprungen ist, und man wird bei ihm vergeblich nach einem wehleidigen Ton suchen. Er gehört zu den großen geistigen Gütern, die die Menschheit hervorgebracht hat. Diese Gedanken sind in seiner Schrift »Zum ewigen Frieden« niedergelegt. Ein echt chiliastischer Titel, ist man versucht auszurufen, und man wird unwillkürlich an die unvergängliche Vision des Propheten Jesaja erinnert. Kant war, wie er im Vorwort ausführt, nicht willens, den ewigen Frieden als etwas Ähnliches zu betrachten wie die gleichnamige Überschrift auf dem Schilde jenes holländischen Gastwirtes, auf dem ein Kirchhof gemalt war. Dieser deutsche Mensch war bereit, was bei seiner preußischen Herkunft besonders hervorgehoben zu werden verdient, diesen »süßen Traum« mitzuträumen, und nahm unmißverständlich gegen die »Staatsoberhäupter, die des Krieges nie satt werden können«, Stellung. Als Denker, der die Meinung vertrat, auch die Philosophen hätten ein Wort zu diesem Thema mitzureden, brachte er die sachgemäße Feindschaft des Chiliasmus gegen alles Kriegsgeschehen auf eine solch deutliche Weise zum Ausdruck, wie das in der Geschichte der Reichserwartung nicht oft geschehen ist. In seiner Schrift hat Kant den hehren Gedanken des Völkerbundes vorweggenommen und zu seiner Gestaltung Vorschläge von zeitloser Gültigkeit gemacht. »Stehende Heere sollen mit der Zeit ganz aufhören«, meint er, weil sie eine Bedrohung der anderen Staaten darstellen. Bei alledem verleugnet Kant sein kritisches Naturell nicht. Den Friedenszustand unter den Menschen sieht er nicht als eine natürliche Gegebenheit an, sondern betrachtet ihn als schwere Lektion, die die Menschen ständig zu lösen haben werden. Das ewige Friedensreich wird von diesem philosophischen Chiliasten als eine dem Menschen gestellte Aufgabe erfaßt. Kant hielt die Möglichkeit eines »ewigen Friedens, der auf die bisher fälschlich so genannten Friedensschlüsse (eigentlich Waffenstillstände) folgt, für keine leere Idee, sondern eine Aufgabe, die nach und nach aufgelöst, ihrem Ziele (weil die Zeiten, in denen gleiche Fortschritte geschehen, hoffentlich immer kürzer werden) beständig näher kommt«.[12] Er bringt den ewigen Frieden mit der Entwicklungslehre in Verbindung und führt ähnlich wie Lessing aus: »Man kann die Geschichte der Menschengattung im großen als die Vollziehung eines verborgenen Planes der Natur ansehen, um eine innerlich – und zu diesem Zweck auch äußerlich – vollkommene Staatsverfassung zustande zu bringen, als den einzigen Zustand, in welchem sie alle ihre Anlagen in der Menschheit völlig entwickeln kann.«[13] Nur eine ruchlose Gesinnung kann Kants Bemühung um den ewigen Frieden als bodenlosen Optimismus der Lächerlichkeit preisgeben. Sie ist eine Idee von religiösem Charakter, die gerade auf die kriegszerstampfte Menschheit den tiefsten Eindruck machen muß. Für Kant selbst besaß seine Ausführung bekenntnismäßigen Charakter. Mit heiligem Ernst erklärt er: »Man sieht, die Philosophie könne auch ihren Chiliasmus haben; aber einen solchen, zu dessen Herbeiführung ihre Idee, obgleich nur sehr von weitem, selbst beförderlich werden kann, der also nichts weniger als schwärmerisch ist.«[14] Was in den üblichen Kant-Darstellungen keine Erwähnung findet, muß in diesem Zusammenhang nachdrücklich betont werden: Kant erstrebte nichts Geringeres, als auch der Philosophie einen Chiliasmus zuzuführen, der, wie er sich auch ausdrückte, den verdächtigen Geruch der Schwärmerei losgeworden ist, der bis dahin seinen Wahrheitsgehalt stets verdunkelte. Deswegen prägte der Verfasser der »Kritik der reinen Vernunft« den wichtigen Begriff »philosophischer Chiliasmus«, worunter er »den Zustand eines ewigen, auf einen Völkerbund als Weltrepublik gegründeten Friedens« verstand.[15] Der Ausdruck »philosophischer Chiliasmus« kommt bei Kant mehrfach vor und ist bei ihm kein nur aus Verlegenheit gebrauchter Begriff. Er spricht damit ein Anliegen aus, das ihm bedeutsam war, wenn diesem philosophischen Chiliasmus auch eine gewisse Trockenheit anhaftet und er nichts von jener zündenden Begeisterung ausströmt, der die Reichserwartung sonst wesensgemäß begleitet. Die Erklärung hiefür ist in der Tatsache zu sehen, daß bei Kant die Hoffnung auf das Reich den Weg über die Ratio eingeschlagen hat, während sie bei den Chiliasten gewöhnlich ihrem heißen Herzen entsprungen ist. Diese auffallende und merkwürdige Verschiedenheit führt zu der Tatsache, daß inmitten der dünnen Luft des reinen Intellektualismus dieser holde Traum des ewigen Friedens angetroffen wird und dazu noch bei einem Menschen, den sicher niemand der Überschwenglichkeit bezichtigen kann. Es kann dies nicht anders interpretiert werden, als daß die Reichserwartung sowohl einem tief im Menschen veranlagten Bedürfnis als auch einer objektiven Notwendigkeit entspricht, mag sie nun glaubensmäßig oder wissenschaftlich begründet werden.

Zwischen Lessing und Kant bestehen mannigfache Unterschiede. In ihrem philosophischen Chiliasmus jedoch kommen sie höchstens als unwesentliche Nuancen zur Geltung. Für beide Denker ist charakteristisch, daß das ewige Reich nicht im Zentrum ihrer Lebensinteressen steht. Es bildet weder den Ausgangs- noch den Mittelpunkt ihrer Bemühungen, wie dies bei den Täufern der Fall war, sondern taucht am Rande ihrer philosophischen Arbeit auf. Als sich ihr Leben dem Ende zuneigte, stießen sie auf diese Realität. Die Vermutung, daß daher diese Gedanken nebensächlicher Natur waren, ist ein falscher Schluß. Das Reich bildet vielmehr den krönenden Abschluß ihrer ganzen Philosophie. Statt in dogmatischer Voreingenommenheit den Idealismus stets der Unchristlichkeit zu bezichtigen, wäre es angebrachter zu sagen: Seine letzten Konsequenzen führen zum Reich! Als diese idealistischen Denker ihren Lebensraum durchschritten hatten, kamen sie vor die Tore des ewigen Reiches, das ihnen als die einzige Lösung aller Menschheitsrätsel erschien. Wenn der philosophische Chiliasmus, genau besehen, trotz seiner wissenschaftlichen Einkleidung nicht rein rational begründet ist, weil er in seinem tiefsten Wesen, obgleich nichts Widervernünftiges, so doch etwas Übervernünftiges ist, so waren beide Denker gleichwohl nicht gewillt, auf ihn zu verzichten. Mit ihrem scharfen Intellekt haben beide erkannt, daß der Mensch diese Hoffnung nicht preisgeben darf, soll er nicht rettungslos einem nihilistischen Skeptizismus verfallen und alles für ihn in einem sinnlosen Abgrund versinken. Darum haben sie nicht den geringsten Versuch gemacht, den Chiliasmus zu unterminieren, sondern ihre Vernunft dazu gebraucht, diesen Glauben zu begründen und daraus den Trost für des Lebens Kampf zu schöpfen.

Freilich ist der philosophische Chiliasmus anders geartet als der Reichsglaube im Pietismus. Mit der Person Jesu wurde er weder von Lessing noch von Kant in Verbindung gebracht. Aber es ist deswegen doch kein rein menschliches Reich. Kant blieb eingedenk, daß »Gott selbst der Urheber seines Reiches sein muß«.[16] Wenn man auch begriffsmäßig zwischen altchristlicher Reichshoffnung und philosophischem Friedensreich unterscheiden muß, darf die Differenzierung doch nicht ins Prinzipielle erhoben werden, da es nur um einen graduellen Unterschied geht. Es handelt sich nicht um eine contradictio in adiecto, weil das eine das andere sachlich nicht ausschließt. Der philosophische Chiliasmus ist vielmehr eine Modifikation des apokalyptischen Reichsglaubens. Nur die Unfaßlichkeit hat das Reich in der philosophischen Argumentation fühlbar eingebüßt, weil es mit der Vernunft erschlossen werden kann. Das philosophische Idealreich ist nicht jenes Wunder, das die Menschen in die Knie zwingt. Es ist die letzte Sprosse auf der denkerischen Leiter, die zu Gott führt. Seine Botschaft löst auch nicht jenes gespannte Warten und verzückte Harren aus, dem man in der Geschichte des Chiliasmus sonst allenthalben begegnet. Der Philosoph ist der Ansicht, daß der Mensch das Kommen des Reiches auch mit der größten Ungeduld nicht zu beschleunigen vermag, weil es nicht von außen über die Menschen hereinbricht, sondern sie ihm in einem Jahrtausende dauernden Prozeß entgegenwachsen. Darum löste das philosophische Idealreich keine elementare Volksbewegung aus. Es bleibt zu stark dem Postulatorischen verhaftet und wendet sich nicht an die Leidenschaften des Menschen. Was die Menschen an ihm zu begeistern vermochte, war einzig die damit verbundene Fortschrittsidee, welche eines seiner charakteristischen Merkmale ist. Der Fortschrittsglaube ist eine völlig verweltlichte Reichserwartung, die ihre Beziehung zum Christentum eingebüßt hat. Er wurde im neunzehnten Jahrhundert Allgemeingut des gebildeten Publikums, das sich dabei jedoch nicht mehr bewußt war, mit diesem Fortschrittsglauben auch einem Überrest von Chiliasmus zu huldigen. Dem Glauben an die Menschheit, die in einer unaufhaltsamen Entwicklung von vielen Jahrtausenden dem Idealreich entgegenreife, blieb lange Zeit das Enttäuschungserlebnis erspart. Denn alle diesen Prozeß hemmenden Ereignisse wurden von ihm nur als vorübergehende Rückschläge empfunden, welche jedoch die von Gott gewollte Zeit der Vollendung auf die Dauer nicht aufzuhalten imstande seien. Sie kommt doch, die Zeit des ewigen Friedens, wenn sie auch noch in weiter Ferne steht und die Menschheit sich durch die schwersten Verirrungen zu diesem Ziel hindurcharbeiten muß. In den zwei Weltkriegen ist der Fortschrittsgläubige allerdings doch zusammengebrochen, eine Katastrophe, die wesentlich dazu beigetragen hat, daß die abendländische Jugend noch vollends dem Nihilismus zum Opfer gefallen ist. Obgleich die Fortschrittsidee heute zertreten am Boden liegt, wohnt ihr trotzdem eine nicht zu tötende Lebenskraft inne, auf welche die Menschen nie grundsätzlich verzichten werden. Nur deren oberflächliche Formulierung ist überholt, die Idee aber wird aus der Diskussion nie mehr verschwinden, solange Menschen philosophieren. Man begegnet ihr in Herders »Ideen zur Geschichte der Menschheit«, in Fichtes Philosophie und vor allem auch in Hegels »Philosophie der Geschichte«, die die ganze Geschichte als einen kühnen Vergeistigungsprozeß auffassen.

»Das unsichtbare Königreich des deutschen Idealismus«, wie man es schon genannt hat, strahlte einen solchen Glanz aus, daß auch, als das Zeitalter der Klassik in das der Romantik überging, dasselbe das schöne Lied nicht preisgab. Zwar trat das rationale Element der romantischen Sehnsucht gegenüber zurück. Aber wenn die Romantiker zunächst auch in primärer Weise von andern Problemen bewegt wurden, wie von der Ironie, dem Eros, dem Tod usw., so liebten sie doch über alles die Melodie der Unendlichkeit, die nicht in sich vollendet ist wie die Klassik. Dieser Vorliebe kam das philosophische Idealreich entgegen, das sich denn auch bei diesen romantischen Menschen öfters findet. Man begegnet dem chiliastischen Glauben gleich bei jenem nächtlichen Jüngling, der sich Novalis nannte und der seinen berühmten Aufsatz »Die Christenheit oder Europa« mit der Überzeugung schloß: »Nur Geduld, sie wird, sie muß kommen, die heilige Zeit des ewigen Friedens, wo das neue Jerusalem die Hauptstadt sein wird; und bis dahin heiter und mutig in den Gefahren der Zeit. Genossen meines Glaubens, verkündigt mit Wort und Tat das göttliche Evangelium und bleibt dem wahrhaften unendlichen Glauben treu bis in den Tod.«[17] Wer fühlte sich bei dieser Formulierung nicht an Lessing und Kant zugleich erinnert? Auch in seinen von Genialität überquellenden »Fragmenten« züngelt der chiliastische Gedanke wie eine blaue Flamme auf: »Der Jüngste Tag wird kein einzelner Tag, sondern nichts als diejenige Periode sein, die man auch das Tausendjährige Reich nennt«, und um beinahe im gleichen Atemzug weiterzufahren: »Unter uns währet das Tausendjährige Reich beständig.«[18] Unstreitbar sind diese Gedanken von Novalis in unfertiger Weise aufs Papier geworfen worden, ihr Verfasser starb allzu früh und wurde daran verhindert, sie zu Ende zu denken. Sie verraten dennoch, um welch geheimen Mittelpunkt dieser tiefsinnigste aller Romantiker unaufhörlich gekreist ist und von welchem Quellgrund die Dichtung dieses johanneischen Jünglings gespiesen wurde.

Auch Hölderlin gab das Losungswort »Reich Gottes« aus, das ihn mit Hegel und Schelling bei ihrem Auseinandergehen aus dem Tübinger Stift weiterhin verbinden sollte, und am Ende des »Hyperion« blitzte der Gedanke vom »neuen Reich« auf.[19] Wenn man Hölderlins Welt nicht nur ästhetisch, sondern religiös sieht, was ihrem Gehalt allein entspricht, so nimmt man wahr, wie der himmlische Sänger von »Wein und Brot« zuletzt ebenfalls dahin geführt wurde, wo die größte Hoffnung des Menschengeschlechtes ihre tiefste Erfüllung findet. Man tut Novalis und Hölderlin bitter unrecht, belächelt man ihren nur zart angetönten Chiliasmus als bloß romantische Schwärmerei. Auch hier gilt das Wort »verdirb es nicht, es liegt ein Segen darin«, wenn auch der romantische Chiliasmus erst bei Schelling seine abschließende Gestaltung fand.

F. W. J. Schelling war unter den Idealisten die künstlerische Natur, wie er schon genannt wurde, der Dichter unter den Philosophen. Er war ein überaus begabter Mensch, der mit seiner Herrschergebärde einen überwältigenden Eindruck machte, welcher im persönlichen Verkehr noch stärker gewesen sein soll als in seinen Schriften. Mit seinen gottsucherischen Spekulationen wollte er in die Welt der Formen eindringen und entwickelte eine Naturphilosophie, die die Menschen in Begeisterung versetzte und die neben seiner metaphysischen Deutung der Kunst seine Hauptleistung darstellt. Schelling besaß immer eine Neigung für die Dreiteilung, indem er schon im »System des transzendentalen Idealismus« die Geschichte in drei Perioden einteilte: die Herrschaft des Schicksals, des Gesetzes und der Vorsehung. Wann diese dritte Periode beginnen werde, wußte er damals nicht zu sagen, obschon seine Gedanken offensichtlich darum kreisten. Das Dritte, das die beiden andern aufheben soll, ist eine echt romantische Idee, und sie spielt auch in seinem Schwanengesang eine Rolle, der am Ende seines Lebens, nach langen, gramerfüllten Jahren des Schweigens, in seiner Berliner Vorlesung »Philosophie der Mythologie und der Offenbarung« erklang. Am Schlusse seiner Vorlesung kam Schelling auf den Zeitpunkt zu reden, da nach Paulus' Wort die geistliche Gabe der Weissagung aufhören werde und »alles mehr und mehr in das Geleis der ganz freien, vollkommen selbstbewußten menschlichen Erkenntnis einlenke«.[20] Bei dieser Gelegenheit legt Schelling sein chiliastisches Bekenntnis ab, das eine schöne, echt romantische Variation der Melodie des philosophischen Idealreiches darstellt.

Nach Schelling spielen im Neuen Testament die drei Apostel Petrus, Paulus und Johannes eine besondere Rolle, wobei einer als Anfang bestimmt war, einer die Mitte halten mußte und der dritte als Ende gedacht war. »Es ist ganz dem geschichtlichen Gang der Offenbarung, wie er auch anderwärts sich erkennen läßt, gemäß, diese drei Namen als Repräsentanten von drei Zeiten der christlichen Kirche zu denken.«[21]

Petrus ist entsprechend seinem substantiellen Charakter etwas Felsenhaftes eigen. Er vertritt im neuen Bund das alttestamentliche Prinzip. Petrus ist das Grundlegende der christlichen Gemeinde, auf dem aufgebaut werden kann; er verkörpert den Grundsatz des Stabilen. Schelling sah in ihm den typischen Vertreter der römisch-katholischen Kirche. »Die Kirche Petri ist das streng Gesetzliche. Mit strenger Gesetzlichkeit muß alles anfangen.«[22] Sie ist die Kirche der Autorität, welche »die Sache, aber nicht das Verständnis derselben hat«.[23]

Wesensgemäß erfordert Petrus eine Ergänzung, die ihm in der Persönlichkeit des Apostels Paulus zuteil wird. Paulus' Geistescharakter ist durchaus aktiver Art, wie Schelling ausführt, »in ihm lebt das bewegliche, das dialektische, wissenschaftliche, das auseinandersetzende Prinzip«.[24] Was Petrus begründet hat, entwickelt Paulus weiter und befreit es stufenweise von seinen Schranken. Die Kirche des Paulus war nach Schelling »mehr eine Kirche im Verborgenen, die zwar nie aufhörte in der sichtbaren mitbegriffen zu sein« und die sich in »Gegensatz gegen die Kirche Petri« schließlich »zum Prinzip einer zweiten und neuen Zeit« konstituierte.[25] Es ist nicht schwer, in ihr das Bild der protestantischen Kirche zu erkennen.

Die wahre Kirche ist jedoch in keiner dieser Formen allein verkörpert. Sie gewinnt erst in späterer Zeit Gestalt. Das Prinzip, das in der Reformation hervortrat, war doch »nur Vermittlung und Übergang zu einer dritten Periode, in welcher die Einheit, aber als mit Freiheit bestehende, mit Überzeugung gewollte und darum erst als ewige, bleibende hergestellt ist. Diese letzte, ohne allen äußern Zwang bestehende Einheit fällt in die dritte Periode, die zum voraus angedeutet ist durch den dritten der großen Apostel, den heiligen Johannes.«[26] In Johannes weht ein sanfter, himmlischer Geist, der in seinem Evangelium und den Briefen »der bereits Verklärte« ist, »der wie ein abgeschiedener Geist zu uns spricht«.[27] Während Petrus mehr den Apostel des Vaters und Paulus den Apostel des Sohnes darstellt, ist »Johannes der Apostel des Geistes«.[28] Das große Ideal der johanneischen Kirche leuchtet vor ihm auf, wobei Schelling sich jedoch fragt, ob »Kirche hier noch das rechte Wort ist«.[29] Dagegen steht es ihm außer Zweifel, daß »diese Kirche eigentlich noch immer zukünftig ist«[30] und bis heute ihre Realisierung nicht gefunden hat. »Johannes ist der Apostel der zukünftigen, erst wahrhaft allgemeinen Kirche jenes zweiten, neuen Jerusalems, das er selbst herabsteigen sah vom Himmel, zubereitet wie eine geschmückte Braut ihrem Manne, jener nichts mehr ausschließenden Stadt Gottes, in die Heiden und Juden gleich eingehen, in der Heidentum und Judentum gleich begriffen sind, die ohne beschränkenden Zwang, ohne äußere Autorität, welcher Art sie sei, durch sich selbst besteht, weil jeder freiwillig herbeikommt, jeder durch eigene Überzeugung, indem sein Geist in ihr eine Heimat gefunden, zu ihr gehört.«[31] Aus dieser Hoffnung heraus preist Schelling die johanneische Kirche als die Kirche der letzten Zeit, da »das mütterliche Christentum«[32] Gegenstand allgemeiner Erkenntnis und »wahrhaft öffentliche Religion ist, nicht als Staatsreligion, nicht als Hochkirche, sondern als Religion des Menschengeschlechtes, welche zugleich die höchste Wissenschaft ist«.[33]

Es ist bei Schelling in chiliastischer Beziehung keine grundsätzlich andere Atmosphäre anzutreffen als bei Lessing und Kant. Wenn auch die spekulative Bemühung stärker in den Vordergrund tritt, der rationale Unterton wird deswegen nicht preisgegeben. Es ist im Grunde nicht biblische Autorität, die aus Schelling spricht, sondern spekulative Genialität hat sich zu den höchsten Überlegungen aufgeschwungen. Das bezeugt eindeutig seine Zugehörigkeit zum philosophischen Chiliasmus. Wenn Schelling das Wort Reich auch nicht ausdrücklich gebraucht, so gehören seine Ausführungen über die johanneische Kirche doch unstreitig in das chiliastische Gebiet. Es hätte seines Hinweises in einer Fußnote auf Joachim von Fiore, bei dem er eine unerwartete Bestätigung seiner Anschauungen gefunden hatte, nicht bedurft, um sofort zu spüren, wessen Geistes Kind er in dieser Vorlesung ist. Er muß in die chiliastische Linie eingeordnet werden, weil die Funktion der johanneischen Kirche nach ihm selbst »anfängt mit der Zeit, in welcher der Herr kommt, also mit der letzten Zeit der Kirche«.[34] Da die »Philosophie der Mythologie und Offenbarung« die letzte Vorlesung war, die der greise Schelling hielt, wirken seine Weissagungen über die johanneische Kirche wie ein Testament. Schelling hoffte damit jenes Wort gesprochen zu haben, das den Idealismus vor dem schmählichen Schiffbruch erretten werde, und fühlte sich vielleicht auch als jener Geist, der vom Himmel gesandt sei, um eine neue Religion zu stiften, die das letzte größte Wort des Abendlandes enthalte. In dieser Erwartung hat er sich getäuscht. Die Vorlesung fand in keiner Weise den erhofften begeisterten Anklang. Der Grund war, daß das geistige Leben inzwischen bereits eine andere Bahn eingeschlagen hatte als zu Schellings Jugendzeit, da das philosophische Feuer die Menschen noch zu bezaubern vermochte. Auch ließ sich der betagte Philosoph von Friedrich IV. zu reaktionären Zwecken gegen die Linkshegelianer mißbrauchen, eine Handlung, die seinem Wort notwendig Abbruch tun mußte. Obschon sich in Schelling der romantische Geist des Chiliasmus bemächtigt hatte, kam sein Eintreten auf dieses Thema zu spät. Aber wenn es auch begreiflich ist, daß seine Worte kein Echo fanden, so bleibt doch zu bedauern, daß sein Hinweis auf die johanneische Kirche ungehört verhallte. Diesem joachimitisch-schellingschen Gedanken ist eine große Tiefe eigen, er weist in eine Richtung, die aus dem überlebten Konfessionalismus hinauszuführen imstande wäre. Die johanneische Kirche stellt die Sehnsucht jenes neuen Christentums des Herzens dar, das bis jetzt in der Kirchengeschichte nur als unterirdische Strömung zu bemerken war und bloß bei wenigen auserwählten Christen Gestalt anzunehmen vermochte. Schellings Fingerzeig auf dieses kommende Christentum ist weder aus der Ratio noch aus der Philosophie hervorgegangen, es entsprang einer genialen Intuition. Es ist eine naheliegende, aber doch irrtümliche Interpretation, wenn man dieses johanneische Christentum in der östlichen Kirche als bereits verwirklicht betrachtet. Auch Moskau als drittes Rom ist nur eine Weissagung auf dieses ewige Reich. Schellings religiöses Vermächtnis bietet dazu eine Anknüpfungsgelegenheit, die noch unausgeschöpfte Möglichkeiten in sich schließt.

Obschon das Zeitalter des Industrialismus diesen spekulativen Ausführungen nicht mehr hold war, trieb der philosophische Chiliasmus noch einen von der rationalen Linie sich weiter entfernenden Zweig, und zwar während der liberalen Ära in der skandinavischen Literatur. Der Sänger aus Thule, wie der Dichter Henrik Ibsen genannt wurde, war ein echter Norweger. Ibsen ist in seinen gesellschaftskritischen Schauspielen, die vorwiegend der Entlarvung der bürgerlichen Lebenshaltung dienen, einige Male auch in die Nähe der religiösen Sphäre gekommen. Deutlich ist das in seiner Schicksalstragödie »Kaiser und Galiläer« der Fall, dem Gegenstück zu »Brand«. Der Dichter war von dem Stoff dermaßen gefesselt, daß er hoffte, mit diesem Schauspiel sein Hauptwerk zu gestalten, in das er viel von sich selbst hineinlegte.

In »Kaiser und Galiläer« ist mehrfach die Reichserwartung Gegenstand des Gespräches zwischen Julian und Maximos. Den Kaiser Julian stellt Ibsen als zwiespältigen Menschen dar, der sich daran stößt, daß die Wahrheit die Feindin der Schönheit sein sollte, und der das Unvereinbare vereinen möchte. Der rätselhafte Maximos wird als Mystiker eingeführt, der mit Geistern im Bund steht und eine dunkelraunende Philosophie vertritt, die er in die Worte »Logos in Pan« zusammenfaßt. Er gibt Julian nie einen positiven Rat, steigert ihn aber jeweils in immer größere Erwartung hinein, zumal auch Julian der Auffassung ist, »es muß eine neue Offenbarung kommen. Oder eine Offenbarung von etwas Neuem. Es muß, sag' ich – die Zeit ist erfüllet.«[35]

Das entscheidende Gespräch zwischen ihnen findet im letzten Akt des ersten Teiles statt, wo Maximos an Julian die Aufforderung richtet: »Du sollst das Reich begründen« und Julian frägt: »Was ist das Reich?

Maximos: Es gibt drei Reiche.

Julian: Drei?

Maximos: Zuerst jenes Reich, das auf dem Baum der Erkenntnis gegründet ward, dann jenes, das auf dem Baum des Kreuzes gegründet ward –

Julian: Und das dritte?

Maximos: Das dritte ist das Reich des großen Geheimnisses, das Reich, das auf dem Baum der Erkenntnis und des Kreuzes zusammen gegründet werden soll, weil es sie beide zugleich haßt und liebt und weil es seine lebendigen Quellen in Adams Garten und unter Golgatha hat.

Julian: Und das Reich wird kommen?

Maximos: Es steht vor der Tür. Ich habe gerechnet und gerechnet.«[36]

Im weiteren Gespräch fordert Maximos Julian auf, dieses dritte Reich zu begründen. Dieser vermengt es freilich mit des Kaisers Reich auf Erden, wie aus seiner Antwort an Basilios hervorgeht, und versteigt sich sogar zu der Meinung »Mein ist das Reich!«. Auch im zweiten Teil des Schauspieles kommen die beiden Gestalten auf das Thema zurück, wo Maximos vom Reich des Geistes redet, welches das Reich des Fleisches verschlungen habe, obwohl auch das Reich des Geistes noch nicht das abschließende sei, und er Julian den Vorwurf macht, das Schwert wider das dritte Reich gezogen zu haben, wo der Zweiseitige herrschen soll. Kaiser im Reich des Geistes und Gott in des Fleisches Reich, *das* ist nach Maximos das dritte Reich, wie denn Julian glaubt, daß es in ihm gekommen ist, während Maximos an dessen Leiche einsehen muß, daß Julian nur der Dritte im Bunde neben Kaiser und Judas war. Dennoch hält er den Glauben aufrecht: »Das dritte Reich wird kommen.«[37]

Ibsen hat diese Tragödie, die sein erstes Werk ist, das unter dem Einfluß des deutschen Geisteslebens geschrieben wurde, als ein persönliches Bekenntnis aufgefaßt. Es ist nicht nur die Freude des Nordländers am Heidentum des sonnigen Südens, der er Ausdruck gab. Bedeutsam war ihm die Idee vom dritten Reich, die er darin entwickelte und als eine Verschmelzung von Jenseits und Diesseits erstrebte. Ibsen hat sich zu den Lehren des Maximos ausdrücklich als der seinigen bekannt, in seiner Bankettrede zu Stockholm im Jahre 1887 führte er deutlich aus: »Ich glaube, daß uns nun recht bald eine Zeit bevorsteht, wo der politische Begriff und der soziale Begriff aufhören werden, in den gegenwärtigen Formen zu existieren, und daß aus ihnen beiden eine Einheit zusammenwachsen werde, die vorläufig die Bedingungen für das Glück der Menschheit in sich trägt... Namentlich und näher bestimmt glaube ich, daß die Ideale unserer Zeit, indem sie zugrunde gehen, nach dem hinstreben, was ich in meinem Drama ›Kaiser und Galiläer‹ mit der Bezeichnung: das dritte Reich angedeutet habe.«[38] Er hat seine religiöse Hoffnung in »Kaiser und Galiläer« am klarsten ausgesprochen und sich auch später beklagt, daß die Skandinavier für diese Weltenwende noch nicht reif geworden seien. In seiner Begeisterung konnte Ibsen sogar schreiben: »Aber nirgends befaßt sich ein Gemeinderat damit, das dritte Reich zu erwarten und zu fördern.«[39]

Trotz dem bekenntnismäßigen Charakter der Tragödie »Kaiser und Galiläer« muß diese in religiöser Beziehung als mißglückt betrachtet werden. Gerade weil Ibsens Idee vom dritten Reich an Joachim und Lessing erinnert, tritt der Abstand fühlbar hervor. Der nordische Dichter stammte zwar aus einem pietistischen Haus, und religiöse Probleme haben ihn des öfteren beschäftigt. Gleichwohl war er kein religiöser Dichter, weil seine kritische Einstellung seiner Gläubigkeit hemmend im Wege stand. Es fehlte ihm das persönliche Gottesverhältnis, und er huldigte zu sehr der skeptischen Meinung des neunzehnten Jahrhunderts, die er einmal dahin formulierte: »Alle Religion wird fallen.«[40] Daß er in seinen verwegensten Träumen gelegentlich mit dem Gedanken, als Messias einer neuen Weltzeit aufzutreten, gespielt hat, ist kein Beweis dagegen. Mochte ihn auch in gewissen Stunden die Rolle eines Religionsstifters locken, die Kraft hiezu fehlte ihm vollständig. Aus solchen Plänen ist nur die Unklarheit hervorgegangen, die seinem Drama »Kaiser und Galiläer« eigen ist. Deshalb ist dieses Ideenwerk, das das Ringen von Griechentum und Christentum dramatisch formen will, nicht nur in historischer Hinsicht gescheitert, sondern vor allem in religiöser Beziehung abzulehnen. Der Ibsenverehrer Weininger bezeichnet es als jene Strecke im Schaffen des Dichters, »wo eines der gewaltigsten Probleme angefaßt wird, mit nur schwachen Resten des Willens, es auch zu lösen«.[41] Allein die Tatsache, daß Ibsen die Reichshoffnung mit einem so unreifen Menschen wie Julian, der mehrere Gesichter hat, in Verbindung brachte, mußte ihr Abbruch tun. Aber auch Maximos vertritt einen mystischen Synkretismus und sieht in seiner Konfusität in Julian bereits den Versöhner der beiden Reiche. Das dritte Reich ist bei Ibsen nicht mit glaubwürdiger Echtheit dargestellt, und die Vereinigung der Antike mit dem Christentum, des Leibes mit der Seele, bleibt ein bloßer Schemen. Er hat zu viel und zu Gegensätzliches gewollt. Man kann nicht Christi Reich neu beleben, das Heidentum wiederherstellen und das dritte Reich begründen, von Freiheitsdrang erfüllt sein, ein großes Verlangen nach Schönheit in sich haben und eine neue Religion verkünden wollen. Solche sich widerstrebende Ziele müssen gewaltsam vereint zu einem geistigen Durcheinander führen, aus dem nichts Ersprießliches hervorgehen kann. Obwohl die Idee vom dritten Reich im Drama immer wieder auftaucht, ist sie bei Ibsen doch nicht entsprechend ihrem metaphysischen Gewicht die dominierende Wahrheit, welche dem ganzen Werk den Stempel aufdrückt. Die Erwartung des Reiches findet bei Ibsen nicht jene unvergängliche Ausprägung, zu der dieser große Dichter dank seiner künstlerischen Begabung fähig gewesen wäre. Er selbst war vom dritten Reich eine Zeitlang begeistert, es hat aber von seiner Seele nicht ausschließlich Besitz ergriffen. Es war auch keine Realität, die er wie die echten Chiliasten kommen sah, sondern blieb eine Konstruktion, einzig seinem Hirn entsprungen. Darum wandte der Dichter sich nachher wieder gesellschaftskritischen Tendenzen zu, um die vieldeutige Abgründigkeit des menschlichen Lebens zu zeigen, und diese Kunst vor allem hat seinen Ruhm begründet.

Es wäre sachlich nicht gerechtfertigt, im vorliegenden Zusammenhang von Ibsen mit dieser Ausführlichkeit zu reden, wenn seine Worte vom dritten Reich nicht einen lebhaften Nachklang gefunden hätten. Wiederum war das Unausgesprochene wichtiger als die ausgeführten Formulierungen. Das unbestimmte Sehnsuchtsgefühl, an das Ibsen appelliert hatte, fühlte sich verstanden und sprach ihm das nur vage Angedeutete eifrig nach. Die Losung vom dritten Reich als dem Reich der Erfüllung, das Hellas und Juda umfaßte, das Individuum und Masse vereinigte, wurde zum Schlagwort, das namentlich in der schöngeistigen Literatur eine magische Werbekraft ausstrahlte.[42] In weitgehendem

Maße war es aber eine bloß literarische Modeströmung, die – mit wenigen Ausnahmen wie Stefan Georges Gedichtband »Das neue Reich« – den echten Klang vermissen läßt.

Schließlich wurde die Parole vom dritten Reich mit ihrem sehnsüchtigen Klang durch Moeller van der Bruck zum Lieblingswort der politischen Romantik, die ihr Ungenügen durch ein Ausweichen in einem höheren Dritten kompensieren wollte. Auf dem politischen Gebiet erfuhr die Idee des dritten Reiches eine der unheimlichsten Ausprägungen, die seinen Namen wohl für immer belasten wird. Für den tiefen Sturz, den diese Idee durchgemacht hat, wird freilich kein Verständiger das philosophische Idealreich verantwortlich machen wollen. Es wird von ihm so wenig berührt wie die Strahlen der Sonne vom Kote der Straße, auf den sie scheinen.

Als letzter Ausläufer des philosophischen Chiliasmus ist Julius Schmidhausers Werk »Der Kampf um das geistige Reich« anzusprechen. In ihm wird das Reich vorwiegend mit dem Bau und Schicksal der Universität verknüpft. Schmidhausers leidenschaftlicher Schau haften unverkennbare Mängel an, betrüblich ist, daß er seine Ausführungen nicht völlig frei vom faschistischen Bazillus zu halten gewußt hat, was ihm zum Nachteil gereicht. Aber es wäre nicht recht, deswegen die stürmische Liebe zum Reich zu übersehen, über das er in seinem Buch wertvolle Einsichten ausspricht und mit dem er nicht das dritte Reich des Nationalsozialismus gemeint hat. Es wird eindeutig das geistige Reich heraufbeschworen, das der studierenden Jugend mit beredtem Pathos nahegebracht wird. Schmidhauser weiß, daß das Reich letztlich ein religiöser Wert ist. »Das Reich ist ein Kampf. Nicht der Himmel oder die Erde sind das Reich. Himmel und Erde sind im letzten Kampf, im Kampf zwischen Reich und Unreich, zwischen der Herrschaft des all-einen Gottes und der Herrschaft der sondersüchtigen Dämonen.«[43] Er befindet sich in einer heftigen Fehde gegen alle menschliche Willkür als die Urfeindschaft wider das Reich. Für ihn ist das Reich das Geheimnis der Welt, auf das sie ursprünglich angelegt ist. Gott ist in sich Reich und schafft also außer sich Reich. Es ist deswegen das Höchste und zugleich das Gegenwärtigste, was es gibt. Nachdem

Schmidhauser in seinem Buch die ganze Geistesgeschichte des Abendlandes in großen Schritten durcheilt hat, sieht er einzig in ihm die neue Hoffnung, die er in dem Satz zusammenfaßt: »Es ist das hochgemut-demütige Urwort: Reich.«[44]

Die Reichsverkündigung bei den Sekten

»Das eschatologische Büro ist gegenwärtig meistens geschlossen«, hat ein Theologe im letzten Jahrhundert gesagt. Dieses Urteil charakterisiert die theologisch-kirchliche Situation des neunzehnten Jahrhunderts in eschatologischer Hinsicht mit kurzer Treffsicherheit. Die schwäbischen Theologen Blumhardt, Beck, Auberle, die den württembergischen Chiliasmus von Bengel und Oetinger weiterpflegten, bestätigen mit ihrer Ausnahme nur die allgemeine Regel. Das eschatologische Büro der offiziellen Christlichkeit hatte seine Rolläden tatsächlich stets heruntergelassen, und vom Reiche Gottes wurde seit Schleiermacher und Ritschl nur noch als von der Idee des sittlich höchsten Gutes gesprochen, an dem der Christ durch seine Arbeit zu bauen habe. Wohl wurde der eschatologische Ausblick als letzter Paragraph der Dogmatik noch mitgeschleppt, aber dies geschah aus traditioneller Gewohnheit und nicht aus lebendiger Anteilnahme. Die apokalyptische Erwartung stand mit dem liberalen Zeitbewußtsein in einem zu starken Widerspruch, obschon es gerade zwei Theologen jener Epoche beschieden war, den eschatologischen Charakter des Evangeliums wiederzuentdecken: Johannes Weiß und Albert Schweitzer.

An dieser Situation hat auch die Zeit nach dem Ersten Weltkrieg mit ihrer Feindschaft gegen die Schleiermacher-Ritschlsche Theologie prinzipiell nichts geändert. Scheinbar nimmt zwar das eschatologische Denken in der Theologie der Gegenwart einen breiten Raum ein.[1] Ob es aber ein echtes eschatologisches Denken ist? Scharfsichtige Beobachtung wird sich durch das viele Reden über die Eschatologie nicht täuschen lassen, daß es sich hierin um eine intellektuelle Bemühung handelt, die nicht aus einem realen Lebensgefühl heraus gewachsen ist. Bezeichnenderweise beginnt die gebräuchlichste Darstrellung über »die letzten Dinge«

mit den Worten: »Wir wollen in diesem Buch Eschatologie treiben.«[2] Mit diesem ersten Satz wird auf offene Art das Geheimnis dieses neueren eschatologischen Interesses ausgeplaudert. Es handelt sich um eine akademische Beschäftigung, die ein Professor mit seinen Studenten im theologischen Seminar betreibt. Natürlich muß das auch sein, aber es darf in keiner Weise mit der realen Erwartung des Reiches verwechselt werden. Das Reich ist keine Seminarübung, und dieses eschatologische Gerede ist nicht aus der Unmittelbarkeit eines apokalyptischen Erlebnisses hervorgegangen, sondern geschieht aus Pflichtschuldigkeit dem Bibelwort gegenüber. Das Thema verbleibt deswegen in der Sphäre der gedanklichen Beschäftigung und greift niemals in die konkrete Lebenshaltung dieser Menschen ein. Dogmatische Behauptungen über die Eschatologie wurden in gelehrter Terminologie vorgetragen, bei denen niemand ernsthaft daran denkt, sein Leben auf diese urchristliche Erwartung abzustellen. Weder eine Erschütterung noch ein Aufjauchzen ging von dieser intellektuellen Beschäftigung mit der eschatologischen Lehre aus, und deswegen vermochte sie auch keinesfalls frömmigkeitsbildend auf Laienkreise zu wirken. Sie blieb im wesentlichen eine theologische Fachangelegenheit, die an der Tatsache nichts zu ändern imstande war, daß in den Kirchen die apokalyptische Reichshoffnung auch im zwanzigsten Jahrhundert immer mehr eintrocknete.

Diesen Sachverhalt muß man im Auge behalten, will man die eigenartige Wendung der Reichserwartung in den letzten hundert Jahren verstehen. Als die Kirchen das ewige Reich nicht mehr in lebendiger Weise verkündeten, sondern es stillschweigend auf die Seite schoben, flüchtete es aus ihren Räumen zu den Sekten. Die Sekten stellen die uneingelösten Schuldscheine der Kirche dar. Sie nähren sich von den Brosamen, die von der Kirche Tische fallen und erheben mit ihrem bloßen Dasein Anklage, daß in der kirchlichen Verkündigung eine Wahrheit zu kurz kommt. Sekten entstehen meistens aus dem Bestreben, eine berechtigte, von den Kirchen vernachlässigte Botschaft wieder zur Geltung zu bringen. Die Gemeinschaften übernehmen in der Regel die von der Kirche außer Kurs gesetzte oder nicht genügend zur Anerkennung gekommene Wahrheit. Von keiner christlichen Botschaft gilt dies mehr als von der Reichserwartung. Ebensowenig geht es in diesem Zusammenhang darum, eine Begriffsbestimmung dessen zu geben, was eine Sekte ist. Eine solche könnte schwerlich auf religiösem Wege, sondern nur mit soziologischen Kategorien gewonnen werden. Derartige Bemühungen führen aber von dem unmittelbar in Frage stehenden Thema nur ab. Zunächst handelt es sich bloß darum, in möglichster Vorurteilslosigkeit einmal festzustellen, auf welche Art die Sekten, das Wort ohne jeden wertenden Nebenblick verwendet, die Reichserwartung aufgefaßt und verkündigt haben. Diese um Objektivität sich bemühende Darstellung soll durch keine Kritik beständig unterbrochen werden, sondern diese erst am Ende des Kapitels in einer Auseinandersetzung mit dieser Strömung zusammengefaßt werden.

Nicht allen Sekten ist eine eschatologische Haltung eigen. Sie spielt bei den Methodisten, bei der christlichen Wissenschaft und bei vielen andern Gemeinschaften keine oder nur eine untergeordnete Rolle. Einige Gemeinschaften sind aber aus der chiliastischen Erwartung entstanden und haben jedenfalls von ihr die entscheidende Stoßkraft erhalten. Oft wurde das chiliastische Element bei ihnen freilich nur vorübergehend betont, wie dies bei den Mormonen der Fall war. Die Mormonen nennen sich »Kirche Jesu Christi der Heiligen der letzten Tage«. Schon in dieser Selbstbezeichnung kommt das eschatologische Moment zum Vorschein. Wer den Ausdruck »letzte Tage« gebraucht, befindet sich in apokalyptischen Sphären. Die Mormonen haben zuerst vom neuen Jerusalem geredet, das im Westen errichtet werden soll. Ihrem Begründer, Joseph Smith, wurde die Offenbarung zuteil: »Sieh, das Feld ist schon weiß zur Ernte, und es ist das letzte Mal, daß ich Arbeiter in meinen Weinberg rufen werde.« Ein bestimmter Tag wurde ihm jedoch nicht bekanntgegeben, und Smith erhielt auf seine Frage die Antwort: »Wenn du lebst, bis du fünfundachtzig Jahre alt bist, wirst du das Antlitz des Menschensohnes sehen; daher laß dir das genügen und belästige mich nicht mehr mit dieser Sache.«[3] Nun erreichte Smith dieses Alter nicht, sondern wurde als vierzigjähriger Mann ermordet. Die

Mormonen bekannten sich auch nach seinem Tode noch zum chiliastischen Glauben, an die buchstäbliche Versammlung Israels, an die Wiederherstellung der zehn Stämme und an die Auferbauung Zions auf dem amerikanischen Kontinent. Bei der Reorganisation der Kirche Jesu Christi der Heiligen der letzten Tage unter Brigham Young traten aber andere Probleme in den Vordergrund als das neue Zion, von dem die Gewinnung aller Staaten der Union und der ganzen Welt hätte ausgehen sollen. Die chiliastische Erwartung spielte in der weiteren Geschichte der Mormonen eine untergeordnete Rolle; sie wurde nur noch aus traditionellen Gründen beibehalten.

Eine ähnliche Entwicklung von einer anfänglich intensiven eschatologischen Einstellung zu einer Haltung, bei der nachher andere Glaubensvorstellungen in den Mittelpunkt rückten, machten auch die Adventisten durch. Wie schon der Name besagt, handelt es sich dabei um Menschen, welche auf den Advent warteten, worunter sie die Wiederkunft des Herrn verstanden. Hervorgegangen sind die Adventisten aus amerikanischen Baptistenkreisen. Ihr Begründer war der begabte Farmer William Miller, der sich nach seiner Bekehrung als Autodidakt besonders mit den apokalyptischen Büchern der Bibel beschäftigte. Unablässig grübelte er über die Danielstelle nach: »... bis zweitausenddreihundert Abende und Morgen um sind, dann wird das Heiligtum wieder geweiht werden.«[4] Miller deutete die zweitausenddreihundert Tage als »prophetische Tage«, wovon jeder eine Dauer von einem Jahr habe. Da er annahm, daß im Jahre 457 v. Chr. Esra den Befehl zum Wiederaufbau Jerusalems gegeben habe und also von diesem Datum an die zweitausenddreihundert Jahre zu zählen seien, kam er auf das Jahr 1843, in welchem das Reich beginnen werde. Obschon diese Überzeugung bei Miller seit 1818 feststand, behielt er seine Berechnungen dreizehn Jahre lang für sich. Erst 1832 begann er innerhalb der Baptistengemeinde vom nahen Kommen Jesu Christi zu reden. Durch seine Predigten und seine Schrift »Beweise aus Bibel und Geschichte für die Wiederkunft Christi um das Jahr 1843« breitete Miller seine chiliastischen Anschauungen immer weiter aus. Mit seinem Gedanken fand er auch bald Anhänger. Die genaue Ankunft des Herrn wurde mit Hilfe des jüdischen Kalenders zwischen dem 21. März 1843 und dem 21. März 1844 errechnet. Als der Frühling des Jahres 1844 nahte, harrten die Adventisten, von denen viele ihr Besitztum an die »Ungläubigen« verschenkt hatten, in weißen Kleidern auf die Ankunft des Reiches. Der letzte Termin kam und ging vorüber, ohne daß der Herr erschien. Die Enttäuschung war furchtbar. Auch Miller erwachte wie aus einem Traum und gab in einem offenen Brief seinen Irrtum ehrlich zu. Einer seiner Anhänger namens S. Suow erhielt jedoch schon nach kurzer Zeit eine neue Offenbarung, nach welcher Miller in seiner Berechnung das Gleichnis von den zehn Jungfrauen außer acht gelassen habe. In diesem Gleichnis verziehe der Bräutigam bis zur Mitternacht. Dieser halbe Tag müsse wiederum als ein halbes Jahr verstanden werden. Noch einmal gewähre der Herr Buße zur Umkehr. Am 22. Oktober 1844 werde das Reich mit unfehlbarer Sicherheit kommen. Auch diese Version fand noch einmal Gläubige. Die meisten Adventisten waren aufs neue vom Kommen des Reiches so fest überzeugt, daß sie sogar die Feldfrüchte im Freien verderben ließen in Erwartung des großen Ereignisses. Am heißersehnten Tag warteten die Gläubigen wieder auf freiem Feld in festlichem Gewande, erhobenen Hauptes, unter jubelnden Gesängen auf das große Geschehen. Doch auch dieser Tag ging so unmerklich vorüber, wie alle andern Tage des Jahres verflossen waren. Grenzenlos war die zweite Enttäuschung; sie wirkte noch betäubender als die erste. Völlig niedergeschmettert verließen die Teilnehmer das Feld und weinten hilflos wie Kinder. Das ersehnte Reich war nicht angebrochen, und die Adventisten konnten nur tränenden Auges wie einst Maria Magdalena die Worte hervorstammeln: »Sie haben meinen Herrn weggenommen, und ich weiß nicht, wo sie ihn hingelegt haben.« Der Geschichtsschreiber der Adventisten gibt dem herben Schmerz der zweimal Enttäuschten beredten Ausdruck: »Der Tag verging und ließ die Wartenden, ach, so traurig. Die Schale des Wohlgeruches der vorher schon empfundenen unsterblichen Freuden lag zerbrochen zu ihren Füßen. Sie hatten so viel gebetet: Komm Herr Jesu! Aber er kam nicht.« Die Anhänger Millers wurden 1845 aus der Baptistengemeinde ausgeschlossen und gründeten sogleich eine eigene Gemeinschaft. Durch die Erklärung, daß am 22. Oktober 1844 die Reinigung des Heiligtums sich nicht auf Erden, sondern im Himmel vollzogen habe, vermochte man dem Zusammenbruch der neugebildeten Gemeinschaft zuvorzukommen. Doch machten sich in ihr bald separatistische Tendenzen geltend. Zur größten Bedeutung gelangte die Gruppe der Siebenten-Tags-Adventisten, welche auf die Heiligung des Sabbates das größte Gewicht legten. Damit hatte sich das Interesse der Bewegung grundsätzlich verschoben, und die eschatologische Erwartung war in den Hintergrund getreten.

Von längerer Dauer war die Reichserwartung in der katholisch-apostolischen Gemeinde, die in der ersten Hälfte des neunzehnten Jahrhunderts in England entstand.[5] Sie ist als eine der religiösen Wellen zu betrachten, die aus der anglikanischen Kirche hervorgegangen sind, ähnlich wie der Methodismus und die Oxfordbewegung eines Newman. Sie alle erstrebten eine Erneuerung der erstarrten Staatskirche. Die Begründer der katholisch-apostolischen Gemeinde waren Männer, welche die religiöse Not lebendig empfanden und nach deren Überwindung suchten.

Am ungewöhnlichsten spielte dieses Suchen sich im Leben des Schottländers Eduard Irving ab, nach dem die ganze Bewegung oft genannt wird, obschon er nicht der alleinige Inspirator der neuen Gemeinschaft war. Schon rein äußerlich machte Irving mit seinem imposanten Körperbau und dem rabenschwarzen Lockenhaar einen nicht geringen Eindruck. In seinen Anfängen war er der beliebteste Erweckungsprediger seiner Zeit, der in überfüllten Kirchen flammende Predigten hielt, unablässig nach neuen Wegen Ausschau haltend. In seinem Bestreben nach Originalität schreckte er auch vor »waghalsigen Abenteuern« nicht zurück; er wollte das Christentum in einem heroischen Stil verkünden. Mittels seiner Schriften gelang es ihm, eine eifrige Diskussion zu entfachen, und in kurzer Zeit erreichte er »den höchsten Grad der Popularität. Er war bald das große Wunder des Tages in der Hauptstadt der Welt.«[6] Von entscheidender Bedeutung für Irving wurde seine Begegnung mit dem Kreis, der sich um den Bankier Drummond gesammelt hatte. In dieser Vereinigung war man zur Gewißheit gekommen, daß die christliche Gesellschaft nicht durch die Predigt des Evangeliums sachte in das Tausendjährige Reich hineinwachsen werde, sondern ihr Ziel nur durch schwere Gerichte erreiche, die in der Zerstörung der sichtbaren Kirche und des Staates bestünden. Erst nach diesen Heimsuchungen beginne das Tausendjährige Reich. Dieses wurde auf das Jahr 1847 erwartet. Als Irving an den Zusammenkünften des Drummondschen Kreises teilnahm, wurde er für diese Ideen rasch gewonnen, und voller Schrecken über seine bisherige Sorglosigkeit durchzitterte ihn nun die Gewißheit: »Die Jahre der Vorbedeutung sind fast zu Ende, und der Tag des Herrn ist nahe.«[7] In seinem Schriftstudium war es ihm vor allem um die noch unerfüllten Prophezeiungen zu tun. In der »Ruhe, die eben jetzt herrschet, sah er das sicherste Vorzeichen der Sündflut«.[8] Seine Vorträge über die Offenbarung Johannes füllen vier Bände und stellen eine Fundgrube apokalyptischer Betrachtungen dar, in der auch die unmittelbar bevorstehenden Weltereignisse einbezogen werden. Eine ebenso freudige Aufnahme fand seine Übersetzung des seltenen Werkes des spanischen Exjesuiten Lacunza, »Über das Kommen des Herrn«, das Irving mit einer langen Einleitung versah. Mit einigen Anhängern kam er überein, um eine Wiederherstellung der ersten Gaben inbrünstig zu beten, und erlebte im Jahre 1830 die Freude, daß »diese Gebete vom hl. Geist selbst beantwortet« wurden. Es war in Irvings Haus, als es bei Anlaß einer Bibelstunde zum ersten Mal zu einem ähnlichen Zungenreden kam, wie Paulus es im ersten Korintherbrief beschreibt. Aus zuckendem Munde stieß ein Mensch sonderbare Laute mit großer Gewalt der Stimme hervor, die auf alle Anwesenden einen erschütternden Eindruck machten. Irving sah darin sofort eine Bekundung von Gottes Gegenwart. Bald darauf wurden auch die Gottesdienste von ekstatischen Zungenrednern unterbrochen, welche Weherufe über England ausstießen: »Warum wollt ihr fliehen vor der Stimme Gottes? Ihr könnt nicht vor ihr fliehen am Tage des Gerichtes.«[9] Der Enthusiasmus überflutete den nüchternen schottischen Gottesdienst, und es kam zu turbulenten Szenen. Die ekstatische Welle bewirkte eine ähnliche Erregtheit wie seinerzeit im Wiedertäuferreich zu Münster, wenn auch das soziale Element bei Irving vollständig fehlte. Aber der

Enthusiasmus riß mit seiner ansteckenden Wirkung diese einfachen Menschen immer weiter mit sich. Einzig der Kirchenvorstand war nicht gewillt, sich diese Störungen des Gottesdienstes durch die Zungenredner gefallen zu lassen, und da sich Irving zu den Ekstatikern bekannte, wurde der gefeierte Kanzelredner 1832 seines Amtes enthoben. Er ließ sich aber nicht irremachen, weil »der Tag nicht mehr so ferne ist, wo der Himmel sich auftun und des Menschen Sohn herniederkommen wird mit Macht und großer Herrlichkeit, und wo alle seine Heiligen zu ihm genommen werden sollen, um bei ihm zu wohnen vor dem Thron. Oh, er ist nicht ferne, dieser Tag«, rief er verzückt aus und erklärte zugleich feierlich, »daß die protestantischen Kirchen in dem Zustande Babylons sind, so gewiß als die römische Kirche, und ich trenne mich und meine Herde von dieser babylonischen Verbindung und stelle mich unter die Leitung des Heiligen Geistes«.[10] Nach seinem Ausschluß aus der Kirche gründete er mit seinen Anhängern eine neue Gemeinschaft, die den priesterlichen Charakter des Geistlichen mehr betonte und zugleich eine Erneuerung der urkirchlichen Ämter der Apostel, Propheten, Evangelisten, Hirten und Lehrer erstrebte. Alles sollte auf das apostolische Zeitalter zurückgeführt und eine getreue Kopie der Urgemeinde werden. Seine Anhängerzahl wuchs rasch, so daß allein in London sich bald sieben Gemeinden bildeten und ein kirchliches System entstand, das sowohl dem alttestamentlichen Zeremoniell als dem katholischen Gottesdienst nachgebildet war. Über Irving selbst gingen die Wogen der neu entfachten Bewegung hinweg, indem er von den nachdrängenden Elementen auf die Seite geschoben wurde und bald nach der Gründungszeit starb. Seine kirchlichen Zeitgenossen stellten ihm nach seinem Tode das Zeugnis eines selbstlosen, aber getäuschten Theologen aus. Tatsächlich gehörte der geistvolle Irving zu den beachtenswerten religiösen Gestalten des neunzehnten Jahrhunderts, und aus seinem von christlicher Tragik erfüllten Leben ist viel zu lernen.

In der neugegründeten Gemeinschaft wartete man sehnsüchtig auf das Tausendjährige Reich. Sein Kommen wurde zuerst auf das Jahr 1835, dann 1838, nachher 1842 und schließlich auf das

Jahr 1845 angesetzt. Jedesmal wurde man aufs neue enttäuscht. Als auch das letztgenannte Jahr verstrich, kam man auf den Gedanken, daß dem Kommen des Herrn eine zweite Aussendung von Aposteln voranzugehen habe. Zwölf Apostel wurden gewählt, die nochmals in alle Welt hinausgehen mußten. Erst wenn diese zwölf Apostel aller Welt das bevorstehende Eintreffen des Reiches auf dieser Erde mit dem Heiligen Land als Mittelpunkt verkündigt haben würden, treffe das große Ereignis ein. Diesem Gedanken wurde Folge geleistet, und die zwölf neuen Apostel zogen sich zunächst auf ein Dorf außerhalb Londons zur Ausarbeitung einer Schrift zurück. Sie stellten ein Manifest zusammen, das »den Patriarchen, Erzbischöfen, Bischöfen und andern Vorstehern in der Kirche Christi in allen Ländern, den Kaisern, Königen, Fürsten und andern Regenten der Nationen der Getauften« übergeben werden sollte. Der Gedankengang dieser Schrift ist denkbar einfach. Die Proklamation kündigt den Menschen das Gericht an, weil die Zeit des Endes vor der Türe stehe. Dem hereinbrechenden Verderben stellen sie die Kirche gegenüber und schreiben besonders dem Abendmahl eine große Bedeutung zu, das für sie »der Wein des Gottesreiches ist, der Wein der Freude und der Fröhlichkeit«.[11] Die katholisch-apostolische Gemeinde weiß, daß »das Reich, welches der Gott des Himmels aufrichten wird, sich noch nicht auf irdische Angelegenheiten« erstreckt, weil »die Kirche das Reich ist, und in der Kirche die Herrschaft des Reiches geübt wird, und die Diener der Kirche Beamte dieses Reiches sind«.[12] Mit dieser wahren Kirche, welche »das Reich im Geheimnis« ist, sind jedoch nicht die Landeskirchen gemeint, die alle als abgefallen betrachtet werden. Von diesem Urteil nehmen die neuen Apostel auch die protestantische nicht aus, denn die »Reformatoren gelangten selbst im Anfang nicht zur Einheit unter sich; sie erbauten nicht eine Kirche aus dem Abfall, sondern fügten zu dem vorgefundenen Babel noch viele Sekten hinzu«.[13] Deswegen konnten sie dem darauf folgenden Verderben nicht Einhalt gebieten. »Die französische Revolution von 1793 war nur ein teilweiser Ausbruch der allgemeinen Zerrüttung, welche sich nun verbreitet, ein erster Stoß jenes Erdbebens, welches jedes bürgerliche und jedes geistliche Gelände umstürzen wird.«[14] Sie wurde als Vorspiel der großen Trübsal betrachtet, die dem Ende dieses Weltalters vorausgehen soll. Nach der Verkündigung der katholisch-apostolischen Gemeinde »drohet jetzt der von dem Gifte schon gänzlich durchdrungenen Christenheit eine Revolution, wovon jene nur ein Vorbild war, und vor deren Andrang alle schon untergrabenen Institutionen verschwinden werden«.[15] Mitten aber im Grabgeläute dieser Welt »nähert sich die von Gott verkündigte Zeit mit schnellen Schritten, da des Menschen Sohn kommen wird, in des Himmels Wolken zu richten die Völker und jenes Reich aufzurichten, das kein Ende haben wird«.[16] Die katholisch-apostolische Gemeinde wurde von Gott dazu berufen, die Menschen darauf vorzubereiten. Aus diesem Grunde werde dem Adressaten diese Botschaft durch zwölf Männer überbracht, die zu Aposteln berufen seien.

Doch der Versuch, in die große Welt vorzustoßen, mißlang, da man von diesem Manifest keine Notiz nahm. Die Apostel vermochten kein Aufsehen zu erregen, und ihre Angelegenheit blieb auf kleine Kreise beschränkt. Dessenungeachtet begannen sie eine eifrige Missionstätigkeit, die einzig in Deutschland von einem vorübergehenden Erfolg begleitet war. Da sie mit ihrem Auftreten nichts Fanatisches verbanden, gelang es ihnen, den Marburger Theologieprofessor Heinrich W. J. Thiersch zu gewinnen, der als »unwissenschaftlicher Pietist« diesem »Ruf vom Himmel seine Professur zum Opfer brachte«.[17] Obwohl noch einige Mitglieder aus den konservativen Kreisen Preußens der neuen Gemeinschaft sich anschlossen, kam die Bewegung doch bald ins Stocken. Da das Reich nicht kam, konnte der Rückschlag nicht ausbleiben. Zwar lebte einer der Apostel bis ins zwanzigste Jahrhundert hinein, so daß der Glaube an das baldige Kommen des Reiches in der katholisch-apostolischen Gemeinschaft lange Zeit aufrechterhalten blieb. Im Jahre 1901 sank aber auch der letzte Apostel hochbetagt ins Grab, womit für die ganze Gemeinde der Irrtum ihrer Annahme erwiesen war. Die Enttäuschung führte die Gemeinschaft in die Stille. Sie entsagte jeglicher Propaganda und lebte immer mehr ihren dem katholischen Kultus angepaßten Gottesdiensten. Wie einst in der frühkatholischen Kirche mußte der Sakramentalismus über die schlimmen

Erfahrungen mit der Eschatologie hinweghelfen. Nach römischem Urteil ist die »Gemeinde bis an die Schwelle der katholischen Kirche gekommen. Ihr Denken und Empfinden ist katholisch.«[18] Eine Gruppe sah in diesem Zustand ein totes Geleise und wählte neue Apostel. Sie wurde von der Stammgemeinde ausgeschlossen und nannte sich neuapostolische Gemeinde, bei der jedoch die eschatologischen Vorstellungen keine zentrale Bedeutung mehr besitzen.

Zu Beginn des zwanzigsten Jahrhunderts war es vor allem die internationale Vereinigung ernster Bibelforscher, welche die Reichserwartung erneut in das Volk hineintrug. Diese Gemeinschaft ist eine Gründung von Charles Faze Russell aus Pennsylvanien. Von seinen Anhängern wurde Russell Pastor genannt, doch hatte er weder Theologie noch eine andere Wissenschaft studiert. Russell hat sich als Kaufmann in intensiver Weise mit der Bibel beschäftigt. Sein menschliches Gefühl empörte sich gegen die calvinistische Prädestinationslehre, da sie ihn in einen Zustand der Angst versetzt hatte, aus dem ihn erst der Hinweis der Adventisten auf das Tausendjährige Reich in der Offenbarung Johannes befreite. So trat er mit Schriften an die Öffentlichkeit, welche die Wiederkunft Jesu zum Gegenstand hatten. Sie fanden große Verbreitung, so daß schließlich die Auflagen seiner in dreißig Sprachen übersetzten »Schriftstudien« über elf Millionen betrugen. Russell verfügte über eine ungewöhnliche Arbeitskraft. Mit einer hemmungslosen Geschäftstüchtigkeit begabt, war er kein weltfremder Gelehrter, sondern ein versierter Organisator. Jegliche innere Unsicherheit war ihm fremd, und sein starkes Selbstbewußtsein erfuhr durch die maßlose Verherrlichung seitens seiner Anhänger, die ihn als »den größten Lehrer seit dem Apostel Paulus« bezeichneten, eine unheilvolle Bestätigung. Die Ehrlichkeit seiner Frömmigkeit darf jedoch nicht angezweifelt werden, und die ethische Verdächtigung seiner Persönlichkeit hat sich als ungerechtfertigt erwiesen. Für seine Organisation, welche die wahren Nachfolger Christi ohne Rücksicht auf kirchliche Konfession und Nationalität vereinigen sollte, opferte er sich auf. Russell stellt den Typus des modernen Evangelisten dar, der sich der Druckerpresse, der Verkehrsmittel, des Filmes bedient, um die Massen zu gewinnen. Er erlag mitten in seiner rastlosen Tätigkeit im Schnellzug einem Schlaganfall.

Nach Russells Hauptidee enthält die Bibel den Plan Gottes mit der Menschheit. Diese Idee war auch Bengel nicht fremd gewesen, aber im Unterschied zu der organischen Auffassung des württembergischen Prälaten sah Russell sie rein mechanistisch. Russell war der Ansicht, daß sich dieser Plan Gottes ohne Rücksicht auf die innere Bereitschaft der Menschen verwirklichte. Er kennt drei große Zeitabschnitte, von denen der erste von der Schöpfung bis zur Sündflut dauert, der zweite die gegenwärtige Welt umfaßt, in der jedoch ein patriarchalisches, jüdisches und christliches Zeitalter zu unterscheiden ist, und der dritte die zukünftige Welt betrifft, ein Zeitabschnitt, der das Gottesreich genannt wird. Wie bei allen Apokalyptikern war auch bei Russell das Hauptinteresse auf die Zukunft gerichtet, der er sich durch verschiedene Berechnungen zu bemächtigen suchte. Russell fühlte sich gedrungen, seinen Mitmenschen »die Erwartung einer baldigen Einführung des Tausendjahrzeitalters« zu verkünden. Nicht erst nach der vollendeten Bekehrung der Heiden komme das Tausendjährige Reich. Jetzt vielmehr sei der Zeitpunkt da, um mit dem Blasen der silbernen Posaunen zu beginnen, wie Russell sich ausdrückt. Das Überraschende an seiner chiliastischen Botschaft besteht in der Behauptung, daß im Jahre 1874 die Wiederkunft Christi stattgefunden habe! Dieser Annahme begegnet man in der Weise sonst in der ganzen Geschichte des Chiliasmus nicht. Nach Russell vollzog Christi Wiederkunft sich unsichtbar, aber mit sichtbarer Wirkung. Über diese zweite unbemerkte Gegenwart Christi sagt Russell: »Wer das Wiederherstellungswerk in einem Augenblick vollendet zu sein erwartet, muß notwendigerweise enttäuscht werden. Das ist nicht die göttliche Methode; diese hält eine stufenweise Entwicklung inne.«[19] Das Millennium, wie Russell sich auszudrücken beliebte, hat einen Läuterungscharakter. Deswegen ist Jesu Wiederkunft noch nicht für alle Menschen ersichtlich. Eine körperliche Wiederkunft Christi findet nicht statt: »Das ist eine völlig unbiblische Annahme. Unser Herr Jesus ist nicht mehr ein Mensch, sondern wie der Apostel erklärt: ›Der Herr ist der Geist.‹ Wir erwarten Ihn daher nicht mehr im Fleisch zu sehen, vielmehr glauben wir, daß wir verwandelt werden müssen.«[20] Das Tausendjahrzeitalter steht in unmittelbarer Nähe, da die seit 1874 begonnene Zeit der Ernte im Jahre 1914 öffentlich sichtbar wird. Bekanntlich begann aber 1914 statt der Sichtbarwerdung des Tausendjährigen Reiches der Erste Weltkrieg mit seinen Schrecken. Russell gab zu, daß er die Heiligen des Herrn nicht hätte glauben machen dürfen, im Oktober 1914 würde das Reich sichtbar werden. Dieses bedeutsame Eingeständnis machte ihn aber merkwürdigerweise an seiner Deutung nicht irre. Er verschob einfach den Termin. Bald darauf wurde er vom Tode ereilt.

Nach seinem Hinschiede übernahm 1917 der Jurist F. Rutherford die Leitung der Bewegung, in die er mit seinem Zug nach links eine schärfere Note hineinbrachte. Rutherford war ebenfalls ein Mann, der unentwegt für seine Überzeugung eintrat. Er veröffentlichte »Die Harfe Gottes«, die nach dem Vorwort »richtig verstanden und geschickt benutzt Trost, Frieden und Freude ins Herz bringt«. Nach seiner Meinung ist »des Herrn Wiederkunft eine der wunderbarsten, köstlichsten Saiten auf der Harfe Gottes. Sie gibt eine harmonische Tonfülle von unübertroffener, süßer Lieblichkeit von sich.«[21] Der amerikanische Richter liebte es, das Tausendjährige Reich in allen Farben auszumalen. Im goldenen Zeitalter werde Jerusalem die Welthauptstadt sein, und »mit vollkommenen Radiofunksprechstationen dürfen wir erwarten, wie Abraham vom Berge Zion aus die Angelegenheiten der ganzen Welt leiten wird«.[22] Die Wüsten werden nach einer Berieselung zu grünen anfangen, so daß die Erde bequem fünfzigtausend Millionen ernähren könne, zumal alles Unkraut verschwinden werde. Auch der Tod wird beseitigt werden. »Unter der neuen Ordnung werden die Leichenbegängnisse aufhören, die Leichenbestatter werden sich nach einem mehr aufheiternden Geschäft umsehen, und die düsteren Leichenwagen werden statt schwarzer Trauerfuhrwerke hell angestrichene Vergnügungskutschen werden müssen.«[23] Im Tausendjährigen Reich wird »jeder sein eigenes Haus besitzen mit Garten«, und es werden keine Steuern mehr erhoben und – was für das damals trockengelegte Amerika besonders verlockend schien – es wird wieder Alkohol geben für das Volk. »Nicht mehr werden die Armen und Bedrückten vergebens nach einem Wohnplatz suchen oder von geldgierigen Hauseigentümern im Mietpreise gesteigert und auf die Straße gesetzt werden.«[24] Geheimpolizei wird es nicht mehr geben, und Spionagegesetze, mit denen Rutherford selbst in Konflikt geraten war, werden ebenfalls aufgehoben. Jedermann ist imstande, »vollkommen zu singen, und Jubellieder sind auf allen Lippen. Es ist ein entzückendes, überwältigendes Bild! Es ist die rechte Zeit für den Hallelujachor.«[25]

Rutherford vermochte mit diesen detaillierten Paradiesesschilderungen Eindruck zu machen, weil er sich den Anschein gab, diese Dinge auf Grund der Bibel beweisen zu können. »Es war im Jahre 1874, dem Beginn der zweiten Gegenwart unseres Herrn, als die erste Arbeiterorganisation der Welt ins Leben gerufen wurde. Von dem Zeitpunkt an hat es eine wunderbare Zunahme von Licht und Kenntnis gegeben, und die seitdem gemachten Erfindungen und Entdeckungen sind zu zahlreich, um sie hier alle aufzählen zu können, doch seien einige deren genannt, die seit 1874 ans Licht gekommen sind, als weiterer Beweis der Gegenwart des Herrn seit jener Zeit, wie folgt: Additionsmaschinen, Aluminium, antiseptische Chirurgie, automatische Bahnkuppelung, automatische Pflüge, Automobile, bewegliche Bilder, drahtlose Telegraphie, dunkelstes Afrika, Dynamit, Eisenbahnsignale, elektrische Eisenbahnen, elektrische Schweißmethoden, Erntemaschinen, Eskalatoren, feuerlose Kochapparate, Gasmaschinen, Göttlicher Plan der Zeitalter, Induktionsmotoren, Korrespondenzschulen, künstliche Farben, Leuchtgas, Luftschiffe, Nordpol, Panamakanal, Pasteursche Schutzimpfung, Radium, Rahmseparatoren, rauchloses Pulver, riesenhohe Geschäftsgebäude, Röntgenstrahlen, Schreibmaschine, Schuhnähmaschine, Setzmaschine, Sprechmaschinen, Stacheldraht, Streichholzmaschinen, Südpol, Telephon, Untergrundbahn, Unterseeboote, Vakuumteppichreiniger, Zelluloid, Zweiräder.«[26] Unermüdlich war Rutherford darauf bedacht, Bibelverse als Beweismaterial für sein unsichtbar gekommenes Königreich zusammenzutragen. In der nach einer englischen Übersetzung angeführten Danielstelle, »viele werden hin und her laufen«,[27] fand er das Auto geweissagt, in Jesaja 60,8 die Luftschiffe, in Hiob 38,35 das Radio, in Nahum 2,1–6 nahm er einen »Eisenbahnzug in schnellster Fahrt« beschrieben wahr. Alle diese Bibelstellen waren für Rutherford stichhaltige und untrügliche Beweise für die Sichtbarwerdung des Reiches im Jahre 1925. Diese Erwartung veranlaßte ihn, nach dem Ersten Weltkrieg mit der Behauptung aufzutreten: Millionen jetzt lebender Menschen werden nie sterben. Als sich die Prophezeiung auf das Jahr 1925 als Fehlschlag erwies, prolongierte er kurzerhand den Zukunftswechsel. Zwar wurde er nach diesem offenkundigen Fiasko vorsichtiger und sprach nur noch davon, daß das Reich »bald« kommen werde, ehe ein weiteres Jahrhundert vergehe.

Dieser mit biblischem Beweismaterial vorgetragenen Botschaft vom Offenbarwerden des unsichtbar schon anwesenden Herrn blieb der Erfolg nicht versagt. Besaß dieses Tausendjährige Reich doch einen irdisch-politischen Charakter, und es appellierte zudem deutlich an die Instinkte des kleinen Mannes. Auf einfache Leute, die nicht kritisch zu denken gewohnt sind, mußten diese handgreiflichen Ausmalungen der Zukunft eine verlockende Anziehungskraft ausüben. Namentlich in den Elendsjahren nach dem Ersten Weltkrieg, da so viele Menschen an der Endlichkeit zerbrochen waren, ertönte diese Botschaft wie Schalmeienklang. Die damit verbundene Ablehnung des Staates als ein Organ des Satans erhöhte bei vielen die Aufnahmebereitschaft. Die ernsten Bibelforscher erhielten in jenen Jahren starken Zulauf, und viele von ihnen übten für ihre Sache eine selbstlose Tätigkeit aus. Sie blieben ihrer Idee auch treu, als die Zugehörigkeit zur Gemeinschaft gefährlich wurde. Die schweren Verfolgungen, welche die Bibelforscher im nationalsozialistischen Deutschland über sich ergehen lassen mußten, haben sie in größter und bewunderungswürdiger Standhaftigkeit auf sich genommen. Sie haben ihren Namen »Zeugen Jehovas« nicht umsonst getragen und ließen sich durch den schlimmsten Terror nicht brechen.[28]

Überblickt man die angeführten Sekten, so wird man zwischen ihnen Unterschiede feststellen müssen. Die Adventisten und die apostolisch-katholische Gemeinde gehören ihrer Entstehungszeit nach der ersten Hälfte des neunzehnten Jahrhunderts an. Durch die geschichtliche Entwicklung sind sie selbst von ihrer eschatologischen Einstellung abgekommen, so daß sie darauf nicht mehr behaftet werden dürfen. Sie sind heute nur noch als historische Tatbestände erwähnenswert und zeigen, welche eschatologischen Vorstellungen in volklichen Kreisen der Christen im neunzehnten Jahrhundert vorhanden waren. Anders ist die Sache bei den Bibelforschern, die einem wesentlich späteren Stadium angehören und mit ihrer eschatologischen Propaganda noch in die Gegenwart hineinragen. Mit ihnen wird sich die kritische Auseinandersetzung vor allem zu beschäftigen haben. Aber wenn auch zwischen diesen Sekten nicht unbedeutende Verschiedenheiten bestehen, die in einer gegenseitigen Ablehnung zum Ausdruck kommen, so bilden sie doch, von einem gewissen Standpunkt aus betrachtet, wieder eine Einheit. Sie alle sind auf die Sammlung einer Anzahl überzeugter Bekenner verpflichtet, im Gegensatz zu den landeskirchlichen Bestrebungen, die immer auf die Umfassung eines ganzen Volkes gerichtet sind. Das Unbefriedigende dieser Reichserwartung ist leicht einzusehen. Man hätte es nicht für möglich gehalten, daß der erhabene Gedanke auf solch unsagbar banale Weise vertreten und zu einer solchen Flachheit erniedrigt werden könnte. Es ist die typische »Metaphysik der kleinen Leute«, die Nietzsche so gehaßt hat, welche einem bei diesem Reichsverständnis entgegentritt. Ohne zu erröten werden die Lösungen der größten religiösen Probleme vorgetragen, und zwar nicht auf eine rührend hilflose Art, sondern im Tone unangenehmer Anmaßung. Deswegen sind die Ausführungen der Bibelforscher für den Menschen, der gewohnt ist, an ein Buch gewisse Anforderungen zu stellen, äußerst mühsam zu lesen und stellen an seine Geduld eine nicht geringe Zumutung. Es ist kein Ringen mit dem Religiösen wahrzunehmen; sind doch bei den Bibelforschern alle Fragen durch die leitenden Persönlichkeiten im Konversationslexikon-Stil bereits gelöst. Ihre unklare Verquickung von wörtlicher Inspirationslehre und modernem Rationalismus ist mit einer sträflichen Unkenntnis der primitivsten geschichtlichen Tatbestände verbunden, die jede Diskussion unmöglich macht.

Warum fühlt man sich abgestoßen von dieser Vertretung des Chiliasmus, den sie doch getreuer zum Ausdruck bringen als die Kirche? Ist es nicht der altchristliche Papias mit seinen phantastischen Aussagen über die Fruchtbarkeit der Weinstöcke, der bei den Bibelforschern auferstanden ist? Scheinbar ja, wird man zögernd antworten müssen. Aber gerade diese Wahrnehmung schließt ein Bedenken in sich. Wenn zwei dasselbe sagen, ist es doch nicht das gleiche. Papias sagte es im zweiten Jahrhundert, und diese Gemeinschaftsleute wollen das gleiche im zwanzigsten Jahrhundert verkünden! Hier liegt ein wesentlicher Unterschied, und diese Wahrheit darf nicht übersehen werden. Es ist eine Unmöglichkeit, eine Anschauung, die zweitausend Jahre alt ist, unverändert in die moderne Zeit hinüberzunehmen, ohne auf den Strukturwandel Rücksicht zu nehmen. Man kann sie nicht so direkt auf ein modernes Lebensgefühl aufstülpen, ohne vorher eine Reihe von Fragen abzuklären. Die eschatologischen Gemeinschaften, die den Geist mit Buchstabengläubigkeit ertöten, sind hiefür ein lehrreiches Beispiel. Sie waren außerstande, die Reichserwartung neu zu prägen. Im »Manifest« der apostolisch-katholischen Gemeinde findet sich keine einzige neue Formulierung, und auch bei den Bibelforschern wird man vergeblich nach einer Neuerfassung des Reichsgedankens suchen. Weil die Gemeinschaften glauben, die Entwicklung seit dem Urchristentum ignorieren zu können, stellen sie in der heutigen Zeit einen Anachronismus dar. Die kitschig anmutende Einbeziehung der Technik bei den Bibelforschern, die mit ihrer Reichsverkündigung organisch nicht verbunden ist, ist kein Gegenargument. Für die ersten Christen war die Naherwartung des Reiches ein echtes Erlebnis. Diese Einstellung ist aber durch den enttäuschungsreichen Geschichtsprozeß durchlöchert worden, es ist falsch, die chiliastische Haltung in der gleichen Form zu vertreten. Es kann dies als ein Zeichen genommen werden, daß die Reichsidee in den christlichen Kreisen sich infolge mangelnder Wandlungsfähigkeit zu erschöpfen beginnt, wenn sie nicht versucht, die primitive Mythologie geistig zu erneuern.

Mit dieser Wahrnehmung hängt noch eine weitere negative Seite zusammen. Die lebensfremd wirkende Wiederanknüpfung an die urchristliche Linie suchen die Bibelforscher durch ein äußeres modernes Gehaben zu verbessern. Dadurch stehen sie in Wirklichkeit dem modernen Amerikanismus nahe, und zwar demjenigen der unangenehmeren Art. Es ist amerikanische Mentalität, der sie huldigen, für die eine seltsame Mischung von hochentwickelter materieller Kultur und geistiger Traditionslosigkeit bezeichnend ist. Dieser Amerikanismus ließ sie ihre chiliastischen Aussagen mit einer kecken Unverfrorenheit vortragen, die keinen Zweifel gestattet. Die Schwäche ihrer Reichsverkündigung wird mit einer schreienden Reklame übertönt, mit dem Ziel, um jeden Preis einen Massenerfolg zu erreichen. Es wird bei ihnen der Baustil der massiven Wolkenkratzer auf religiöses Gebiet übertragen; es ist Warenhausreligiosität, die einem begegnet. Mit dieser amerikanischen Einstellung bemächtigen sie sich der chiliastischen Idee und benützen sie für ihre Zwecke. Sie reißen sie an sich und formen sie ihren Wünschen entsprechend. Ihrem Griff nach der Reichserwartung fehlt jede Ehrfurcht vor dem, was größer ist als sie. Deswegen strahlt auch diese Reichsverkündigung nichts von jener Wärme aus, die der chiliastischen Glut sonst eigen ist.

Aus diesem veramerikanisierten Chiliasmus kann aber nichts anderes als ein Verhängnis hervorgehen. Obwohl die Gemeinschaften heute von einem missionarischen Bewußtsein erfüllt sind und in ihnen ein starkes Sendungsgefühl lebt, erhält man bei näherem Zusehen trotzdem den bestimmten Eindruck, daß diese Menschen der Welt kein neues Wort zu bringen haben. Sie bewegen sich auf einem zu ausgetretenen Geleise, und es macht ihnen auch gar nichts aus, immer wieder abgeleierte Wendungen zu wiederholen. Ihren Leitern fehlt das notwendige Format, so daß sie den Missionsbefehl mit dem ehrgeizigen Geltungsdrang verwechseln, der sie ihre Gedanken völlig unkritisch als Eingebungen des Heiligen Geistes ausgeben läßt und der oft ans Psychopathische grenzt. Das Reich ist bei diesen Gruppen nicht groß geschaut. Sie halten von ihm nur den versteinerten Abdruck in den Händen; von den lebendigen Kräften, die jene Erwartung hervorgebracht hat, sind sie nicht bewegt. Da sich bei ihnen nur eine mechanische Wiederholung früherer Ideen zeigt, können von ihnen auch keine entscheidenden Wirkungen ausgehen. Sie bilden ein belangloses Zwischenspiel, das für die Weiterentwicklung der Geistesgeschichte ohne Bedeutung ist, denn sie vertreten keine der Neuzeit adäquate Reichserwartung. Wie aber sollen solche Leute der Menschheit helfen?

Wenn man dies auch alles zu sagen genötigt ist, kann es doch nicht das letzte Wort sein. Die Zeiten, in denen es zwischen Kirche und Gemeinschaften nur Polemik gab, sind vorbei. Dafür haben sie von den antichristlichen Mächten der Gegenwart zu viel gemeinsames Leid erdulden müssen. Es ist nicht mehr angebracht, hochmütig auf die Gemeinschaften herabzublicken und gegen ihre »Irrlehren« anzukämpfen. Ein brüderliches Verstehen hat auch hier an die Stelle zu treten. Sachlich beurteilt, sind die Gemeinschaftsleute oft außerordentlich willensstarke Naturen, die für ihre Überzeugung große Opfer bringen. Ihre Vorsteher verfügen über eine natürliche Volksverbundenheit, da sie sich mit ihren Ausführungen nirgends über die Anstrengungen des gewöhnlichen Mannes erheben. Es gibt auch in den Gemeinschaften ehrliche Menschen, die ernsthaft die Wahrheit suchen. Vor allem wird in ihren Kreisen eine vertrauliche Gemeinschaft gepflegt, wie sie in den Kirchen gewöhnlich fehlt. Gemeinschaften besitzen eine Lebensform, die vielen Menschen sittlichen Halt und ein religiöses Heimatgefühl vermittelt. Es ist unrichtig, ihnen nur Geringschätzung zu zeigen. Auch das junge Christentum wurde einmal eine Sekte genannt und war es in seinen Anfängen im Vergleich zum Judentum auch bestimmt. Gemeinschaften müssen ernst genommen werden. Mit verächtlichem Spott ist ihnen sowenig zu begegnen wie dem Aberglauben.

In einer Zeit, da die Kirchen die Reichserwartung gleich einem unerwünschten Kinde ausgesetzt haben, fand diese ausgestoßene Wahrheit bei der Gemeinschaft ihre Zuflucht. Man wird bei diesem Vorgang unwillkürlich an das Wort Jesu beim Einzug in Jerusalem erinnert, da er den über das jubelnde Volk sich beschwerenden Schriftgelehrten entgegengehalten hat: »Wenn diese schwiegen, würden die Steine schreien.« Weil die Kirchen geschwiegen haben, fühlten sich die Gemeinschaften gedrungen zu schreien. Daß es oft ein wenig erfreuliches Schreien war, das in den Ohren weh tat, ist nicht zu bestreiten. Statt sich darüber aufzuhalten, sollte man eher die Großzügigkeit haben, ein Wort des Paulus zu erwähnen: »Etliche zwar predigen Christus auch um des Neides und des Haders willen, aber was tut's? Daß nur Christus verkündiget werde allerlei Weise, es geschehe zum Vorwand oder in Wahrheit, so freue ich mich doch darinnen, und will mich auch freuen.«[29] Diese überlegene Einstellung ist auch gegenüber dem Chiliasmus der Gemeinschaften anzuwenden: die Hauptsache ist, daß das Reich verkündet und von ihm geredet wird und seine Erwartung nicht stirbt, denn sonst würde die Welt in der Finsternis versinken!

Das chiliastische Moment im Sozialismus

Die unerwartetste Überraschung in der Geschichte der Reichserwartung liegt darin, daß man der chiliastischen Sehnsucht schließlich im modernen Sozialismus begegnet. Man ist auf diese Wahrnehmung wenig vorbereitet, und fast scheint es, als ob sie etwas Anstößiges an sich habe. Ist doch der Sozialismus jene politische Bewegung der Neuzeit, die mit ihrer Kampfansage gegen die Kirche auch mit allem Religiösen gebrochen und deswegen bei ihrem Auftreten von den christlichen Kreisen die stärkste Ablehnung erfahren hat. Wenn auch die Herstellung einer Beziehung zwischen Sozialismus und Chiliasmus für manchen ein direkt herausforderndes Ärgernis darstellt, ändert eine aufgeregte Reaktion auf diese angetönte Verbindungslinie doch nichts an der Tatsache. Es handelt sich bei dieser Feststellung weder um eine tendentiöse Konstruktion noch um eine Stellungnahme für oder gegen den Sozialismus. Es geht vielmehr um eine tatsächlich vorhandene Beziehung, die einem bewußt wird, sobald man den Sozialismus als geistesgeschichtliche Bewegung sachlich betrachtet. Mit der gleichen Vorurteilslosigkeit, mit der dem frühchristlichen Chiliasmus, den Täufern und dem Sektentum begegnet wurde, muß – sine ira et studio – auch der Sozialismus auf sein chiliastisches Element untersucht werden. Wie sich bei den Kreuzzügen die Notwendigkeit zeigte, die Reichssehnsucht unter einer äußerlich ganz anders gearteten Hülle aufzuspüren, ergibt sich beim modernen Sozialismus eine ähnliche Situation. An der historischen Verpflichtung einer solchen unabhängigen Untersuchung darf man sich durch Ablehnungen nicht irremachen lassen, welche sie aller Wahrscheinlichkeit nach sowohl von rechts als von links erfahren wird.

Die Charakterisierung des Sozialismus als einer politischen Bewegung erschöpft sein Wesen nicht und wird doch nur seiner vordergründigen Seite gerecht. Wenn man nicht nur auf die Schlagworte achtet, mit denen er zu argumentieren pflegt, sondern auf die hinter ihnen stehenden Intentionen, so wird einem seine chiliastische Bestrebung nicht entgehen können. Es ist freilich ein Chiliasmus, der sich ganz in das Gewand der sozialen Forderungen hüllt – viel stärker, als es einst die Taboriten taten. Er bewegt sich auf politischem Gebiet und ist dadurch mit all den unerquicklichen Eigentümlichkeiten belastet, mit denen von jeher alle Politik behaftet war. Deswegen hat man es bei ihm mit einem profanen Chiliasmus zu tun, der sich vom bisherigen schon durch seine mangelnde Transzendenz unterscheidet. Er nimmt eine andere Färbung an, und man muß sich der Differenz wohl bewußt bleiben. Doch schimmert durch alle andersartigen Äußerungen immer wieder wie ein verborgenes Juwel das Chiliastische hindurch, was ganz besonders deutlich wird, wenn die Hauptphasen der sozialistischen Bewegung kurz skizziert werden.

Am Eingang des Sozialismus stehen die großen Utopisten, die zu Beginn des neunzehnten Jahrhunderts auftraten und die als überaus geniale Naturen zu bezeichnen sind. Die Bedeutung von Saint-Simon, Owen und Fourier, die alle der bürgerlichen Welt entstammten, besteht zunächst in der scharfsichtigen Kritik, mit der sie die unhaltbaren Zustände der damaligen Gesellschaftsordnung aufdeckten. Bei dieser negativen Funktion blieben sie jedoch nicht stehen und versuchten, der kritisierten Wirklichkeit eine bessere gegenüberzustellen. Durch diese Notwendigkeit wurden sie dazu geführt, Pläne für eine bessere Zukunft zu entwerfen. Es war ihnen nicht nur darum zu tun, das gesellschaftliche Unglück zu beseitigen. Sie wollten der Menschheit das wahre Glück bringen. Im Gegensatz zum Denken der Theodizee wollten sie das Bestehende nicht rechtfertigen, sondern echt utopisch ihm eine neue Wirklichkeit geben. Diese Tätigkeit war nicht weniger wichtig als ihre Kritik, und von diesen Bauplänen für das Kommende erhielten sie den Namen Utopisten. Ihre Ausführungen dürfen jedoch mit der utopischen Romangattung, die sich mit phantastischen Fabelgeschichten auf dem unverbindlichen Gebiet der Unterhaltungslektüre bewegt, nicht verwechselt werden. Saint-Simon, Owen und Fourier waren von andern Motiven erfüllt, als den Menschen nur ein Wolkenkuckucksheim vor Augen zu zaubern. Der Wert ihrer Utopien zeigt sich im politischen Willen, den sie damit verbanden. In diesen Visionen einer neuen Welt, die vor ihrem Geist auftauchten, erblickten sie eine Gesellschaft der Harmonie, in der es keine Zerrissenheit und keinen Kampf mehr gab. Sie deuteten die Neugestaltung nicht nur in flüchtigen Umrissen an. Im Gegenteil, sie haben das Zukünftige bis in alle Details liebevoll ausgemalt und sind dabei über das menschlich Erreichbare weit hinausgegangen. Auch die Natur wird nach Fourier von einer tiefgreifenden Änderung betroffen. Es war nicht nur eine von Menschen neu gebaute Gesellschaftsordnung, die sie herbeisehnten, sie stammelten vielmehr von einer kosmischen Umgestaltung. Es ist leicht, über die phantastische Uferlosigkeit der utopischen Konstruktionen zu lächeln. Dieser Spott wird dem ernsthaften Glauben, der hinter ihrer Bemühung steht, aber in keiner Weise gerecht. Es gilt auch das Große an diesen Träumen zu sehen, weckten sie doch in den Menschen ein neues Hoffnungselement. Man wird nicht umhin können, im utopischen Denken der Neuzeit eine modifizierte Aufmachung des altchristlichen Chiliasmus zu sehen. Er stellt eine moderne Form des frühchristlichen Glaubens an das Tausendjährige Reich dar, das in den Köpfen dieser utopischen Denker spukte. Diese Verwandtschaft, die in der Verankerung der Utopisten im Religiösen begründet ist, gilt es zu sehen. Es steckt in ihnen ein verkapptes Erlösungsbedürfnis, das in ihrer utopischen Sehnsucht deutlich sichtbar wird. Mit starkem Selbstbewußtsein äußerte Fourier: »Niemand anderer als ich kennt den Plan Gottes über die vergangene und künftige Bestimmung des Universums.«[1] Er sieht sich als jenen Menschen, dem die religiöse Sendung zugedacht sei, das von Christus in der Form von Gleichnissen geoffenbarte und ins Jenseits verlegte Reich Gottes erneut zu verkünden. Als ein Vizemessias der christlichen Religion fühlte sich Fourier nach seinen eigenen Worten. Auch Owen erschien eine soziale Reform unmöglich ohne gleichzeitige religiöse Reform, und Saint-Simon ließ seine ganze Lebensarbeit in die Forderung eines neuen Christentums ausklingen, da erst dieses seine utopischen Pläne möglich mache. Den tatsächlich bestehenden Zusammenhang zwischen Utopismus und Chiliasmus haben zuerst die auf diesem Gebiet unvoreingenommenen Zeugen Marx und Engels bemerkt und in ihrem »Kommunistischen Manifest« die Zukunftspläne der Utopisten eine »Duodezausgabe des neuen Jerusalems« genannt.[2] Deutlicher kann man den wirklichen Zusammenhang wohl kaum zum Ausdruck bringen, als es in dieser Bemerkung geschehen ist. Auch bei den Utopisten erscheint das Paradies nicht mehr in der grauen Vergangenheit, sondern wird wie bei den Chiliasten mit einer kühnen Umdrehung wieder in die Zukunft verlegt. Man darf sich an dem unrealen Charakter ihrer Pläne nicht stoßen, war doch dieses phantastische Aussehen auch dem alten Chiliasmus eigen. Bedeutsam ist vor allem die Feststellung, daß der moderne Sozialismus aus diesem utopischen Erdreich hervorgegangen ist und somit das chiliastische Element gleichsam mit der Muttermilch in sich aufgenommen hat. Er selbst war sich dessen wohl bewußt, wie Engels in seiner Schrift »Die Entwicklung des Sozialismus von der Utopie zur Wissenschaft« betont: »Wir deutsche Sozialisten sind stolz darauf, daß wir abstammen, nicht nur von Saint-Simon, Fourier und Owen, sondern auch von Kant, Fichte und Hegel.«[3] Einst war man sich dieses Zusammenhangs klar, später freilich lockerte man die Beziehung und legte größten Wert darauf, »wissenschaftlich« zu sein, wobei man sich des sehnsüchtigen Träumens zu schämen begann. Zu Unrecht. Die Utopie ist nun einmal »die Wahrheit von morgen« (Viktor Hugo), und Martin Buber hat in seiner einsichtigen Schrift »Pfade in Utopia« darauf hingewiesen, daß der Sozialismus erst wieder aus der Sackgasse herauskommt, in die er sich verlaufen habe, wenn unter anderem das »Utopisten«-Schlagwort auf seinen wahren Gehalt geprüft worden sei.[4] Die bleibende Bedeutung des utopischen Denkens darf nicht länger verkannt werden, es ist in ihm eine stark vorwärtstreibende Kraft vorhanden. Niemals handelt es sich bei diesem profanen Chiliasmus um bloße Phantasie, im Utopismus ist ein tiefes Anliegen verborgen, wie schon aus Thomas Morus' »Utopia« und aus Campanellas »Sonnenstaat« zu ersehen ist.

Noch deutlicher als bei den Utopisten erscheint der Chiliasmus in der Zeit des Frühsozialismus, über dem ein schimmernder Glanz liegt, wie über allen Frühzeiten. Ihm ist noch nichts vom unerfreulichen Wesen einer zur Macht gelangten und dadurch verdorbenen Bewegung eigen, sondern alles sproßte noch im zarten Grün wie die jungen Blätter im Vorfrühling. In seinen Anhängern lebte eine Opferbereitschaft und eine taufrische Begeisterung, die etwas Erquickendes hatte. Der »Bund der Geächteten« und der »Bund der Gerechten« waren seine ersten Organisationen, die fast ausschließlich von Handwerksburschen gebildet wurden und die noch völlig frei von aller »Sekretären-Wirtschaft« waren. Diese Handwerksburschenbewegung darf man nicht nur nach der Darstellung von Jeremias Gotthelfs lehrreichen »Jakobs des Handwerksgesellen Wanderungen durch die Schweiz« beurteilen, der sie einseitig vom patriarchalischen Standpunkt aus betrachtete und von da aus ihrem tiefsten Anliegen nicht völlig gerecht werden konnte. In diesen Gesellenkreisen waren keine »Unchristen« beieinander, denen es infolge der »zerstörten Ordnung in ihrem Inwendigen« nur um »einen Messias für das Fleisch« zu tun war.[5] Gewiß dachten sie, »auf welche Weise man das neue Reich einrichten« könnte,[6] und aus diesem Grunde wurde in ihrer Mitte namentlich das rhetorische Büchlein von Lamenais »Worte des Glaubens« eifrig gelesen, das mit seinen Formulierungen »Sohn des Menschen, was siehst du ferner...« ganz im Gewande des Apokalyptischen einherschreitet.[7] Durch Lamenais' Visionen und Weissagungen klingt die Verheißung eines christlichen Sozialismus, den diese nicht mehr an des Meisters Tisch essenden Handwerksburschen begierig in sich aufnahmen. Doch wurden die Lamenaisschen Gedanken, die mehr eine Stimmung erzeugten als einen konkreten Weg wiesen, bald abgelöst durch die Schriften, die aus den eigenen Reihen der Gesellen hervorgingen. Die wichtigsten unter ihnen stammen aus der Feder Weitlings, der größten Gestalt des Frühsozialismus.

Wilhelm Weitling war ein Schneidergeselle, der sich seine Zeit zum Schreiben den kärglich bemessenen Freistunden abringen mußte, die ihm des Nachts zur Verfügung standen. Er war der typische Autodidakt, mit all den Vor- und Nachteilen des sich selbst bildenden Menschen. Dieser einfache Handwerksbursche verfügte über eine energische Willenskraft und war so bedürfnislos, wie man nur sein kann. Die Mitglieder des Bundes forderten ihn zum Schreiben auf und unterstützten ihn in der Ausführung dieses Vorhabens auf vorbildliche Weise. Die »Evangelische Kirchenzeitung« Hengstenbergs hat die Ausführungen »dieses Ritters von der Nadel« zwar auf rohe Weise als »Seifenschaum und Larifari« verspottet, während sowohl Ludwig Feuerbach als Karl Marx ihm große Anerkennung zollten und von den »riesenhaften Kinderschuhen« dieses Proletariers sprachen, welche jeden Vergleich mit den ausgetretenen politischen Schuhen der deutschen Bourgeoisie aushielten. Tatsächlich ist es geradezu ergreifend zu sehen, wie dieser ungeschulte Arbeiter auf eine selbständige Art mit diesen Problemen ringt, frei von aller professoralen Kathederweisheit. Mag Weitling zuweilen auch einige konfuse Gedanken geäußert haben – die Tatsache bleibt unangreifbar, daß in ihm zum ersten Mal das neuzeitliche Proletariat selbst den Mund auftat und seine drängende Sehnsucht aussprach. Und seltsam! Die ersten Laute, die diese bis dahin stumme Menschenklasse nach jahrhundertelangem Schweigen in die Welt hinausschrie, waren ein glühendes Bekenntnis zum Chiliasmus! Bei Weitling, der nach Heine den ersten Katechismus der deutschen Kommunisten geschrieben hat, finden sich bereits die meisten sozialistischen Gedanken klar ausgesprochen, zugleich aber ihre chiliastische Herkunft nicht verleugnend. Es ging diesem ehrlichen Mann wahrhaftig nicht um eine »Vergiftung des Gemütes«, wohl aber um eine Aufrüttelung der Handwerksburschen aus ihrer Dumpfheit in der Erkenntnis, daß die Besserstellung der Arbeiterschaft nur das Werk ihrer eigenen Hände sein könne. Er erkennt die Bedeutung der Besitzfrage, und vor seinen Augen ersteht bereits die Notwendigkeit der Revolution, die nach ihm not tut und welche die Arbeiter mit ihrem Blute bezahlen müßten. »Eine Katastrophe muß den Bruch des Guten mit dem Bösen herbeiführen«, schreibt er unmißverständlich.[8] Die sozialen Forderungen werden bei Weitling religiös begründet, er preist den »Allmächtigen als seinen Hort«, fordert die Pfarrer auf zur Vereinigung ihrer Stimme mit der des Proletariates und will seine Übereinstimmung mit dem Geist der Lehre Christi beweisen. Zu diesem Zweck beruft er sich auf die Botschaft vom Tausendjährigen Reich, worüber er eine eigene, bis zum heutigen Tag wenig beachtete Broschüre geschrieben hat, »Das Evangelium eines armen Sünders« (1846), die erstmals das Bild vom sozialistischen Jesus zeichnet. Der »Zweck Jesu war ein revolutionärer«, und nur die Theologen haben dies verkannt, weil sie »immer das Christentum mit den entstellenden Hüllen verwechselten«.[9] Jesus verkündete nach Weitling das Reich, aber nicht das jenseitige, das die Christenheit im Laufe der Jahrhunderte daraus gemacht hat, sondern dasjenige, das auf diese Erde kommt. »Schauen wir darum nicht immer oben hinauf in die blauen Lüfte, wenn von dem Reich Gottes die Rede ist; hier auf Erden ist auch ein Reich Gottes zu gründen.«[10] Weitling will den enterbten Sündern »neuen Mut und neue Hoffnung« vermitteln, er verheißt ihnen ein schönes Reich, das rasch der Verwirklichung entgegengehe: »Das Himmelreich, das beste Reich auf Erden, der glücklichste Zustand der Gesellschaft, der Sieg der Armen und Unterdrückten ist nahe.«[11] Nicht nur in der Schrift »Das Evangelium eines armen Sünders« findet sich dieser offenkundige Chiliasmus Weitlings, auch sein Hauptwerk »Garantien der Harmonie und Freiheit« schließt mit der glühenden Erwartung eines neuen Messias: »Nun stehen wir am Vorabend wichtiger Begebenheiten, der wichtigsten, die je die Erde gesehen. Ein neuer Messias wird kommen, um die Lehre des ersten zu verwirklichen. Er wird den morschen Bau der alten gesellschaftlichen Ordnung zertrümmern, die Tränenquellen in das Meer der Vergessenheit leiten und die Erde in ein Paradies verwandeln. Bereiten wir uns vor, ihn würdig zu empfangen. Woran aber werden wir diesen Messias erkennen? Daran: Er wird einfach und schlicht dahergehen, den Zauber des Mammons stolz verachten und sein Herz den Leiden der Menschheit öffnen. Er wird niedersteigen von den Höhen des Reichtums in den Abgrund des Elends, unter das Gewühl der Elenden und Verachteten und seine Tränen mit den ihrigen vermischen... Und der größte Messias wird in stiller Bescheidenheit sich dieser neuen Herrschaft fügen. Dies wird die Krone seines Wirkens sein, und alle Welt wird daran den zweiten

Messias erkennen, größer als der erste.«[12] Es ist von sekundärer Bedeutung, ob Weitling mit diesem zweiten Messias sich selbst gemeint habe, wie dies von theologischer Seite schon vermutet wurde.[13] Sollte er in gewissen Stunden wirklich diesem Messiaswahn gehuldigt haben, wäre er damit lediglich einem unbefriedigten Ehrgeiz zum Opfer gefallen. Wichtiger als diese rein psychologische Frage, die vom sachlichen Problem abführt, ist Weitlings Wiederbelebung des Messianismus, der bei ihm stark geschürt wurde und woraus die Ansicht hervorging, daß nur mit Hilfe der Religion die Befreiung der Arbeiterklasse durchgeführt werden könne und die religiösen Quellen für das Proletariat nicht verstopft werden dürfen. Welch ganz andere Entwicklung hätte die sozialistische Bewegung genommen, wenn diese entscheidende Einsicht nicht von beiden Seiten dermaßen mit Füßen getreten worden wäre. Der Schaden ist unübersehbar, der daraus für das Abendland entstanden ist. Dabei ist diese Anschauung bei Weitling nicht nur aus Taktik entstanden, sondern entsprach seiner gefühlsmäßigen Verbundenheit mit der Seele des arbeitenden Volkes. Es wird immer denkwürdig bleiben, wie dieser vierschrötige Schneidergeselle in seinen noch ungelenken Ausdrucksformen als Wortführer des Frühsozialismus auf eine so prächtige, warmblütige Art den Chiliasmus in die erste Arbeiterbewegung hineingetragen hat, und von diesem profanen Messianismus hat sie ihren geheimen Elan empfangen.

Wenn es daneben im Frühsozialismus auch eine areligiöse Strömung gab, wie die »Blätter der Gegenwart für soziales Leben« von Wilhelm Marr zeigen, so erhielt doch die erste Arbeiterbewegung ihr charakteristisches Gepräge durch ihre offenkundige Verbindung mit dem Chiliasmus. Er ist nicht nur eine Eigentümlichkeit Weitlings. Die Reichshoffnung findet sich auch in den Schriften seiner Mitkämpfer. Der Bürstenbinder Andreas Dietsch veröffentlichte 1843 eine Broschüre »Das Tausendjährige Reich«, die in kurzer Zeit drei Auflagen erlebte, Georg Kuhlmann sammelte seine Vorträge unter dem Titel »Die neue Welt oder das Reich des Geistes auf Erden« (1845), und August Bekker nannte seine Zeitschrift »Der Jüngste Tag«.[14] Der Wert dieser Publikationen mag dahingestellt sein, daß aber schon die

Titel dieser Schriften den chiliastischen Charakter ihres Sozialismus verraten, kann nicht bestritten werden. Ihren Kampf um eine Besserstellung der sozialen Lage begründeten sie mit der Hoffnung auf das Reich Gottes auf Erden. Welche Richtung die Entwicklung genommen hätte, wenn diese Saat des Frühsozialismus zur Ausreifung gelangt wäre, kann nicht gesagt werden, da ihm ein vorzeitiges Ende bereitet wurde. Weitling als geistiger Führer wurde durch eine unglückselige Denunziation von kirchlicher Seite wegen angeblicher Gotteslästerung gewaltsam aus der Schweiz hinausbefördert und mußte nach Amerika übersiedeln. Dadurch verlor er jeglichen Einfluß auf die weitere Entwicklung der Arbeiterbewegung. Das klägliche Scheitern der Achtundvierzigerrevolution leitete eine fünfzehn Jahre dauernde Reaktion ein, die dem Frühsozialismus das Grab schaufelte. Auch dem sozialistischen Chiliasmus blieb das Enttäuschungserlebnis nicht erspart, nur trat es ihm in der Form des konservativen Polizeistaates entgegen, der mit brutaler Faust seine Bestrebungen niederschlug.

Wenn auch das bewußt chiliastische Moment, das in den Anfängen der sozialistischen Bewegung wahrzunehmen ist, sich nicht entfalten konnte, ging es dem Sozialismus doch nicht mehr ganz verloren. Es tauchte später in all den Phasen wieder auf, wo die soziale Bewegung eine religiöse Verwurzelung suchte und der metaphysischen Sehnsucht Rechnung tragen wollte. Am stärksten wurde dieser Versuch in der religiös-sozialen Bewegung unternommen, die das Erbe des Frühsozialismus am getreuesten bewahrt hat. Der religiöse Sozialismus wurde durch Christoph Blumhardt d. J. begründet, bei dem das Reich Gottes im Zentrum seiner Verkündigung stand. Dieser große Sohn eines großen Vaters sprach es offen aus, daß er sich mit den Leuten verwandt fühle, die einer Utopie nachjagen: »Je idealer sie es sich vorstellen, je utopischer, wie man sagt, je unmöglicher es erscheint, desto mehr bekommen sie vor Gott das Zeugnis: Die glauben ja, was Jesus will! Sie wissen nicht, daß es Jesus ist, der das gewollt hat, und daß sie jetzt den Gedanken Gottes – wenn auch noch so unvollkommen – vertreten, aber sie glauben doch, sie glauben an die Menschheit, sie glauben an ein besseres Regiment, sie glauben an bessere Zustände, sie glauben, daß man ein Mensch werden kann, der mit andern leben kann.«[15] Das Gottesreich, um das Blumhardts Denken kreiste, verlegte er aber nicht in den Himmel, sondern erwartete es auf dieser Erde. Blumhardts Reichserwartung besitzt eine ausgesprochen diesseitige Note, wie aus seiner geistesmächtigen Verkündigung zu ersehen ist. »Es ist eine ungeheure Wichtigkeit, daß gerade um die Erde gearbeitet wird; es soll nicht der Himmel erobert werden, sondern die Erde. Wollte Gott, dieses herrliche Ziel würde ins Auge gefaßt! Das hat die christliche Kirche nicht verstanden; wir haben uns im Geiste etwas ausgeheckt, und daneben sind wir im Leiblichen schmutzig geblieben.«[16] Dieses auf die Erde kommende Gottesreich faßte Blumhardt jedoch zukünftig auf und hoffte wie ein Urchrist, dieses Kommen des Reiches auf Erden in Bälde zu erleben. Das Einzigartige an Blumhardts messianischer Botschaft bestand in der Verknüpfung dieser Zukunftserwartung mit der sozialen Not der Gegenwart. »Ihr wisset wohl, daß ich die Zukunft Jesu Christi erwarte, aber woher erwarte ich ihn? Ich schaue nicht an den Himmel hinauf; dort, wo die Menge der Menschen ist, die in ihrem Jammer zugrunde gehen, dort schaue ich hin, dort muß er herauskommen, oder er ist nicht Jesus.«[17] Bei Blumhardt verband sich die Reichgottessehnsucht mit der sozialistischen Bewegung, ohne daß beide einander gleichgesetzt wurden. Allen Vorurteilen zum Trotz bekannte er sich als erster Pfarrer Deutschlands auch öffentlich zum sozialistischen Proletariat. Durch diesen mutigen Schritt wurde Blumhardt zum geistigen Inspirator der religiössozialen Bewegung der Schweiz, deren Gedankenwelt zuerst durch die Schriften des religiös ungemein lebendigen Hermann Kutter ausgebreitet wurde. Später übernahm Leonhard Ragaz, der mit einer verzehrenden Ausschließlichkeit um das Gottesreich kreiste, die Führung der Bewegung.[18] Es gibt in der ersten Hälfte des 20. Jahrhunderts wenige religiöse Bewegungen, die mit solcher Intensität die Botschaft vom Reich verkündeten, wie es der religiöse Sozialismus tat, der namentlich in seinen Anfängen von großer Aufgeschlossenheit war. Doch kam der religiöse Sozialismus leider viel zu spät, um auf die große Arbeiterbewegung noch einen bestimmenden Einfluß ausüben zu können. Die

Situation hatte sich inzwischen stark geändert. Darum mußte er ungeachtet seiner religiösen Tiefe sich stets mit der Rolle eines bescheidenen Bächleins begnügen, das neben dem reißenden Strom einherlief, und als die sozialistische Bewegung durch die Geschehnisse des Zweiten Weltkriegs genötigt wurde, das Ohr gegenüber dem Religiösen nicht mehr so wie früher zu verschließen, besaß der religiöse Sozialismus keine großen Vertreter mehr, die dieser Aufgabe gewachsen gewesen wären. Es ist dies die zweite Tragik, die sich in der Geschichte des Sozialismus überaus verhängnisvoll auswirkte.

Geschichtlich wirksam war allein der marxistische Sozialismus, der in den sechziger Jahren des vergangenen Jahrhunderts den zweiten Vorstoß der Arbeiterbewegung auslöste, mit dem auch ein neues Kapitel beginnt. Während beim Frühsozialismus niemand den ausgesprochen chiliastischen Einschlag wird bestreiten können und er als eine Reminiszenz der christlichen Herkunft seiner Vertreter erklärt werden kann, hat man dagegen beim Marxismus eine solche Verbindung mit dem Chiliasmus kaum gesehen. Tatsächlich besteht auch in dieser Beziehung zwischen ihm und dem Frühsozialismus ein wesentlicher Unterschied. Was im Frühsozialismus in religiöser Hinsicht offen zutage trat, ist im Marxismus von einer andern Auffassung überdeckt. Deswegen scheint eine chiliastische Interpretation des marxistischen Sozialismus nicht ohne weiteres in Frage zu kommen.

Einer Verbindung von Chiliasmus und Marxismus steht zunächst der ausgesprochene Materialismus im Wege, dem die neuzeitlichen Sozialisten zugetan sind. Marx fühlte sich schon früh gedrungen, im Wirklichen selbst die Idee aufzusuchen. Er hat der deutschen Philosophie den Vorwurf gemacht, daß sie ihre Beziehung mit der sie umgebenden Wirklichkeit nicht bemerkt habe. Die realistische Einsicht wurde für Marx immer wichtiger. Sie hat ihn schließlich dazu geführt, das Geistesleben nur als Überbau der wirtschaftlichen Lage der Menschen zu betrachten, womit er den Menschen immer mehr auf den Standpunkt eines bloßen Naturwesens herabdrückte. In gleicher Weise wie sein historischer Materialismus erschwert einem sein Atheismus, ihn in diesem Zusammenhang zu nennen. Marx' Ablehnung jeglicher Religiosität bekunden fast alle seine Werke. Das Christentum stand ihm im Wege; nach seinem Dafürhalten gehört zu einer Änderung der proletarischen Verhältnisse auch die Beseitigung der kirchlichen Glaubensvorstellungen. Marx kennt keinen Ausblick in die Transzendenz. Oberflächlich gesehen scheint er mit seinen Bestrebungen aus der Geschichte des Chiliasmus auszuscheiden.

Materialismus und Atheismus bilden in Tat und Wahrheit zwei wichtige Bestandteile des Marxismus. Sie können nicht geleugnet werden und sind eine der Ursachen, warum dem Marxismus die metaphysische Tiefe fehlt. Doch ist der Marxismus eine sehr komplizierte Erscheinung, der mit einfachen Argumenten nicht beizukommen ist. Mit der Feststellung, daß zwischen Christentum und Marxismus Todfeindschaft bestehe, ist das Problem unerlaubterweise vereinfacht. Besteht doch die große Tragödie des modernen Europa darin, daß das Positive des Marxismus nicht mit den Dauerwerten der christlichen Tradition vereinigt werden konnte. Da der Marxismus auf das dialektische Denken größtes Gewicht legte, ist man gezwungen, auch ihm selbst dialektisch zu begegnen. Seinen Materialismus in geradliniger Weise mit einer genußsüchtigen Gesinnung zu verwechseln, zeugt von geringem Verständnis. Es ist philosophischer, theoretischer und nicht praktischer Materialismus. Diese Wahrnehmung ist bedeutsam. In praktischer Beziehung war Marx eher idealistisch, wie sein entbehrungsreiches Leben beweist, das ganz in den Dienst seiner Sache gestellt war. Auch hinter dem marxistischen Sozialismus steht ein ungeheurer Idealismus, wie die Geschichte der Arbeiterbewegung eindringlich erzählt. Zugleich muß zugegeben werden, daß im theoretischen Materialismus ein gewisses Recht steckt, nämlich die Liebe zur Wirklichkeit. Es ist das Bedürfnis, sich nicht mit einer Ideologie zufriedenzugeben, es meldet sich vielmehr ein Hunger nach Realität. In ähnlicher Weise liegt das Problem beim Atheismus, den Marx offen zur Schau trägt. An sich bildet er keine wesensnotwendige Voraussetzung des Sozialismus. Der Verfasser des »Kapitals« ist auf bürgerlichem Wege zum Atheismus gekommen, hat er ihn doch in seiner Berliner

Studentenzeit von den Linkshegelianern übernommen. Auch Engels' religiöse Entwicklung wurde durch die pietistischen Einflüsse seines Elternhauses auf die Bahn der Gottesleugnung gedrängt. Das atheistische Credo ist – kritisch betrachtet – ein Überrest des spätbürgerlichen Zeitalters, das weder Marx noch Engels abgestreift haben. Wenn man das innere Antlitz des Marxismus sehen will, darf man nicht bei den atheistischen Äußerungen ihrer Gründer stehenbleiben. Ein scharfer Gegner des Marxismus hat einmal geschrieben: »Marx steht sehr weit ab von Jesus. Aber irgendwo steht er doch neben ihm, wie ein Judas, der seinen Verrat an dem Herrn zu sühnen versucht.«[19] Wenn diese Formulierung auch aus Haß gegen Marx entstanden ist, so enthält sie trotzdem die richtige Beobachtung, daß Marx in diesem Zusammenhang eingeordnet werden muß. Will man zur innern Tendenz des Marxismus vordringen, darf man ihn nicht nur verbal auffassen, wie das schon Kutter in »Sie müssen« aufgezeigt hat. Wer auf die Kräfte schaut, von denen der marxistische Sozialismus bewegt war, bekommt ein anderes Bild als der, der es sich aus seinen Schlagworten zusammenfügt. Sobald man auf die Intention achtet, kann einem die verkappte Religiosität, die sich in der sozialistischen Bewegung auslebt, nicht entgehen. Marx' Haltung ist hierin derjenigen von Nietzsche verwandt. Beide Denker sind ausgesprochene Atheisten und gehören trotzdem zu den wenigen Gestalten, mit denen im neunzehnten Jahrhundert echte Prophetie auftritt. Um diese Feststellung wird eine sachliche Betrachtung nicht herumkommen. Materialismus und Atheismus dienten Marx – religiös gesehen – als Inkognito, um diese Prophetie zu verhüllen. Sie ist ungeachtet der äußeren Leugnung vorhanden, wenn sie auch in der Regel weder von der kirchlichen noch sozialistischen Geschichtsschreibung gesehen wird. Wann immer das Religiöse in einem neuen Gewand auftrat, wurde es zuerst nicht erkannt. Diese Tatsache beweist das junge Christentum am besten, das man der Gottlosigkeit bezichtigte, weil seine Anhänger den Besuch der heidnischen Tempel verweigerten. Ein ähnliches Schicksal widerfuhr dem Marxismus. Seine heftige Feindschaft dem Christentum gegenüber ist in dessen starker Verbindung mit dem Bürgertum begründet. Diese Gegnerschaft soll aber nicht hindern, auch im materialistisch-atheistischen Sozialismus die verborgene Sehnsucht nach dem Reich wahrzunehmen, auf die es kein konfessionelles Monopol gibt.

Das »Kommunistische Manifest« von Marx-Engels liest sich, unvoreingenommen betrachtet, wie eine apokalyptische Vision. Es wird nicht mehr wie bei Lamenais der Stil der alten Offenbarung Johannes kopiert, es übt in seiner echt modernen Schau auf die Proletarier aller Länder eine ähnliche Wirkung aus wie einst der Seher von Patmos auf die ersten Christen. Dieser Eindruck stellt sich bei der Lektüre der sozialistischen Literatur immer wieder ein. Wie chiliastisch ist doch Engels' Verkündigung des Sozialismus als »des Sprunges vom Reich der Notwendigkeit in das Reich der Freiheit«! Mit welch chiliastischen Farben schildert August Bebel die sozialistische Gesellschaftsordnung! Daß die sozialistische Botschaft in die Richtung des Chiliasmus weist, hat Fritz Gerlich in seinem Buch »Der Kommunismus als Lehre vom Tausendjährigen Reich« ausführlich nachgewiesen. Gerlich als Gegner aller radikalen Bewegungen stand dem Kommunismus ablehnend gegenüber. Die Linie, auf die es in diesem Zusammenhang ankommt, hat er jedoch richtig herausgespürt. Eine Korrektur erfordert seine Darstellung nur insofern, als im Kommunismus nicht bloß ein chiliastisches Element vorhanden ist, sondern daneben noch andere Komponenten bestehen, die in diesem Zusammenhang unberücksichtigt bleiben. Das Moment darf nicht für das Ganze ausgegeben werden. Vor allem aber ist als unbewußter Chiliasmus zu charakterisieren, was sich im marxistischen Sozialismus regt. Gerade diese Unbewußtheit ist ein Zeichen für seine Echtheit. Die Sozialisten haben den Chiliasmus nicht gewollt; er ist über sie gekommen, ohne daß es ihnen völlig klar wurde.

Der Chiliasmus hat sich von jeher an dem Verderben der Gegenwart entzündet. Auch der Sozialismus beginnt mit einer schwarzgefärbten Schilderung der schlechten Gegenwart. Die sozialistische Literatur macht nur geringe Versuche, dem Bestehenden gerecht zu werden. Das historische Bestreben, Größe und Tragik der Vergangenheit herauszuarbeiten, kennt sie nicht. Der Sozialismus stellt die Zustände in der kapitalistischen Gesellschaftsordnung als eine wahre Hölle dar. Eine einzige Verderbnis habe geherrscht. Geistige Werte wie Religion, Kunst, Wissenschaft seien niemals imstande, die Verdorbenheit der Gegenwart zu erhellen; sie werden als bloße Täuschungsmittel der Bourgeoisie bewertet.

In diese gequälte Gegenwart trägt der Sozialismus die frohe Botschaft von der Erlösung. Es ist freilich nicht die Erlösung von Sünde und Schuld, es handelt sich um die Befreiung aus der sozialen Not. Sie besteht nach marxistischer Auffassung in der Verkündigung des Sozialismus, wie Lenin wörtlich schreibt im Aufruf »zum Kampf für die Erlösung der Menschheit vom Elend und für die Verwirklichung des Sozialismus«.[20] Die Botschaft des Sozialismus ist das neue Evangelium, das den arbeitenden Massen verkündet wird. Wie aber die frohe Botschaft in der Bibel das nahe herbeigekommene Gottesreich verkündet, so verheißt auch das sozialistische Evangelium den darbenden Menschen das zukünftige Paradies auf Erden. Dank seiner chiliastischen Botschaft war der Sozialismus wie keine andere Bewegung im vergangenen Jahrhundert befähigt, der gequälten Arbeiterschaft eine lichtvolle Hoffnung zu vermitteln, und was er in dieser Hinsicht geleistet hat, kann ihm gar nicht hoch genug angerechnet werden. Daß das Proletariat im 19. Jahrhundert nicht der Verzweiflung anheimgefallen ist, verdankt es dem profanen Messianismus des Sozialismus.

Wie der altchristliche Chiliasmus, bei dem der Messias die Erlösung aus der verdorbenen Gegenwart bringt, kennt auch der Marxismus einen solchen Erlöser. Allerdings nicht als einzelne Gestalt. Es ist jene Masse, die er das »klassenbewußte Proletariat« nennt, das zum neuen Führer berufen ist. Das Proletariat ist nach dem marxistischen Denken der Inbegriff des Guten und zum Richter über die Bösen der Welt bestellt. Es erhielt messianische Bedeutung und hat die Erlösermission übernommen. Es ist dazu auserkoren, der Menschheit diesen Dienst zu leisten, denn alle anderen Klassen waren hiefür unfähig. Nur das Proletariat ist dazu imstande, da es allein eine ethische Klasse ist. Der Proletarier ist an sich gut, weil er kollektivistisch-sozialistisch denkt, der Bürger ist an sich schlecht, weil er individualistischkapitalistisch denkt. Nach Berdiajew ist das Proletariat »die messianische Klasse und der Träger der welterlösenden Tat, das dazu berufen ist, den tausendjährigen Sündenzustand der Gesellschaft zu überwinden und das Reich der Gerechtigkeit auf Erden zu errichten: das neue Israel, das auserwählte Volk Gottes, der Retter und Erlöser der leidenden Menschheit. Ein so verstandenes Proletariat ist jedoch keine historische Realität mehr; es ist Gegenstand des Glaubens und Inhalt einer metaphysischen Vision.«[21]

Sowenig der Chiliasmus einen Zweifel an seiner Reichserwartung aufkommen ließ, so wenig ist ein solcher dem Sozialismus bekannt. Die sozialistische Gesellschaftsordnung wird mit immanenter Naturgesetzlichkeit erscheinen; sie vollzieht sich mit mechanischer Gesetzmäßigkeit. An dieser Vorstellung ein Fragezeichen anzubringen ist niemandem erlaubt. Wie die Chiliasten immer wieder glaubten, den Zeitpunkt angeben zu können, so waren auch die Marxisten der Auffassung, die soziale Umwälzung so sicher wie einen mathematischen Lehrsatz berechnen zu können. Der Kapitalismus wird sich durch die Häufung der Krisen unmöglich machen; mit automatischer Notwendigkeit wird aus ihm die sozialistische Gesellschaftsordnung herausgeboren werden. Diese Geburt wird gleich dem Kommen des Tausendjährigen Reiches mit einer Katastrophe verbunden sein. An die Stelle des kosmischen Einbruches ist die Revolution getreten, sie ist der neue »Tag Jahves«. Vom Ausbruch einer siegreichen proletarischen Revolution erwartet der Sozialismus alles Heil. Das bloße Wort »Revolution« hat im Marxismus gefühlsbetonten, man möchte fast sagen religiösen Klang. Die Sozialisten reden von den Teilnehmern beim Ausbruch einer Revolution als von denen, die »in der heiligen Nacht dabeigewesen« sind.[22] Die Betonung des abrupten Bruches mit aller Vergangenheit ist eine deutliche Parallele zu dem kosmischen Geschehen, das die alte Eschatologie verkündete. Bei der Verwirklichung des Tausendjährigen Reiches herrschen nach der Offenbarung Johannes die Heiligen auf Erden. Auch für diese Herrschaft der Heiligen besitzt die marxistische Dogmatik einen korrespondierenden Begriff: die Diktatur des Proletariates. Und wie bei der Aufrichtung des Gottesreiches nach Laktantius und Müntzer die Gottlosen vernichtet werden sollen, so muß auch nach der Lehre der Sozialisten das schädliche Bürgertum ausgerottet werden.

Ist diese Vernichtung vollzogen und die Diktatur des Proletariates aufgerichtet, dann, ja dann beginnt die klassenlose Gesellschaft; das Paradies auf Erden! Dann werden die schlechten Menschen ausgeschaltet, die Arbeit wird wie ein Spiel sein, und auch die Verbrechen werden aufhören. In der sozialistischen Gesellschaftsordnung wird der Mensch ohne ethisches Ringen anders sein, es ist der sündlose Mensch, der jetzt ein herrliches Leben in Freude und Frieden führt. In der sozialistischen Literatur wird diese Religion des Diesseits oft in sehr phantasievoller Art ausgemalt, so daß die Schilderungen den Hoffnungen des alten Chiliasmus zum Verwechseln ähnlich aussehen. Die Sozialisten betrachten ihre Lehre auch als sakrosankte Dogmatik. Sie soll von ihren Anhängern mit der gleichen Inbrunst geglaubt werden, wie es die Kirche von ihren Gläubigen fordert.

Eine Steigerung mußte dieser marxistische Chiliasmus noch erfahren, als er sich mit dem russischen Wesen verschmolz und zur Bildung von Sowjetrußland führte. Das messianische Bewußtsein lag dem russischen Volk seit langem im Blut. Schon die alte Formel »Moskau, das dritte Rom« verrät das Gefühl von der Auserwählung, das dieses Volk glauben machte, daß ihm – und nur ihm allein – die Fähigkeit verliehen sei, der Welt die Erlösung zu bringen. Eine leidenschaftliche Form nahm der russische Messianismus bei Dostojewskij an. Es finden sich bei diesem Dichter zerstreute Bemerkungen über dieses Thema in seinen Romanen und namentlich auch in seinen politischen Schriften. Unmißverständlich sagte Dostojewskij: »Wir bringen der Welt das einzige, was wir geben können, das einzige gleichzeitig, was nötig ist: die Orthodoxie, die richtige und wörtliche Verkündigung Christi und eine vollständige sittliche Erneuerung. Wir bringen das erste Paradies des Tausendjährigen Reiches, und von uns werden die neuen Henochs und Elias ausgehen in alle Lande.«[23] Dieser bei Dostojewskij wie eine steile Flamme zum Himmel lodernde Messianismus wurde von seinem Schüler Wladimir Solowjew bewußt weiter gepflegt. Seine berühmte »Erzählung vom Antichrist« schließt mit den Worten: »Sie waren zu neuem Leben erwacht und herrschten mit Christus tausend Jahre.«[24] Auch in Tolstois Religiosität nimmt der Glaube an das Reich Gottes einen breiten Raum ein. Der russische Boden war von chiliastischen Erwartungen aufgelockert, und als der marxistische Messianismus mit ihm in Berührung kam, mußte dies zu einem höchst gesteigerten Gebilde führen.

Bereits die Revolution von 1917 stand nach dem Wort eines russischen Religionsphilosophen »vielleicht mehr als jede andere im Schatten der Apokalypse«, war selbst eine »kleine Apokalypse, ein Gericht Gottes in den Grenzen der geschichtlichen Welt«.[25] Ihren tiefsten Sinn faßte Berdiajew in das Paradoxon zusammen: »Gott leugnen, damit das Reich Gottes auf Erden verwirklicht werde.«[26] Die gleiche Auffassung kommt in dem berühmten Revolutionsgesang »Die Zwölf« des russischen Dichters Alexander Block zum Ausdruck und läßt sich auch mit Worten von Leo Trotzki belegen: »Mögen uns die Popen aller Religionsbekenntnisse von dem Paradies in jener Welt erzählen, wir aber sagen, daß wir auf dieser Erde den Menschen ein wirkliches Paradies schaffen wollen. Wir dürfen nicht auf eine Stunde unser großes Ideal aus dem Gesicht verlieren, das schönste von allem, nach dem die Menschheit strebte: Nehmen Sie die alten Religionslehren, die Lehre Christi: das Schönste, das Edelste, was in diesen Lehren enthalten ist – es ist in unserer Lehre des Sozialismus verkörpert.«[27] Mit all diesen Äußerungen ist nichts anderes als die chiliastische Linie im russischen Bolschewismus aufgezeigt. Gerade um das, was die bürgerlichen Zeitungen als Sowjetparadies zu ironisieren pflegen, handelt es sich. Die Arbeiter glaubten zunächst, in diesem Lande ein »heiliges Reich« für die Massen schaffen zu können, und die Sozialisten aller Länder richteten denn auch ihre Blicke voll Sehnsucht nach Moskau als dem neuen Mekka. Nur diese Absicht ist für die vorliegende geistesgeschichtliche Betrachtung entscheidend, denn sie muß als chiliastisch angesprochen werden. Dieser Wille hat den russischen Massen ihren ungeheuren Auftrieb gegeben. Es hat ihr Sendungsbewußtsein gestärkt – das Reichsbewußtsein schafft sich stets ein Sendungsbewußtsein, wie dies auch aus der englischen Geschichte des siebzehnten Jahrhunderts ersichtlich ist – und veranlaßte den russischen Menschen, seine religiösen Hoffnungen mit diesem politischen System zu verquicken. Die Erwartung der Weltrevolution hatte für die russischen Kommunisten ähnliche Hoffnungen geweckt, wie es in früheren Jahrhunderten die Erwartung der Wiederkunft Christi tat. Und wenn auch in den letzten Jahren die Hoffnung auf die Weltrevolution etwas in den Hintergrund gerückt ist und andern Notwendigkeiten Platz gemacht hat, so können auch hier Parallelen gezogen werden mit jenen Berechnungen auf das Weltende, die beim Nichteintreffen jeweils auf einen spätern Termin angesetzt wurden.

Der marxistische Sozialismus legt auf die wissenschaftliche Begründung seiner Position den größten Wert. Der Begriff der Wissenschaft spielt bei ihm dieselbe Rolle wie bei den Christen der Glaube. Die Sozialisten huldigen einem unkritischen Wissenschaftspositivismus, der nicht aufrechtzuerhalten ist. Sieht man genauer zu, so bemerkt man, daß er trotzdem nicht von seinen angeblich wissenschaftlichen Aussagen lebt, sondern von seinen utopischen Kräften. Auch im Marxismus ist trotz dem energischen Bemühen, jedes schwärmerische Element auszuscheiden, ein irrationaler Faktor vorhanden. Das ist sein messianischer Charakter, und von dieser Einstellung ist seine große Wirkung ausgegangen. Mochte auch die sozialistische Utopie von nüchternen, nur auf das praktisch Erreichbare eingestellten Naturen als ein »Nirgendheim« verspottet werden, so strömte gerade aus seinem Zukunftsglauben eine magische Anziehungskraft aus. In ihm sind tief in die Seele hinabreichende Kräfte beschlossen, die vor allem andern die Menschen zu begeistern vermögen. Gerade der utopische Charakter des Sozialismus nötigt einen, ihn als messianische Bewegung zu bezeichnen, und zwar als die größte messianische Bewegung der neuesten Zeit. Es ist sicher nicht zufällig, daß der theoretische Begründer des Kommunismus, Karl Marx, ein Jude war, dem die messianische Erwartung im Blute lag. Daß er von seinem väterlichen Glauben abgefallen war, besagt nichts Grundsätzliches dagegen. Denn all das sind Vorgänge, die sich nicht nur auf die Bewußtseinssphäre erstrecken, sondern auch in das Unbewußte hinabreichen. Die alte Reichsprophetie durchbrach bei Marx mit beinahe verzweifelnder Geste stets seine nationalökonomischen Theorien. Der Sozialismus hat die Hoffnung auf das Reich im vergangenen Jahrhundert in seiner Sprache verkündet. Darauf ist das Hauptgewicht zu legen. Er ist die moderne Ausprägung des Chiliasmus, die dem Zeitalter des Industrialismus entspricht, da die Maschinen sausen und die Fabrikschlote rauchen. Weil er alle Züge des technischen Zeitalters an sich hat und sich nicht in das Gewand vergangener Jahrhunderte einhüllte, kam er der Sehnsucht des modernen Arbeiters so stark entgegen.

Freilich muß bei dieser modernen Fassung auch der Unterschied zum Gottesreich, das die früheren Chiliasten erwarteten, betont werden. Wenn der Vergleich zwischen altchristlichem Chiliasmus und marxistischem Sozialismus auch ohne Vergewaltigung durchführbar ist, so darf die angedeutete Parallelität trotzdem nicht als Identität verstanden werden. Zwischen der christlichen Reichserwartung und dem sozialistischen Gesellschaftszustand besteht eine tiefgreifende Differenz. Das chiliastische Reich hat, was schon die Bezeichnung Gottesherrschaft ausspricht, eine transzendentale Dimension. Es ist ein Reich, das aus dem Jenseits in das Diesseits einbricht und eine kosmische Veränderung herbeiführt. Der marxistische Zukunftsstaat mit seinen Wohlfahrtseinrichtungen und seiner Planwirtschaft dagegen ist rein diesseitig. Bei ihm spielt sich alles in Zeit und Raum dieser Welt ab. Das Reich wird nicht mehr von einem unmittelbar göttlichen Eingreifen erwartet; es wird auf Grund geschichtlicher Entwicklungen kommen. Das ist ein sehr wesentlicher Unterschied, der nicht mit einer Handbewegung als Kleinigkeit auf die Seite geschoben werden kann. Diese Verschiedenheit hat weitreichende Folgen, die sich zu einer solchen Kluft zu erweitern drohen, daß sie beinahe den Vergleich wieder in Frage stellen. Man hat es mit einem völlig säkularisierten Chiliasmus zu tun, der alle religiösen Beziehungen getilgt hat. Bei ihm rückte der Marxismus an Stelle der Reichserwartung und wurde auf diese Weise zum Religionsersatz und damit zur »pseudomessianischen Heilslehre« (Leopold Ziegler).

Noch fataler als diese Surrogatsauffassung wirkte sich die Realisierung dieses »pervertierten Messianismus« in Rußland aus.

Die Diktatur des Proletariates war nicht nur eine vorübergehende Phase zur klassenlosen Gesellschaft, sie wuchs sich zu einer Tyrannei einer kleinen Gruppe aus. Marx hatte offenkundig die Dämonie der Macht nicht gesehen, die den Menschen immer vergiftet. Sie ließ Sowjetrußland zu einem totalitären Staat werden, der mit brutalem Zwang alle menschliche Freiheit ausrottet. Er führte zu einem neuen Sklavensystem, das jede Menschenwürde mit Füßen tritt und das Dasein der Menschen in ein Konzentrationslager verwandelt. Auch beim profanen Chiliasmus fehlt somit das Enttäuschungserlebnis nicht. Es kam über die Arbeiterschaft in nicht weniger bitterer Form als über die früheren Christen. In ungezählten Arbeiterherzen blutet heute eine Wunde, die kaum mehr geschlossen werden kann. Das proletarische Enttäuschungserlebnis ist nicht nur ein psychologischer Schock, es reicht ins Metaphysische und wirkt sich zerrüttend aus. Der Arbeiter größte Hoffnung ist zuschanden geworden und liegt gegenwärtig verhöhnt am Boden. Das Schlimmste an dieser Enttäuschung ist, daß diese Verzerrung des Sozialismus infolge der Ausmerzung aller religiösen und ethischen Grundlagen kaum wiedergutgemacht werden kann. Es fehlt das Regenerationsmittel, an dem das erwachte Gewissen anknüpfen könnte, wie dies bei den Verderbnissen in der Kirchengeschichte jeweilen beim Evangelium der Fall war. Ungeachtet des Ekels, den der russische Realisierungsversuch des Sozialismus allgemein erzeugte, darf man sich gleichwohl nicht in Überdrüssigkeit von den sozialen Fragen abwenden, da sie in keiner Weise beantwortet sind und nach wie vor die Ursache aller Gärungen in der Welt bilden.

Wenn auch der moralische Zusammenbruch des profanen Chiliasmus die Finsternis der Gegenwart ausmacht, so bedeutet er doch keineswegs das Ende in der Geschichte der Reichserwartung. Es ist nur die jetzige Station, an der diese Darstellung haltmachen muß, weil nur das vergangene, nicht aber das zukünftige Geschehen aufgezeigt werden kann. Der chiliastische Zug aber fährt weiter. Noch ist die letzte Ausprägung des Reiches nicht erreicht, es werden noch andere kommen, die dem Wesen einer späteren Zeit mehr entsprechen werden, bis endlich der große Tag anbricht. In allen diesen chiliastischen Wandlungen aber geht es immer um die eine Wahrheit, die sich stets in andern Bildern ausgedrückt und hinter denen allen die *eine* Realität steht, die schon der alte Psalmensänger in das unvergängliche Bekenntnis zusammengefaßt hat: »Dein Reich ist ein ewiges Reich!«[28]

Zum Abschluß: Ein Gleichnis

Der Pilger Luka erzählt in Gorkis »Nachtasyl«:

»Ich kannte einen Menschen, der glaubte an das Land der Gerechten. Es muß auf der Welt ein Land der Gerechten geben... in dem Lande wohnen sozusagen Menschen von besonderer Art... gute Menschen, die einander achten, die sich gegenseitig helfen, wo sie können... alles ist bei ihnen gut und schön! Dieses Land der Gerechten also wollte jener Mensch immer suchen gehen... Er war arm, und es ging ihm schlecht, und wie's ihm schon gar zu schwer fiel, daß ihm nichts weiter übrigblieb, als sich hinzulegen und zu sterben – da verlor er noch immer nicht den Mut, sondern lächelte öfters vor sich hin und meinte: Hat nichts zu sagen – ich trag's! Noch ein Weilchen wart' ich – dann werf' ich dieses Leben ganz von mir und geh' in das Land der Gerechten... Seine einzige Freude war es – dieses Land der Gerechten... Nun wurde nach eben jenem Ort – die Sache ist nämlich in Sibirien passiert – ein Verbannter gebracht, ein gelehrter Mensch... mit Büchern und mit Plänen und mit allerhand Künsten... Und jener Mensch spricht zu dem Gelehrten: Sag mir doch gefälligst, wo liegt das Land der Gerechten, und wie kann man dahin gelangen? Da schlägt nun der Gelehrte gleich seine Bücher auf und breitet seine Pläne aus... und guckt – und guckt, aber das Land der Gerechten findet er nirgends! Alles ist sonst richtig, alle Länder sind aufgezeichnet – nur das Land der Gerechten nicht! Der Mensch – will ihm nicht glauben... Es muß drauf sein, sagt er... such nur genauer! Sonst sind ja, sagt er, alle deine Bücher und Pläne nicht 'nen Pfifferling wert, wenn das Land der Gerechten nicht drin verzeichnet ist... Mein Gelehrter fühlt sich beleidigt. Meine Pläne, sagt er, sind ganz richtig, und ein Land der Gerechten gibt's überhaupt nirgends. – Na, da wurde nun der andere ganz wütend. Was? sagt er – da hab' ich nun gelebt und gelebt, geduldet und geduldet und immer geglaubt, es gebe solch ein Land! Und nach deinen Plänen gibt es keins! Das ist Raub… Und zu dem Gelehrten sagt er: Du nichtsnutziger Kerl! Ein Schuft bist du und kein Gelehrter! Und gab ihm eins übern Schädel, und noch eins… Und dann ging er nach Hause und – hängte sich auf…«

Quellenangaben

Die Erwartung

[1] Math. 4, 21 – [2] P. Tillich: Politische Bedeutung der Utopie im Leben der Völker (1951), S. 20 – [3] bei Georg Langen: Die Erotik des Kabbala 1923, S. 44 – [4] 1. Petr. 1, 3 – [5] Röm. 5, 5 – [6] Hölderlins Werk (Insel-Ausgabe, S. 447) – [7] Heb. 6, 18 – [8] Östliches Christentum (ed. Bubnoff & Ehrenberg), 1925, Bd. II, S. 75

Apokalyptische Weltstimmung

[1] Jesaja 11, 1–10 – [2] Jesaja 2, 4 – [3] H. Greßmann: Der Messias, 1929, S. 150ff. – [4] Jesaja 9, 6 – [5] Amos 5, 18 – [6] vgl. B. Duhm: Israels Propheten, 1916 – [7] Jeremia 31, 31–34 – [8] J. Wellhausen: Israelitische und jüdische Geschichte, 1914, S. 238ff. – [9] Psalm 74, 9 – [10] A. von Gall: βασιλεια του ζεου, 1926, S. 85 – [11] H. Lommel, Die Religion Zarathustras, 1930 – [12] W. Bousset: Die jüdische Apokalyptik, 1903, S. 37 – [13] P. Volz: Jüdische Eschatologie von Daniel bis Akiba, 1903, S. 9 – [14] Die Apokryphen und Pseudoepigraphen des Alten Testamentes (ed. Kautzsch), 1900, Bd. II, S. 233 – [15] Henoch 14, 13 – [16] 4. Esra-Buch 5, 50 und 14, 10 – [17] Syr. Baruch-Apokalypse 85, 10 – [18] 4. Esra-Buch 14, 16 – [19] F. Torn: Die Psychologie der Pseudonymität im Hinblick auf die Literatur des Urchristentums, 1932, S. 53 – [20] F. Overbeck, Christentum und Kultur, 1919, S. 20 – [21] Sibyll. Orakel Prooemium 30 – [22] ibid. 3. Buch 714 – [23] Henoch 17, 1 – [24] F. Lücke: Versuch einer Einleitung in die Offenbarung Johannes, 1832, S. 190 – [25] 4. Esra-Buch 5, 14 – [26] ibid. 5, 34 – [27] Daniel 7, 28 – [28] Off. Joh. 1, 10; 12, 17 und 4, 2 – [29] 4. Esra-Buch 7, 11–12 – [30] Sibyll. Orakel 5. Buch 361–372 – [31] Henoch 99, 4–6 – [32] Himmelfahrt Mose 10, 5 – [33] 4. Esra-Buch 5, 4–7 – [34] Daniel 10, 14 – [35] Baruch 19, 5 und 85, 10 – [36] 4. Esra-Buch 7, 33–34 – [37] Daniel 12, 2 – [38] Sibyll. Orakel 4. Buch 178–183 – [39] 4. Esra-Buch 7, 39–42 – [40] ibid. 9, 13 – [41] ibid. 7, 50 – [42] vgl. M. Zobel: Gottes Gesalbter, der Messias und die messianische Zeit in Talmud und Midrasch, 1938 – [43] Bousset-Greßmann: Die Religion des Judentums im spät-helle-

nistischen Zeitalter, 1926, S. 222 – [44] Himmelfahrt Mose 10, 1 – [45] Henoch 45, 5 – [46] ibid. 91,16 – [47] Daniel 7, 9 und 14 – [48] Sibyll. Orakel 3. Buch 752–755 – [49] A. von Gall: a. a. O., S. 469 – [50] Sibyll. Orakel 3. Buch 165 – [51] Henoch 1, 2 – [52] ibid. 91,18 – [53] 4. Esra-Buch 7,16 – [54] ibid. 4, 34 – [55] Sibyll. Orakel 3. Buch 796–805 – [56] 4. Esra-Buch 8, 5–6 – [57] Daniel 2, 28 – [58] A. von Gall: a.a.O., S. 280 – [59] Henoch 96, 2–3 – [60] 4. Esra-Buch 12, 46 – [61] Henoch 104, 9 – [62] 4. Esra-Buch 14, 11–12 – [63] Hilgenfeld: Die jüdische Apokalyptik in ihrer geschichtlichen Entwicklung, 1857, S. 2 – [64] Dostojewskij: Politische Schriften, 1917, S. 57

Jesu Botschaft vom Gottesreich

[1] E. Hennecke: Neutestamentliche Apokryphen, 1904, S. 10 – [2] ibid., S. 10 – [3] Mt. 7, 28 und 29 – [4] O. Spengler: Untergang des Abendlandes, 1922, Bd. II, S. 256 – [5] Mk. 2, 12 – [6] Mk. 3, 21 – [7] Hennecke: a. a. O., S. 9 – [8] A. Dillmann: Das Buch Henoch, 1853, S. X – [9] Mk. 1, 15 – [10] Mt. 4, 17 und 10, 7; Lk. 10, 9: 10, 11 und 21, 31 – [11] Mk. 13, 19 – [12] Mk. 13, 24–25 – [13] Mk. 1, 14 – [14] Mt. 11, 5 – [15] Mt. 9, 14 – [16] Mk. 13, 30 – [17] Mt. 16, 28 – [18] Mt. 10, 23 – [19] Mk. 4, 10–12 – [20] R. Otto: Reich Gottes und Menschensohn, 1934, S. 55 – [21] A. Schweitzer: Das Messianitäts- und Leidensgeheimnis, 1929, S. 20, und vgl. Heinz Dietrich Wendland: Die Eschatologie des Reiches Gottes bei Jesus, 1931, S. 27 – [22] Lk. 17, 21 – [23] Lk. 10, 18 – [24] Mt. 12, 28 – [25] J. Weiß: Die Predigt Jesu vom Reiche Gottes, 1900, S. 90 – [26] Mt. 4, 19 – [27] Mt. 11, 9 – [28] Hennecke: a. a. O. S. 10 – [29] Mt. 21, 31 – [30] Hennecke: a. a. O., S. 9 – [31] A. Schweitzer: Geschichte der Leben-Jesu-Forschung, 1921, S. 377 – [32] Mt. 11, 14 – [33] Mk. 13, 31

Paulinisch-johanneische Erfüllung

[1] Acta 1, 3 und 1, 6 – [2] ibid. 2, 44–45 – [3] ibid. 2, 46; [4] ibid. 8, 12 – [5] ibid. 19, 8 und 20, 25 – [6] ibid. 28, 23 und 31 – [7] F. Overbeck: Christentum und Kultur, 1919, S. 54 – [8] J. Weiß: Das Urchristentum, 1917, S. 320 – [9] 1. Kor. 4, 10 – [10] 1. Thess. 2, 12 – [11] Gal. 5, 21 – [12] 1. Kor. 4, 20 – [13] Röm. 14, 17 – [14] 1. Kor. 6, 9 und 15, 50 – [15] Röm. 13, 11 – [16] Phil. 4, 4 – [17] 1. Kor. 16, 22 – [18] Phil. 4, 5 – [19] 1. Kor. 7, 31 – [20] Röm. 8, 19–22 – [21] 1. Kor. 15, 51–52 und 1. Thess. 4, 16–17 – [22] 1. Thess. 5, 1–3 – [23] 1. Kor. 15, 24 und 28 – [24] 1. Kor. 1, 23 und 2, 2 – [25] Röm. 7, 24–25 – [26] ibid. 5, 1 – [27] ibid. 5, 5 – [28] Gal. 4, 4 – [29] 2. Kor. 6, 2 – [30] 2. Kor. 1, 20 – [31] A. Schweitzer: Die Mystik des Apostels Paulus, 1930, S. 115 – [32] F. Overbeck: Das Johannesevangelium, 1911,

S. 122, 302–303 – [33] W. von Loewenich: Johanneisches Denken, 1936, S. 6 – [34] vgl. E. Wechßler: Hellas im Evangelium, 1936 – [35] Augustin: Johannesevangelium xxxvi, 5 – [36] Joh. 6, 54 – [37] ibid. 5, 28 – [38] ibid. 14, 16 und 26 – [39] ibid. 16, 7 – [40] 1. Joh. 2, 18 – [41] ibid. 4, 3 – [42] Joh. 18, 36 – [43] ibid. 3, 18 – [44] ibid. 4, 23 und 12, 23

Frühchristlicher Chiliasmus

[1] Didache 10, 6 – [2] D. H. Lawrence: Apokalypse, 1932, S. 85 – [3] F. Boll: Aus der Off. Joh., 1914, S. 128 – [4] C. Clemen: Die Bildlichkeit der Joh. Off., in Festschrift für J. Kaftan, 1920, S. 25–43 – [5] Off. Joh. 19, 6–7 – [6] C. Schneider: Die Erlebnisechtheit der Apokalypse des Johannes, 1930, S. 134–135 – [7] Off. Joh. 20, 1–6 – [8] Off. Joh. 21, 1–22 – [9] Lk. 1, 33 – [10] H. Mühlestein: Rußland und die Psychomachie Europas, 1925, S. 72 u. 81 – [11] Off. Joh. 22, 17 – [12] W. Hadorn: Das Tausendjährige Reich, 1915, S. 10 – [13] Vgl. Henoch 91, 12–17 und 93 – [14] Baruch 40, 1–4 – [15] 4. Esra-Buch 7, 28f. – [16] Euseb: Kirchengeschichte vii, 25 – [17] ibid. iii, 28 – [18] ibid. iii, 28 – [19] ibid. iii, 28 – [20] Lk. 22, 30 – [21] Ignatius an die Epheser, 11, 1 – [22] 1. Clemensbrief 42, 3 – [23] Barnabasbrief 4, 3 – [24] ibid. 15, 4–5 – [25] Justin: Dialog mit Triphon 80 – [26] ibid. 80 – [27] Jesaja 65, 17 – [28] Hennecke: Neutestamentliche Apokryphen 1904, S. 11 – [29] Henoch 10, 19 – [30] Baruch 29, 5 – [31] Euseb: Kirchengeschichte iii, 39 – [32] ibid. iii, 39 – [33] Irenäus: Gegen die Häresien v, 33 – [34] Vgl. N. Bonwetsch: Die Theologie des Irenäus, 1925, S. 152 – [35] R. Frick: Die Geschichte des Reichgottesdienstgedankens in der alten Kirche bis zu Origenes und Augustin, 1928, S. 60 – [36] Vgl. Irenäus: Gegen die Häresien v, 35 – [37] ibid. v, 32 – [38] ibid. v, 32 – [39] H. Ziegler: Irenäus, der Bischof von Lyon, 1871, S. 305 – [40] S. Kierkegaard: Die Tagebücher (ed. Häcker), 1923, Bd. ii, S. 233 – [41] K. Holl: Gesammelte Aufsätze zur Kirchengeschichte, 1928, Bd. iii, S. 2 und 8 – [42] E. Salin: Civitas Dei, 1926, S. 107 – [43] Tertullian: Gegen Marcion iii, 24 – [44] Euseb: Kirchengeschichte vii, 24 – [45] Laktantius: Göttliche Unterweisung, Kap. 67 – [46] ibid. Kap. 67 – [47] Origenes: Von den Grundwahrheiten ii, S. 112 – [48] ibid. – [49] ibid. – [50] F. Nietzsche: Zur Genealogie der Moral, 1. Abhandl. 16 – [51] H. Mühlestein: Rußland und die Psychomachie Europas, 1925, S. 64 – [52] M. Baumgarten: Die Nachtgesichte Sacharias, 1854, Bd. 1, S. 106–107 – [53] A. Harnack: Lehrbuch der Dogmengeschichte, 1909, Bd. 1, S. 615 – [54] F. Loofs: Grundlinien der Kirchengeschichte, S. 27

Das Enttäuschungserlebnis

[1] Mk. 9, 1 – [2] Lawrence: Apokalypse, 1932, S. 112 – [3] F. Nietzsche: Morgenröte, 1. Buch Aphor. 72 – [4] 2. Pet. 3, 3–4 – [5] 1. Clemensbrief 23, 3 – [6] Barnabasbrief 19, 5 – [7] Hirt d. Hermas 4, 3 – [8] A. Harnack: Lehrbuch der Dogmengeschichte, 1909, Bd. 1, S. 188 – [9] Lk. 12, 45 – [10] Mt. 9, 15 – [11] A. Schweitzer: Geschichte der Leben-Jesu-Forschung, 1921, S. 406 – [12] Mt. 27, 46 – [13] F. Nietzsche: Morgenröte, 2. Buch 114 – [14] 2. Thess. 2, 2 – [15] 2. Thess. 2, 3 – [16] A. Schweitzer: Die Mystik des Apostels Paulus, 1930, S. 43 – [17] 2. Pet. 3, 8–9 – [18] Justin: Apologia 28 und 45 und Dialog mit Triphon 39 – [19] Joh.-Evang. 21, 21–23 – [20] Neutestamentliche Apokryphen ed. Hennecke, 1904, S. 23 – [21] 2. Clemensbrief 12, 1–6 – [22] K. Barth: Der Römerbrief, 1922, S. 486 – [23] L. Ragaz: Die Botschaft vom Reiche Gottes, 1942, S. 271 – [24] Jesaja 55, 8 – [25] Habakuk 2, 3 – [26] A. Schweitzer: Geschichte der Leben-Jesu-Forschung, 1922, S. 407 – [27] NeutestamentlicheApokryphen ed. Hennecke, 1904, S. 208 – [28] Hirt des Hermas 1, 2 – [29] J. Leipoldt: Geschichte des neutestamentlichen Kanons, 1907, Bd. 1, S. 47 – [30] Euseb: Kirchengeschichte VI, 25 und Off. 10, 4 – [31] Euseb: Kirchengeschichte VII, 25 – [32] M. Werner: Die Entstehung des christlichen Dogmas, 1941, S. 151 – [33] Euseb: Kirchengeschichte VI, 2 – [34] ibid. VI, 18 u. 19 – [35] L. Atzberger: Geschichte der christlichen Eschatologie, 1896, S. 110 – [36] Origenes: Vom Gebet, II. Teil, Kap. XXV, 1 – [37] Apostelgeschichte 3, 21 – [38] Tertullian: Apologia 32 und An Scapula 3 – [39] Dostojewskij: Die Brüder Karamasoff, 1920, S. 527

Montanistische Naherwartung

[1] Schwegler: Der Montanismus und die christliche Kirche des 2. Jahrhunderts, 1841, S. 312 – [2] R. Seeberg: Lehrbuch der Dogmengeschichte, 1920, Bd. 1, S. 327 – [3] Euseb: Kirchengeschichte V, 16 – [4] Vgl. W. Schepelern: Der Montanismus und die phrygischen Kulte, 1929 – [5] Euseb: Kirchengeschichte V, 14 u. 16 – [6] Bonwetsch: Geschichte des Montanismus, 1881, S. 198 – [7] Off. Joh. 19,10 – [8] Bonwetsch: a. a. O., S. 197 – [9] Euseb: Kirchengeschichte V, 16 – [10] Joh. 15, 26 u. 16, 14 und Euseb. Kirchengeschichte V, 14 – [11] Bonwetsch: a. a. O., S. 198 – [12] Tertullian: Über das Gebet 5 – [13] Tertullian: Gegen Marcion III, 24 – [14] Tertullian: Über die Flucht 9 – [15] N. Berdiajew: Von der Würde des Christentums und der Unwürde des Christen, 1937, S. 27 – [16] Schwegler: a. a. O., S. 20 – [17] Euseb: Kirchengeschichte V, 16 – [18] ibid. – [19] ibid.

Die Verkirchlichung des Reiches

[1] Vgl. K. Hönn: Konstantin der Große, 1940, S. 124 – [2] Alexander Graf Schenk von Stauffenberg: Der Reichsgedanke Konstantins, in »Das Reich«, Festschrift für J. Haller, 1940, S. 76 – [3] Ignatius an die Römer, 3, 3 – [4] H. Reuter: Augustinische Studien, 1887, S. 501 – [5] H. Scholz: Glaube und Unglaube in der Weltgeschichte, 1911, S. 195 – [6] ibid., S. 87 – [7] E. Lewalter: Eschatologie und Weltgeschichte in der Gedankenwelt Augustins, in Zeitschr. f. Kirchengeschichte, 1934, S. 1 – [8] Vgl. I. E. Niederhuber: Die Lehre des Ambrosius vom Reich Gottes auf Erden, 1904, und Die Eschatologie des hl. Ambrosius, 1907 – [9] Augustin: Der Gottesstaat xx, 19 – [10] H. Eger: Die Eschatologie Augustins, 1933, S. 43 – [11] Scholz: a. a. O., S. 186 – [12] Augustin: Der Gottesstaat xx, 5 – [13] Eger: a. a. O., S. 27 – [14] Vgl. T. Hahn: Tyconiusstudien, 1900, S. 22, 33 u. 115 – [15] Augustin: Der Gottesstaat xx, 9 – [16] Joh. 5, 25 – [17] Augustin: Der Gottesstaat xx, 7 – [18] Augustin: Der Gottesstaat xx, 9 – [19] Eger: a. a. O., S. 47 – [20] Reuter: a. a. O., S. 114, 106 u. 110 – [21] F. Overbeck: Christentum und Kultur, 1920, S. 13 – [22] F. Hofmann: Der Kirchenbegriff des hl. Augustins 1933, S. 485

Sacerdotium und Imperium

[1] H. Sauer. Abendländische Entscheidung, 1938, S. 28 – [2] H. von Schubert: Geschichte der christlichen Kirche im Frühmittelalter, 1921, S. 1 – [3] Lk. 21, 9 u. 10 – [4] E. Wadstein: Die eschatologische Ideengruppe, 1896, S. 22 – [5] Mt. 16, 18 – [6] L. Ranke: Die römischen Päpste in den letzten vier Jahrhunderten, 1923, Bd. 1, S. v – [7] A. Dopsch: Der Reichsgedanke zur Zeit der Karolinger, in »Das Reich«, Festschrift für J. Haller, 1940, S. 133 – [8] A. Dempf: Sacrum imperium, 1929, S. 133 – [9] Vgl. K. Zeumer: Heiliges Römisches Reich Deutscher Nation; eine Studie über den Reichstitel, 1910, und H. Günter: Die Reichsidee im Wandel der Zeit, im »Historischen Jahrbuch«, 1933, S. 409–428 – [10] F. Schneider: Rom und Romgedanke im Mittelalter, 1926, S. 56, und vgl. Percy Ernst Schramm: Kaiser, Rom und Renovatio, 1929 – [11] H. Rahner: Abendländische Kirchenfreiheit, 1943, S. 216 – [12] C. Mirbt: Quellen zur Geschichte des Papsttums und des römischen Katholizismus, 1924, S. 145 – [13] E. Bernheim: Mittelalterliche Zeitanschauungen in ihrem Einfluß auf Politik und Geschichtsschreibung, 1918, S. 110 – [14] K. Eder: Deutsche Geisteswende zwischen Mittelalter und Neuzeit, 1937, S. 32 – [15] Mt. 20, 25–26 – [16] Vgl. F. Kampers: Die deutsche Kaiseridee in Prophetie und Sage, 1896, und

Vom Werdegang der abendländischen Kaisermystik, 1925 – [17] Vgl. Karl Erdmann: Die Entstehung des Kreuzzugsgedankens, 1935 – [18] H. von Sybel: Geschichte des ersten Kreuzzuges, 1881, S. 150 – [19] F. Radeke: Die eschatologischen Anschauungen Bernhard von Clairvaux', 1915, S. 2 – [20] ibid., S. 28 – [21] A. von Aachen: Geschichte des ersten Kreuzzuges, 1923, Bd. 1, S. 2

Joachims Reich des Geistes

[1] P. Sabatier: Leben des hl. Franz von Assisi, 1919, S. 60 – [2] J. Huck: Joachim von Floris und die joachitische Literatur, 1938, S. 72 – [3] E. Benz: Ecclesia spiritualis, 1934, S. 37 – [4] Benz: a. a. O., S. 4 – [5] Benz: a. a. O., S. 9 – [6] Off. Joh. 14, 6 – [7] H. Denifle: Das Evangelium aeternum und die Kommission zu Anagni, in »Archiv f. Literatur und Kirchengeschichte des Mittelalters«, 1885, Bd. 1, S. 49ff. – [8] E. Schott: Die Gedanken des Abtes Joachim von Floris, in »Zeitschrift für Kirchengeschichte«, 1902, S. 177 – [9] J. Huck: a. a. O., S. 235 – [10] Briefe Nietzsches an Peter Gast, 1924, S. 322 – [11] H. Grundmann: Studien über Joachim von Floris, 1927, S. 153 – [12] I. Döllinger: »Der Weissagungsglaube und das Prophetentum in der christlichen Zeit« in »Historische Taschenbücher«, 1871, S. 322 – [13] H. Grundmann: Neue Forschungen über Joachim von Fiore, 1950, S. 64 ff. – [14] J. Huck: a. a. O., S. 236 – [15] 1. Kor. 13, 10 – [16] Benz: a. a. O., S. 46 – [17] Huck: a. a. O., S. 44 – [18] A. Gemelli: Das Franziskanertum, 1936, S. 61 – [19] Celano: Erste Lebensbeschreibung, Kap. 12 u. 23 – [20] Die symbolische Franziskuslegende, ed. Lutzcher, 1929, S. 61 – [21] Off. Joh. 7, 2 – [22] Die symbolische Franziskuslegende, S. 108 – [23] ibid., S. 114 – [24] E. Kantorowicz: Kaiser Friedrich II., 1928, S. 552 – [25] Benz: a. a. O., S. 209 – [26] Huck: a. a. O., S. 55 – [27] H. Reuter: Geschichte der religiösen Aufklärung im Mittelalter, 1875, Bd. II, S. 215 – [28] Die symbolische Franziskuslegende, S. 109 u. 110 – [29] I. Döllinger: Der Weissagungsglaube und das Prophetentum in der christlichen Zeit, in »Historische Taschenbücher«, 1871, S. 334 – [30] Vgl. F. Baethgen: Der Engelspapst, 1933 – [31] F. Overbeck: Christentum und Kultur 1919, S. 265/66 – [32] Dante: Das Paradies XII, 139–141 – [33] E. Renan: Nouv. Etud. d. hist. Relig., 1876, S. 321–22 – [34] Dante: a. a. O., XI, 50

[1] Vgl. G. Lechler: Johann von Wiclif 1873, Bd. II, S. 551 – [2] Jesaja 19, 18 – [3] F. Palacky: Geschichte von Böhmen, 1851, III. Bd., 2. Abteil., S. 190 – [4] Vgl. J. Müller: Geschichte der böhmischen Brüder, 1922, Bd. I, S. 27/29 – [5] E. Friedell: Kulturgeschichte der Neuzeit, 1929, Bd. I, S. 108 – [6] E. Bernheim: Mittelalterliche Zeitanschauungen in ihrem Einfluß auf Politik und Geschichtsschreibung, 1918, S. 89 – [7] R. Stadelmann: Vom Geist des ausgehenden Mittelalters, 1925, S. 225 – [8] E. G. Förstermann: Die christlichen Geißlergesellschaften, 1828, S. 28/29 – [9] Die Limburger Chronik, 1922, S. 93 – [10] A. Hübner: Die deutschen Geißler-Lieder, 1931, S. 28/29 – [11] Vgl. E. Sackur: Sibyllinische Forschungen und Texte, 1898 – [12] J. Rohr: Die Prophetie im letzten Jahrhundert vor der Reformation als Geschichtsquelle und Geschichtsfaktor, im »Historischen Jahrbuch der Görresgesellschaft«, 1898, S. 33 – [13] J. Huizinga: Herbst des Mittelalters, 1931, S. 38 – [14] Stadelmann: a. a. O., S. 13 – [15] K. Eder: Deutsche Geisteswende zwischen Mittelalter und Neuzeit, 1937, S. 122 – [16] H. Preuß: Die deutsche Frömmigkeit im Spiegel der bildenden Kunst, 1926, S. 117 – [17] P. Piur: Petrarcas Buch ohne Namen und die päpstliche Kurie, 1925, S. 12/13 – [18] R. Zoozmann: Lobet den Herrn 1928, S. 331

Der reformatorische Reichsglaube

[1] E. A. 7, 147 – [2] H. Preuß: Die Vorstellungen vom Antichrist im späteren Mittelalter, bei Luther und in der konfessionellen Polemik, 1906, S. 105 – [3] E. A. 14, 326 – [4] E. A. 26, 108ff. – [5] P. Althaus: Luthers Gedanken über die letzten Dinge, im »Lutherjahrbuch«, 1941, S. 31 – [6] K. A. Meißinger: Der katholische Luther, 1952, S. 154 – [7] Vgl. Sabine Förster: Das Jüngste Gericht bei Luther (ungedruckte Diss.) – [8] E. A. 10, 52 – [9] E. A. 16, 3 – [10] E. A. 19, 163 – [11] E. A. 62, 19 – [12] E. A. 62, 25 – [13] J. Köstlin: Ein Beitrag zur Eschatologie der Reformation, in »Theologische Studien und Kritiken«, 1878, S. 126 – [14] W. Elert: Morphologie des Luthertums, 1931, Bd. I, S. 447 – [15] Pflanz: Geschichte und Eschatologie bei Luther, 1939, S. 37 – [16] E. A. 63, 84 – [17] E. A. 16, 14 – [18] E. A. 7, 144 – [19] E. A. 16, 18 – [20] Off. Joh. 22, 20 – [21] E. A. 47, 34 – [22] E. A. 21, 258 – [23] W. Rehm: Der Todesgedanke in der deutschen Dichtung vom Mittelalter bis zur Romantik, 1928, S. 141/44 – [24] P. Althaus: Der Friedhof unserer Väter, 1928, S. 83 – [25] E. A. 63, 169 – [26] E. A. 63, 159 – [27] E. A. 60, 178 – [28] E. A. 41, 232 – [29] E. A. 45, 110 – [30] Müller: Die symbolischen Bücher der evangelisch-lutherischen Kirche, 1882, S. 43 – [31] E. A. 50, 316 – [32] E. A. 8, 218 – [33] E. A.

50, 316 – [34] E. A. 1, 254 – [35] E. A. 2, 199 – [36] E. A. 21, 183 – [37] E. A. 48, 265 – [38] E. A. 1, 135 – [39] E. A. 15, 22 – [40] E. A. 19,33 – [41] E. A. 21, 183 – [42] E. A. 1, 254 – [43] E. A. 2, 199 – [44] E. A. 5, 270 – [45] E. A. 1, 258 – [46] E. A. 44, 4 – [47] E. A. 24, 304 – [48] E. A. 21, 115 – [49] E. A. 21, 184 – [50] E. A. 38, 82 – [51] E. A. 21, 115 u. 22, 25 – [52] E. A. 10, 75/76 – [53] E. A. 39, 34/35 – [54] E. A. 63, 239 – [55] Lk. 17, 21 – [56] H. Kutter: Reden an die deutsche Nation, 1916, S. 12 – [57] R. Bainton: Hier stehe ich, 1952, S. 182 – [58] E. Hirsch: Die Reichgottesbegriffe des neueren europäischen Denkens, 1921, S. 7 – [59] Huldreich Zwingli: Sämtliche Werke, 1914, Bd. III, S. 633 – [60] Calvin: Institutio III, 9 – [61] H. Quistorp: Die letzten Dinge im Zeugnis Calvins, 1941, S. 94 – [62] Quistorp: a. a. O., 113 – [63] ibid., S. 17 – [64] Calvin: Institutio III, 25 – [65] ibid. – [66] Quistorp: a. a. O., 125 – [67] Conf. hel. post. Kap. 11 – [68] Bloesch: Geschichte der schweiz. reformierten Kirche, Bd. II, S. 41 – [69] Calvin: Um Gottes Ehre, 1924, S. 143 – [70] Quistorp: a. a. O., S. 89 – [71] F. W. Kampschulte: Johann Calvin, 1869, Bd. I, S. 471 – [72] A. Farner: Die Lehre von Kirche und Staat bei Zwingli, 1930, S. 134 – [73] J. Calvins Lebenswerk in seinen Briefen, 1909, Bd. I, S. 342 – [74] ibid., S. 9 – [75] ibid., S. 66 – [76] K. Fröhlich: Die Reichgottesidee Calvins, 1922, S. 31 – [77] K. Fröhlich: Gottesreich, Welt und Kirche bei Calvin, 1930, S. 31

Der Chiliasmus der Täufer

[1] A. Hegler: Geist und Schrift bei S. Franck, 1892, S. 242 – [2] H. Kutter: Das Bilderbuch Gottes für groß und klein, 1917, S. 305 – [3] Vgl. H. W. Erbkam: Geschichte der protestantischen Sekten im Zeitalter der Reformation, 1848, S. 490 – [4] P. Wappler: Thomas Müntzer in Zwickau und die Zwickauer Propheten, 1908, S. 20 – [5] Vgl. über Storch in »Thomas Müntzer«, ed. Brandt 1933, S. 53, 51 u. 224 – [6] Ludwig Keller: Geschichte der Wiedertäufer und ihres Reiches zu Münster, 1880, S. 16–18 – [7] Chr. Blumhardt: Ihr Menschen seid Gottes, 1928, S. 391 – [8] H. Mühlestein: Rußland und die Psychomachie Europas, 1925, S. 76 – [9] H. Boehmer: Gesammelte Aufsätze, 1927, S. 216 – [10] K. Holl: Gesammelte Aufsätze zur Kirchengeschichte, Luther, 2. Aufl., S. 425 – [11] Annemarie Lohmann: Zur geistigen Entwicklung Thomas Müntzers, 1931 – [12] Th. Müntzer: Sein Leben und seine Schriften, ed. Brandt, 1933, S. 59 – [13] ibid., S. 177 – [14] ibid., S. 177 – [15] ibid., S. 129 – [16] ibid., S. 143 – [17] ibid., S. 181 – [18] ibid., S. 164 – [19] ibid., S. 71 – [20] ibid., S. 197 – [21] ibid., S. 170 – [22] ibid., S. 187 – [23] Vgl. Thomas Müntzers Briefwechsel, ed. Boehmer und Kirn, 1931, S. 143–150 – [24] Thomas Müntzer: Sein Leben und seine Schriften, ed. Brandt, 1933, S. 61 – [25] ibid., S. 148 – [26] ibid., S. 132 – [27] Vgl. Peuckert: Pansophia, 1936,

S. 510 – [28] Thomas Müntzer: a. a. O., S. 200 – [29] ibid. S. 170 – [30] ibid., S. 178 – [31] ibid., S. 68 – [32] ibid., S. 77 – [33] ibid., S. 74/75 – [34] ibid., S. 192 – [35] ibid., S. 195 – [36] ibid., S. 63 u. 164 – [37] ibid., S. 160 – [38] Vgl. 4. Mos. 5, 35 u. 25, 4; 5. Mos. 7 – [39] K. Mannheim: Ideologie und Utopie, 1929, S. 192 – [40] E. Bloch: Thomas Müntzer, 1921, S. 85 – [41] O. zur Linden: Melchior Hofmann, 1885, S. 197 – [42] ibid., S. 201 – [43] Heberle: W. Capitos' Verhältnis zum Anabaptismus, in »Zeitschrift für die historische Theologie«, 1857, S. 294 – [44] Vgl. W. Pauck: Das Reich Gottes auf Erden. M. Bucers Buch: »De regno Christi«, 1928 – [45] zur Linden: a. a. O., S. 342 – [46] ibid., S. 348 – [47] E. A. 63, 336 – [48] Vgl. K. H. Becker: Die Reformatoren und das »Reich Christi zu Münster«, 1939 – [49] K. Hase: Das Reich der Wiedertäufer, 1860, S. 1 – [50] L. Keller: Geschichte der Wiedertäufer und ihres Reiches zu Münster, 1880, S. 195 u. 198 – [51] Vgl. H. Detmer: Bernhard Rothmann, 1904, S. 28 – [52] Die Wiedertäufer zu Münster, ed. Löffler, 1923, S. 176 – [53] H. Detmer: Johann von Leiden, 1903, S. 57 – [54] Vgl. K. Kautsky: Vorläufer des neueren Sozialismus, 1919, Bd. II, S. 229–332 – [55] H. Schubert: Der Kommunismus der Wiedertäufer in Münster und seine Quellen, 1919, S. 48 – [56] Die Wiedertäufer zu Münster, ed. Löffler, 1923, S. 187 – [57] ibid., S. 53 – [58] F. Blanke: Das Reich der Wiedertäufer zu Münster 1534/35, im »Archiv f. Reformationsgeschichte«, 1937, S. 19 – [59] Die Wiedertäufer zu Münster, ed. Löffler, 1923, S. 107 – [60] ibid., S. 222 – [61] St. Hirzel: Heimliche Kirche, 1952, S. 231 – [62] 2. Pet. 3, 12 – [63] A. Bainton: David Joris, 1937, S. 37 – [64] Vgl. O. Fock: Der Socinianismus, 1847, S. 644 – [65] W. Wiswedel: Bilder und Führergestalten aus dem Täufertum, 2 Bde., 1928/30 – [66] H. Weingarten: Die Revolutionskirchen Englands, 1868, S. 96 – [67] ibid., S. 96 – [68] ibid., S. 97 – [69] M. Freund: Oliver Cromwell, 1933, S. 18 – [70] H. Kittel: Oliver Cromwell, seine Religion und seine Sendung, 1928, S. 217 – [71] O. Cromwell: Briefe und Reden, 1911, S. 346 u. 349 – [72] ibid., S. 350 – [73] S. R. Gardiner: Oliver Cromwell, 1903, S. 171 – [74] H. Oncken: Cromwell, 1934, S. 55 – [75] R. Fry: Die Weise der Quäker, 1935, S. 40 – [76] Weingarten: a. a. O., S. 267 – [77] Fry: a. a. O., S. 41 – [78] R. Schneider: Das Inselreich, 1936, S. 478

Die Reichserwartung im Pietismus

[1] M. Dvorak: Kunstgeschichte als Geistesgeschichte, 1928, S. 275 – [2] N. Bonwetsch: Kirchengeschichte Rußlands, 1923, S. 60 – [3] Das Leben des Protopopen Awwakum: 1930, S. 36 – [4] H. Leube: Die Reformideen in der deutschen lutherischen Kirche zur Zeit der Orthodoxie, 1924, S. 152 – [5] G. Schrenk: Gottesreich und Bund im älteren Protestantismus, vor-

nehmlich bei J. Coccejus, 1923, S. 23 – [6] ibid., S. 293 – [7] ibid., S. 190 – [8] ibid., S. 237 – [9] Jakob Böhme: Sämtliche Werke, Bd. V, S. 215 – [10] W. Peuckert: Das Leben Jakob Böhmes, 1924, S. 8 – [11] Böhme: a. a. O., Bd. VII, S. 542 – [12] P. Hankamer: Jakob Böhme, 1924, S. 243 – [13] E. Benz: Verheißung und Erfüllung, in »Zeitschrift für Kirchengeschichte«, 1935, S. 508 – [14] W. Goeters: Die Vorbereitung des Pietismus in der reformierten Kirche der Niederlande, 1911, S. 161 – [15] A. Ritschl: Geschichte des Pietismus, 1880, Bd. I, S. 293 – [16] H. Bruns: Ein Reformator nach der Reformation, 1937, S. 119 – [17] A. von Grolmann: Wesen und Wort am Oberrhein, 1935, S. 102 – [18] W. Nordmann: Die theologische Gedankenwelt in der Eschatologie des pietistischen Ehepaares Petersen, 1929 – [19] Ritschl: a. a. O., Bd. II, S. 248 – [20] Bruns: a. a. O., S. 83 – [21] Lebensbeschreibung Johannis Wilhelmi Petersen, 1719, S. 70 u. 264 – [22] P. Grünberg: Philipp Jakob Spener, 1893, Band I, S. 470 – [23] Lebensbeschreibung a. a. O., S. 352 – [24] Grünberg: a. a. O., S. 470 – [25] ibid., S. 475 – [26] W. Marholz: Der deutsche Pietismus, 1921, S. 159 – [27] Lebensbeschreibung a.a.O., S. 213 – [28] E. Bock: Vorboten des Geistes, 1929, S. 31 – [29] E. Müller: Stiftsköpfe, 1938, S. 161/62 – [30] Off. Joh. 13, 8 – [31] K. Hermann: Johann Albrecht Bengel, 1937, S. 413 – [32] ibid., S. 410 – [33] O. Wächter: Johann A. Bengel, 1865, S. 225 – [34] J. Burk: Johann Albrecht Bengels Leben und Wirken, 1832, S. 264 – [35] Bengel: 60 erbauliche Reden über die Offenbarung Johannes, 1870, S. 539 – [36] Bengel: a. a. O., S. 16 – [37] ibid., S. 555 – [38] ibid., S. 565 – [39] Burk: a. a. O., S. 306 – [40] Bengel: Gnomon, Bd. 2, S. 753 – [41] Burk: a. a. O., S. 301 – [42] Ch. Hoffmann: Mein Weg nach Jerusalem, 1881, Bd. I, S. 26 – [43] Burk: a. a. O., S. 300 – [44] J. Rößle: Philipp Matthäus Hahn, 1929, S. 94 – [45] C. Auberle: Die Theosophie Ötingers, 1859, S. 529/30 – [46] Ötingers sämtliche Schriften, 1864, Bd. 6, S. 1 – [47] Rößle: a. a. O., S. 133 – [48] Ötinger: a. a. O., S. 9 – [49] ibid., S. 112 – [50] Rößle: a. a. O., S. 130 – [51] Elisabeth Zinn: Die Theologie des F. Ch. Ötinger, 1932, S. 93 – [52] Ötinger: Die heilige Philosophie, ed. Herpel, 1923, S. 229 – [53] E. Zinn: a. a. O., S. 151 – [54] Auberle: a. a. O., S. V – [55] Joh. Casp. Lavaters ausgewählte Werke, ed. Stähelin, 1943, Bd. I, S. 121 – [56] K. Barth: Die protestantische Theologie im 19. Jahrhundert, 1952, S. 592

Das philosophische Idealreich

[1] D. F. Strauß: H. S. Reimarus und seine Schutzschrift für die vernünftigen Verehrer Gottes, 1862, S. 228 – [2] H. Corrodi: Kritische Geschichte des Chiliasmus, 1781, Bd. I, S. XV – [3] K. Aner: Theologie der Les-

singzeit, 1929, S. 21 – [4] Lessing: Erziehung des Menschengeschlechtes, Paragraph 81–91 –[5] K. Sell: Die Religion unserer Klassiker, 1910, S. 53 – [6] E. Cassirer: Kants Leben und Lehre, 1921, S. 97 – [7] Kant: Sämtl. Werke, ed. Vorländer, Bd. VII, S. 165 – [8] ibid., S. 157 – [9] ibid., S. 163 – [10] ibid., Bd. IV, S. 132 – [11] ibid., S. 157 – [12] ibid., S. 169 – [13] ibid., Bd. VI, S. 16 – [14] ibid., S. 16 – [15] ibid., Bd. IV, S. 35 – [16] ibid., S. 176 – [17] Novalis' Werke, ed. W. Bölsche, Bd. I, S. 136 – [18] ibid., Bd. 3, S. 105 – [19] Hölderlins sämtliche Werke, Insel-Ausgabe, S. 686 – [20] Schellings sämtliche Werke, 2. Abteil., 4. Band, 1858, S. 295 – [21] ibid., S. 303 – [22] ibid., S. 315 – [23] ibid., S. 322 – [24] ibid., S. 305 – [25] ibid., S. 314 – [26] ibid., S. 324 – [27] ibid., S. 325 – [28] ibid., S. 327 – [29] ibid., S. 321 – [30] ibid., S. 327 – [31] ibid., S. 328 – [32] ibid., S. 322 – [33] ibid., S. 328 – [34] ibid., S. 331 – [35] Ibsens Werke, ed. Jul. Elias, Bd. 3, S. 192 – [36] ibid., S. 208 – [37] ibid., S. 437 – [38] R. Wörner: Henrik Ibsen, 1900, Bd. I, S. 272/73 – [39] I. Collin: Henrich Ibsen, 1910, S. 403 – [40] A. Aall: Ibsen als Dichter und Denker, 1906, S. 215 – [41] O. Weininger: Über die letzten Dinge, 1922, S. 47 – [42] J. Petersen: Die Sehnsucht nach dem dritten Reich in deutscher Sage und Dichtung, 1934, S. 48 – [43] J. Schmidhauser: Der Kampf um das geistige Reich, 1933, S. 279 – [44] ibid., S. 285

Die Reichsverkündigung bei den Sekten

[1] Vgl. F. Holström: Das eschatologische Denken der Gegenwart, 1936, und Emil Brunner: Das Ewige als Zukunft und Gegenwart, 1953 – [2] P. Althaus: Die letzten Dinge, 1933, S. 1 – [3] Eduard Meyer: Ursprung und Geschichte der Mormonen, 1912, S. 88 – [4] Daniel 8, 14 – [5] P. Scheurlen: Die Sekten der Gegenwart, 1930, S. 42 – [6] M. Hohl: Bruchstücke aus dem Leben und den Schriften Eduard Irvings, 1850, S. 39 – [7] Th. Kolde: Eduard Irving, 1901, S. 33 – [8] Hohl: a. a. O., S. 56 – [9] Kolde: a. a. O., S. 64 – [10] Hohl: a. a. O., S. 178/79 – [11] Manifest (ohne Jahreszahl), S. 16 – [12] ibid., S. 52 u. 53 – [13] ibid., S. 62 – [14] ibid., S. 71 – [15] ibid., S. 71 – [16] ibid., S. 72 – [17] P. Wigand: H. Thierschs Leben, 1888, S. 62 – [18] K. Algermissen: Konfessionskunde, 1930, S. 678 – [19] Russell: Der Stein losgelöst ohne Handanlegung ist im Rollen, 1917, S. 12 – [20] ibid. S. 27 – [21] F. Rutherford: Die Harfe Gottes, S. 214 – [22] F. Rutherford: Eine wünschenswerte Regierung, S. 35 – [23] F. Rutherford: Die Harfe Gottes, S. 358 – [24] ibid., S. 358 – [25] ibid., S. 365 – [26] ibid., S. 237 – [27] Daniel 12, 4 – [28] F. Zürcher: Kreuzzug gegen das Christentum, 1938 – [29] Phil. 1, 18

[1] Muckle: Die großen Sozialisten, 1920, Bd. 1, S. 92 – [2] Marx-Engels: Das kommunistische Manifest, 1919, S. 54 – [3] F. Engels: Die Entwicklung des Sozialismus von der Utopie zur Wissenschaft, S. 7 – [4] Martin Buber: Pfade in Utopia, 1950, S. 18 – [5] J. Gotthelf: Jakobs des Handwerksgesellen Wanderungen durch die Schweiz, 1917, S. 156 u. 42 – [6] ibid., S. 183 – [7] Lamenais: Worte des Glaubens, S. 31 – [8] W. Weitling: Garantien der Harmonie und Freiheit, 1908, S. 8 – [9] Weitling: Das Evangelium eines armen Sünders, 1846, S. 49 u. 55 – [10] ibid., S. 105 – [11] ibid., S. 68 – [12] Weitling: Garantien der Harmonie und Freiheit, 1908, S. 253 – [13] E. Barnikol: Weitling, der Gefangene und seine Gerechtigkeit, 1929, S. 129 – [14] Kaler: W. Weitling, 1887, S. 65 u. 66 – [15] Blumhardt: Ihr Menschen seid Gottes, 1928, ed. R. Lejeune, Bd. III, S. 458 – [16] Chr. Blumhardt: Predigten und Andachten aus dem Jahre 1888 bis 1896, 1925, S. 513 – [17] Blumhardt: Ihr Menschen seid Gottes, 1928, S. 328 – [18] Vgl. L. Ragaz: Die Geschichte der Sache Christi, 1945 – [19] Moeller van den Bruck: Das dritte Reich, S. 39 – [20] W. J. Lenin: Die Revolution von 1905, 1931, S. 37 – [21] Berdiajew: Christentum und Klassenkampf, 1936, S. 16/17 – [22] F. Gerlich: Der Kommunismus als Lehre vom tausendjährigen Reich, 1920, S. 34 – [23] Der unbekannte Dostojewskij, ed. Fülop-Miller und Eckstein, 1926, S. 241, und vgl. W. Szylkarski: Messianismus und Apokalyptik bei Dostojewskij und Solowjew, in A. Maceina: Der Großinquisitor, 1952, S. 245ff. – [24] W. Solowjew: Die Erzählung vom Antichrist, 1938, S. 83 – [25] Berdiajew: Sinn und Schicksal des russischen Kommunismus, 1937, S. 139 – [26] Berdiajew: Wahrheit und Lüge des Kommunismus, 1934, S. 49 – [27] L. Trotzki: Auf zum Kampf gegen den Hunger, 1918, S. 55 – [28] Ps. 43, 13

Register

Fachwörter-Erklärung

Äon	Welt, Weltzeitalter
Apokalypsen	Spätjüdische und urchristliche Literaturgattung
Apokalyptik	Enthüllung der letzten Offenbarung, Weltuntergangserwartung
Apokryphen	»Verborgene« Bücher, die nicht die öffentliche Anerkennung fanden
Apologetik	Verteidigung der Religion
Bollandisten	Herausgeber des Nachschlagwerkes: Akten der Heiligen
Charisma	Gnadengabe
Chiliasmus	Glaube an das Tausendjährige Reich auf Erden
Doketismus	Scheinbare Menschwerdung Christi
Ekklesia	Kirche
Eschatologie	Lehre und Erwartung der letzten Dinge
Gnosis	Frühchristliche Bewegung; erkenntnismäßige Erfassung des Christentums
Häretiker	Ketzer
Heterodoxie	Andersgläubigkeit
Kanon	Gesamtheit der Bücher des Alten und des Neuen Testamentes
Kairos	Der erfüllte Augenblick, die Entscheidungsstunde
Konjektur	Mutmaßung
Kontemplation	Beschauung, betrachtende Versenkung
Konventikel	Winkelversammlung
Kyrios	Der Herr; Christus
Logos	Wort, Weltvernunft, nach dem Joh.-Evangelium der Sohn Gottes
Millennium	Das Tausendjährige Reich
Monotheismus	Lehre, daß es nur einen Gott gibt
Numen	Übernatürliches, unheimliches Wesen
Paraklet	Tröster, der Heilige Geist
Parusie	Wiederkunft Christi
Patristik	Das Schrifttum der Kirchenväter

Pneumatisch	Vom Geist erfüllt
Prädestination	Vorherbestimmung, Erwählungslehre
Pragmatismus	Den ursächlichen Zusammenhang der geschichtlichen Geschehnisse betonend
Quietismus	Verzicht auf Tätigkeit; mystische Richtung, die die Ruhe der Seele erstrebt
Repristination	Mechanische Wiederherstellung früherer Zustände
Sacerdotium	Das heilige Reich der Kirche
Schibboleth	Erkennungszeichen, Losungswort
Schisma	Kirchliche Spaltung und Trennung
Soma	Leib
Synkretismus	Vermischung verschiedener Religionslehren
Synoptiker	Die drei ersten Evangelisten
Theodizee	Rechtfertigung Gottes gegenüber dem Übel der Welt
Transzendentalismus	Über die Erfahrung hinausgehend, jenseitsgerichtet
Utraquisten	Hussiten, die das Abendmahl unter beiderlei Gestalt begingen

Walter Nigg im Diogenes Verlag

Große Heilige

Von Franz von Assisi bis
Therese von Lisieux

»Walter Niggs *Große Heilige* haben in Deutschland einen immer wachsenden Kreis von Menschen angezogen, der von den Mönchen des Klosters Maria-Laach bis zu den protestantischen Theologie-Studenten reicht und noch viel weiter reichen sollte. Denn in diesen Biographien wird dem Leser die volle Wirklichkeit eines Lebens vor Augen gestellt, dessen Inhalt ein unendliches Zwiegespräch der Seele mit dem transzendenten Du Gottes war. Die nüchtern-klare Diktion Niggs rückt die mystischen Gestalten der Heiligen in die geistige Reichweite des modernen Menschen.« *Die Zeit, Hamburg*

Das Buch der Ketzer

Von Simon Magus bis Leo Tolstoi

Walter Nigg beschreibt fromme, innerlich freie Gottes- und Wahrheitssucher, die sich von der Kirche getrennt haben oder von ihr ausgestoßen und als Ketzer verschrien worden sind: Er zeigt diese Häretiker als echt religiöse Menschen, die mit ihrer unabhängigen, nur Gott verpflichteten Haltung der Gegenwart Wesentliches zu sagen haben: Simon Magus, Origines, Kaiser Julian, Meister Eckhart, John Wycliff, Johannes Hus, Martin Luther, Thomas Müntzer, Giordano Bruno, Spinoza, Pascal, Lessing, Tolstoi u.a.

»Das in seiner Darstellung großartige und in seiner Problematik erregende *Buch der Ketzer* ist mehr als ein Kapitel Kirchen- und Geistesgeschichte.«
Welt und Wort

Vom Geheimnis der Mönche

Von Bernhard von Clairvaux bis Teresa von Avila

Walter Nigg geht dem Geheimnis der großen Ordensgründer nach, erzählt aus dem Leben von Augustinus, Benedikt, Franz von Assisi, Bernhard von Clairvaux, Teresa von Avila, Ignatius von Loyola und vielen anderen mehr. Dieses Werk macht uns bekannt mit den großen Ordensgründern, die dem ewig-gleichen Getümmel einer lärmenden Welt Andacht und Inbrunst gläubiger Herzen gegenüberstellen, der Zerstreuungssucht der Vielen das Gesammelte der Wenigen.

»Was uns bei diesem künstlerisch gestalteten und doch streng wissenschaftlichen Buche erstaunt und erfreut, ist das Talent dieses Schriftstellers, der den Leser von der ersten Zeile an gefangennimmt und sein Interesse selbst bei einem so umfangreichen Buch wachzuhalten versteht.« *Neue Zürcher Zeitung*

Das mystische Dreigestirn

Meister Eckhart, Johannes Tauler,
Heinrich Seuse

»Leben und Werk dreier Mystiker werden beschrieben, d.h. für den modernen Leser in packender Weise aktualisiert; der zu Unrecht von der Inquisition verdammte Eckhart, der herausragende Straßburger Prediger Tauler und der hochpoetische Seuse. Alle drei waren zutiefst beseelt von der Suche nach Gott, von der ›Gottesfreundschaft‹, der Sehnsucht nach immer mehr Innerlichkeit. Sie blieben von Enttäuschungen und Leiden nicht verschont, weil sie sich keinem theologischen System unterwarfen, sondern aphoristisch ›ihren Gott‹ bezeugten. Wie Nigg diese Männer immer wieder in Beziehung zur modernen Literatur bringt, beweist die unglaubliche Belesenheit und Gestaltungskraft dieses Verfassers.«
Die neue Bücherei, München

Heilige und Dichter

Von Augustinus bis
Reinhold Schneider

Walter Nigg veranschaulicht zunächst das Wesen der Heiligen an den konkreten Gestalten von Augustinus, Konrad von Konstanz, Heinrich und Kunigunde, Hildegard von Bingen, Albertus Magnus und Thomas von Aquin. Der zweite Teil ist den Dichtern gewidmet: Menschen, die dem Autor auf seinem Lebensweg persönlich begegnet sind, Menschen, die Dichtung noch als etwas Göttliches inmitten eines schweren Lebens erfuhren.

Des Pilgers Wiederkehr

Drei Variationen über ein Thema

Walter Nigg beleuchtet in diesem Werk das Thema der zeitlosen Wanderschaft am Beispiel dreier Pilgerleben: John Bunyan, Verfasser des Erbauungsbuches ›Des Pilgers Reise‹ lebte im 17. Jahrhundert in England und gehörte dem Protestantismus an, Benedikt Labre, ein französischer Heiliger des 18. Jahrhunderts und ein anonymer russischer Pilger des 19. Jahrhunderts. Nigg stellt den religiösen Wanderer als eine zeitlose Erscheinung dar, der eine genuin christliche Haltung verkörpert.

Heimliche Weisheit

Mystisches Leben in der evangelischen Christenheit

Mystik als »das Gebiet am Grenzrand des Glaubens, das Gebiet, in dem die Seele Atem holt zwischen Wort und Wort« (Martin Buber), spielte in der katholischen Tradition schon immer eine wichtige Rolle. Doch wie steht es mit dem Protestantismus? Kennt auch er, neben der aufs biblische Wort ausgerichteten Lehre, mystische Strömungen? Dieser Frage ist Walter Nigg als ein wahrer Entdecker nachgegangen. Dargestellt werden u. a. folgende Mystiker des 16. bis 19. Jahrhunderts: Martin Luther, Thomas Müntzer, Valentin Weigel, Johann Arndt, Jakob Böhme, Angelus Silesius, Peter Poiret, Gottfried Arnold, Gerhard Tersteegen, Michael Hahn, Novalis.

Der christliche Narr

Über Symeon von Edessa, Jacopone da Todi,
Erasmus' *Lob der Torheit*, Philipp Neri, Cervantes' *Don Quijote,*
Heinrich Pestalozzi und Dostojewskijs *Idiot*

Das Menschenbild der Antike war der Weise. Salomo, Lao Tse und Konfuzius, sie alle verherrlichten den weisen Menschen. Das Christentum entthronte die Weisheit und lobte den heiligen Narren. Der christliche Narr mit seinem Hinweis auf die Übervernunft taucht immer wieder auf. An ausgewählten Beispielen zeigt Walter Nigg das dramatische und zugleich beglückende Leben christlicher Narren: Symeon von Edessa, Jacopone da Todi, Philipp Neri und Heinrich Pestalozzi. Beispielhaft in der Literatur sind Erasmus' *Lob der Torheit,* Miguel de Cervantes' *Don Quijote* und Dostojewskijs *Idiot.*

Friedrich Nietzsche

Mit einem Nachwort von Max Schoch

»Nietzsche war eine religiöse Natur, die in einer unreligiösen Zeit nicht mehr den ihr entsprechenden Ausdruck finden konnte. Je mehr man in Nietzsche eindringt, um so stärker drängt sich die religiöse Interpretation auf.« *Walter Nigg*

»Es ist in der theologischen, vor allem in der historisch-biographischen Literatur heutzutage selten geworden, daß einem Autor noch ein wirklicher Fund gelingt. Bei Nigg begegnet man solchem auf Schritt und Tritt, das ist das Große an seinen Büchern.«
Süddeutscher Rundfunk

Buch der Büßer

Neun Lebensbilder

Walter Nigg spürt im *Buch der Büßer* die Wirren, Ängste und Probleme im Leben von neun berühmten Persönlichkeiten auf und zeigt in lebendiger Beschreibung, daß es die gleichen Wirren, Ängste und Probleme auch des heutigen Menschen sind. Er zeigt aber auch, wie sie überwunden werden können: durch Einsicht nämlich. Auf dem Gang durch die Jahrhunderte begegnen wir Maria Magdalena, dem Wüstenheiligen Makarius, Margareta von Cortona, Hieronymus Savonarola, dem Abbé de Rancé, Dostojewski, Albert von Polen, Charles de Foucauld und Simone Weil.

»Ein Buch voller Engagement – und voller Modernität; ein Buch, das auch für den Menschen von heute entscheidende Bedeutung hat.«
Kirchenzeitung, Köln

Große Unheilige

Auf der Suche nach dem »wahren Bild des Menschen« beschreibt und deutet Walter Nigg mit großem psychologischem Einfühlungsvermögen die Verfehlungen der »Gegenspieler der Heiligen«, ohne deren Größe zu negieren. Dargestellt werden die Lebensläufe der Großen Unheiligen König Saul, Judas Ischariot, Heloise, Kaiser Friedrich II., Michael Bakunin, Charles Baudelaire und Friedrich Nietzsche.

»Es ist in der theologischen, vor allem in der historisch-biographischen Literatur heutzutage selten geworden, daß einem Autor noch ein wirklicher Fund gelingt. Bei Nigg begegnet man solchem auf Schritt und Tritt, das ist das Große an seinen Büchern.«
Süddeutscher Rundfunk

Franz von Assisi
Fioretti

Gebete, Ordensregeln, Testament, Briefe
Übersetzt von Wolfram von den Steinen und
Max Kirschstein

»Der heilige Franziskus ging wie die Verzeihung Gottes durch die Welt. Ich meine, daß sein Erscheinen den Augenblick bezeichnet, da sich die Menschen nicht nur mit Gott, sondern mit der Natur und, als das Schwerste von allem, mit sich selber aussöhnen konnten… Er war nicht nur ein Humanist, sondern auch ein Humorist, besonders in dem altenglischen Sinne eines Mannes, der immer bei Humor ist, seine eigenen Wege geht und tut, was niemand anderer getan haben würde… Er war der Welt einziger wirklich aufrichtiger Demokrat.« *G.K. Chesterton*

»Gott ist lebendiger denn je, sogar die Quantentheorie hat ihn als das ›Endgültig Reale‹ zurückgerufen und es ist sogar ein franziskanischer Gott mit von Uexküll untersuchten Umweltsinteressen für Lippenblütler und Regenwürmer.« *Gottfried Benn*

»Wir spüren, daß die Weltlage entscheidende Konsumverzichte verlangen wird; wir spüren, daß die Umverteilung des Besitzes von uns auch personalisiert werden muß, in einer Haltung des Verzichtes und der inneren Freiheit vom Besitz- und Machtwillen. Für sie kennen wir außer dem Jesus von Nazareth selbst kein klareres Vorbild als Franz von Assisi.« *Walter Dirks*

»Das Vorbild Franziskus sagt mir mehr als die klassenlose Gesellschaft, die nur die Voraussetzung eines Vorbilds sein kann.« *Ludwig Marcuse*

Meister Eckehart
Deutsche Predigten und Traktate

Herausgegeben und übersetzt von
Josef Quint

»Der stärkste Kopf, der energischste, radikalste Denker unter den Mystikern, der, welcher das zu Verschweigende am eindringlichsten bewußt gemacht hat, war Meister Eckehart. Lange bevor die ›Entmythologisierung‹ erfunden wurde, war er der radikalste Entmythologisierer.
Eckehart war die Aufklärung – ohne Verklärung, war aufgeklärter als die Aufklärung. Er war in der Tat viel gefährlicher als später Luther, als die Entlarvung des Priester-Betrugs im achtzehnten Jahrhundert, als der harmlose Atheist des zwanzigsten. Eckehart deckte den ›Abgrund‹ auf, den alle Religionen und Philosophien zudeckten.« *Ludwig Marcuse*

»Meister Eckehart ist einer der tiefsten und universellsten Köpfe, die Deutschland hervorgebracht hat – eine eigenartige Kreuzung aus einem kristallklaren Denker, einem Dichter von unvergleichlicher Wucht, Plastik und Originalität der Bildsprache und einem religiösen Genie.« *Egon Friedell*

»Wenn man von den Formen absieht und den Sachen auf den Grund geht, wird man finden, daß Schakia Muni und Meister Eckehart das Selbe lehren.«
Arthur Schopenhauer

Thomas Merton

Im Einklang mit sich und der Welt

Contemplation in a World of Action

Aus dem Amerikanischen und
mit einer Einführung von Georg Tepe

Wie kann man inmitten einer aktiven, lauten Welt still in Gott versunken leben?

Thomas Merton, 1915 in Frankreich geboren, mit zwanzig Jahren Kommunist, mit dreiundzwanzig Katholik, mit sechsundzwanzig Jahren Trappistenmönch in Kentucky, Grenzgänger zwischen Buddhismus und Christentum, weltberühmt geworden durch sein Werk *Der Berg der sieben Stufen*, beschreibt in diesen Aufsätzen den Weg der Gottsuchenden im zwanzigsten Jahrhundert: Dieses Buch ist eine Schule der Einsamkeit. Ihr Lernziel: die Besinnung auf das eigene Selbst.

»Sieben Bücher veränderten Amerikas Haltung zur Religion nach 1945. Thomas Merton schrieb eines davon: *Der Berg der sieben Stufen*. Diese Geschichte von Thomas Mertons Bekehrung liest sich wie die erste aller spirituellen Autobiographien, wie die ›Confessiones‹ des Augustinus. In einer Zeit, in der eine große Zahl von jungen Menschen nach neuen Lebensformen sucht, ist diese Sammlung von Aufsätzen besonders wichtig, vor allem für diejenigen, die sich von den herkömmlichen Religionen abgestoßen fühlen.«
New York Times Book Review